學人從政
朱家驊與中國國民黨 1938-1944

From Scholar to Politician :
Chu Chia-hua and Kuomintang ,1938-1944

梁馨蕾 著

民國論叢 | 總序

呂芳上
民國歷史文化學社社長

　　1902 年，梁啟超「新史學」的提出，揭開了中國現代史學發展的序幕。

　　以近現代史研究而言，迄今百多年來學界關注幾個問題：首先，近代史能否列入史學主流研究的範疇？後朝人修前朝史固無疑義，但當代人修當代史，便成爭議。不過，近半世紀以來，「近代史」已被學界公認是史學研究的一個分支，民國史研究自然包含其中。與此相關的是官修史學的適當性，排除意識形態之爭，《清史稿》出版爭議、「新清史工程」的進行，不免引發諸多討論，但無論官修、私修均有助於歷史的呈現，只要不偏不倚。史家陳寅恪在《金明館叢書二編》的〈順宗實錄與續玄怪錄〉中說，私家撰者易誣妄，官修之書多諱飾，「考史事之本末者，苟能於官書及私著等量齊觀，詳辨而慎取之，則庶幾得其真相，而無誣諱之失矣」。可見官、私修史均有互稽作用。

其次,西方史學理論的引入,大大影響近代歷史的書寫與詮釋。德國蘭克史學較早影響中國學者,後來政治學、社會學、經濟學等社會科學應用於歷史學,於1950年後,海峽兩岸尤為顯著。臺灣受美國影響,現代化理論大行其道;中國大陸則奉馬列主義唯物史觀為圭臬。直到1980年代意識形態退燒之後,接著而來的西方思潮——新文化史、全球史研究,風靡兩岸,近代史也不能例外。這些流行研究當然有助於新議題的開發,如何以中國或以臺灣為主體的近代史研究,則成為學者當今苦心思考的議題。

1912年,民國建立之後,走過1920年代中西、新舊、革命與反革命之爭,1930年代經濟大蕭條、1940年代戰爭歲月,1950年代大變局之後冷戰,繼之以白色恐怖、黨國體制、爭民權運動諸歷程,到了1980年代之後,走到物資豐饒、科技進步而心靈空虛的時代。百多年來的民國歷史發展,實接續十九世紀末葉以來求變、求新、挫折、突破與創新的過程,涉及傳統與現代、境內與域外方方面面的交涉、混融,有斷裂、有移植,也有更多的延續,在「變局」中,你中有我,我中有你,為史家提供極多可資商榷的議題。1949年,獲得諾貝爾文學獎美國作家福克納(William Faulkner)說:「過去並未死亡,甚至沒有過去。」(The past is never dead. Its not even past.)更具體的說,今天海峽兩岸的現況、流行文化,甚至政治核心議題,仍有諸多「民國元素」,歷史學家對民國歷史的回眸、凝視、觀察、細究、具機鋒的看法,均會增加人們對現狀的理

解、認識和判斷力。這正是民國史家重大任務、大有可為之處。

　　民國史與我們最是親近，有人仍生活在民國中，也有人追逐著「民國熱」。無庸諱言，民國歷史有資料閎富、角度多元、思潮新穎之利，但也有官方資料不願公開、人物忌諱多、品評史事不易之弊。但，訓練有素的史家，一定懂得歷史的詮釋、剪裁與呈現，要力求公允；一定知道歷史的傳承有如父母子女，父母給子女生命，子女要回饋的是生命的意義。

　　1950 年代後帶著法統來到臺灣的民國，的確有過一段受戰爭威脅、政治「失去左眼的歲月」，也有一段絕地求生、奮力圖強，使經濟成為亞洲四小龍之一的醒目時日。如今雙目俱全、體質還算健康、前行道路不無崎嶇的環境下，史學界對超越地域、黨派成見又客觀的民國史研究，實寄予樂觀和厚望。

　　基於此，「民國歷史文化學社」將積極支持、鼓勵民國史有創意的研究和論作。對於研究成果，我們開闢論著系列叢書，我們秉持這樣的出版原則：對民國史不是多餘的書、不是可有可無的書，而是擲地有聲的新書、好書。

目錄

民國論叢｜總序 I

導言 1

第一章　黨之新貴：朱家驊入主中央黨部 7
第一節　「救國必先救黨」 8
第二節　朱家驊早年政治軌跡 23
第三節　中央秘書處易長風波 50
第四節　調長中央組織部 59
小結 77

第二章　重塑黨權：黨政軍關係的戰時探索 81
第一節　黨政關係的體制徘徊 82
第二節　改善黨政關係的實踐 97
第三節　黨政軍一元化嘗試 117
第四節　廣東省黨政軍權力的較量 124
小結 149

第三章　「黨團合作」：朱家驊與黃埔系 153
第一節　朱家驊與三青團 154
第二節　貴州省黨團糾紛 166
小結 183

第四章　省黨部與調統室矛盾——以陝西省為例 187
第一節　黨、調衝突的爆發與處理 188
第二節　省黨部人事背景分析 191
第三節　調統室乘「機」追擊 198
第四節　黨、調矛盾的體制根源 202
小結 208

第五章　中央與地方博弈：朱家驊與晉閻勢力 213
第一節　國民黨在晉生存實態 214
第二節　以會制黨：閻錫山與同志會 223
第三節　黃樹芬：蔣、閻、朱間的紐帶 231
第四節　國民黨中層幹部的困境 237
小結 244

第六章　黨內選戰：省縣黨部選舉與派系角力 249
第一節　國民黨選舉制的演進與變異 250
第二節　戰時地方選舉潛規則 261
第三節　派系鬥爭的微觀考察 273
第四節　地方選舉與高層動盪 282
小結 294

第七章　黨務領導權再轉移 297
第一節　朱家驊下臺與「陳家黨」復起 298
第二節　朱方幹部的出路與進退 320
小結 336

第八章　朱家驊的人際關係與權力網絡 337
第一節　門生與屬吏：中山大學等校的黨工輸出 340
第二節　學緣與官源：留德人士的薦用 354
第三節　學人與黨務：黨工的學術化轉型 375
第四節　親情與公權：朱毓麟的個案研究 388
小結 406

第九章　國民黨人事制度的反思 411
第一節　牽制政策 411
第二節　監察失位 417
第三節　人情與民主 424
小結 432

結語：國民黨的人與人事 435
附錄　朱家驊經歷表（1926-1949） 453

參考文獻 459

表格目錄

表 1-1：中央組織部各處室主管人員情況（1944 年 1 月）...... 66
表 2-1：省級黨政主官互兼情況統計
（1942 年 11 月）.. 104
表 2-2：雲南省黨政職員薪資比較表（1941 年 3 月）............ 115
表 2-3：廣東省黨部執行委員派系所屬情況（1942 年）........ 134
表 3-1：三青團中央臨時幹事會成員派系屬性分析 154
表 5-1：山西省黨部執行委員派系背景分析（1942 年前後）
.... 220
表 6-1：各省市黨部委員產生方式與其施行黨部數
（1929 年、1933 年）... 254
表 6-2：江西省縣市（直屬）黨部書記長關係分析統計表
（1944 年 3 月）... 271
表 6-3：江西省六十二縣市社會力量分析比較表
（1944 年 3 月）... 271
表 6-4：各方對江西省各縣黨部與全省代表大會代表掌握
情況表（1944 年 5 月）.. 272
表 7-1：朱家驊系黨務幹部轉入教育學術系統任職情況統計
.... 327
表 7-2：朱家驊系黨務幹部轉入交通系統任職情況統計 330
表 8-1：與朱家驊有關各學校及機關 338
表 8-2：黨務系統內朱家驊方幹部背景分析統計 339
表 8-3：朱家驊系門生生源情況統計分析 340
表 8-4：朱家驊系學人幹部履歷統計 377
表 8-5：湖南省黨部執行委員情況彙報（1944 年 3 月）...... 403

導言

　　隨著抗戰全面爆發，國共兩黨再次結成統一戰線。1938年3月，國民黨臨時全國代表大會召開，頒布《抗戰建國綱領》，蔣介石就任中國國民黨總裁。蔣介石在寄希望於抗戰建國的同時，亦渴望能夠透過抗戰實現「健黨」。[1] 黨務效能的優劣，不僅影響對日作戰進程，更直接關係到與中共地位的競爭。同時，基礎扎實的黨務也是國民黨實現由訓政向憲政過渡的重要保障。

　　自北伐勝利至抗戰爆發，蔣介石將國民黨黨務工作委之於陳果夫、陳立夫兄弟主持，並有意培植黃埔系力行社勢力與之互相牽制。在此十年間，兩方的派系鬥爭使各級黨部陷於組織空虛、效能低下、聲譽不佳等泥淖之中，致使黨權日漸削弱。[2] 蔣介石為化解派系勢力、革新黨務，同時也為建立起國民黨的人事制度，一改「蔣家天下、陳家黨」的風氣，將學、政兩棲人士朱家驊調入中央黨部代替「二陳」出掌黨務。

　　作為黨內新貴，朱家驊常被視作學人從政的典型，早年的政治熱情、地緣優勢與學歷背景，鑄就了其獨特的人際網絡與政治軌跡。朱家驊的家鄉浙江吳興是民國時期富有代表性的革命區域之一，眾多黨中前輩編織的同鄉情誼，為其鋪就了一條由學轉政的終南捷徑，更為日後躋身國民黨高層提供了地緣優勢。「清黨分共」後，國民黨的對外關係發生轉向，朱家驊的留德經歷恰合

---

[1] 國民黨臨時全國代表大會提出「抗戰建國」的口號，基於黨國體制的前提，健全黨組織成為當務之急。因此，蔣介石在抗戰爆發之初將「建國」與「健黨」二者並舉。

[2] 王奇生，《黨員、黨權與黨爭──1924-1949年中國國民黨的組織形態》（北京：社會科學文獻出版社，2018）。

彼時蔣介石的外交需求。朱家驊開始在國民政府對德交往中發揮關鍵作用，並日益得到蔣之倚重，在政壇屢任要職。

抗戰爆發後，蔣介石又希望通過起用朱家驊辦黨，消除CC系與黃埔系矛盾，增強國民黨的教育屬性，實現「抗戰健黨」，一改外界「黨務即特務」的負面印象。在此背景下，朱家驊先後擔任中央黨部秘書長、中央組織部部長、中央調查統計局局長、三民主義青年團代理書記長、中央研究院代理院長、考試院副院長等黨政學要職，逐步走向個人仕途的巔峰，也一躍成為蔣介石身邊炙手可熱的高級官僚。動盪時局中，朱家驊扶搖直上的個人升遷軌跡是值得深入探究的問題。

二陳兄弟植根黨務多年，朱家驊空降中央黨部後，面臨的最主要問題便是黨務領導權轉移所引發的黨內衝突。朱家驊若想建立一套能夠貫徹執行自身理念的黨務系統，達到如臂使指的效能，需要龐大的人事班底作為保障。而先前任職經歷所構建的親信人馬，已不能支撐此時身居要位的朱家驊對地方幹部的需求。為此，朱家驊不僅急需吸納與整合新生力量，也必須在派系競爭的困境中，建立起具有排他性的幹部網絡。

身分認同的達成，往往基於核心領導者與從屬者之間，某些人生交集或共同身分符號的承認與運用。在中國傳統政治實踐中，一般會落實於地緣、學緣、親緣、舊屬、故交等要素之上。朱家驊在構建幹部體系時，亦充分結合自身求學、任職、交遊經歷，起用了一批具有鮮明群體特徵的人士從事黨務活動，如留德同學；北京大學、中山大學、中央大學師生校友；教育部、交通部、浙江舊屬等。反向觀之，一些具有上述背景的人士也積極尋求投入朱之門下，並渴望與其形成一種庇護關係，藉以獲得社會地位的提升與仕途的發展。這種借助私人關係實現個人政治目的

的上下互動，無形中構成了朱家驊的權力網絡與國民黨內一股新興的派系力量。

美國學者福爾索姆（Kenneth E. Folsom）在對晚清幕僚制的研究中曾談到：「在中國史研究中，歷史事件、制度和人物太多地散發著一種冷冰冰的，沒有人情味的氣息。中國人的濃烈的溫情和仁愛消失在職官名稱、章奏和上諭的一片混雜之中」，「中國的歷史記載是從國家的觀點來寫的，因而，查尋歷史人物的七情六欲的任何努力通常都會一無所獲。只有把從私人信函、日記和奏摺中搜集來的點滴材料拼湊在一起，研究者才能開始看到既有弱點又有力量、既有欲望又有嫌惡的活生生的中國人形象」。[3] 翟學偉在進行「關係」研究時也曾指出，中國人的人情面子領域是史料最為缺乏的領域之一，「主要原因是中國人認為這一部分的經歷屬互動雙方的和私人的經歷，它不可告人，也應該只有當事人自己心知肚明」。[4]

朱家驊因與陳果夫、陳立夫兄弟同為浙江人，早期又與之過從甚密，曾被時人劃入 CC 系陣營。但隨著朱家驊勢力的崛起，外界便有以擺脫二陳，自成一系視之。並有論者將朱家驊與其所屬，冠之以「新 CC 系」、「朱家驊系（派）」或「新幹部派」等名號。既有研究對此問題雖已有所關注，但大多一筆帶過，語焉不詳，其中一個重要原因應是材料的缺乏。早在 1990 年代，王良卿就指出朱家驊系因追隨者人數與實力不明，成為國民黨中

---

[3] 福爾索姆（Kenneth E. Folsom）著，劉悅斌、劉蘭芝譯，《朋友‧客人‧同事：晚清的幕府制度》（北京：中國社會科學出版社，2002），著者前言，頁 1。

[4] 翟學偉，《人情、面子與權力的再生產》（北京：北京大學出版社，2005），頁 67。

若干內情尚未全面明朗化的派系之一。[5] 時至今日，朱家驊系的面貌與輪廓依然模糊，更毋庸深談該方與 CC 系、黃埔系、政學系以及地方實力派間具體的合作或鬥爭關係。

幸運的是，中央研究院近代史研究所檔案館所藏朱家驊檔案，作為研究朱家驊的一手資料，近年來一直受到學界重視，並被陸續加以利用。朱檔以時間為經、地域為緯，保留了大量與各省黨部重要幹部的私人通信，內容也較具私密性。[6] 與此同時，朱家驊作為國民黨高層官僚，不僅執掌要津多年，且多與聞機要。無論是時人遺留日記，還是若干年後兩岸出版的各類回憶、傳記性資料，均為還原朱家驊系的主體面貌提供了可能，這是本書想要實現的首要目標與創新之處。

在描繪朱家驊人際網絡及其派系勢力的同時，上述材料也為從另一面相考察抗戰時期國民黨的組織人事問題提供了線索。通過將戰時國民黨中、高層人物活動軌跡嵌入既有的組織史研究，進而探討人事制度與私人交誼間的內在聯繫與張力。特殊的戰爭環境雖然給黨務體制與人事系統的更新創造了條件，卻也給黨內各種矛盾的爆發製造了出口。朱家驊檔案呈現了諸多戰時省級黨務糾紛與派系鬥爭的案例，本書選取若干較具代表性的問題，以專題研究的方式，描繪抗戰時期朱家驊方以國民黨省級黨部為依託開展的各項黨務活動，以及所建立的多邊人際關係，藉以呈現派系間的鬥爭離合狀態。因此，本書的另一個目標便是以抗戰時期中央組織部部長朱家驊為中心，展開對國民黨組織人事實

5　王良卿，《三民主義青年團與中國國民黨關係研究（1938-1949）》（臺北：近代中國出版社，1998），頁 13。

6　黃麗安，〈朱家驊及其史料研究〉，收入中國近現代史史料學會、魯東大學編，《中國近現代史史料學國際學術討論會論文集》（北京：新華出版社，2005）。

際運作機制與效能的考察，力圖更加立體地呈現黨內各種矛盾與衝突。

全書共分為九章：第一章「黨之新貴」，詳細梳理朱家驊的入仕軌跡與其由政轉黨的全過程；第二章「重塑黨權」，探討戰時黨政軍關係，並以廣東省黨政軍間的權力博弈為例說明；第三章「黨團合作」，呈現朱家驊系與黃埔系之間圍繞三青團展開的合作與衝突；第四章「省黨部與調統室矛盾」，考察朱家驊系與CC系基於省黨部與調統室的體制弊病而爆發的矛盾衝突；第五章「中央與地方博弈」，以山西省黨部為焦點，剖析抗戰時期閻錫山與國民黨中央的離合關係；第六章「黨內選戰」：以國民黨省縣黨部選舉為中心，呈現國民黨內各派系間的勢力角逐；第七章「黨務領導權再轉移」，敘述朱家驊去職中央組織部部長與二陳兄弟重掌黨務領導權的經過；第八章「朱家驊的人際關係與權力網絡」，嘗試以學緣、仕緣、親緣等關係脈絡，勾繪出朱家驊系的群體面貌；第九章「國民黨人事制度的反思」，蔣介石在戰時將朱家驊引入黨內，除意在借助學人辦黨以煥新黨之精神面貌外，更期望其能夠建立起正規且完善的黨內人事制度。朱家驊檔案所保留的戰時黨內中高層幹部之間的通信，不僅呈現出黨內人情往來與人事鬥爭的諸多面相和生動細節，更為從旁審視蔣介石試圖在戰時進行的人事改革及其失敗提供了有利條件，而這一條件是討論戰前或戰後國民黨人事問題時均缺乏的。因此，朱家驊辦黨時期的組織人事，成為反思國民黨人事制度較為有力的切入點。

在上述兩個目標落實後，本書最終想要嘗試探討國民黨的人事制度問題。科舉廢除後，中國官僚人事制度開始由傳統向現代過渡，北洋時期的文官制度、國民黨的公務員體系，均是後科舉

時代繼起的幹部任用模式。尤其是政黨政治在中國紮根後，原先的君臣附庸關係向黨治同事關係轉型，幹部的私屬性減弱，但中國傳統官僚體制向現代政黨人事關係過渡的進程中，出現了畸形狀態與曲折實踐。

　　北伐完成後，黨、政權力受到日益膨脹的軍權擠壓，蔣介石更將黨、政官位作為酬庸軍功、安撫地方的工具。又受國共合作關係破裂的影響，以清黨為名，暫停國民黨總章規定的地方黨部選舉，破壞了黨內幹部任用機制，進而阻礙了現代政黨人事制度的建設。從另一角度來看，黨工的自然升遷管道受阻後，只有憑藉私人關係、依附於權勢群體，才能獲得晉升機會時，也就促成了國民黨派系政治的發展，隨之衍生出一種「主官承包制」式的幹部任用模式。

　　直至抗戰爆發，國民黨內始終沒有建立起規範的幹部派用制度。因此，蔣介石曾寄希望於學人出身的朱家驊改弦易轍、秉公辦黨，跳脫中國社會由人情私誼交織著的關係秩序，建立起現代化政黨的組織人事制度，並為之後憲政的推行建立基礎。然而，當朱家驊躋身 CC 系與黃埔系之間，面對國民黨內長期無序的人事任用狀態時，也難逃棄臼地布展起從屬己的人際權力網絡。唯一不同的是，為朱家驊所用者多屬學人，這或許正是蔣介石起用朱家驊辦黨的願景所在。但事實證明，學人終究無力在戰時擔起重建國民黨組織和人事制度的重任。久之，在一輪又一輪的派系勢力競逐和幹部更迭中，有志於革命事業之黨員日漸沉淪，醉心於權力競逐之黨員疏於主業，如此也預示了國民黨在日後與中共較量中的潰敗結局。

第一章　黨之新貴：
　　　　朱家驊入主中央黨部

　　抗戰爆發後，1938 年 3 月底，國民黨臨時全國代表大會（以下簡稱「臨全大會」）在武漢召開。蔣介石就任國民黨總裁，並就各項政策做出一系列重大調整。學界先行研究給予臨全大會較多關注，將之視為執政黨「抗戰到底」意志和決心的彰顯，奠定了戰時國民黨內部整頓與發展的基調。在緊接著召開的五屆四中全會上，國民黨中央更做出成立三民主義青年團、調整黨政關係等重要決議，對黨的組織與人事進行改革。蔣介石計劃在推動抗戰建國的同時，亦渴望實現「抗戰健黨」。[1] 上述兩次大會公布的各項舉措，實則囊括了一系列蔣介石對國民黨黨機器的戰時改造計劃。

　　所謂「黨機器」，包含組織機構與人事兩個重要組成部分，機構設立後作為一種靜態呈現，唯有在人的驅動下才能實現動態運轉。無論是為事擇人，亦或是為人擇事，反映地均是二者間密切的關聯性，新機構的成立與新的人事任命則是改革信號的釋放。在五屆四中全會上，蔣介石申令取消黨內派系小組織。[2] 隨

---

[1] 蔣介石曾將對黨之改造列入五年抗戰計畫。〈蔣介石日記〉，1938 年 9 月 10 日，美國史丹佛大學胡佛研究所檔案館藏手稿本（以下略）。

[2] 在五屆四中全會上，蔣介石與汪精衛以正、副總裁資格聯名向大會提案，宣告黨內絕對不許有任何「小組織」存在，從法理上嚴屬整肅國民黨內的派系問題。蔣介石告誡全體黨員：「方今寇患方殷，內憂未已，而本黨適已改制，領導有人，時勢既殊，步伐宜齊。嗣後本黨以內再不得有所謂派別小組織，舉凡以前種種小組織，應即一律取消，以期統一意志，集中力量……如有陽奉陰違，或固執不改，定予從嚴制裁，以肅黨紀。」王世杰亦聽聞：「日前蔣先生已命令陳立夫等所組織之 CC 團體，與黃埔團體，實行解散。」〈總裁申令全體黨員不得樹立派別，以前各小組織一律取消，以期統

後，中央執行委員會之下，中央黨務委員會、中央訓練委員會、中央調查統計局等機構的增設與各主官的任命，看似是戰時應急調整，實則是蔣介石試圖通過機構改革，解決黨內派系矛盾，重塑黨權的精心擘畫。

因此，對抗戰之初國民黨黨務革新問題的考察，不能僅停留在對新舊規章條文的比對，或對組織職能的機械性分析，還需要重視人物和其背後千絲萬縷、錯綜複雜的人際關係，以及人與機構融合後的疊加效果。為此，本章擬立足於國民黨臨全大會與五屆四中全會的召開，並將時間軸向前後稍作延伸，通過考察蔣介石的「健黨」與派系整治計劃，藉以揭示其中所暗含的國民黨黨務領導權的轉移問題。

第一節 「救國必先救黨」[3]

1937年7月，平津相繼淪陷後，蔣介石開始暗自感慨：「以倭寇有組織之國家，其全國動員，人人能發揮其戰爭之效用；惟我無組織之國家，事事皆須以一人當敵國之全體，可不懼乎」，「但我之弱點太多，組織與準備可謂無有，以此應敵，危險實大」。[4] 蔣介石自此愈發重視地方組織和黨部問題，並反思自身

一意志集中力量〉，《中央日報》，1938年4月30日，2版。林美莉編輯校訂，《王世杰日記》，冊上，1938年4月6日（臺北：中央研究院近代史研究所，2012），頁107。

3 1938年5月30日，五卅紀念日適逢總理紀念周，蔣介石在武昌召集各省黨部與中央黨政軍負責人訓話，借機對黨內所存問題展開全盤檢討，以求徹底改進。蔣介石在演講中直指黨員革命意志消沉，小組織派系盛行等嚴重問題，更高呼出「救國必先救黨」。蔣介石，〈救國必須救黨〉（1938年5月30日），秦孝儀主編，《先總統蔣公思想言論總集》，卷15（臺北：國民黨中央黨史委員會，1984），頁272-273。

4 〈蔣介石日記〉，1937年8月7日後「本周反省錄」、8月31日後「本月反省錄」。

「短於組織，疏於擇人」的弱點：「用人未及科學方法，並無綿密計畫」、「用人專用其才，而不計其德，不能察言知言」、「缺乏匯聚功能，部屬中自生矛盾與衝突」、「長於應變，短於處常，用人行政皆於臨急關心」。[5]

早在抗戰爆發之前，就有不少國民黨人對黨內的派系鬥爭抱有隱憂，認為「小組織相互擠軋爭奪之結果，足使一切既成努力等於枉費」。[6] 待到南京失守前夕，陳克文在日記中寫道：「戰爭中始終看不見國民黨的活動，其他各黨各派卻乘這中心勢力削弱的時候，大事活躍。許多人仿佛都在說，國民黨不成了，共產黨快要起來了！戰敗的結果，喪權失地固不必說，內部的分裂衝突恐怕來得更加可怕。」[7] 此後，滬寧等地相繼淪陷，國民黨中央黨政機構在遷至武漢過程中出現的慌亂和無序狀態，使軍隊和各方對 CC 系所主辦的黨務工作攻擊更烈。[8] 就連蔣介石也公開斥責黨組織的不作為，「我方軍隊所到之處，不見黨部人員或黨員之協助或存在」。[9]

抗戰之初，國民黨暴露出的組織渙散與人才匱乏的衰頹之像，使蔣介石意識到，「領袖運用機關比運用人員更為重要」，並且黨內只有上層領導者，缺乏中下層幹部。[10] 於是，蔣介石迫

5　〈蔣介石日記〉，1937 年「雜錄」。

6　《陳布雷從政日記（1937）》，6 月 8 日（臺北：民國歷史文化學社，2019），頁 110。

7　陳方正編輯校訂，《陳克文日記 1937-1952》，冊上，1937 年 12 月 9 日（臺北：中央研究院近代史研究所，2012），頁 148。

8　關於 CC 系，無論是該方核心人物陳果夫、陳立夫兄弟，還是其下所屬分子，雖均始終諱莫如深，但這一組織不僅為時人眾所周知，且該方長期以來的所作所為也早已引起黨內黨外諸多怨忿。《王世杰日記》，冊上，1938 年 1 月 28 日，頁 86。

9　《王世杰日記》，冊上，1938 年 1 月 26 日，頁 86。

10　〈蔣介石日記〉，1938 年 1 月 8 日。

切希望能夠打破黨內組織固化、黨員以派系為陣營的局面，對幹部加以整訓，洗刷黨之暮氣。蔣介石受此觸動後，自1938年1月起開始醞釀黨的改造計畫和步驟。這可從中央組織、宣傳、民眾訓練「三部歸併」問題溯起。1月12日，國防最高會議突然致電中央執行委員會，告知已議決將組織、宣傳與民眾訓練三部歸還中央執行委員會領導，但中央執行委員會對民眾組織、訓練及宣傳所決定之方針，須授權軍事委員會政治部執行。軍委會政治部對各省市黨部戰時民眾組織、訓練及宣傳工作具有指揮、監督之權。[11] 這是抗戰爆發後，上述三部隸屬關係的第二次調整。早在1937年11月，中常會曾議決將此三部劃歸軍委會，組織與訓練兩部受第六部管轄，以求戰時統歸指揮、步驟齊一之效。[12] 兩個月之內，三部隸屬關係的反復調整，一直以來為過往研究所忽略，但實則預示著國民黨黨務領導權轉移的開始。

因軍事委員會第六部部長原為陳立夫，1938年1月，陳立夫調任教育部部長後，第六部便與政訓部合併為政治部，由部長陳誠負其責。[13] 三部重回中央黨部後，組織、宣傳與民眾訓練工作的權責，也實際從陳立夫轉移至陳誠手中。如此變動引發黨方人士不滿，表面上看似是質疑陳誠統轄黨務人員的能力，其實是因以陳果夫、陳立夫為首的CC系在黨內職權被削弱。[14] 上述消

---

11 〈中國國民黨第五屆中央執行委員會常務委員會第六十四次會議紀錄〉（1938年1月12日），中央委員會秘書處編印，《中國國民黨第五屆中央執行委員會常務委員會會議紀錄彙編》，冊上（臺北：中央委員會秘書處，1935），頁181。

12 萬仁元、方慶秋、王奇生主編，《中國抗日戰爭大辭典》（武漢：湖北教育出版社，1995），頁297。

13 政治部負責掌理軍隊政治訓練、民眾組織訓練、宣傳和政治情報等事宜。萬仁元、方慶秋、王奇生主編，《中國抗日戰爭大辭典》，頁297。

14 〈陳果夫日記〉，1938年4月9日，中國國民黨黨史館藏手稿本（以下略）。

息一經傳出,便有黨務人員主張由中常會組織辦事處統一指揮三部之議,藉以表達不欲歸屬政治部的態度。

時任中央黨部秘書處秘書的王子壯,對上述調整意態消沉的表示:「如嚴格執行,則整個的黨將無所事事。蓋所謂辦黨者系活動於民眾中,今限制黨部只能做經常之工作,一切有關戰時之民眾訓練、宣傳等均由政治部負責執行矣,則黨之為黨具何意義。」[15]黨內元老、中央黨部秘書長葉楚傖獲悉後,「亦恐有不合理之決定,至將來辦事感覺困難」,急派王子壯趕赴武漢申說彼方意見。[16] 1月19日,王子壯到漢造訪陳立夫後,始知國防最高會議的決議為陳立夫應陳誠要求所擬。陳立夫原以為陳誠不會將此提會,且事關黨務,即便提會,中央亦會予以修正,孰料中央照常通過。陳立夫雖表示自己應對這一結果負責,但若欲補救也實屬困難。王子壯遂將葉楚傖的建議告知陳立夫,即呈請中央對該案做出補充修正,如將民眾工作加以平時與戰時區分。[17]

翌日,王子壯與洪蘭友又訪汪精衛,並就所攜葉楚傖方案加以補充,如設聯席會議、以中央常委為主席、限制政治部權限等。交談之間,洪蘭友屢次向汪精衛表示:「年來黨務集立夫之身,以致有若干糾紛,盼諸位老先生能毅然在此時期多負責任。」洪友蘭的言外之意是欲說明陳立夫之所以招徠各方不滿,全是為黨的事業,關鍵時刻黨內元老應助其一臂之力。據王子壯

---

15 1924年1月31日,國民黨一屆一中全會決定,中央執行委員設秘書處、組織部、宣傳部、青年部、工人部、農民部、婦女部、調查部、軍事部,共同組成「中央黨部」。中央黨部通常代指中央執行委員所設之一處八部。孔慶泰編著,《國民黨政府政治制度詞目彙解》(北京:學苑出版社,2016),頁4。中央研究院近代史研究所編,《王子壯日記》,冊4,1938年1月11日,(臺北:中央研究院近代史研究所,2001),頁379。

16 《王子壯日記》,冊4,1938年1月12日,頁379。

17 《王子壯日記》,冊4,1938年1月19日,頁383。

觀察，汪精衛雖無所表示，但應知黨務已至改弦更張之際。隨後，王、洪二人又拜訪了居正，所談內容大致相同，至於蔣介石、馮玉祥、孔祥熙等中央常委則因軍政繁忙未得謁見。[18] 由此觀之，因「三部歸併案」陷於被動的陳立夫和葉楚傖，試圖透過動員黨內元老、中央常委出面干預，藉以維護CC系在黨內的勢力。

1938年1月23日，國防最高會議召開審查會前，汪精衛告知王子壯，蔣介石不同意修正原案。會上各方也對黨務攻訐甚力，陳立夫頗以為苦，爭辯未果。例如，陳誠表示若干辦黨人員聲名狼藉，必須集中訓練、統一意志，才能努力工作，免去摩擦。張厲生亦侃侃而談，對黨務人員表示不滿。張厲生時任中央組織部部長，軍委會政治部成立後兼任秘書長。此前數日，張厲生曾以軍委會機構更新，組織部又有歸還中央之議，呈請辭去中央組織部部長職務，但未被批准。[19]

會後，張厲生向王子壯談及外間有謂其臨陣倒戈之言。[20] 內中各種緣由，需自1935年的國民黨第五次全國代表大會溯起。五全大會選舉中央委員時，陳立夫因得票高於蔣介石，使蔣甚感不悅。五屆中委落選者也對陳立夫頗為不滿，攻擊備至，政學系楊永泰等人就借機大肆抨擊。[21] 最終，陳立夫不得不卸去中央組

---

18 《王子壯日記》，冊4，1938年1月20日，頁383-384。
19 〈中國國民黨第五屆中央執行委員會常務委員會第六十五次會議紀錄〉（1938年1月20日），《中國國民黨第五屆中央執行委員會常務委員會會議紀錄彙編》，冊上，頁182。
20 《王子壯日記》，冊4，1939年1月23日，頁386-387。
21 據估計，在一百八十個國民黨五屆中委中，有五十個可能是CC系成員，占總數的27%。根據另一項估計，戰前CC系成員最高峰時達一萬人，在江蘇、浙江、安徽、福建和江西等省最為活躍，並對國民黨內其他擁蔣派系表現出強烈的排他性。齊錫生，《分崩離析的陣營：抗戰中的國民政府1937-1945》（新北：聯經出版，2023），頁766-767。

織部長，由張厲生繼任。張厲生雖被視為 CC 系內北方派領袖，但對陳立夫的辦黨路線向不認同，接任中央組織部部長後，作風為之一變：「一面對十七年份子從事拉攏，一面以彼所領導下之華北工作同志為幹部，並吸收新份子，後聯絡黃埔同志組織復興社為其外圍。」國民黨黨政機關遷至重慶後，張厲生對二陳兄弟的旨意更是漸不接受，大有脫離 CC 系自立之勢。[22] 陳果夫也因不滿張厲生言行，對其直接警示道：「佔在自己立場，勿隨便罵人罵自己。」[23]

因而，此時張厲生提出辭去中央組織部部長，專任政治部秘書長，給外界製造出想要擺脫 CC 系、投入黃埔系的觀感。張厲生向王子壯表示，國民黨衰頹至此，已不能盡黨的責任，應明確承認以往失敗，另謀改弦更張之道，並訴及曾勸說陳立夫卸去黨職，專心致力教育一事。較之張厲生的態度，王子壯則頗為肯定二陳早年助蔣辦黨的功勞，但惋惜政治環境轉變後，二陳兄弟未能及時改變路線與格局，以致造成如今遭受眾議的局面：

> 自十五年迄廿年，是時黨內派別紛如，蔣先生在黨的地位又弱，經彼等辛苦支持創立根基，未嘗非蔣先生之功臣。但廿年，本黨逐漸團結，蔣先生已為全國之領袖，素與不睦者亦無間言。是時，辦黨應適應蔣先生之政治環境，但立夫仍持其一貫之態度，不能展開局面，凡擁蔣者均予羅致，致黨的

---

22 〈報告〉，《朱家驊檔案》，中央研究院近代史研究所檔案館（以下略）：301-01-06-008。《國民黨六屆中委各派系名單》（出版地不詳，書報簡訊社，1945），頁 140。

23 〈陳果夫日記〉，1938 年 1 月 28 日。

方面日趨狹隘。[24]

王子壯對陳立夫懷有幾分若無功勞,惟念苦勞的同情。[25] 抗戰初起,蔣介石在軍委會設立第六部,以陳立夫為部長,張厲生、劉健羣任副部長,或許也是感念舊情,意圖網羅各派,將 CC 系與力行社熔於一爐,希望黨務能有所改善。但經數月實踐證明,二陳未能領會蔣介石用意。第六部派用之人仍不脫 CC 系背景,使蔣介石對二陳兄弟辦黨徹底喪失信心。

此後,蔣介石改弦易轍,轉而對黃埔系的陳誠委以重任,以政治部繼續擔負徹底改進黨務的使命,要求日後幹部必須經政治部集中訓練後才可派赴各地,以消除小組織之間成見。除秘書長張厲生外,蔣介石還任命周恩來與第三黨的黃琪翔擔任政治部副部長,黃埔系賀衷寒、康澤,中共方面的郭沫若分別擔任第一、第二、第三廳廳長,充分體現了欲融合黨內各派、聯合黨外人士之意。對於上述機構和人事的調整,王子壯則表示擔心:「至立夫先生如尚不撒手,則其尾大不掉終有不了之勢。如一般特務人員及黨的幹部其驕橫已成,不易收拾者也。」[26] 果然,國防最高會議正式審查通過「三部歸併案」時,陳立夫就以缺席的方式表達不滿。[27] 據王子壯觀察,蔣介石命陳誠主持政治部,並非黨內無人,而是欲使黃埔系在訓練中同化各派,可視為黃埔系與 CC

---

24 《王子壯日記》,冊 4,1938 年 1 月 23 日,頁 386-387。
25 齊錫生認為,「黨歷淺薄的蔣介石只能希望任用陳氏兄弟,去把一個已存在的組織主導權抓在自己親信手中。縱使這個做法未必可以讓蔣介石把黨機器運用裕如,但是可以使之不產生事端,是一種壓制黨內糾紛和保持安定局面的消極組織手段。」齊錫生,《分崩離析的陣營:抗戰中的國民政府 1937-1945》,頁 766。
26 《王子壯日記》,冊 4,1938 年 1 月 23 日,頁 386-387。
27 《王子壯日記》,冊 4,1938 年 1 月 24 日,頁 387。

係數年鬥爭的勝利。[28]

「三部歸併案」告一段落後，蔣介石繼續專注於研究戰時黨的改造計劃，約集高級幹部會談黨務事宜，商議召開臨時全國代表大會，專門旨在深刻檢討黨的缺點，以求徹底改進。[29] 1938年2月5日，蔣介石在召集力行社高級幹部會議時，嚴厲訓斥道：「講到近兩年團體所發現的缺點，還有一個最不好的現象，就是內部自相衝突摩擦，不僅團體與黨部衝突，而且團體裡面自相衝突。最可憂者就是團體裡面有小組織，講地區，分派別，暗自鬥爭。」[30] 所謂「團體」指的便是力行社，在批評其內部摩擦的同時，也談到其在外與CC系領導下的黨部的衝突。

王奇生曾以「黨的派系化與派系的黨化」概括國民黨的政治文化特色，並將CC系與力行社分別作為上述兩種組織類型的論說對象。[31] 1930年代，政學系、CC系與力行社是國民黨內最忠實的擁蔣派系。政學系成員多為聚集於國民黨高層的黨、政、軍、學分子，缺乏基層組織與群眾基礎。CC系與力行社則具有較強組織性，為蔣介石領導地位的鞏固，提供了有力支撐。蔣介石為規範權力秩序，也曾對其親手扶植的兩大團體的勢力範圍予以劃分，以CC系致力於黨務，以力行社掌管軍界。然而，雙方隨著派系勢力擴張的慣性，逐漸演化為對立、競爭關係，彼此間不斷越界與傾軋，在基層社會的摩擦愈演愈烈。[32]

---

28 《王子壯日記》，冊4，1938年1月24日，頁388。
29 〈蔣介石日記〉，1938年1月20日、28日、29日、30日等。《陳布雷從政日記（1938）》，1月30日，頁16。
30 蔣介石，〈對高級幹部的期望〉（1938年2月5日），秦孝儀主編，《先總統蔣公思想言論總集》，卷15，頁114-115。
31 王奇生，《黨員、黨權與黨爭：1924-1949年中國國民黨的組織形態》。
32 關於CC系與力行社雙方間派系鬥爭的論述，可參見王良卿，《三民主義

力行社與 CC 系的派系糾葛，以及各地黨務的廢弛失能，雖是國民黨內長期積聚的慢性頑疾，但在戰爭到來時，卻成為黨之領袖蔣介石所無法坐視的急症。早在 1935 年時，蔣介石就有將上述兩個小組織合併的想法，可惜未能成功。[33] 而此時，蔣介石更是愈發意識到黨務效能的高低事關戰爭的成敗，「各省黨務無法進行，共黨反能乘機活動」，「此時一切全在本黨之本身能否健全，應特別研究整頓之道」。[34]

1938 年 3 月中上旬，國民黨臨全大會召開前夕，蔣介石仍在集中精力研究黨務與政制的改造辦法，其中包括黨政領袖制和青年團組織等問題，並在為大會擬定的講稿中直觸黨的若干弊病：

> 甲、做官不做事；乙、有私利而無公利，有小我而無大我；丙、重權位而不重責任，享權利而不盡義務；丁、不自知其黨之衰敗，國之危亡，引為黨員大恥與大罪；戊、有上層而無基礎，有黨員而無民眾，驕傲自大自高而不知民眾疾苦，與民眾隔離。己、黨已僅存軀殼，悲莫悲於心死；庚、有組織而無訓練。辛、有黨章而無紀律，有議案而無行動……[35]

3 月 29 日，國民黨臨全大會在武昌召開。蔣介石正式啟動對黨的組織與人事整頓計劃，將數月間醞釀的方案公之於眾。蔣

青年團與中國國民黨關係研究（1938-1949）》（臺北：近代中國出版社，1998）。

33 〈蔣介石日記〉，1935 年 12 月 12 日。
34 〈蔣介石日記〉，1938 年 2 月 14 日、25 日。
35 〈蔣介石日記〉，1938 年 3 月 16 日。

介石首先在大會開幕式上痛心地指出:「我們的黨差不多已成為一個空的軀殼而沒有實質了,黨的形式雖然存在,但黨的精神差不多是完全消失了!」而造成這種局面的病根是團體意識薄弱,個人成見和私見高於一切,以致不僅沒有積極合作相勉為善的精神,還要生出無謂的排拒衝突和摩擦。[36] 蔣介石隨後將此歸結為黨內缺乏一種德性,即沒有互助合作、精誠團結的精神,進而高呼復興國民黨,「必須恢復並提高黨德」。[37] 蔣介石將黨德視為黨的精神與靈魂,組織渙散與革命意志消沉是黨員無黨德所致,亦是黨無紀律所致。[38]

因此,加強黨的紀律建設、消除派系組織,成為蔣介石革新黨務的首要任務。在蔣介石看來,最具紀律性的組織莫過於軍隊,借此戰爭之機,正可用軍事手段對黨加以改造,使黨實現軍事化。所謂「軍事化」,即實行軍事化的教育和訓練,建立軍事化的組織。而要徹底改造各級黨部,實現黨的軍事化,首要工作是嚴格訓練中下級幹部與職員。蔣介石談到:「我們不論在組織方面、訓練方面、宣傳方面,都沒有深入而實在的成績,各級黨部的工作都流於形式,機關都衙署化,我們現在只有形式組織,而沒有實際訓練。」[39]

1927年時,國民黨在南京成立中央黨務學校,1929年改名為中央政治學校,從事於黨員幹部培養,但未專設黨務專修科。各省雖設有黨務訓練所或訓練班,但為期較短,1929年便已停

---

36 蔣介石,〈臨時全國代表大會開會詞〉(1938年3月29日),秦孝儀主編,《先總統蔣公思想言論總集》,卷15,頁177、180。
37 蔣介石,〈建黨建國的要務和黨德的表現〉(1938年4月3日),秦孝儀主編,《先總統蔣公思想言論總集》,卷15,頁207、215。
38 蔣介石,〈建黨建國的要務和黨德的表現〉(1938年4月3日),頁215-216。
39 蔣介石,〈臨時全國代表大會開會詞〉(1938年3月29日),頁177-178。

辦。1935 年，國民黨中央曾計劃在廬山調訓各省縣黨部委員，後亦因故中止。1937 年，國民黨中央雖曾三度籌辦訓練事宜，也終因抗戰軍興未能付諸實踐。於是，即自 1927 年起，黨內幹部既未經調訓，各級黨部亦未補充過接受過黨務技能訓練的專業幹部。[40] 臨全大會以後，為嚴密組織機構，提高紀律性，蔣介石提出：「黨員凡年在五十歲以下的，都要受黨的軍事訓練，一切黨務的組織，事業的精神，尤其要合乎軍事化的條件。」[41] 而黨的軍事化只是蔣介石抗戰建國的初步目標，其更希望能通過黨的軍事化，進而創造軍事化的社會，建立軍事化的國家，最終完成三民主義建設。

臨全大會確立上述「抗戰健黨」的核心思想後，黨的機構和人事調整便在隨後召開的五屆四中全會上逐項予以落實。前文所述「三部歸併」的組織架構調整雖已塵埃落定，但各部部長人選仍懸而未決。1938 年 4 月 8 日，國民黨中央以顧孟餘、張厲生分任中央宣傳與組織部部長，民眾訓練部改組為社會部，以陳立夫任部長。這一人事安排與蔣介石先前草擬的「立宣、辭訓、張組」，即宣傳、訓練、組織三部部長分別由陳立夫、陳誠、張厲生擔任的人選名單有較大出入。[42]

在最終任命時，顧孟餘出掌中央宣傳部是為平衡汪精衛方勢力。民眾訓練部被改組為社會部後，僅「掌理各種民眾團體中黨員工作之指導、協助人民團體之組織並策進其事業」，民眾訓練

---

40 胡夢華，〈臨全大會以來本黨的建設〉，《中央週刊》，第 1 卷第 24 期（1939 年 1 月）。
41 蔣介石，〈建黨建國的要務和黨德的表現〉（1938 年 4 月 3 日），頁 210-211。
42 〈蔣介石日記〉，1938 年 3 月 25 日。

職能已被完全劃歸政治部。[43] 陳立夫雖被任命為社會部長，但管轄的是黨務中較邊緣工作，所負權責十分有限。蔣介石以陳誠主管政治部，掌理民眾訓練工作，使兩方力量瞬時發生扭轉。[44] 而被視為 CC 系幹將的張厲生，雖仍任中央組織部部長，但已與二陳貌合神離，並漸趨靠近陳誠，開始將精力投注於政治部秘書長一職之上。

此外，臨全大會的另一項重要舉措是在黨內設立正、副總裁，由蔣介石與汪精衛分任。副總裁之設是為平衡汪派勢力，但並未賦予其實權。蔣介石更通過提高中央黨部秘書長地位的方式，對副總裁權力予以牽制。同時，又以三點理由限制副總裁兼任中央黨部秘書長一職：「須秉承總裁及常會之命處理事務，不便再居常會之下；須折衝常委間，不宜以副總裁地位兼充；會議代理時無秘書長，缺乏緩衝。」[45] 而原中央黨部秘書長、CC 系要員葉楚傖，在蔣介石革新黨務的大局之下，勢必不宜再居原職，需另作調整。對於新任人選，蔣介石曾在朱家驊與王世杰二人之間猶豫。[46] 但另有資料顯示，蔣介石亦有將朱、王二人作為宣傳部部長候選人的考慮，而以戴季陶、居正、周佛海、甘乃光作為秘書長人選。[47] 最終，朱家驊與甘乃光在國民黨五屆四中全

---

43 〈中國國民黨第五屆中央執行委員會常務委員會第七十四次會議紀錄〉，《中國國民黨第五屆中央執行委員會常務委員會會議紀錄彙編》，冊上，頁198-199。

44 《王子壯日記》，冊4，1938年4月10日，頁436。

45 〈中常委與黨務委員會委員名單，副秘書長組織部宣傳部文化團體指導部社會團體指導部職業團體指導部海外部婦女部調查統計部或局等首長名單〉，《蔣中正總統文物》，國史館（以下略）：002-080300-00013-001。

46 〈蔣介石日記〉，1938年3月25日。

47 〈中常委與黨務委員會委員名單，副秘書長組織部宣傳部文化團體指導部社會團體指導部職業團體指導部海外部婦女部調查統計部或局等首長名單〉。

會上，被分別任命為中央黨部正、副秘書長。

在王子壯看來，這一人事更迭實屬大勢所趨。葉楚傖雖自1931年起就擔任中央黨部秘書長，但其本身對黨並無明確主張，基本秉承二陳旨意行事。葉楚傖敷衍了事的處事態度，甚至被時人冠以「葉婆婆」的綽號。[48]「在昔蔣先生將黨付彼等以全權之時，固無不可，然不宜於今日。至朱之為人，頗聰明而有能力。對各派絕不黏滯，而以蔣之意旨為依歸，此次之出任秘書長亦非偶然。」[49]因此，蔣介石起用一直活躍於政、學兩界的朱家驊辦黨，意在使其居中調解CC系與黃埔系矛盾，緩和派系衝突。

國民黨五屆四中全會還對中央執行委員會的布局做出大幅度調整。首先，新修正的組織大綱要求，中央黨部秘書長承總裁之命與中央執行委員會或常務委員會決議，掌理一切事務。上述規定將秘書長職權由原本綜理秘書處一切事務，提升為黨的幕僚長，較之葉楚傖時代權能得到擴充。[50]這一變化不僅是為牽制、架空副總裁汪精衛，更是因以二陳兄弟為代表的CC系高層被迫退出黨務領導核心後，遺留下較大權力空間。

改制後的中央執行委員會之下還增設黨務委員會，以秘書長朱家驊兼任主任委員，主要掌理黨務審議、設計及總裁或常務委員會交辦事宜，以及聯繫各部處工作。[51]王子壯認為，黨務委員會之設是為糾正以往各部各自為政，中常會又往往草率通過各部提案的弊病。黨務委員會成立後，各部均須將工作計劃報告委員

48　《陳克文日記1937-1952》，冊上，1938年4月15日，頁215。
49　《王子壯日記》，冊4，1938年5月5日，頁448。
50　〈中國國民黨第五屆中央執行委員會常務委員會第七十四次會議紀錄〉，頁198。
51　〈中國國民黨第五屆中央執行委員會常務委員會第七十四次會議紀錄〉，頁199。

會，由該會處理日常黨務事宜。[52] 而通過分析黨務委員會成員構成情況也可以發現，內中兼顧了 CC 系與黃埔系勢力，亦是蔣介石欲要團結兩派的黨務革新計劃的產物。[53]

不止於此，五屆四中全會還對國民黨情報組織加以調整，將原由 CC 系掌控的國民政府軍事委員會調查統計局第一處擴大為中央調查統計局，設於中央執行委員會內，以中央黨部秘書長朱家驊兼任局長、CC 系人士徐恩曾任副局長。國民黨的調統事業向由 CC 系壟斷，這一調整後，中統局實際業務雖仍由徐恩曾負責，但朱家驊的介入不免對該方有所牽制。

綜合上述各端，國民黨臨全國大會與五屆四中全會召開後，朱家驊不僅空降中央黨部，更以秘書長身分同時兼管中央黨務委員會和中統局，所負蔣介石之重托不亞於陳誠。正如王子壯所言：「黨務方面，朱秘書長負最大之責任，遠超葉先生，事無巨細均交朱為之計畫實行。關於訓練黨及軍各人員，統由陳誠負其責，是十年來當政之陳立夫先生其勢頓衰。」[54] 1938 年 7 月，陳誠因身兼前線軍事重任，所負三民主義青年團中央臨時幹事會書記長一職，亦經蔣介石授意交由朱家驊代理，使朱之權責再獲提升。與此同時，朱家驊還成為蔣介石此時醞釀成立的人事考察室成員，並位列眾人之首。[55]

蔣介石此次大規模更動國民黨中央組織與人事的主體思路是取消黨內派系之別，融合 CC 系與黃埔系，以求實現黨務革新。

---

52 《王子壯日記》，冊 4，1938 年 4 月 19 日，頁 440-441。
53 《王子壯日記》，冊 4，1938 年 4 月 21 日，頁 441。
54 《王子壯日記》，冊 4，1938 年 6 月 7 日，頁 465-466。
55 其他成員分別是：張羣、陳果夫、陳立夫、陳誠、林蔚、胡宗南、熊斌。〈蔣介石日記〉，1938 年 7 月 29 日。

中央黨部秘書長便需能起到聯合兩派，居中調節之效。朱家驊籍屬浙江，與二陳兄弟同為湖州人，且與戴季陶、張靜江素有交往，在黨內高層中具有一定人際資源。至於軍方黃埔系，朱家驊與之交集頗少。因此，較之具有政學系背景的王世杰，朱家驊屬超然派系，更符合蔣介石此時革新黨務、淨化組織的需求。其實，朱家驊與王世杰能夠成為中央黨部秘書長候選人，還因彼等均具有的學者身份屬性。蔣介石認為國民黨諸多病症之一便是黨部衙門化，黨員已成為特殊階級，招致社會與民眾的反感。[56] 為改變國民黨外在形象，消褪黨員官僚習氣，增強黨的教育屬性，蔣介石更傾向選擇起用諸如朱家驊一類的學人辦黨。

王子壯認為朱家驊可謂是時代的寵兒。廣東時代，蔣介石埋首苦幹，專注訓練黃埔幹部；定都南京後，信任二陳兄弟發展黨務；反共時期，有感於缺乏政治人才，重用以楊永泰為代表的政學系人士；抗戰爆發後，為應對時局，開始對朱家驊倚重殊殷，「除軍事方面之陳誠外，一切事務莫不諮之」。王子壯分析其中緣由在於：「吾國目前之所需者，國內要名流學者之合作，國外需與外人交往以增聲援。朱在學者方面，近年始終任研究院總幹事，老蔡以下與學者往還之總匯也。朱又任中央庚款董事會董事長及國際聯盟同志會會長，均所以周旋於外人者。」[57] 由此，朱家驊乘勢而起，成為戰時蔣介石心中辦黨的不二人選。

---

56 蔣介石，〈臨時全國代表大會開會詞〉（1938年3月29日），頁178、180。

57 《王子壯日記》，冊4，1938年9月25日，頁540-541。

第二節　朱家驊早年政治軌跡

朱家驊（1893-1963），字騮先，浙江湖州吳興縣人（今湖州市吳興區），幼失怙恃，由其兄朱祥生撫養成人。朱祥生早年經營絲業，後進入由同鄉張靜江創辦的兩浙鹽務公司工作，其間結識另一同鄉周柏年。周柏年早年留學日本時，與孫中山相識，加入同盟會從事革命活動。在周的介紹下，十三歲的朱家驊進入南潯正蒙學堂讀書。同為吳興人的沈士遠與沈尹默兄弟曾先後到校任教。1908年夏，朱家驊自南潯畢業後前往上海，初識張靜江，同年9月考取同濟德文醫學校。[58]

在上海讀書期間，朱家驊的革命思想開始萌芽，1910年，因見報載汪精衛謀刺攝政王的消息便欲起而效仿，計劃前往南京謀刺兩江總督張人駿。次年，朱家驊又受宋教仁在上海演講伊犁片馬問題鼓舞，秘密發起成立「中國敢死團」。1911年，武昌起義爆發後，朱家驊作為該團代表前往武漢，並得到居正接見，留在戰地服務三個多月。回滬後，又相繼認識了吳稚暉、李石曾、張繼等日後國民黨諸元老。1912年3月，朱家驊在吳興同鄉周柏年與褚民誼的介紹下加入同盟會。

鑒於朱家驊及其所組織的中國敢死團在辛亥革命中的傑出表現，陳其美向袁世凱推薦其出國留學，革命前輩汪精衛、戴季陶、褚民誼等亦在名單之列。[59] 隨後，雖因二次革命爆發未能成行，朱家驊還是在1914年實現了一直以來的留學夢想，與張靜

58　1913年，周柏年將自己的姨甥女程亦容介紹給朱家驊。次年，朱、程二人訂婚後一同赴德。胡頌平，《朱家驊先生年譜》（臺北：傳記文學出版社，1969），頁3-4、7。

59　陳其美亦為吳興人，辛亥革命時曾率領中國敢死團在上海起義，進攻江南製造局。雙方相持不下，陳隻身進入製造局勸降被拘，中國敢死團從外強攻將其救出。孫衛國主編，《南市區志》（上海：上海社會科學院出版社，1997），頁999。

江一道自費赴德。由此，也為其日後仕途之路建立起與德國的密切聯繫。[60] 正如柯偉林所言：「蘊藏在文化聯繫後面的動機是有遠見的，在此時期接受德式教育的下一代中國領導人朱家驊和俞大維，都在民國南京政府時期為拓展中德經濟聯繫發揮了重要作用。」[61] 遺憾的是，朱家驊此次赴德最終受一戰影響，未能獲得學位，僅自柏林礦科大學肄業。

1917 年，朱家驊回國後，在留德同學閻幼甫的介紹下，受聘為湖南工業專科學校教師，但因華北水災與湖南人民反抗督軍張敬堯的運動而擱淺。此後，朱家驊又經昔日老師沈尹默推薦，進入北京大學擔任德文講師，並在校中結識胡適、陶孟和、王星拱、何炳松、陳大齊和顧孟餘等人。在朱家驊教授的學生中，則有羅家倫、蔣復璁之輩。次年，朱家驊借北洋政府教育部選派學者出國留學深造之機，經北大推薦前往瑞士專攻地質學。1922年，歷經兩次轉學後，朱家驊在柏林大學地質學系獲得博士學位。1924 年春，朱家驊回到北大主持德文系，並講授《地質學概論》課程。[62]

彼時，朱家驊作為北大最年輕的教授，思想左傾，對政治懷有濃厚興趣。1925 年 2 月，孫中山在北京病重期間，朱家驊曾前往協和醫院探望，雖未得晤面，但經張靜江介紹認識了吳興同鄉戴季陶。此後，朱家驊開始頻繁參與學生運動，與王世杰、周鯁生共同策劃領導了北京學生聲援上海「五卅慘案」的天安門示

---

60 胡頌平，《朱家驊先生年譜》，頁 6-7。
61 柯偉林（William C. Kirby）著，陳謙平等譯，《德國與中華民國》（南京：江蘇人民出版社，2006），頁 15。
62 胡頌平，《朱家驊先生年譜》，頁 9-15。關於朱家驊早年學術事業的積累，可參見黃麗安，《朱家驊學術理想及其實踐》（北京：社會科學文獻出版社，2018）。

威遊行。10月，朱家驊率領學生舉行關稅自主大會。11月，組織學生舉行反對段祺瑞政府的「首都革命」。然而，熱衷於革命活動的朱家驊當時實際早已脫黨，後經顧孟餘和于樹德介紹才重新加入國民黨。[63]

若追溯朱家驊政治追求與革命理想的起源，其家鄉浙江吳興的地域環境無疑發揮了關鍵作用。吳興自古經濟富庶，文人薈萃。清末民初，一批早期外出接觸新知的人士將趨新風氣和革命火種帶回鄉間，潛移默化地薰陶著如朱家驊一輩的本地青年，並鼓勵他們前往上海，甚至國外更加廣闊的天地求學闖蕩。此後，借助地緣情誼，朱家驊又在諸如周柏年、張靜江、戴季陶、陳其美和褚民誼等同鄉前輩的引領下，走到革命隊伍前列，與國民黨高層交遊。這種政治上的鄉誼紐帶，已為時人所注意：

> 今日吳興人士在政治上、學術上占重要之地位，亦頗為當世所推重也。鼎革以還，吳興人才輩出，或輸財助餉如張人傑氏，或獻身革命如陳其美氏，功績照垂，億眾景仰，已為人所共知。至今除張人傑氏現任建設委員會委員長外，考試院院長戴傳賢氏、國民政府主計處長陳其采氏、實業部部長吳鼎昌氏、江蘇省政府主席陳果夫氏、中委陳立夫氏、浙江省政府主席朱家驊氏、前行政院秘書長褚民誼氏、上海市社會局局長潘公展氏，均系知名之湖州人士。[64]

---

63 胡頌平，《朱家驊先生年譜》，頁 15-16。
64 中國經濟統計研究所編，〈吳興農村經濟〉，李文海主編，《民國時期社會調查叢編》，二編鄉村經濟卷上（福州：福建教育出版社，2009），頁 769。

1926年,「三一八慘案」發生後,顧孟餘與朱家驊等因從事「反段運動」,成為北洋政府的通緝對象。顧孟餘為躲避抓捕,率先離京赴粵,並在不久後給朱家驊寄來中山大學地質學系教授兼系主任的聘書。朱家驊獲得新的工作機會後,便結束了在北大的執教生涯,化妝南下。抵達廣州後,經張靜江引薦,朱家驊結識了譚延闓、李濟深、陳果夫、錢大鈞等國民黨要員。張靜江還將自己九歲的女兒送給朱氏夫婦作義女。10月,廣州國民政府任命戴季陶、顧孟餘為中山大學正、副委員長,徐謙、丁惟汾與朱家驊為委員。因其他委員均另有要務,校內行政由朱家驊代為主持。朱家驊長校後,大量新聘教授到校任教,如文科有魯迅、傅斯年、顧頡剛等,醫科、理科與農科則因朱之留學背景,聘請大量德籍教授。[65] 黃麗安指出,「中山大學是朱家驊實踐他歐洲大學式的教育學術理想的首站,也是他由一單純學者轉變為教育學術行政管理者之重要轉折時期。」[66]

　　1926年11月,隨著北伐戰爭的節節推進,廣州國民政府遷往武漢,在粵設立政治分會,以李濟深任主席。朱家驊起初任秘書長,後任委員。在此期間,朱家驊曾寫信給留學時結識的德國工程學會會長馬特楚斯(Conrad Matschoss)教授,請其為廣州兵工廠的建設推薦專家。馬特楚斯接信後,將朱家驊介紹給埃裡克·魯登道夫(Erick Ludendorff)將軍。在魯登道夫的引薦下,陸軍上校鮑爾(Max Bauer)撰寫了一份「中國陸軍整理計劃書」,交由朱家驊在德國留學的侄子朱謙代為轉送回國。隨後,戴季陶以「使中國的軍隊國家化」為由,向李濟深舉薦了鮑爾,

---

65　胡頌平,《朱家驊先生年譜》,頁16-17。
66　黃麗安,《朱家驊學術理想及其實踐》,頁89。

並請其以廣州總指揮的身分向鮑爾發出官方邀請。[67] 柯偉林研究認為，在為廣州方面與德國顧問穿針引線的過程中，朱家驊得自張靜江與戴季陶的授意，張、戴二人秉承的則是蔣介石的意旨。因當時國民黨的對德關係基本由北洋時期遺留下來的職業外交官所主導，而他們缺乏交涉軍事和工業事務的能力，使蔣介石不得不依賴單線私人管道去聯絡有意來華服務的德國軍人。[68]

1927年4月，蔣介石的「清黨」反共行徑，不僅標誌著國共合作關係的破裂，亦預示著孫中山所奠定的師俄體制行將結束。上述向德國尋求顧問的嘗試，亦是此後國民黨對外關係轉向的前兆。對朱家驊來說：「在其政治生涯剛起步之時，他只是個中間人，新的穩健的中國領導層通過他，尋求在內政和外交政策上朝新的方向發展。」[69] 廣東清黨委員會成立後，朱家驊躋身委員之一。中央政治分會改組廣東省政府後，朱家驊又被任命為民政廳廳長兼省政府常務委員會主席。[70] 5月，中山大學取消委員制，中央政治會議任命戴季陶為校長、朱家驊為副校長。[71] 由此，朱家驊一方面借助與同鄉張靜江、戴季陶的親密關係，另一方面基於國民政府處理對德關係的需要，僅花費了兩年時間，在廣東政、學兩界的地位便驟然上升。此後，朱家驊雖以中大校務冗繁，辭去所兼浙江省政務委員與農工廳廳長職務，但同年10

---

67 1914年，朱家驊初赴德國留學時，結識了馬特楚斯教授。胡頌平，《朱家驊先生年譜》，頁7、18。

68 柯偉林，《德國與中華民國》，頁45-46；齊錫生，《分崩離析的陣營：抗戰中的國民政府1937-1945》，頁32。

69 柯偉林，《德國與中華民國》，頁48。

70 胡頌平，《朱家驊先生年譜》，頁17。

71 〈中國國民黨中央執行委員會政治會議函國民政府為請任命戴傳賢為國立廣州中山大學校長朱家驊為副校長〉，《國民政府檔案》，國史館（以下略）：001-032320-00003-001。

月,又被任命為浙江省政府委員兼民政廳廳長。[72]

　　1927年11月15日,德國顧問鮑爾受邀抵達廣州。隔日,粵籍將領張發奎與黃琪翔在廣州發動政變,並改組了國民黨廣東省黨部與省政府,藉以打擊彼時控制著國民黨中央的新桂系與其盟友李濟深。[73]朱家驊與戴季陶在此形勢下離開廣州,前往上海謁見蔣介石,這也是目前有據可考的蔣、朱初次見面。隨後,廣州政治分會雖電請戴季陶和朱家驊回粵主持中大校務,但朱選擇留在上海。[74]因此時鮑爾已由粵到滬,朱家驊需作為翻譯陪同晉謁蔣介石。[75]這一任務完成後,朱家驊也並未返回廣州,而是直接前往杭州就任新職。

　　1927年,寧漢合流。蔣介石第一次下野期間,曾計劃出洋遊歷,前往德國學習哲學、經濟與軍事。[76]蔣自稱對德國文化技術嚮往已久,早在1912年3月就萌生「辭職東遊讀德文,亟欲赴德留學」的想法。[77]1928年,蔣介石復出後,迫於內外形勢,亟需謀求的不僅是更為鞏固的黨內地位,亦需在聯俄之後,為國民黨建立起新的對外援助關係,而身邊頗受信任的張靜江、戴季陶等人恰是德國文化的推崇者。於是,在多種因素的綜合影響

72　〈中國國民黨中央政治會議函國民政府為准廣州中山大學委員朱家驊來電請辭浙江省政務委員兼農工廳長職務經議決請准予辭職〉,《國民政府檔案》:001-032220-00137-019;〈國民政府明令任命蔡元培等為浙江省政府委員又任命朱家驊等兼浙江各廳廳長〉,《國民政府檔案》:001-032220-00138-006。

73　宋其蕤、馮粵松,《廣州軍事史》,冊下.近現代卷(廣州:廣東經濟出版社,2012),頁218。

74　〈政治會議廣州分會致戴傳賢朱家驊兩先生匆匆離粵中山大學校務停頓希剋日回粵主持〉,《汪兆銘史料》,國史館(以下略):118-010100-0040-029。

75　柯偉林,《德國與中華民國》,頁53。

76　〈蔣介石日記〉,1927年9月14日、16日。

77　〈蔣介石日記〉,1931年「回憶錄」。

下，德國成為此後十年間國民政府重要的外交對象。而朱家驊則先借助浙籍地緣優勢，成功走進蔣介石的視線，並在政壇嶄露頭角，後隨國民黨對德關係的深入展開，成為國民黨搭建中德關係的實際運作者。

1928年「張黃事變」失敗後，李濟深重返廣州，電邀朱家驊回粵繼續主持中山大學校務。為此，朱家驊申請辭去浙江省民政廳廳長一職，但未獲允准，轉辭中大副校長職務亦未獲准。[78] 11月，浙江省政府改組。張靜江取代何應欽出任省政府主席，朱家驊仍以省府委員兼任民政廳廳長，自此身兼浙、粵兩地職務長達三年之久。[79] 在浙期間，朱家驊著重人才培養，政績卓著，曾舉辦第一屆縣長考試，創辦浙江警官學校、地方自治專修學校，還成立了浙江省衛生試驗所，聘請德籍人士擔任所長。[80]

1929年3月，國民黨第三次全國代表大會召開。這是自「北伐統一」、「清黨反共」與「東北易幟」等重大事件後，國民黨首次舉行全國代表大會，正式宣布由軍政轉入訓政時代，蔣介石的黨內地位也同時獲得極大提升。在中央委員選舉中，蔣派勢力居絕對優勢。朱家驊作為其麾下重要一員，不僅到京出席大會，更被推舉參加主席團，當選為中央委員與中央政治會議委員，躋身國民黨高層，直接參與中樞最高會議。[81]

北伐前後，眾多浙江人被提拔重用，需歸功於蔣介石在黨內

---

78 〈浙江省政府委員兼民政廳長朱家驊呈國民政府為請准辭去浙江省政府委員兼民政廳長職以便專心辦理中山大學〉、〈國民政府指令朱家驊有關辭浙江省政府兼民政廳長職應毋庸議〉，《國民政府檔案》：001-032220-00138-038、039。

79 〈國民政府明令任命浙江省政府委員改組免職〉，《國民政府檔案》：001-032220-00139-002。

80 胡頌平，《朱家驊先生年譜》，頁20。

81 胡頌平，《朱家驊先生年譜》，頁21。

的崛起與統治重心的北移。金以林認為在 1925 年至 1931 年間，地域觀念在國民黨派系衝突中扮演著重要角色。粵籍人士長期以來擁有黨統意識，蔣介石憑藉軍權異軍突起後，使黨內出現了江浙幫與廣東幫的勢力對抗。[82] 朱家驊的政治崛起，則適逢這一黨內權力更迭之際。回顧 1926 年 3 月時，朱家驊尚為青年教師在北大領導學生運動，僅三年之後便扶搖直上位居國民黨中委之列，個人的政治成長可謂十分迅速。

1929 年 5 月，德國軍事顧問鮑爾在上海病逝，職缺由柯瑞伯（Hermann Kriebel）上校接任，但後者僅在南京短暫任職。蔣介石只得要求朱家驊設法從德國另覓妥人。朱家驊遂派浙江省政府水利局局長戴恩基，借赴德辦理航空測量器材之機，邀請魯登道夫將軍親自來華。但魯登道夫考慮到彼時德國尚受《凡爾賽條約》限制，為避免外交爭議，改推前帝國軍隊總參謀部官員、曾擔任「國防軍軍隊辦公室主任」的魏采爾（Georg Wetzell）來華。[83]

這一時期，蔣介石愈發重視德國顧問，頻繁與之舉行談話與宴請。[84] 蔣並將「考察德國顧問工作與組織」列為年度重要工作計劃，更在日記中寫道：「擬自本周起接見德國顧問，考察其品學，分配其任務，不使閒暇無事也。」[85] 1930 年 5 月，魏采爾以總顧問身分抵達中國，在朱家驊的陪同下直接趕往前線面見蔣

82　金以林，〈地域觀念與派系衝突——以二三十年代國民黨粵籍領袖為中心的考察〉，《歷史研究》，2005 年第 3 期，頁 115-128。

83　胡頌平，《朱家驊先生年譜》，頁 22-23；柯偉林，《德國與中華民國》，頁 64-65。

84　〈蔣介石日記〉，1929 年 6 月 20、28 日。

85　〈蔣介石日記〉，1930 年「今年工作」、1 月 19 日。

介石。[86] 此後，蔣介石日記中屢現涉德事務記載，如：「德顧問成績甚少，其總顧問督察不嚴，組織不密所致」、「下午參觀德國新到驅逐機試飛」、「又欲以德國貨物售於中國，使中國生產，使德國貨有銷場，而還戰債」等。[87]

直至 1930 年代初，蔣介石仍很難與德國軍隊或國防工業領導人物通過官方渠道建立聯繫或展開接觸。因此，在蔣介石與德國顧問的私人交往中，朱家驊作為得力助手不僅獲得更多與國民黨最高領袖接觸的機會，也逐漸贏得蔣介石的信任與賞識。[88] 1930 年 9 月，戴季陶呈請辭去中山大學校長職務，並推薦由朱家驊接任。[89] 朱家驊為此辭去浙江省民政廳廳長一職，前往廣州專心從事教育事業。[90] 但同年 12 月，朱家驊便被從廣州調至南京，出任中央大學校長。[91]

1931 年 3 月，蔣介石又決定以朱家驊與陳其采擔任「管理中英庚款董事會」委員。[92] 陳其采為陳其美之弟、朱家驊的吳

86　胡頌平，《朱家驊先生年譜》，頁 23。

87　〈蔣介石日記〉，1931 年 1 月 17 日、20 日、30 日。

88　〈蔣介石日記〉，1931 年 3 月 21 日。

89　〈國立中山大學校長戴傳賢呈國民政府為懇請辭去中山大學校長職務遺職以副校長朱家驊升任遺副校長一職請以農科教授兼主任沈鵬飛升任以專責成〉，《國民政府檔案》：001-032320-0003-008。

90　據稱，朱家驊的辭職與其和浙江省主席張靜江的關係破裂有關，其中原委可從陳果夫的記述中窺知一二：「朱在浙任用若干小人，圖奪黨權。造作種種謠言向靜江先生報告，攻擊黨部同志，靜江先生信之甚深。某日幾欲押辦黨部全體同志，其時適在黨部選舉之前，有人勸靜江先生且待選舉結果如何再說。迨選舉揭曉，朱之票為最多，其他當選者多屬正當。靜江先生好奇，乃將其所報告者一一詢諸同志，始知全屬子虛。」陳果夫認為，張靜江自此對朱家驊有了新認識。〈陳果夫函蔣中正報告近來黨務組織與人事情形〉，《蔣中正總統文物》，002-080200-00621-050；劉壽林等編，《民國職官年表》（北京：中華書局，1995），頁 701。

91　〈國民政府主席蔣中正明令任命國立中央大學校長朱家驊國立中山大學校長金曾澄〉，《國民政府檔案》：001-032320-00003-019。

92　「管理中英庚款董事會」是國民政府專為負責分配、使用和保管英國退還庚

興同鄉和舊日同事,曾任浙江省財政廳廳長,致力財政事業多年。[93] 4月,董事會正式成立時,朱家驊被任命為董事長。無論從人際、地緣關係,還是專業所長來看,陳其采被任命為庚款董事頗合情理。蔣介石對朱家驊的任用反倒有些突兀,但其中實則包含了一項關涉多種事業的整體性人事計畫。1931年5月,蔣介石曾在日記中寫道:

> 世人心理以為胡、孫去職,政治無法,此種心理殊為大謬,其實開國端在武功,有武功不患無文治,書生如本黨之老學究,誠不足言文治也。此後先將行政院各部充實,而以司法行政部歸於行政院,其餘各院暫仍其舊,或以中央大學與教育部對調,或以教育部長暫代司法院,而以于調立法,張調監察,邵調考試副院長,但此非其時也。[94]

在蔣介石對「文治」的規畫中,黨內老學究之輩已不合時宜,需要起用一批受過國外現代高等教育的人才,「以中央大學與教育部對調」之語,便是欲以時任中央大學校長的朱家驊接長教育部。在次日的蔣介石日記中,有關「朱教育」的記載亦可為資證明。[95] 而在英國退還庚款中,基金部分用於支配生產事業,息金部分應用於「有永久紀念性之教育文化之建築及有關全國之

子賠款而設。〈蔣介石日記〉,1931年3月23日;萬仁元、方慶秋、王奇生主編,《中國抗日戰爭大辭典》,頁703。
93 劉國銘主編,《中國國民黨百年人物全書》,冊下(北京:團結出版社,2005),頁1365。
94 〈蔣介石日記〉,1931年5月21日。
95 〈蔣介石日記〉,1931年5月22日。

重要文化事業為原則」。[96] 朱家驊若在出任教育部部長的同時，兼任「中英庚款董事會」董事長，便能夠更加方便、有效地使用此筆款項。由此，蔣介石任命朱家驊為管理中英庚款董事會董事長後，又計劃以其出任教育部部長之間的內在邏輯關係便較為順暢。不過，蔣介石並未立即實施上述計畫，因彼時黨內權力尚未集中，「此非其時也」。[97]

1931 年末，寧、粵、滬三地各自召開國民黨第四次全國代表大會，黨內高層派系鬥爭異常激烈。12 月 15 日，蔣介石以退為進，辭去國民政府主席與行政院院長職務，二次下野。隨後召開的國民黨四屆一中全會宣布「黨的統一」，組成「統一政府」，推舉蔣介石、汪精衛、胡漢民為中央政治會議常委輪任主席，以林森為國民政府主席，孫科為行政院長，但蔣、汪、胡三人均未到京就職。

在新成立的孫科內閣中，朱家驊作為唯一浙籍人士被任命為教育部部長。當朱家驊通過宋子文電詢蔣介石可否就任時，得到回覆：「對驊先兄就職否，弟無成見，但以後教育，中央如無方針與實力為後援，則徒供犧牲，殊為可惜耳。」[98] 朱家驊探知蔣介石的上述態度後，遂未前往教育部接事。而在此前，中央大學學生因九一八事變爆發，反日情緒高漲，朱家驊以處理學潮不善，曾屢次向中央提請辭職，但均被挽留。12 月，北平學生南下聯合在京的中央大學等校，舉行更為激進的遊行示威，使朱家

---

96 〈中英庚款息金用途支配標準〉（1931 年 8 月 10 日），《管理中英庚款董事會年刊》，第 1 期（1931 年 12 月），頁 7。

97 因中原大戰後，蔣介石曾試圖進一步強化個人權力，但隨著胡漢民被扣，新的反蔣戰線也在逐漸醞釀與組織之中。

98 周美華編註，《蔣中正總統檔案事略稿本》，冊 12（臺北：國史館，2006），頁 522。

騮的校長一職難以為繼。1932年1月6日，行政院最終批准了朱家驊的辭呈。[99]

孫科在內外交困的形勢下，只得邀請蔣、汪、胡入京主持大局。蔣介石看到重新出山的時機已到，遂與汪精衛達成協議，形成汪主政、蔣主軍的權力格局。1932年1月28日，國民黨中央決定以汪精衛任行政院院長、宋子文為副院長、孫科改任立法院院長，並成立軍事委員會統管全國軍事，以蔣介石任委員長，開啟蔣汪聯合執政時期。次日，朱家驊抵達南京與汪精衛見面後，立即前往徐州謁見蔣介石。[100]

蔣介石復出後，在日記中反省道：「教育不修；又鐵道弊深，運輸不靈，民生阻絕，此交通不整，皆為今日統一之障也，而余意馮為內政，使其組織與改良社會，汪為教育，余為交通部長，則六年之內修成六萬里之鐵道，中華民族或猶可救也。」[101] 蔣介石此時不僅愈發重視教育、交通事業，更謀劃以馮玉祥、汪精衛分管內政、教育，並自任交通部部長。數日後，蔣介石在勸說馮玉祥出任內政部部長時談到：「對軍事絕念而在內政上著力，此時救國當以挽救世道人心為己任。若余等必欲為大官或任軍官，而不在社會、交通、經濟、教育上用工，則國亡而身亦不保也。」馮玉祥雖心領神會，但甚不情願。[102] 於是，蔣介石只

---

99 〈行政院長孫科函國民政府文官處為中央大學校長朱家驊辭職請任命桂崇基繼任請查照轉陳明令任免〉，《國民政府檔案》：001-032320-00005-028。關於朱家驊就任與辭去中央大學校長職務的詳細考察，參見蔣寶麟，《民國時期中央大學的學術與政治（1927-1949）》（南京：南京大學出版社，2016），頁70-77。

100 胡頌平，《朱家驊先生年譜》，頁25。

101 〈蔣介石日記〉，1932年1月30日。

102 〈蔣介石日記〉，1932年2月3日。

好調朱家驊任內政部部長，但亦被婉言謝絕。[103] 最終，朱家驊按照 1931 年 5 月時蔣介石草擬的人事計畫，於 1932 年 2 月前往教育部接事。[104]

有學者指出，1932 年是蔣介石從軍事領袖向政治領袖轉型的關鍵一年，而國民黨高層政治的現狀也令其深陷缺乏幹部的苦惱之中，屢屢表露出求賢若渴之心。[105] 蔣介石在對身邊幹部的挖掘與使用中愈發倚重朱家驊，開始頻繁與之商討國家大事。4 月 4 日，蔣介石在日記中寫道：

> 求賢才皆不易，當退而求次，不可眼界太高。近者朱益之、朱騮仙〔先〕、朱逸民、張岳軍、賀貴嚴、蔣雨岩；次之如陳立夫、葛湛侯、俞樵峯、陳公俠；遠者如程滄波、劉健羣、何浩若、梁幹喬、趙文龍；次之如張道藩、羅志希、顧樹森、彭學沛，皆有一日之長。如欲求其全才，則何可多得，勉之。[106]

4 月 7 日，蔣介石又與戴季陶、朱家驊、蔣夢麟、何應欽研究外交問題。20 日，蔣介石再與朱家驊、羅家倫談話，「甚以北方教育界與環境為憂也」。5 月 2 日，朱家驊與葉楚傖、楊永泰、葛湛侯、羅家倫等人，被蔣介石視為「研究時局之友」。6 月 20 日，蔣介石在考慮國防設計機構時，梳理出一些可用之

---

103 胡頌平，《朱家驊先生年譜》，頁 28。
104 胡頌平，《朱家驊先生年譜》，頁 25-26。
105 汪朝光、王奇生、金以林，《天下得失：蔣介石的人生》（香港：中和出版，2012），頁 80-83。
106〈蔣介石日記〉，1932 年 4 月 4 日。

人,並按照各自所長加以分類,朱家驊與戴季陶、蔣夢麟、錢昌照、羅家倫被一同列入教育組。[107] 22日,蔣介石再次在日記中抒發缺乏幹部的苦悶:

> 為政在人,余一人未得,何能為政,嘗欲將左右之人試量之,多非政治上人,戴季陶、陳景翰〔韓〕、余日章三友可為敬友,而不能為我畏友;其他如朱騮仙〔先〕、蔣雨岩、張岳軍、俞樵峯皆較有經驗,而不能自動者也;其次朱益之、朱逸民皆消極守成而已,無勇氣,不能革命矣。其他如賀貴嚴、陳立夫、葛港候皆器小量狹,不足當大事也……其他如內政、外交、經濟、法律、教育諸部,從長考選不易多得也。[108]

各部主官雖需「從長考選不易多得」,但隔日蔣介石就草擬出內政、外交諸部部長的任用計畫:「政務:朱騮先,以馬寅初任經濟,王世杰任法律,蔣夢麟任教育,張岳軍任內政,蔣雨岩、周鯁生任外交,俞樵峯任交通,未知其果能無誤否。」[109]在蔣介石看來,朱家驊富有政治經驗卻缺乏能動性,僅能盡一部之責,但本著退而求其次、不可眼界太高的自省,又將其視作現有幹部中最為得力的肱股之臣,就連陳立夫之輩也尚居其後。上述名單有兩點值得注意之處,一是蔣介石改變了以往對於職業官僚的任用,在政府機構中提高了知識技術型專家的地位;二是萌生了調朱家驊辦理政務,由哲學與教育學博士蔣夢麟接管教育部

---

107 〈蔣介石日記〉,1932年4月7日、20日、5月2日、6月20日。
108 〈蔣介石日記〉,1932年6月22日。
109 〈蔣介石日記〉,1932年6月24日。

的想法。

朱家驊主持教育部期間,主要致力於推行義務教育;改進小學教育;整理中學教育;注重師範、職業、專科教育等工作。其中,最為重要的應屬對高等教育的改革。因習理出身、留德攻讀地質學的朱家驊發現,以 1930 年為例,「文法科學生為數達一萬七千人,而農工醫理諸科學生合併計算,僅為八千餘人,不及文法科學生二分之一」。針對此種畸形現象,朱家驊力圖調整,使「現有文法諸科教育不事擴學,而於現有農工醫諸實科與理科則力求充實」。[110] 這一改革舉措試圖糾正大學教育偏重文科的情況,重視發展較為實用的實科與理科。這既反映了當時國內高等教育的實情,也體現了全國開展實業建設的大環境需求。

然而,自 1932 年初,蔣介石便開始反思「教育不修」的弊病。9 月,其在日記中寫道:「令各特訓班,增加王陽明哲學一科。今日所談者,為教育問題居多,及哲學人才。……與騮先談教育問題。余以為欲挽救國家,只有恢復民族性,與注重孔孟陸王之道也。故必先在端正人心始。」[111] 上述字裡行間流露出蔣介石對朱家驊注重發展實科和理科的教育理念的不認同。10 月底,蔣介石再次感慨道:「近日屢悔致力於教育之不早,以致國事無從收拾,而不能不恨一般長衫老黨員以教育界先輩與文人自鳴者不及早提唱,而使今日黨國敗壞至此也。」[112] 蔣介石痛悔以往未能重視教育事業,希望通過弘揚中國傳統哲學文化,藉以

---

110 朱家驊,〈九個月來教育部整理全國教育之說明〉(1932 年 11 月 25 日),王秉鈞、孫斌合編,《朱家驊先生言論集》(臺北:中央研究院近代史研究所,1977),頁 138-139。
111 〈蔣介石日記〉,1932 年 9 月 7 日。
112 〈蔣介石日記〉,1932 年 10 月 31 日。

提高國人的民族性。這樣一來，朱家驊的學科和教育背景與蔣介石此時整理教育事業的思路相左。因此，蔣介石決定更換教育部部長，調朱家驊出任交通部部長，但令其暫兼教育部部長職至1933年4月。[113]

關於交通事業，九一八事變後，蔣介石在「安內攘外」方針下，將此視為當前急務。1932年初，蔣介石曾擬定「對外美德親善」、「國防以交通為中心」的基本路線。[114]「先定經濟基礎，發展國內交通，以為自衛國防之張本」，「以和日掩護外交，以交通掩護軍事，以實業掩護經濟，以教育掩護國防。韜光養晦，乃為國家與本人惟一政策也」。[115]而這一時期，國民政府的交通發展很大程度上借助於美、德等國力量，蔣介石由此便自然地想到以朱家驊興辦交通。此外，還有一潛在原因，即朱家驊身兼的管理中英庚款董事會董事長職務。英方在該會成立之初規定：「中國政府因鑒於整理中國現有鐵路之異常需要，準備將現存及將到期之款之一部，為整理該項鐵路之用。」[116]具體分配辦法為：「以三分之二為鐵道建築經費，以三分之二〔一〕為水利、電氣等建設經費。」[117]

交通部主要負責管理、籌辦全國電政、郵政、航政及監督民辦航業，借助德國技術與資本之處頗多。[118]國民政府的鐵路事

---

113 〈國民政府明令交通部長陳銘樞辭職照准特任朱家驊為交通部長〉，《國民政府檔案》：001-032170-00001-045。
114 〈蔣介石日記〉，1932年「今日基本政策」。
115 〈蔣介石日記〉，1933年7月11日、14日。
116 〈解決中英庚款換文〉，《管理中英庚款董事會年刊》，第1期，附載頁1。
117 〈中英庚款董事會關於英退庚款分配辦法致鐵道部公函〉（1931年6月3日），財政科學研究所、中國第二歷史檔案館，《民國外債檔案史料》，冊12（北京：檔案出版社，1992），頁578。
118 1927年，時任交通部部長王伯羣就開始與德國航空公司談判，計劃創設一個

業由鐵道部專司其職，以汪派人士顧孟餘擔任部長，蔣介石不便過多干預，但以朱家驊出任交通部部長，並同時掌管鐵路興修經費——中英庚款基金的支配權，不僅便於交通部所屬事業和鐵路建設的發展，在某種程度上也是對汪派管控下的鐵道部的監督與制約。

朱家驊接長交通部後，繼續奉行對德合作路線，大力支持向德國購置飛機，並選派中方人員前往德國受訓，藉以擺脫中國航空技術對外籍人員的依賴。[119] 1932 年 1 月，國聯曾選派德國海港專家來華。次年 3 月，德國政府又命高級郵政顧問朗格來華，擔任交通部電話電報事務專家。[120] 蔣介石以留德出身的朱家驊擔任交通部部長，無疑能夠在對德事務中起到極大地促進作用。

這一時期，朱家驊除主辦交通事業外，在國民政府對德關係中也發揮著重要作用。由於德國顧問魏采爾與蔣介石在軍事戰略上的分歧，蔣二次復出後便開始物色替代人選。朱家驊遂向蔣介石建議邀請德國前國防部部長塞克特（Hans von Secket）上將訪華。[121] 1933 年 5 月，塞克特抵達上海。朱家驊不僅代表國民政府為其舉辦盛大的歡迎儀式，還親自擔任翻譯，陪同塞克特與蔣介石會面。[122] 蔣對塞克特印象極佳，稱讚其為德國軍人的領

中德合辦的航空運輸網。1931 年 2 月，旨在開闢溝通歐亞兩大洲國際空運幹線的歐亞航空郵政股份有限公司成立。九一八事變爆發後，歐亞航空公司的上述願望無從實現，只得轉向開闢中國境內新航線與客貨運輸事業。

119 民航總局史志編輯部，《中國航空公司、歐亞-中央航空公司史料彙編》（北京：民航總局史志編輯部，1997），頁 203-213。

120 郭恒鈺、羅梅君主編；許琳菲、孫善豪譯，《德國外交檔案 1928-1938 年之中德關係》（臺北：中央研究院近代史研究所，1991），頁 119-120。

121 柯偉林，《德國與中華民國》，頁 126-127；胡頌平，《朱家驊先生年譜》，頁 28。

122 柯偉林，《德國與中華民國》，頁 128-129。

袖。[123] 1933 年 11 月初，朱家驊突然接到宋美齡的電話，得知蔣介石要其設法邀請塞克特來華接替魏采爾出任軍事總顧問。經過一番周折，塞克特終於在朱家驊的各方接洽下，於 1934 年 3 月二次來華。[124]

朱家驊不僅透過私人渠道為蔣介石聯繫德國軍事顧問，還常年致力於非官方的中德文化交流事務。1930 年代中期，兩國間的友好關係推動了各類中德組織的發展，如在德國成立了以朱家驊為會長的「中國學院聯誼會」。1935 年，朱家驊、徐培根、譚伯羽與沈士華等人在南京成立了旨在研究和宣揚中德文化的「中德文化協會」，朱家驊自任理事長。[125] 這類組織的作用通常是雙向和非正式的，不僅在中國人中傳播德國知識，也為德國商人在中國獲取資源。因此，學術與文化交流在無形中成為促進兩國經濟合作的工具和媒介。而朱家驊就對德事務的介入也是全方面的，正如柯偉林對他的評價：「無論是作為交通部長還是以後擔任浙江省主席，都能夠保證為中國學生在柏林工業大學（他本人曾在該校學習過）搞到德國獎學金，這些學生的專業包括航

---

123 塞克特建議蔣介石：「第一，注重訓練教導旅，注重高級將領教育，尤在實際；第二，注重兵器獨立。第三，注重長江防備。」蔣介石事後亦覺甚有心得，表示「尤為餘所同意也」，並命朱家驊將塞克特的兩本著作《德國國防軍》與《一個軍人之思想》翻譯成中文，分別由復興社創辦的中國文化學會和中德文化協會出版。此外，塞克特撰寫的《致蔣介石元帥的備忘錄》也得到蔣介石的認真批閱，成為其重建中國軍隊的藍本。〈蔣介石日記〉，1933 年 5 月 28 日、30 日、31 日，6 月 21 日。塞克特著，張棪任譯，《德國國防軍》（南昌：中國文化學會，1934）；塞克特著，厲零士譯，《一個軍人之思想》（南京：正中書局，1936）。

124 胡頌平，《朱家驊先生年譜》，頁 34-35。

125 〈中德文化協會組織緣起及會務報告等有關文件〉（1938 年 9-10 月），中國第二歷史檔案館編，《中華民國史檔案資料彙編》，第五輯第二編文化（二）（南京：江蘇古籍出版社，1997），頁 489-495。

空測量、鐵路管理和警察培訓等。」[126]

　　1935年11月，汪精衛在國民黨四屆六中全會開幕時遇刺受傷，繼而辭去行政院院長職務，由蔣介石接任。五全大會召開時，蔣介石為安撫汪派，任命顧孟餘為中央政治委員會秘書長，陳布雷為副秘書長。但顧稱病離京未予就職，陳亦以身體病弱向蔣「專函辭謝」。[127] 在中政會通過的行政院各部新任部長名單中，還以顧孟餘接替朱家驊任交通部部長，以蔣作賓、張羣、吳鼎昌、張嘉璈分管內政部、外交部、實業部和鐵道部。對於這一結果，時人多感驚訝：「蔣先生所組織為混合的親日的政府也。」[128] 因上述諸人除顧孟餘是因汪精衛關係外，其餘均具留日背景，與日方各有淵源。

　　蔣介石此時起用一批熟諳日本情況之人接長政府各部是為適應時局，集中力量處理對日關係。於是，隨著國民政府外交重心的轉移與中央權力格局的調整，擅長與德國交際的朱家驊便從交通部長一職引退。除任中英庚款董事長外，擔任交通部長的三年是朱家驊從政以來所任職務中，任期最長的一次。[129] 五全大

---

126 柯偉林，《德國與中華民國》，頁233-234。
127 《陳布雷從政日記（1935）》，12月7日，頁254。
128 《王子壯日記》，冊2，1935年12月13日，頁535。
129 蔣介石在五全大會上曾特別指出：「民國二十一年全國各省共有公路七萬公里，二十二年增加到七萬九千公里，二十三年增加到八萬五千公里。此外中央修築的公路，統蘇、皖、贛、鄂、湘、豫各省計之，截至二十四年三月止，已築成三萬多公里」，「民國成立二十四年來，以這四年的工作進步最快。」王子壯亦感慨：「各大都市均能以汽車交通，而尤以四川雲南貴州陝西等省間之交通最為困難，而今俱能以汽車往返於各省城間，足證交通之進步。」在蔣介石以交通掩護軍事的策略下，公路建設的迅速發展，不僅有助於「剿共」的推進，更為之後的抗戰奠定了軍事基礎。蔣介石，〈〈第五次全國代表大會政治報告〉補充說明〉（1935年11月13日），秦孝儀主編，《先總統蔣公思想言論總集》，卷13，頁511；《王子壯日記》，冊2，1935年11月28日，頁520。

會閉幕後，朱家驊曾向陳布雷吐露：「即將交卸部務。身體大感疲勞，擬暫不就任何職務。」[130] 但因顧孟餘稱病不出，1936年1月，中政會決定「以朱家驊代理秘書長，顧孟餘給病假」。[131] 與此同時，蔣介石也向汪精衛表示：「政會秘書長非孟餘先生擔任不可，驊先本擬今日北上就醫，彼實有病，茲特強留半月，暫代孟餘職務，切盼其速來京。彭學沛已由行政會議提請任為交通次長矣。」[132] 彭學沛亦為汪派人士。蔣介石如此是為表明無論如何，交通部均屬汪派管轄，朱家驊無回任可能。因顧孟餘始終未到京就職，中政會秘書長職務由朱家驊暫為代理，當陳布雷向蔣介石請示應否前往中政會工作時，得到的回覆是：「不必每天去。處務由朱代秘書長多負責任可也。」[133] 由此可見蔣介石對朱家驊的信任。

朱家驊代理中政會秘書長後，因中樞機構職能的特殊性，開始與副秘書長、蔣介石秘書陳布雷往來頻繁、過從甚密，無形中有助於其對領袖思想動態的把握。[134] 陳布雷為寧波慈溪人，不僅與朱家驊同屬浙籍，且湖州與寧波兩地歷史源遠流長，二人頗有地緣之誼。自1910年代起，便有「湖寧公所」（又名「浙江會館」）的組織，由湖州磁業商人發起，並邀寧波藥商加入。到了1930年代，商會組織在發揮往日經濟作用的同時，亦成為政界同鄉聯絡感情、聚會議事的場所。如浙江吳興人陳立夫發起的

---

130 《陳布雷從政日記（1935）》，12月11日，頁257。
131 《陳布雷從政日記（1936）》，1月15日，頁12。
132 蔡盛琦編註，《蔣中正總統檔案事略稿本》，冊35（臺北：國史館，2009），頁112。
133 《陳布雷從政日記（1936）》，2月10日，頁30。
134 《陳布雷從政日記（1936）》，3月7日、17日、27日、31日，4月14日，頁48、56、63、66、77。

「中國文化建設協會」南京分會評議會便在湖寧公所舉行，由浙籍人士朱家驊與羅家倫分任正、副評議長。[135]

1936年5月，胡漢民在粵逝世。朱家驊代表中政會，與居正、葉楚傖、許崇智、孫科等人前往致祭。然而，這只是朱家驊此次赴粵的公開目的。[136] 彼時適逢廣東局勢動盪，朱家驊因有在粵任職經歷，又深得蔣介石信任，遂被授予聯絡陳濟棠、黃光銳、余漢謀、李揚敬、鄧龍光等人的重要政治任務。朱家驊表面上力勸彼等團結一致抵禦外侮，私下則多方接洽，為蔣介石分化瓦解陳濟棠所拉攏的反蔣勢力。[137]

朱家驊停留廣州期間，還通過中山大學天文臺主任兼廣東航空學校天文教官張雲，與兩廣抗日救國軍空軍司令黃光銳取得聯繫。黃光銳原本就不贊同陳濟棠的反蔣行為，經朱家驊爭取之後，密令飛行員、機械人員一百五十人駕駛飛機八十二架脫離廣東政權。黃光銳則親帶四架飛機前往香港，發佈「團結禦侮」通電，以致嚴重削弱了廣東方面的空軍力量，最終迫使陳濟棠兵敗下野。[138]

或因朱家驊此次廣東之行不辱使命，成功瓦解了陳濟棠的反蔣勢力。1936年7月，蔣介石突然萌生使朱家驊擔任湖南省政府主席之意，畢竟此時其名義上仍僅為代理中政會秘書長。但

---

135 《陳布雷從政日記（1935）》，4月13日，頁50；《王子壯日記》，冊2，1935年4月16日，頁294。
136 《陳布雷從政日記（1936）》，5月18日，頁99。
137 胡頌平，《朱家驊先生年譜》，頁38。
138 廣東省志編纂委員會，《廣東省志：1979-2000·人物卷》（北京：方志出版社，2014），頁113；鐘錦棠，〈廣東空軍反陳投蔣始末〉，政協廣東省委員會辦公廳、廣東省政協文化和文史資料委員會編，《廣東文史資料精編》，上編卷1·民國時期政治（北京：中國文史出版社，2008），頁257。

朱家驊獲悉後,當即繕就一函,請陳布雷代為面陳不就之意。[139] 朱家驊反復申說自己多年來身體孱弱,不勝繁劇,「況湖南實屬國防後方重地,匪患之餘,繼以西南之變,豈宜以薄質病軀貽誤將來」,且初任中央研究院事,各所長均為舊交,不便驟然言辭,自身亦有心致力科教復國事業。[140]

雖然如此,蔣介石並未打消前意,數日後仍在日記中寫道:「調黃為桂主任;調膺白為浙主席;決朱為湘主席。」[141] 10月11日,蔣介石又將徐永昌、何廉加入湖南省主席候選之列。[142] 27日,蔣介石想法再變,在通盤考慮湖北、浙江、河南、湖南各省主席人選後,改以朱家驊主浙、黃紹竑主鄂。[143] 朱家驊獲悉後,立即飛赴洛陽,再次婉拒蔣介石。[144] 浙江作為蔣介石的家鄉與國民黨政權的統治腹地,一直以來格外受到關注。蔣介石欲以朱家驊擔任浙江省政府主席,足見對其抱有頗高期許,但蔣此時也在猶豫之中,仍反復考慮「鄂湘川浙各主席人選」。[145]

相較於蔣介石最初派赴主湘的計劃,主浙無疑更適合朱家驊,籍貫所屬和先前的任職經歷,均使其更為熟悉浙江的政治環境。據黃紹竑回憶,1934年魯滌平去世後,CC系和黃埔系兩派為爭奪浙江省主席一職鬥爭激烈。蔣介石為求緩衝,命桂籍出身

---

139 《陳布雷從政日記(1936)》,7月15日,頁141。1936年1月,丁文江去世後,中央研究院院長蔡元培邀請朱家驊接任總幹事,並於6月赴任。胡頌平,《朱家驊先生年譜》,頁37。
140 〈朱家驊函蔣中正奉命任中央研究院總幹事俟病稍復即承驅策〉,《蔣中正總統文物》:002-080200-00619-027。
141 〈蔣介石日記〉,1936年7月24日。
142 〈蔣介石日記〉,1936年10月11日。
143 〈蔣介石日記〉,1936年10月27日。
144 胡頌平,《朱家驊先生年譜》,頁38。
145 〈蔣介石日記〉,1936年11月1日、3日。

的黃紹竑接任，但省政府人事始終由蔣介石直接掌控。[146] 1936年3月時，蔣介石已流露出對黃紹竑主持下的浙江省政的不滿情緒：「浙省政治無進步」、「電黃改正浙政」。[147] 到了10月，蔣介石仍在考慮「浙省殘匪與政治」問題。[148] 11月21日，蔣介石向朱家驊徵求主浙的最終意見。[149] 12月1日，行政院正式發布調黃紹竑主鄂、朱家驊主浙的任命。[150]

王子壯認為，朱家驊升任浙江省政府主席得自蔣介石的酬庸之情：「以其於兩粵事變拉攏粵空軍殊有貢獻也。」[151] 而此時身處中樞的朱家驊數次果斷拒絕蔣介石，表露出其內心不願遠離中央的想法。就權力空間而論，朱家驊作為中政會秘書長雖可廁身機要，卻終屬暫代性質，處理的也多為上傳下達的日常事務。但若轉身擔任一省主席，自然能夠享有更大的權力空間。朱家驊赴浙接事前，陳布雷就察覺到：「其家訪客踵集，多半為請托人事而來者。」[152]

朱家驊赴浙未久，陳布雷亦前往杭州休養。在此數月間，朱

---

146 黃紹竑，〈我與蔣介石和桂系的關係〉，中國人民政治協商會議全國委員會文史資料研究委員會編，《文史資料選輯》，輯7（中華書局，1960），頁88。
147 〈蔣介石日記〉，1936年3月28日後「本周反省錄」、29日。
148 〈蔣介石日記〉，1936年10月12日。
149 〈蔣介石日記〉，1936年11月21日。
150 朱家驊到任浙江省主席後，先兼民政廳廳長，1937年11月改兼建設廳廳長，而將民政廳廳長授予昔日留德同學、早年介紹其赴湘任教的友人閻幼甫。〈行政院長蔣中正函國民政府文官處為函請明令任免浙江省政府委員兼民政廳廳長由〉，《國民政府檔案》：001-032220-00144-039；〈國民政府明令派朱家驊暫兼浙江省政府建設廳原任王徵辭職准免〉，《國民政府檔案》：001-032220-00145-006；〈行政院長蔣中正函國民政府文官處為函請明令任命朱家驊為浙江省政府委員兼主席〉，《國民政府檔案》：001-032220-00144-018。
151 《王子壯日記》，冊3，1936年12月1日，頁336；《王子壯日記》，冊4，1937年1月27日，頁27。
152 《陳布雷從政日記（1936）》，12月6日，頁243。

家驊不僅對陳布雷的日常起居多加照料，更時常與其商談政事，因「浙江省政治之複雜亟各有背景，與各自為政情形」、「財政年虧三百萬」等各種問題千頭萬緒。[153] 往來之間，朱家驊也給陳布雷留下極佳印象：「談省政設施，頭頭是道，其長才與氣魄均足令人驚佩，而各項政務均能舉其內容概略，尤以談保安行政及建設與財政為能扼其要，實為前數任所不及。」[154]

七七事變爆發，為適應抗戰需要，蔣介石再次大規模改組各省政府，調派一批軍人主持省政，黃紹竑接替朱家驊，回任浙江省政府主席。[155] 蔣介石在給朱家驊的電文中寫道：「兄俟交代完畢後，請來中央相助，中意尚擬借重吾兄赴德以利外交也。」[156] 12月6日，新舊兩任浙江省政府主席完成了職務交接。次日，朱家驊向蔣夢麟表達了自己對於赴德一事的態度：「委座確有命赴德之意，但不詳究竟。且外交素非所長，恐難有補國事，將來能否接受，尚待考慮。」[157]

1937年底，戰事危及南京，國民黨黨政機關遷往武漢。1938年1月7日，甫自浙江卸任的朱家驊抵達武漢，在漢賦閒之餘時常得到蔣介石召見，並與黨內高層政要往來頻繁。[158] 與此同

---

153 《陳布雷從政日記（1937）》，2月3日、13日、23日，3月10日、27日、28日、30日，4月1日、21日，5月23日，頁30、38、44、55、64、65、66、68、82、83、100；陳誠著，林秋敏、葉惠芬、蘇聖雄編輯校訂，《陳誠先生日記》（1），1937年3月9日（臺北：國史館、中央研究院近代史研究所，2015），頁124。

154 《陳布雷從政日記（1937）》，5月6日，頁93。

155 〈國民政府明令任命黃紹竑等為浙江省政府委員兼主席暨各廳廳長朱家驊等免職〉，《國民政府檔案》：001-032220-00145-013。

156 「蔣介石致朱家驊電」（1937年11月26日），〈任浙江省主席抗日軍事暨卸職〉，《朱家驊檔案》：301-01-02-018。

157 「朱家驊致蔣夢麟等」（1937年12月7日），〈任浙江省主席抗日軍事暨卸職〉。

158 《陳布雷從政日記（1938）》，1月8日，頁5。

時，隨著戰事波及範圍日廣，各項專門問題均須搜集材料、分類研究，各方條陳或請示文件亦須事先草擬意見，再呈蔣介石研判。因此，陳布雷認為需添設一直屬機關，延攬各方有志之士，遂向蔣介石建議在軍事委員會內增設參事室。[159] 與此同時，蔣介石也在盤點身邊可用之人，其在日記中寫道：「政治、經濟準備人員朱騮先、張岳軍、俞樵峯、陶希聖、盧作孚、王世杰、翁文灝、宋子良、吳鼎昌、蕭錚。」[160] 在上述於各領域頗有造詣之人中，朱家驊位列第一，足見蔣介石對其青睞有加，欲引為身邊的幕僚與智囊。

在此情形之下，朱家驊順理成章地成為參事室首位主任，負責為蔣介石和國民黨中央延攬各界專家，分類研究政治、外交、經濟等問題。[161] 此後數日，陳布雷多次造訪朱家驊，商議組織參事室辦法，並「請其早日擬定參事室之組織與人選」。[162] 然而，時間僅過一月，蔣介石又突然產生派朱家驊擔任外交專使出訪德國的想法。因抗戰爆發後，德國在中日關係中始終採取騎牆政策，立場不清。德方態度不僅關係中日戰爭勝敗，更在對華工業合作、軍火輸出與顧問派遣等方面實際影響著中國抗戰的成敗。1938 年 2 月，駐德大使程天放一直以來居間斡旋的效果不彰，對華較持同情態度的德國國防部部長柏龍白（Werner con Blomberg）又突然去職。何應欽為此在國防最高會議上公開指摘程天放庸碌、不稱職，主張改派朱家驊接任駐德大使，以圖在中

---

159 抗戰爆發前，熊式輝等人勸說蔣介石建立智囊團時，陳布雷曾力主慎重，擔心若以「見聞不廣、審擇不周」之人主持，會重蹈南昌行營設計委員會的覆轍。陳布雷，《陳布雷回憶錄》（臺北：傳記文學出版社，1981），頁 127-128。
160 〈蔣介石日記〉，1938 年 1 月 9 日。
161 陳布雷，《陳布雷回憶錄》，頁 128。
162 《陳布雷從政日記（1938）》，1 月 9 日、10 日、12 日，頁 5-7。

德關係上最後一搏。[163] 亦有時人認為，國民政府派遣程天放為駐德大使，是彼時外交上的一大失策：「他既不懂德文，亦非適當人選，在其任內毫無表現。當中日戰爭尚未爆發之前，如能及時換上別人的話（例如朱家驊或顧孟餘），中、德關係或不至於決裂。」[164]

據陳布雷觀察，朱家驊對出使德國一事「意頗躊躇，以任務重大，故難之也」。[165] 此後數日，朱家驊接連拜訪陳布雷表達不欲赴德之意，並在陳寓「久久不去」。陳布雷雖覺不耐煩，也只得「危坐陪之，疲困不可名狀」。[166] 在此期間，朱家驊仍照常主持參事室事務，並被加推為國防最高會議委員。3月上旬，蔣介石兩次在日記中寫道：「決定騮先使命」、「騮先赴德之使命」。[167] 與此同時，各項赴德事宜也在緊張籌備之中。徐道鄰從重慶飛抵武漢，準備隨朱家驊赴德。[168] 李唯果亦告知陳布雷，朱家驊已約其出國。但陳或因對蔣意有所揣度，向李表示「以為不必」。[169] 就在朱家驊出使德國基本成行之際，蔣介石突然決定「騮先緩行」。[170] 不過，行政院隨後仍以「因公赴德聘問」名義，頒予朱家驊二等采玉勳章，對其在中德關係中所作貢獻以示嘉獎與鼓勵。[171]

---

163 《王世杰日記》，冊上，1938年2月5日，頁89。
164 沈雲龍、張朋園訪問，林能士紀錄，《關德懋先生訪問紀錄》（臺北：中央研究院近代史研究所，1997），頁39。
165 《陳布雷從政日記（1938）》，2月7日，頁20。
166 《陳布雷從政日記（1938）》，2月21日，頁27。
167 〈蔣介石日記〉，1938年3月12、15日。
168 《陳克文日記1937-1952》，冊上，1938年3月17日，頁202。
169 《陳布雷從政日記（1938）》，3月16日，頁39。
170 〈蔣介石日記〉，1938年3月19日。
171 依照國民政府1933年12月2日公布的《頒給勳章條例》規定，凡中華民國

1938年4月8日，在國民黨五屆四中全會上，朱家驊與甘乃光分別被任命為中央黨部正、副秘書長。戴笠會後立即致電遠在香港的宋子文，告知其這一重大人事變動，並有中止朱家驊赴德的消息，但也表示確實與否尚待證實。[172] 數日後，戴笠再次電告宋子文：「騮先先生不久仍須以專使名義赴德一行。」[173] 經此之後，朱家驊出使德國一事被數度擱置，終究未能成行。1939年9月，歐戰爆發，國民黨中央又曾有派朱家驊赴德計劃。1940年7月，國民黨五屆七中全會上，再有令朱家驊赴德主張。直至同年8月，國民政府對德關係降級後，關於朱家驊的出使討論才算終結。[174] 據關德懋分析：「朱曾當過部長，又是黨政要人，所以他開出條件：（1）要以特使身份。（2）擴大編制（齊焌與我皆包括在內）。此一要求並不算過分，但後來大概沒有通過，所以朱家驊使德的任務未成為事實。」[175] 彼時外交形勢危困且重，國民黨中央派遣朱家驊赴德之議，顯然不會因細微末節的原因而擱淺，實則是因中德關係迅速冷淡，對德已無爭取必要。

人民有勳勞於國家或社會者（軍人除外），得由國民政府頒給之。〈國民政府令給予朱家驊二等采玉勳章由〉，《國民政府檔案》：001-35111-00005-034。張憲文等主編，《中華民國史大辭典》（南京：江蘇古籍出版社，2001），頁1239。

172 參事室主任遺缺由王世杰接充。〈戴笠電宋子文云克蘭準十二日飛港回德擬乞具函沙赫特攜往以資聯絡及朱家驊有出任中央黨部秘書長中止赴德消息尚待證實〉，《戴笠史料》，國史館（以下略）：144-010101-0002-041。

173 〈戴笠電宋子文嶧縣敵三千餘關麟徵部圍擊中克蘭等今飛港蔣中正有書函致沙赫特請予接見及朱家驊不久仍須以專使名義赴德一行〉，《戴笠史料》：144-010101-0002-040。

174 關於朱家驊赴德一事的詳細考察，參見李樂曾，〈抗戰初期國民政府的對德政策——以朱家驊使德計劃為中心〉，《德國研究》，2009年第3期，頁45-51。

175 沈雲龍、張朋園訪問，林能士紀錄，《關德懋先生訪問紀錄》，頁43。

第三節　中央秘書處易長風波

朱家驊出任中央黨部秘書長任命發佈後的翌日清晨，秘書處秘書王子壯便向其遞交了辭呈。王子壯於革命初期加入國民黨，曾參加由丁惟汾領導的三民主義大同盟，1927年追隨丁進入中央黨部秘書處（以下簡稱「中秘處」）。其後，中秘處負責人幾度調整，相繼由陳布雷、李仲公、王陸一、陳立夫、丁惟汾、葉楚傖等人擔任，王子壯均服務左右。朱家驊一經履新，王子壯便毅然辭去效力了十一年之久的秘書職務，內中各種緣由頗值得探究。此外，在國民黨臨全大會對黨政體制做出重大調整後，由中秘處易長所引發的人事關係變動，也是這一時期黨內高層政治生態的直接反映。

王子壯並非孤身請辭，還聯合了王子弦與王啟江兩位秘書。此二人亦自1930年代初起便任職中秘處，均為資歷甚深的黨內秘書人才。前中央黨部秘書長葉楚傖獲悉「三王」聯名辭職的消息後，因擔心引起朱家驊誤會而持保留態度。王子壯卻認為：「然凡余所言均屬事實，諒此坦白之態度必獲朱先生之諒察也。」[176]

葉楚傖雖不同意「三王」辭職，但向朱家驊表示中秘處事務處長沈君匋可易以他人。王子壯對此持不同意見，其認為沈君匋分管的事務與財務工作可由朱家驊另覓他人，但沈應赴重慶留守。王子壯明言：「余以在監委會工作之故並不脫離中央，君匋若去，勢必脫離中央黨部。」葉楚傖雖對王子壯出於保存己方實力的考慮頗以為然，「但話已與朱講過，不便再改」。[177] 葉之

---

176 《王子壯日記》，冊4，1938年4月9日，頁435-436。
177 《王子壯日記》，冊4，1938年4月10日，頁436。

所以選擇令沈君匋去職他就，實因沈為葉之表弟，是為避免日後行事尷尬的權宜之計。[178]

1937年11月，南京失守前夕，國民黨中央機構因戰局惡化移駐重慶辦公，與戰事密切相關的重要職能部門則遷至武漢或長沙。黨政軍主要負責人齊集武漢，中央黨部作為中樞機構亦須暫時在漢陪駐，但秘書「三王」對留駐武漢均表露難色。因王子壯所兼中央監委會與銓敘部職務、王子弦所兼行政院職務均在重慶辦公。王啟江則因家眷在渝，分居兩地費用浩繁，且所兼外交部工作也被疏散，僅憑黨部薪水難以為繼。對此，葉楚傖向「三王」承諾僅需在漢稍作停留，諸事就緒後即可歸渝，各項困難亦可代為解決。王子壯就此推測，葉、朱之間對彼等去留問題或已達成共識。[179]

雖然葉楚傖勸留態度明確，但王子壯在隨後面見朱家驊時仍言及辭職一事。朱家驊果斷表示無商量餘地，並直接與其商酌日後工作事宜。[180]翌日，王子壯又借機向朱家驊訴說彼等工作問題。朱家驊對王子壯承諾僅需在漢略留，王啟江之困難亦徐圖解決，彼等可輪流赴渝。[181] 1938年4月，中秘處在武漢正式恢復辦公。王子壯被中央監委會派赴重慶留守，王子弦與王啟江暫時留漢。沈君匋的辭職被批准，其繼任者是曾擔任浙江省財政廳主任秘書，朱家驊在浙江省政府主席任內的老部下周友端。[182] 由

---

178 葉楚傖，《楚傖文存》（重慶：正中書局，1944），頁26。
179 不久，葉楚傖為解決王啟江的經濟困難，特請汪精衛在即將成立的國民參政會內為其備留一席。《王子壯日記》，冊4，1938年4月11日、5月3日，頁437、446。
180 《王子壯日記》，冊4，1938年4月12日，頁437。
181 《王子壯日記》，冊4，1938年4月13日，頁438。
182 《王子壯日記》，冊4，1938年4月16日，頁439；胡頌平，《朱家驊先生

此，中秘處事務處長便由葉楚傖戚屬過渡至朱家驊舊屬。中秘處其他人員暫維原態。

中秘處新舊交替之際，事務紛繁。葉楚傖在離漢赴渝前，曾在與陳布雷話別時，對中央黨部未來發展趨勢表露出隱憂，因「制度更新，人事上之運用未臻完滿」。[183] 葉之所言似為預見，實則是對眼下事態的影射。例如，中常會在討論秘書處組織條例時，甘乃光就曾要求對中央黨部副秘書長權責加以規定而無所獲。王子壯認為，副職的主要作用在於正職缺席時補位代行，若必須明定執掌範圍則頗為困難。王子壯觀察甘乃光之意在於：「似以朱為常會之秘書長參與一切機要，在秘書處事務方面由彼掌理。蓋一秘書處長此事有違慣例，故朱先生以下均表示不滿。」[184] 因此，甘乃光在中常會上的舉動，頗有增強個人實權之嫌。

國民黨五屆四中全會召開前，中央黨部秘書處由秘書長主持一切，並無副秘書長之設。臨全大會對國民黨黨政機構進行戰時體制調整，確立總裁制，並由蔣介石與汪精衛分任正、副總裁。繼而又在中秘處增設副秘書長，由與汪精衛較接近的甘乃光擔任，亦有平衡汪精衛方勢力的考量。甘乃光因秘書長總攬一切，在中常會上要求明確副秘書長職權範圍，不僅在中秘處內埋下人事矛盾的隱患，更直接導致此後王子壯等人的離職。

王子壯等作為中秘處留用舊人，也逐漸對朱家驊的行事方式微露不懌。如朱家驊命王啟江由渝飛漢時，將中秘處在渝各種交代冊籍辦畢攜來，而先前歷任秘書長均無此種做法，頗有對彼等

年譜》，頁43。
183 《陳布雷從政日記（1938）》，4月20日、21日，頁57-58。
184 《王子壯日記》，冊4，1938年4月21日，頁441。

不信任之意。此外，朱家驊也開始著手調整中秘處人事。原秘書徐箴辭職後，遺缺由陸翰芹接充。周友端專任秘書，事務處長職位改派原交通部航政司科長黃仁浩擔任。[185] 黃僅任事兩月，事務處長又由甘家馨接充。[186] 朱家驊使周友端辭去兼職的用意在使秘書處空出缺位，以便多安插一名自己的幹部。

　　國民黨臨全大會閉幕後，中央執行委員會之下增設中央黨務委員會。朱家驊以中央黨部秘書長身分兼任主任委員，並命舊屬高廷梓擔任該會秘書。由此，繼周友端之後，中央黨部內新增陸翰芹、甘家馨與高廷梓三人，分任中秘處秘書、事務處長與黨務委員會秘書。陸翰芹曾任中央大學秘書、教育部督學、交通部航政司司長、浙江省秘書處秘書等職。甘家馨與朱家驊相識於中山大學，有師生之誼，隨後一直追隨朱歷任交通部廈門電報局局長、浙江省政府視察、浙江省瑞安縣縣長等職。高廷梓畢業於北京大學，歷任中山大學教授兼圖書館主任、教育部簡任秘書兼社會教育司司長、交通部航政司司長等職。[187] 上述三人履歷與朱家驊的任職經歷高度重合，無疑是朱之忠實部屬。不過，中秘處

---

185 〈中國國民黨第五屆中央執行委員會常務委員會第七十八次會議紀錄〉（1938 年 5 月 26 日），《中國國民黨第五屆中央執行委員會常務委員會會議紀錄彙編》，冊上，頁 217。

186 1938 年 6 月間，甘家馨曾去函朱家驊：「馨因在此環境惡劣甚感困苦，故決意求去。先後曾七度請辭，及本月廿四日幸蒙照準。現正積極準備移交，預計六月中旬當可辦竣，屆時當赴漢另求服務之機會。敬懇鈞座予以提攜，使有請纓之路，得遂圖報之志。」〈中國國民黨第五屆中央執行委員會常務委員會第八十七次會議紀錄〉（1938 年 7 月 28 日），《中國國民黨第五屆中央執行委員會常務委員會會議紀錄彙編》，冊上，頁 271；「甘家馨致朱家驊函」（1938 年 5 月 26 日），〈甘家馨、甘介侯、甘續鏞、甘乃光、甘定中、甘棠〉，《朱家驊檔案》：301-01-23-011。

187 劉國銘主編，《中國國民黨百年人物全書》，冊下，頁 1292、1815；《江西省人物志》編纂委員會，《江西省志‧江西省人物志》（北京：方志出版社，2007），頁 488。

組織條例規定設秘書四名,除「三王」外,朱家驊到任後新任命秘書陸翰芹與周友端,導致超編一人,必須有人去職他就。[188] 與此同時,新人的陸續調入也使王子壯愈發感到朱家驊對彼等的不信任,遂囑王啟江在漢注意察看實際情形,「如能舍去,即共同再請辭職也可」。[189]

1938年夏,戰事急轉,武漢處境岌岌可危,先前聚集在漢的國民黨中央黨政軍機關開始向重慶疏散。朱家驊因參與機要,需終日隨侍蔣介石左右,暫未隨中秘處赴渝,處內事務由副秘書長甘乃光代行。王子壯在日記中評價甘乃光道:

> 此公意見頗多,在漢與朱秘書長曾迭生齟齬。今得大權獨擅,故得率意施行。夫於公事有所改革原無不可,在彼似另有所見。以為秘書之權應削,乃單獨對各處長發表其改良之意見,飭其實行。且彼所注意無關公文之本身,不過紙張大小、手續之改變。[190]

甘乃光也因中秘處內事務倍感苦惱,對友人陳克文言:「人事糾纏,使你無從著手做事,制度欠缺,更不成其為整個機構,其中三數人,操縱把持一切。」甘乃光提及的「三數人」,毫無疑問指的是秘書「三王」。陳克文聽後,驚訝於甘乃光身為副秘書長,又代行秘書長職權,竟還有許多事無從過問:「中央黨部過去之沓泄鬆懈,流毒至今,首腦部的不健全如此,安望黨務

---

188 〈中國國民黨第五屆中央執行委員會常務委員會第七十四次會議紀錄〉,頁200。
189 《王子壯日記》,冊4,1938年7月1日,頁486。
190 《王子壯日記》,冊4,1938年8月20日,頁516。

之能發展耶？」[191] 王子壯此時也在日記中表態：「本不欲繼續戀戰〔棧〕，乃以朱騮先之殷留，來渝代為看門。現既全部來渝，只好重申前請，以擺脫此無謂之羈絆也。」[192]

隨後，甘乃光與秘書「三王」間的矛盾愈演愈烈，使事務處處長甘家馨不得不向朱家驊彙報彼間情形。據甘家馨觀察，雙方芥蒂源於過去秘書權力太大，各事可自由處理，如今驟加節制，甚感不慣。甘乃光又覺各秘書視彼僅為代理，目空一切，心生不快。甘家馨還向朱家驊列舉了甘乃光與「三王」間的數項爭端：所有收發文均不送彼批閱，面飭收發人員時，竟被告知不合手續；事務處購辦與財務處支付均不呈彼核准；初到中央黨部時，未給安排辦公房間，僅在「三王」秘書旁置一書案；應提常會之件不先送彼審閱，由秘書自行在會報告，令彼無從發言；對外接洽之事，不與彼商承，逕自對外，事後亦不報告。上述種種作為，均使甘乃光深感不滿，急欲著手整飭：「文書方面規定收發文必須送閱送判，增加總發文簿，並改正其他行文手續，關於總務方面條諭高秘書代周秘書職。」[193]

甘乃光如此處置，使「三王」對其怨懟更深。「三王」將中秘處各種情形報告葉楚傖，孰料被置之不理。在甘家馨看來，「王秘書感葉先生不為己助，將聯名辭職。明為對抗，暗含要挾。蓋彼等以為在中全會將開之前，必難易人，一經慰留，則其權力必較前反為增大」。甘乃光也態度堅決地表示，若不整飭職

---

191 《陳克文日記 1937-1952》，冊上，1938 年 8 月 26 日，頁 275。
192 《王子壯日記》，冊 4，1938 年 8 月 20 日，頁 517。
193 「甘家馨致朱家驊函」（1938 年 8 月 28 日），〈人事：秘書處部內人事〉，《朱家驊檔案》：301-01-04-004。

權,寧願去職,並搬出汪精衛相與施壓。[194]

甘家馨雖為旁觀者,但立場傾向甘乃光,在為朱家驊分析中秘處內人際關係時,將處內劃分為「三王」培養之人和與之無關係者兩類。前者對「三王」惟命是從,儼若私人團體;後者則對「三王」總攬權力表示不滿。就連甘家馨等人給朱家驊拍發電報,也必須送彼等簽字。面對重慶複雜的人事鬥爭,甘家馨催促朱家驊設法盡速解決,並條陳若干意見如下:

(一)陸秘書或周秘書必須從速來渝,及早準備一切,以備有人為難之時,足能隨時應付工作,尤其關於中全會各事須早準備。(二)倘三秘書聯名辭職,宜分別考慮辦法,不宜同時輕予慰留。一則免使甘難堪,一則免氣勢高漲。(三)各種人事法規宜補充整理,使系統分明、手續嚴密,以減少口頭是非。(四)處內工作人員宜從新分配職務,以打破因循之弊,使精神一新。(五)如中全會確定開會日期,望鈞座先期來渝主持一切。(六)請函高秘書切實負責,因有若干事項,彼交付職辦。而職因執掌關係,不便出面,致招疾忌。[195]

與此同時,錢端升亦委託杭立武向朱家驊轉述中秘處人事糾紛。據錢端升瞭解,事端根源在於「三王」在葉楚傖時代職權較大,機關遷渝後,彼等出於過去行事慣性,對副秘書長甘乃光並不事事商承。而甘乃光又是一喜於任事、好權之人,熱衷推行提高行政效率之法,並派黨務委員會秘書高廷梓代理事務處。甘、

---

[194] 「甘家馨致朱家驊函」(1938年8月28日)。
[195] 「甘家馨致朱家驊函」(1938年8月28日)。

高二人舊日有同窗之誼,「三王」遂認為高廷梓為甘乃光所派。由此,錢端升建議朱家驊對兩方爭端應表面上暫不理會,速派周友端或他人赴渝替換高廷梓,但不便將高調回武漢。「因甘先生曾向汪公請示,並表示信任廷梓兄,奉面囑照做下去(甘先生奉囑)。今若將高先生調回,於甘似過不去,但若為高先生另介紹一事(高先生日日求去)則可自然解決矣。」[196]

甘乃光借助私交,命中央黨務委員會秘書高廷梓前往襄助,如此不僅削弱「三王」職權,更可向朱家驊示好。王子壯評價高廷梓道:「雖為老朱之人,而頭腦不清。」[197] 其實,王子壯心中不平還源於作為中秘處老資歷,以往新舊秘書長交接之際均由彼代行一切。此次葉楚傖卸任後,「三王」不僅備受冷落,彼等之上更添設一副秘書長。甘乃光在武漢與朱家驊爭權未果,到重慶主持秘書處業務後,自認可以無所顧忌的對彼等施予打壓。王子壯直言道:「在彼秘書之流,但供趨使可耳。余等向日所侍均常委,且遇事相商。今無端遇此,實難共處。」王子壯本計劃將中秘處秘書職務敷衍至甄審委員會工作結束,卻未料當甄審委員會解散時,其津貼卻被甘乃光扣而不發,遂憤怒難平地宣布不再到中秘處辦公。[198]

事已至此,朱家驊不可再充耳不聞,但也僅力勸王子壯切勿言辭,對甄審委員會之事隻字不提。王子壯認為朱家驊避重就輕的態度是對甘乃光等人行為的袒護,便更加堅定辭職的決心,並

---

196 「杭立武致朱家驊函」(1938 年 9 月 2 日),〈人事:秘書處部內人事〉。
197 《王子壯日記》,冊 4,1938 年 9 月 15 日,頁 533。
198 臨全大會閉幕後,為甄審中央黨務工作人員,使受訓練後充任各地司法工作之檢察官,遂有甄審委員會之設,王子壯被抽調兼任該會委員。〈中國國民黨第五屆中央執行委員會常務委員會第七十四次會議紀錄〉,頁 201;《王子壯日記》,冊 4,1938 年 9 月 7 日,頁 528。

將此次糾紛的責任完全歸之於朱。因其在朱家驊接事之初就堅言辭職，既然予以挽留，日後為何又不加信任。王子壯在中秘處駐足數月所遭窘境，使其徹底洞悉了朱家驊的政治手腕：「此次遷渝，彼之心腹具留武漢，故使甘、高來此以作威福。在老朱方面未嘗不存蚌鷸相爭之想，將來何去何存均有利與己。」1938 年 9 月，秘書「三王」決意再次聯名請辭。[199]

為此，朱家驊一面呈請中常會，以漢口事務尚多，重慶人員過於繁忙，要求就近借調立法委員楊公達，並申請在非常時期於編制名額外，任命楊為中秘處秘書。[200] 另一面又請丁惟汾與葉楚傖代為勸留「三王」。[201] 據甘家馨彙報：「鈞長電王秘書慰留似轉和緩，但子壯仍未到處辦公，啟江、子弦則每日到處工作。」[202] 至於高廷梓，因「三王」認為其以黨務委員會秘書身分兼理中秘處事務是為逾矩，便向甘乃光建議請周友端來渝，卻被後者責斥：「你做朋友這樣不行。」高廷梓置身甘乃光與「三王」之間，自覺在中央黨部前景黯淡，最終以內人病重為由，向朱家驊告假一月。[203] 朱不置可否地回覆高：「在兄不能在渝親自主持處務以前，一切均望吾弟特別謹慎，人事方面困難尤多，更須特別注意。」[204]

---

199 《王子壯日記》，冊 4，1938 年 9 月 12、15 日，頁 532-534。
200 楊公達曾任中央大學圖書館主任、教育部秘書等職，與周友端、陸翰芹、高廷梓、甘家馨等人身分背景相似，均是朱家驊的故交與舊屬。〈中國國民黨第五屆中央執行委員會常務委員會第九十三次會議紀錄〉（1938 年 9 月 15 日），《中國國民黨第五屆中央執行委員會常務委員會會議紀錄彙編》，冊上，頁 290；劉國銘主編，《中國國民黨百年人物全書》，冊上，頁 962。
201 《王子壯日記》，冊 4，1938 年 9 月 25 日，頁 540-541。
202 「甘家馨致朱家驊函」（1938 年 9 月 27 日），〈人事：秘書處部內人事〉。
203 「高廷梓致朱家驊函」（1938 年 9 月 28 日），〈人事：秘書處部內人事〉。
204 「朱家驊覆甘家馨函」（1938 年 9 月 8 日），〈人事：秘書處部內人事〉。

11月，朱家驊前往重慶。「三王」本以為辭職問題就此可獲得最終解決，但朱家驊約王啟江談話時卻言：「對不起大家之意，又因事不能即來，請務於此非常時期照常工作。」[205] 秘書「三王」的去留問題，依舊被束之高閣。直至1939年1月，朱家驊隨蔣介石最終移駐重慶，且國民黨五屆五中全會召開前夕，王子壯的辭職請求才終獲批准。[206] 王子弦所兼中秘處機要處處長一職亦被免去，改為專任秘書，王啟江則繼續留任原職。[207] 隨著朱家驊的空降中央黨部，秘書處人事班底的新陳代謝最終完成。

第四節　調長中央組織部

　　1939年初，蔣介石將「建立黨務幹部，訓練幹部」列入當年的大事表。[208] 1月23日，蔣介石在出席中央黨部總理紀念週時，發表了題為「喚醒黨魂發揚黨德與鞏固黨基」的訓話，公開批評「黨部無人負責」、「黨員疑忌摸擦，推諉牽制，而無親愛精誠，團結一致，共同奮鬥之精神」等弊病。[209] 1月26日，距離國民黨五屆四中全會做出的黨內組織與人事調整決定尚不滿一年，五屆五中全會召開前夕，焦慮於國民黨腐化墮落現狀的蔣介石又思調整，計劃使朱家驊改任內政部部長、葉楚傖回任中央

---

205 《王子壯日記》，冊4，1938年11月10日，頁574-575。
206 〈中國國民黨第五屆中央執行委員會常務委員會第一〇九次會議紀錄〉（1939年1月5日），《中國國民黨第五屆中央執行委員會常務委員會會議紀錄彙編》，冊上，頁355。
207 〈中國國民黨第五屆中央執行委員會常務委員會第一一三次會議紀錄〉（1939年2月9日），《中國國民黨第五屆中央執行委員會常務委員會會議紀錄彙編》，冊上，頁371。
208 〈蔣介石日記〉，1939年「大事表」。
209 〈蔣介石日記〉，1939年1月23日。

黨部秘書長、陳立夫任宣傳部部長、吳鐵城接任社會部部長。[210]隔日,蔣意突變,在日記中寫下:「朱組、陳宣、張社、葉秘(或吳社、陳宣),或葉宣,其餘不動。」[211] 朱家驊身為中央黨部秘書長,日常承總裁之命與中央執行委員會或中常會決議,掌理一切事務,主要履行著上傳下達的中樞職責。蔣介石此時考慮以朱家驊擔當一部之責,無疑是欲賦予其更大的施展拳腳的空間。

不過,蔣介石也暗自感慨:「對於黨務稍一急切認真,則老者即生誤會,而少者又毫無根底,事事皆非,無事不壞,誠不可救藥矣。然只有不顧一切,不計怨恨,安老懷少,徐待其行而已。」[212] 其中,「少者又毫無根底」似乎指的便是朱家驊。蔣介石一面欲對朱家驊委以重任,一面又對其辦黨能力頗感失望,遂在日記中寫道:「黨務人才最劣,昔日以為可用者,一經實驗,則毫無辦法,而以朱為甚也。此人最不自知,可歎。而一般老成者則推諉怯餒,旁觀坐視而已。」[213] 蔣介石寫到朱家驊時,隨後塗去六字,雖內容不詳,但上述寥寥數語已著實令人意外。一年前,蔣還對朱抱有頗高期許,未料僅試用數月便大失所望。而若從另一角度看待蔣之所言,也或可理解為其一時對部下愛之深、責之切的情感流露。

最終,五屆五中全會僅任命葉楚傖為中央宣傳部長,其餘人事未動,即採取了此前日記中「葉宣、其餘不動」、「徐待其行」的方案。葉楚傖職務的調整是因原部長周佛海隨汪精衛出

---

210 〈蔣介石日記〉,1939 年 1 月 26 日。
211 〈蔣介石日記〉,1939 年 1 月 28 日。
212 〈蔣介石日記〉,1939 年 1 月 19 日。
213 〈蔣介石日記〉,1939 年 2 月 2 日。

走，不得已的人事應對。蔣介石擱置了會前反復思索的方案，也或因深知頻繁更動中央各部負責人，有礙工作的持續推進，只好暫維原態，從長計議。但此後，蔣介石時常思索如何挑選一等人才集中辦黨、成立幹部人事局等問題，甚至親自制定振作黨務的訓練問答題目：

一、問本黨黨務為何如此消沉疲弱，而不能及時振作健全。

二、問本黨黨務何以不能發展，何以二等以上人才不肯加入本黨。

三、問本黨地方之黨政機關與人員不能協調合作。

四、各級黨部同一機關之黨委人員何以對立，不能團結。

五、問本黨各級黨部，何以不能掌握教育、保甲與生產合作機關。

六、本黨為何不能與共黨抗爭，一切組織、宣傳、訓練皆比不上共黨。

七、問本黨黨員為何不肯深入民眾，作基層工作，刻苦耐勞。

八、本黨幹部辦事為何不切實際、不肯研究與負責。

九、為何辦事不徹底、無成效。

十、為何黨委變成官僚。

十一、為何民眾不信仰本黨與黨員。[214]

時人對於蔣介石心中理想和眼前現實的差距，也有著清晰地觀察：「領袖欲團結而其幹部則悉力分化，使中央與地方，黨與黨，派與派無法親近，又在抗日緊張之中，而有我們最大之敵人為共產黨之口號，在地方努力做抗日工作者亦加以共產黨之頭銜。」[215] 因此，待到 1939 年 11 月，國民黨五屆六中全會時，苦於黨機器疲軟的蔣介石，還是將先前的部分人事計畫付諸實

---

214 〈蔣介石日記〉，1939 年 3 月 2 日。
215 〈黃旭初日記〉，1939 年 8 月 8 日，廣西壯族自治區博物館藏手稿本（以下略）。

踐,命朱家驊代替張厲生出任中央組織部部長,並繼續兼任中統局局長,葉楚傖回任中央黨部秘書長。社會、宣傳兩部部長分別更換為谷正綱和王世杰,陳立夫則榜上無名。[216] 據王子壯觀察,蔣介石原本欲使戴季陶出任中央組織部部長,戴不欲就而推朱自代。[217]

對於陳立夫的式微,王啟江分析認為,蔣介石在未任國民黨總裁前,僅掌握中央的局部權力,遂以二陳在黨內展布勢力,後又扶植黃埔系復興社力量,藉以互相監督。待到蔣介石在臨全大會上當選總裁後,威望甲於全國,作風也為之一變,不僅以朱家驊任中央組織部部長,亦以谷正綱接替陳立夫任社會部部長,使陳在中央權勢忽減。五屆中委選舉時,二陳聲勢高張,雖引得蔣之不悅,此後也僅對其略有冷落,黨內組織人事未作顛覆性調整。臨全大會後,蔣介石使中樞權力逐漸歸於朱家驊與葉楚傖等人,即忠實於黨而未有若何野心者手中。[218]

面對中央高層人事調整,王啟江、王子壯等人作為供職機要十餘年的資深秘書,自然會對當下局勢及未來走向有所計議。王子壯認為,自1927年起,國民黨黨務領導權一直操之於陳果夫、陳立夫手中,隨後的張厲生亦屬繼承前者衣缽,直至朱家驊出任中央組織部部長才始異其緒。二陳因格局狹隘,造成與黃埔系的對立。朱為矯正前任過失,必將採取聯合路線,即凡忠於黨者均與之聯合。不僅王子壯如此看待時局,孔祥熙也主動向朱家驊傳來合作之意。王為此感到氣象一新:「苟能將黨的幹部

---

216 李雲漢主編,《中國國民黨職名錄》(臺北:中國國民黨中央委員會黨史委員會,1994),頁137-138、140、143、147。
217 《王子壯日記》,冊8,1943年11月12日,頁441。
218 《王子壯日記》,冊5,1929年12月4日,頁415。

團結,則力量甚雄,對於異黨之進攻,無絲毫之畏懼。」[219] 隨後,朱家驊亦主動約宴王子壯等人示好道:「以為前辦理黨的同志因目標未清,結果發展遲滯,自己壁壘日益弛懈。現在抗戰緊急之時,實本黨復興之良好的時機。凡本黨同志均應集中心思才力,以謀黨務工作之進展。尤應湔除一切小派別之意見。結合於黨的命令之下,始能作出一番事業等語。」[220]

中央黨部秘書處內,朱去葉回的調整對王啟江等人來說本應是件好事,因可順理成章地重歸老長官葉楚傖領導。朱家驊卻堅邀王啟江與其同赴組織部接事,出任主任秘書。王子壯分析朱家驊此舉是因:「組織部方面原由立夫先生一手造成者,亦感於朱來或將大事更張,亦有密謀抵制之訊。」並且,「在朱方面以彼手下缺黨務人才,最要者以塞組織部方面反對者之口。以啟江在中央歷十年而素無所偏倚,今調組部助彼,所以緩衝此局也」。[221]

諸如王啟江、王子壯之輩,青年時代就投身革命,也曾意氣風發、激憤昂揚,雖歷經二陳時代的混沌苟且,但心中一直潛存著憂慮黨國前途卻無力改變的失意情緒:「吾等在秘密時代所辛苦造成之黨基,二陳先生於十七年以後掌權,被擯而流離者,不知幾何人矣。余身在中央,所能者亦僅解決個人之生計,同志之流亡無助也。」令彼等感到萬幸的是,蔣介石終於意識到黨基日空,無法應付抗戰之需,起用朱家驊主持黨務,以使往日有能力、有氣節而流落邊地的基層幹部可以重振信心,為挽救黨國危機效力。但王子壯也悲歎道:「余在中央十餘年之鬱鬱,近得以

---

219 《王子壯日記》,冊6,1940年1月19日,頁19。
220 《王子壯日記》,冊6,1940年2月21日,頁52。
221 《王子壯日記》,冊5,1939年12月3日,頁414。

略伸一二耳。惜健全之幹部已所餘無多，誠堪浩歎。」[222]

　　由此看來，即便王啟江、王子壯等身處中央、涉身機要的幹部，也僅從派系消長的角度看待此番人事調整。事實上，蔣介石有著另一番重要考量，即試圖通過戰時黨務改革，為國民黨建立起一套嚴密有序的幹部任用體系。中央組織部作為執掌黨內人事派遣的重要部門，無疑肩負著構建制度的重責，其主官朱家驊便是最直接的責任人。1939年末，蔣介石曾計劃在各省黨部設立人事科，科（股）長由中央委派，用以考核部內及各級黨部人事。[223] 對於蔣的這一思路，戴季陶認為若能逐漸推進，做到前清之吏部即為成功，但又考慮到事之更張實屬非易，建議在中央黨部先行試辦。戴隨後又與朱商談，先行充實中央調查統計局，對黨內人才有明確統計後，任用方得其宜。[224]

　　朱家驊在上任之初就曾感慨，自戰爭爆發以來黨內最大的問題就是人事，批評中央黨部缺乏人事制度，用人全憑上級個人的愛憎決定，導致升遷降調等不合理的情形時常發生。[225] 不過，朱家驊在接掌中央組織部後，並未立即著手黨內基層人事制度建設，而是與初入中央黨部秘書處時的做法相似，首先展開部內人事與處室調整，思路大體參照了組織部視察員曹德宣上呈的意見書：

　　第一，設立會計審查委員會。「誠以本部財政向屬於總務處，自開天闢地即不公開，亦未辦過交代，部長雖曾三易，而總

---

222 《王子壯日記》，冊6，1940年2月7日，頁38。
223 〈蔣介石日記〉，1939年11月22日、1940年4月29日。
224 《王子壯日記》，冊6，1940年1月20日，頁20。
225 〈黨政訓練班黨務工作人員談話會紀錄〉，《一般檔案》，中國國民黨黨史館藏（以下略）：一般495/141。

務處長始終未動，經費出納不惟各處室不得而知，即部長向亦不過問。」由各處室首腦成立審查會，所有決算及每月出納均須審查，一切遵照會計審查法實行，並將結果公布於部務會報。第二，黨務視察員應改為專門委員或專員。組織部視察員實際不僅出外視察，大多還從事研究工作，改為專門委員名實相符。第三，《組織與訓練》應歸編纂科辦理，不應單獨另辦。第四，增設人事科，專司部內外人事調查考核，以使人事管理漸入軌道。第五，充實研究會（或討論會），由各處室共同組成，人選由部長指定。內分黨務、政治、國際及對中共辦法各組，各種問題先交專門委員研究草擬意見，再付大會討論，適宜實施者建議中央辦理，流於理想理論的可在刊物發表或刊行冊子供黨員閱讀。第六，實行每月考績，並公佈結果，以使同志有所警惕，賞罰分明。[226]

　　曹德宣的意見條條切中組織部積弊要害，朱家驊對各項提議也大多予以落實。如將黨務視察室改為專員室，在部內原有建制上，陸續增設會計室、人事室、戰地黨務處、黨員訓練處、黨籍登記處、黨團指導委員會等部門。新設各處室除旨在細化職能、提高工作效率外，朱家驊最主要的意圖還是更新人事、位置私人。一份題為「組織部科長以上人員考評清冊」的文件，清晰地反映了朱家驊主持下的中央組織部各處室人事構成情況：

---

[226] 曹德宣，「對本部工作推進之意見」（1939年12月5日），〈黨務建議與改進意見〉，《朱家驊檔案》：301-01-06-011。

表 1-1 中央組織部各處室主管人員情況（1944 年 1 月）

職別	姓名	簡歷
主任秘書	王啟江	奧地利維也納大學畢業，中央通訊社主任、中秘處秘書
秘書	龐鏡塘	山西大學法律系科畢業，南昌行營秘書、浙江七區行政督察專員、臨海縣縣長
秘書	王培仁	日本法政大學畢業，駐日總支部常委、三全大會代表、中央黨史編纂會處長、立法委員
普通黨務處處長	陸翰芹	英國牛津大學研究員，中央大學秘書、交通部航政司司長、中秘處秘書
戰地黨務處處長	甘家馨	日本早稻田大學畢業，江西省黨部委員、浙江大學秘書、瑞安縣縣長、中秘處事務處處長、國民參政員
邊疆黨務處處長	李永新	北京蒙藏專校畢業，內蒙騎兵總指揮部營團旅長、內蒙黨務指導員、國民參政員
軍隊黨務處處長	周兆棠	黃埔軍校二期畢業，總司令部特黨部常委、軍事委員會科長、秘書
黨員訓練處處長	田培林	德國柏林大學哲學博士，北平師範大學講師、同濟大學、西南聯大教授、系主任
黨籍登記處處長	王懋勤	浙江省第一屆考取縣長，浙江省政府科長、民政廳視察、中秘處人事處科長
總務處處長	汪一鶴	德國柏林大學研究員，中國銀行會計主任、郵政儲匯局專員
專員室主任	伍家宥	莫斯科孫逸仙大學畢業，中央組織委員會總幹事、中央組織部普通黨務處處長
人事室主任	陳紹賢	中山大學、美國哥倫比亞大學畢業（政治學碩士），英國倫敦大學研究員、交通部職工事務委員會主任委員、廣州市黨部委員、廣東財政廳秘書、甘肅大學教授、同濟大學秘書長、中央黨務委員會委員、國民參政員
黨團指導委員會秘書	繆培基	北京大學畢業，英國倫敦大學和法國巴黎大學研究員、武漢大學和中山大學教授、中央海外部專門委員、中央組織部視察室主任
會計室主任	李在興	中山大學畢業，中秘處幹事

資料來源：「組織部科長以上人員考評清冊」，〈人事〉，《朱家驊檔案》：301-01-06-002；〈陳紹賢〉，《朱家驊檔案》：301-01-23-348。

這份人事考評冊不僅清楚地揭示了 1944 年初的中央組織部處長級幹部情況，其中簡歷一欄更有助於分析彼時部內人員的派別歸屬。如前文所述，王啟江早年隸屬於葉楚傖系。朱家驊接長中央黨部秘書長後，王啟江先留任中秘處，後隨朱入主中央組織部，擔任主任秘書。共事數年後，王逐漸越過派系藩籬，成為朱

系核心成員。[227] 龐鏡塘與王培仁則屬原組織部 CC 系統留任秘書。據龐自述，張厲生交卸部務前曾批准其辭職，但朱家驊得知後向張提出：「中央機關的秘書是政務性的職務，不應隨部長進退，你無權批准龐鏡塘辭職。他和我是浙江的老同事（我任浙江省第七區行政專員的後期，朱接任該省主席，同事約四個月），我到部後正需要這樣一個熟手的人幫忙，你也不應當就讓他走。」於是，龐鏡塘只得繼續留在部中履職。[228]

朱家驊雖宣稱秘書不應隨部長進退，但自身卻未能踐行。除王啟江外，朱還將原中秘處秘書陸翰芹帶入組織部，任命為普通黨務處處長。原處長伍家宥則被調為專員室主任。專員室的成立雖與曹德宣的建議有關，而龐鏡塘認為：「朱家驊任部長以後安插自己人，而舊人被撤下來不是因為犯了錯誤，不好不管，只有調充閒職。但處長級的人員無法安置，便設置該室，將換下來的處長、主任，給予專門委員名義，派一兩項工作，大多是審閱文件或草擬特殊文告，並不負什麼具體責任」，「各省市黨部的委員或書記長，因改組被調回中央，並未犯有過錯，也派為專門委員」。[229] 此外，原中秘處事務處長甘家馨，亦隨朱調任組織部。朱家驊為調和舊屬陸、甘之間矛盾，任命甘擔任新成立的戰地黨務處處長。[230]

此外，原總務處長陳劭在朱家驊到任不久後，因經濟問題被免職。朱將郵政儲匯局處長汪一鶴，調至組織部擔任總務處處

---

227 《國民黨六屆中委各派系名單》，頁 146-147。
228 龐鏡塘，〈國民黨中央組織部見聞〉，耿守玄、龐鏡塘等，《親歷者講述：國民黨內幕》（北京：中國文史出版社，2009），頁 10。
229 龐鏡塘，〈國民黨中央組織部見聞〉，頁 7。
230 郭心秋，〈我在戰地黨務處的日子〉，中國人民政治協商會議重慶市委員會，《重慶文史資料》，輯 4（重慶：重慶出版社，2000），頁 138。

長。汪早年赴德留學一事,正是朱主持交通部期間辦理,二人亦屬舊識。至於原黨員訓練處處長胡夢華,朱家驊本欲念其中央大學校友身分,使任黨務視察室主任,但因張厲生反對「楚材晉用」而被外派為河北省政府秘書長。[231] 新成立的黨籍登記處、人事室、黨團指導委員會、會計室等部門負責人,亦可從各自履歷中追蹤到與朱家驊之間千絲萬縷的關係。

在中央組織部各處室中,最核心的部門自然當屬人事室。據該室第一任主任俞叔平回憶,朱家驊為使黨的人事制度化而成立人事室。朱家驊要求人事室:「首先應注意明瞭各省市及直屬黨部委員之能力、個性及工作情形,次及各省市及直屬黨部秘書、科長等重要人員,再及其他工作同志與縣黨部人員,最後須注意訪察登記全黨優秀黨員及社會上之有力份子。」[232] 俞叔平在受命之初曾一再辭謝:「我對他表示雖然是一個民國十六年入黨的老黨員,可是只是在學校裡面幹過基層黨務,實在沒有其他黨務經驗。他的回答是組織部需要一個純潔的青年人,懂得法律,公平的為黨調查及羅致人才,建立一套人事紀錄制度,備為黨用。」[233]

俞叔平早年就讀於朱家驊創辦的浙江省立警官學校,後被選送至維也納研習警政專業。第二次赴奧地利留學時,又在朱的建議下,改習法律專業。因此,俞亦可被視為朱之心腹。但俞叔平至1939年4月時仍未加入國民黨,朱在邀其入中秘處任總幹

---

231 胡夢華,〈國民黨CC派系的形成經過〉,柴夫主編,《CC內幕》(北京:中國文史出版社,1988),頁35-36。

232 中央組織部編印,《朱部長對於組織工作之指示》(出版地不詳,1943),頁31。

233 俞叔平,〈從幾件小事情看朱騮先先生〉,大陸雜誌社編委員會編,《朱家驊先生紀念冊》(臺北:文海出版社,1986),頁286-289。

事前曾催促：「盼足下即行辦理入黨手續，以便遇有機會即時留意。」[234] 繼俞叔平之後擔任人事室主任的則是曾就讀於中山大學、中央大學，歷任交通部和教育部科員、中秘處總幹事、組織部人事室總幹事，在事業上一路追隨朱家驊的萬紹章。[235] 1943年時，人事室主任又由朱之舊屬陳紹賢接充。由此可見，人事室自成立伊始，主任人選始終為朱家驊系骨幹。

綜上所述，中央組織部處級幹部在朱家驊到任後被陸續汰換，取而代之的是己方心腹，僅邊疆和軍隊黨務處處長李永新、周兆棠得以連任。分析內情，不外乎因周身屬黃埔系，李為蒙古人士且所司屬部中邊緣處室，遂無撤換必要。調整後的組織部各處負責人中，「王啟江注意西北，田伯蒼注意中原，陸翰芹注意兩廣，各有所專，亦各有所私」，朱家驊身邊仍缺少能夠為其總籌全域之人。[236] 同時，在時人看來：「在國民黨中央黨務部門這樣清一色地大換班的做法，除一九二六年陳果夫排除共產黨人的接收外，這算是第二次了。」[237] 朱之舉措雖表面進展順利，未遭遇若何阻力，但實則早已觸動CC系利益，引發二陳兄弟與張厲生等人不滿。

針對朱家驊的人事調整辦法，先毋論派系成見，其所用之人大多缺乏黨務經驗與能力。熊式輝曾與普通黨務處處長陸翰芹有過交談。當陸被問及黨與政的工作區別時，所答頗不得要領。[238]

---

234 「朱家驊覆俞叔平函」（1939年4月26日），〈俞叔平（運佳）〉，《朱家驊檔案》：301-01-23-595。

235 劉國銘主編，《中國國民黨百年人物全書》，冊上，頁33。

236 鄭天挺，《鄭天挺西南聯大日記》，冊下，1943年12月6日（北京：中華書局，2018），頁773。

237 龐鏡塘，〈國民黨中央組織部見聞〉，頁10。

238 熊式輝，《海桑集：熊式輝回憶錄1907-1949》，1943年6月3日（香港：

曹德宣也曾直言進諫：「顧彼新進之人而居高位，與黨關係頗淺，甚有從未參加黨務工作亦居要津，權衡人事學能無以勝人，品德更不能服眾。」曹所言非虛，細觀考評冊簡歷一欄便可發現，朱家驊所用處長級幹部基本均無辦黨經歷。空降要津者不僅無助於部務開展，也難以服眾，更會使部內人心渙散。

　　事實上，不僅中央組織部新任幹部，即便是朱家驊本人也缺乏辦黨經驗。雖已入仕十年且屢任要職，但朱的活動軌跡主要集中在政學兩界。儘管業已擔任中央黨部秘書長一年有餘，該職多屬上傳下達的中樞性質。相較之下，中央組織部部長職責所關更為重大。中央組織部從主官到中層幹部均為初識黨務者的安排，或許正體現了蔣介石革新黨務的決心，但這樣一套人事班底步入正軌，無疑需要時間過渡與適應。最終運轉效能如何，也取決於部長朱家驊的領導才能與辦黨理念。陳克文在閱讀朱所著《黨的組織問題》一文後，感慨道：「他現在是負組織責任的人，不知道他能不能夠本著他的理論，把黨的組織健全起來。」[239] 據此觀之，外界對這位新部長革新黨務的作風多抱持觀望態度。

　　朱家驊主持中央組織部後，原有職員大多不安其位。曹德宣向朱家驊坦言：「現留部者不過少數。而此少數之人亦多有五日京兆之心，過何故耶。蓋瞻念前途，進出無路，回念室家又有後顧之憂，均迫於不得已而別謀生計。德宣敢斷言決無一人甘願離部，而自毀在黨多年歷史者，而德宣認為此次離部，幾如九一八後離開我之故鄉。真是淚灑胸懷，五中摧裂。」[240] 文書科科長辜孝寬也向朱家驊彙報了數月間，部內工作人員，尤其

明鏡出版社，2008），頁 400。
239 《陳克文日記 1937-1952》，冊上，1940 年 4 月 9 日，頁 578-579
240 曹德宣，「黨務改進意見」（1940 年 3 月 5 日），〈黨務建議與改進意見〉。

低級職員辭職他就的情況多發:「大多以生活不易維持或要求地位改善未得要領而出此。」彼等所謀新職仍在中央黨部管轄下的黨政考核委員會、中央調查統計局,甚或是中央秘書處。辜孝寬認為:「顯似暗中有組織的使本部總發動機發生障礙,而趨於停頓。」[241]

1940年8月,王子壯在日記中突發議論道:「以我國人事關係之複雜,每有以排擠為能事者,如不以斷然之態度取『對事努力,絕不管人』之主旨,實在沒法殺出一條出路也。」其所指實為王啟江在組織部採取的處事對策,但此時僅微露部內人事矛盾。[242] 數月後,王啟江便以拔牙為由,在鄉稱病十餘日,並向王子壯抱怨「朱家驊用人太亂,幸用小人」,其已提出辭職,但未獲朱之允許。王子壯認為,個人出路應以能負責做事為前提,朱先前竭力將王啟江拉入組織部,無非是欲使其為己工作。如今倖用小人是已有人負責部務,按理應當求去。朱之所以不允,或因感情因素。王子壯遂建議王啟江只維持名義,負有限度的責任,專辦理部長交辦事件,其餘時間則回中央秘書處服務,以策周全。[243]

王子壯在朱家驊接任中央黨部秘書長之初,因受排擠而黯然去職的舊事,或使其在評價朱時難免帶有主觀情緒,但道出了朱家驊任人處事中的某些缺陷。不過,王也評價朱對待工作:「日夕勤勞而無倦容,均可見其興致之所在。」朱亦自言:「工作使生活甜蜜有味。」朱家驊如此高昂的工作熱情,不禁讓王子壯發

---

241 「辜孝寬密報朱家驊」(1940年12月23日),〈人事〉,《朱家驊檔案》:301-01-06-002。
242 《王子壯日記》,冊6,1940年8月6日,頁219。
243 《王子壯日記》,冊7,1941年1月25日,頁25-26。

出難以企及之歎。[244]

　　按照上文所述,朱家驊到任中央組織部後,基本能夠依照己意調整部內人事、增設處室,但尚有一細節被忽視,即按照組織大綱規定,組織部有兩名副部長的設置。抗戰之初,該職由谷正綱與吳開先擔任。吳因長期在上海從事敵後工作,其職權先後由曾養甫、張沖代理。1939 年 11 月,國民黨中央在任命朱家驊的同時,調谷正綱任中央社會部部長,並由馬超俊接充遺缺。[245] 1942 年 3 月,吳開先在滬遇險被捕,其所遺副部長職位一時成為各方矚目焦點。時任山東省教育廳廳長兼魯北行署主任的何思源,就立即向朱家驊表達了盼回中央的訴求。[246]

　　為此,朱家驊向蔣介石表示,若副部長須遴員補充,希望能以何思源繼任:「北方同志在中央者甚少,何同志於陷區秘密工作及學校黨務、軍隊黨務俱有經驗,且目前陷區黨務關係最重,職亦切望有實際經驗之人相助。」朱還特別提到何之眷屬在津被敵方扣押相要挾時,其大義凜然、不為所動之舉。借此暗示蔣介石若以何接補副部長,可以示獎勵。[247]

　　其實,朱家驊對何思源的舉薦有著更深層次的考量。何祖籍山東,畢業於北京大學,後公費赴德留學。1926 年隨朱南下廣州,進入中山大學擔任經濟系教授兼圖書館館長、政治訓育部副主任等職,後又擔任國民政府軍委會政治訓練班副主任、代理主任。1928 年,何思源因得戴季陶賞識,被派至山東擔任省政府

---

244 《王子壯日記》,冊 7,1941 年 3 月 12 日,頁 71。
245 李雲漢主編,《中國國民黨職名錄》,頁 141、147。
246 「何思源致朱家驊電」(1942 年 3 月 25 日),〈何思源〉,《朱家驊檔案》:301-01-23-112。
247 〈朱家驊簽呈蔣介石〉(1942 年 4 月 5 日),〈人事〉,《朱家驊檔案》:301-01-06-003。

委員兼教育廳廳長,藉以與韓復榘周旋。抗戰爆發後,韓因擅自撤離山東被殺。何也因多年在魯表現出色,得蔣介石嘉勉,被命繼續在魯從事敵後抗日工作。[248] 可見,何思源與朱家驊、戴季陶淵源甚深。何迫切回渝,朱自然會應其所求。並且,何也同時與 CC 系保持著若即若離的關係。朱家驊或考慮若以何思源任副部長,有助於平衡與二陳關係。

朱家驊推薦何思源的簽呈經陳布雷加簽數語後,被送交蔣介石。朱之秘書沙孟海因與陳布雷交好,隨後得以獲悉蔣之批示內容,大意為何同志最為適宜,但因日前已發表為山東省民政廳廳長,擬俟本人表示去就後再行定奪。沙據此向朱彙報時,還透露了另一細節:「至提張道藩先生一節,布雷先生謂當相機為之。依彼觀測,張已正式繼果老為中政校教育長,想總裁不再派此事也。」[249] 由此可知,朱家驊彼時亦有以張道藩為副部長的計畫。

探知消息後,朱家驊隨即轉告何思源,行政院有調其任山東省民政廳廳長的計畫,並提示何直接向陳布雷表達內調之意,再託陳轉告蔣介石。[250] 何思源明確答覆朱家驊:「邇來魯局日非,在此如坐針氈。調組部副部長事切盼實現,萬一不能,即到渝暫且閑住,亦不願再留魯境度日如年。」既然如此,朱便向蔣重申前請。[251] 陳布雷提醒朱家驊:「現仙槎兄既堅決不願留魯,可

---

248 劉國銘主編,《中國國民黨百年人物全書》,冊上,頁 1113;王振中,〈我所知道的何思源〉,中國人民政治協商會議山東省委員會文史資料委員會編,《山東文史資料選輯》,輯 26(濟南:山東人民出版社,1989),頁 195-198。
249 「沙孟海簽呈朱家驊」(1942 年 4 月 11 日),〈何思源〉。
250 「朱家驊致何思源電」(1942 年 4 月 14 日),〈何思源〉。
251 「朱家驊簽呈蔣介石」(1942 年 5 月 3 日),〈人事〉,《朱家驊檔案》:301-01-06-003。

否請先示意,由彼直接來電請辭魯民廳職務,則於更調之間,委座更易裁決。」[252] 朱又照此告知何思源。[253]

至1942年12月,中央組織部副部長職位已空懸數月。朱家驊為此第三次簽呈蔣介石:「可否仍請派為職部副部長,否則因陷區黨務情形特殊,須有大員常駐處理。當年鈞座派吳同志為副部長而駐滬工作者正為此故。查何同志對陷區工作經驗豐富,倘照吳同志前例,俾以副部長資格留魯,照料北方陷區黨務仍兼魯省職務,於北方黨務必多裨益。」朱或因洞察蔣不欲使何脫離前方黨務,遂提出上述折中方案,並補充道:「再如以上所陳或有未當,則中央候補監委狄膺同志在中央甚久,現無實際工作,似亦適宜。」[254] 正當朱家驊還在揣摩蔣介石心意時,陳果夫已於私下報請總裁任命張強為副部長。[255] 最終,蔣介石或出於平衡各方勢力考慮,應允了陳果夫的請求,使何思源內調願望落空。[256]

中央組織部先前數位副部長多為虛名,不負實責。但張強到任後,欲抓實權,將部內公文審批流程變更為,先由秘書龐鏡塘總核,後送張強核訂。張亦時常約龐與專員室主任伍家宥參酌意見,有重要內容再選送主任秘書王啟江覆核,呈送朱家驊。因張強、龐鏡塘與伍家宥均屬CC系,使黨籍登記處長王懋勤對此調整頗感憂慮:

---

252 「陳布雷致朱家驊函」(1942年5月8日),,〈人事〉,《朱家驊檔案》:301-01-06-003。
253 「朱家驊致何思源電」(1942年5月11日),〈人事〉,《朱家驊檔案》:301-01-06-003。
254 「朱家驊簽呈蔣介石」(1942年12月3日),〈人事〉,《朱家驊檔案》:301-01-06-003。
255 〈陳果夫日記〉,1942年12月6日。
256 李雲漢主編,《中國國民黨職名錄》,頁141。

現狀雖無關係，日久寢成習慣恐蹈大權旁落之漸。王、甘太忙，無法全顧，實使人懸懸，曾與甘、陸詳談及此。為事實所限，一時無較善方法，惟在各處警覺，重要者簽明親核。事實既係如此，則專員室所擬以秘書室為樞紐之處理公文方式，轉覺不宜採行（已告知陳注意）。人事、總務尤宜格外注意外，收發有時開拆鈞座函件，故人選亦甚重要。[257]

朱家驊對此也表認同，回覆王懋勤道：「收發人選本極重要已條諭辦理」，「對人必須認識清楚，各語頗有見地甚善」。[258] 由此可見，張強的到任引發朱方警覺，擔心會使原組織部留任幹部聚攏形成小團體，對己方構成威脅。此外，中央組織部因專司黨內幹部派遣，最忌諱的就是人事消息洩露，稍有不慎便會為派系傾軋提供可資利用的材料，尤其 CC 系勢力在部內又有活躍跡象。地方幹部許文樑就曾向朱家驊反映，部中工作缺乏機密性，有關密報或私人函件形同公開，致使外地同志不敢據實報告的情況。[259]

朱家驊安撫許文樑：「各處重要密報與私信向均交由孟海兄處辦理，可守絕對秘密，決無意外。其無關出入者，始發部中辦理。亦因文件太多，孟兄處儻均予處理，事不可能，且辦事上易生枝節也。」[260] 朱所提「孟海」，即沙孟海，歷任中山大學教授、中央大學秘書、教育部秘書、交通部秘書、國立編譯館編

---

257 「王懋勤致朱家驊函」（1943 年 2 月 18 日），〈部長條諭〉，《朱家驊檔案》：301-01-06-012。
258 「朱家驊覆王懋勤」（1943 年 2 月 22 日），〈部長條諭〉。
259 「許文樑致朱家驊電」（1943 年 3 月 22 日），〈部長條諭〉。
260 「朱家驊覆許文樑」（1943 年 3 月 23 日），〈部長條諭〉。

譯、浙江省政府秘書、管理中央庚款董事會秘書處副主任幹事、考試院考選委員會專門委員等職。沙之經歷與朱家驊任職軌跡高度重合，雖不兼中央黨部職務，但因文筆俱佳，常以中央庚款董事會秘書身分，為朱擬具黨務文書與簽呈，深得朱之信任。[261]

隨後，朱家驊也條諭各處室：「查本部機密文件確有被外間知悉情事，具見經辦人員仍有暗中洩露者，一經查明，定予議處。以後各處室必切實注意嚴守秘密，否則惟各級主管同志是問。」[262] 然而，此後部內消息外泄的現象並未能根絕，常有人事更動尚未正式公佈，外省便已知悉的情況發生，致使總務處文書科科長向朱家驊彙報：

> 本部各秘書及處長主任等往往與外省黨工同志約有密電碼本。電訊往還有線或無線，自譯或交電務室譯。拍發時，均用本部蓋有印章之發電紙。其中，如甘秘書友蘭近則專責成其戚，現在本部電務室任幹事之楊公冶同志擔任翻譯。各秘書處長當皆忠於鈞長或為鈞長分勞，似無問題。惟於公事之機密性（尤其如關於人事之調動等），不無可以疑慮之處，而苦無法以防範之。[263]

為此，朱家驊只得再發條諭：「嗣後除公電外，其餘各科同志送發帶電報，非經秘書或主管之處長主任核簽之電訊，一概不

---

261 「朱家驊致陳布雷函」（1941 年 3 月 5 日），〈沙孟海〉，《朱家驊檔案》，301-01-23-085。
262 「朱家驊條諭」（1943 年 3 月 24 日），〈部長條諭〉。
263 「韋孝寬致朱家驊函」（1943 年 10 月 4 日），《朱家驊檔案》，〈人事〉，《朱家驊檔案》：301-01-06-002。

准譯發，以嚴關防，並節電費。」[264]

隨著朱家驊主黨日久，外間逐漸出現對其辦黨能力與成效的微辭，以及來自各派系勢力的攻訐。如陳果夫評論道：「常會討論省黨部組織法，不知為何組織部對於組織一天一天外行起來。要社會與組織脫離，而組織與組織之間又有矛盾。」[265] 劉健羣曾言：「組織部以有錢不用為功績，非辦黨之道。」[266] 王子壯也頗不以為然地批評組織部主辦的《組織旬刊》：「其意似欲發揮組織之嚴密精神，而所談則不免偏於普遍之組織。真正關於黨的組織，就其已出版者言（四期），並無健全正確之理論。以此而欲指導下級黨部及黨員之組織，其不甚難？」[267] 不過，亦有論者對朱家驊有所迴護，認為其對於組織原則和國民黨組織上的缺點，都表達過見解和針對方法，但是礙於客觀條件限制而無法實踐自己的理念。[268]

小結

1938 年前後，面對國民黨組織渙散、幹部匱乏、派系矛盾尖銳等問題，蔣介石欲借抗戰之機，著手實施黨務革新計畫。臨全大會與五屆四中全會不僅對國民黨的組織與人事予以調整，更為消弭黨內派系之別，設立三民主義青年團、中央訓練委員會、中央黨務委員會等機構。蔣介石以陳誠兼負黨的訓練工作、朱家驊接長黨務中樞職能，是旨在聯合 CC 系與黃埔系的同時，增強

---

264 「朱家驊條諭」（1944 年 3 月 13 日），〈部長條諭〉。
265 〈陳果夫日記〉，1942 年 4 月 27 日。
266 《鄭天挺西南聯大日記》，冊下，1943 年 6 月 19 日，頁 717。
267 《王子壯日記》，冊 8，1943 年 5 月 11 日，頁 187-188。
268 齊錫生，《分崩離析的陣營：抗戰中的國民政府 1937-1945》，頁 736。

國民黨的軍事化與學術化屬性。這一系列健黨舉措中，亦隱含著國民黨黨務領導權的轉移與 CC 系在黨權勢被削弱等問題。

蔣介石深知若要起用諸如陳誠與朱家驊這樣的「新人」辦黨，必須破除既有秩序，排除派系勢力干擾。在戰時缺乏召開全國代表大會改選中委的情況下，蔣通過設立新機構，釋放權力空間，為黨務革新計畫的執行者提供權力支撐，中央黨務委員會與訓練委員會的增設便是例證。正如康澤對蔣之用意的分析：「臨全會沒有選舉，黨裡有些幹練的青年不能選為中委，因此提出這些人組織黨務委員會、訓練委員會增加組織部和訓練部的力量。」[269] 但一些熟諳國民黨政治文化的當局者，在改革之初就參透了內中玄機。如當范予遂被發表為黨務委員會委員時，谷正綱就篤定「以後黨務委員會均為空的」，向丁惟汾建議改推范任山東省黨部主任委員更為實在。[270]

蔣介石黨務革新計劃的關鍵執行者──朱家驊，常被視作學人從政的典型，但與一批 1930 年代參政的技術型學者官僚不同，朱自少年時代起，就對政治抱有濃厚興趣，革命熱情高漲。辛亥鼎革之際，朱家驊組織中國敢死團，年僅十九歲就加入同盟會。留德歸國，進入北大執教後，朱家驊也未深埋書本，而是積極領導學生運動，甚致成為北洋政府通緝的對象。離京南下是朱一生中具有深遠影響的轉折，自此告別著書立說的執教生涯，其後雖不曾遠離學界，但始終以學術管理者身分示人。

隨後，朱家驊憑藉浙籍身分的地緣優勢，順利進入政壇。

---

[269] 康澤，〈三民主義青年團成立的經過〉，中國人民政治協商會議全國委員會文史資料研究委員會編，《文史資料選輯》，輯 40（北京：中國文史出版社，2011），頁 182。

[270] 《王子壯日記》，冊 4，1938 年 5 月 4 日，頁 447。

1927年前後，國民黨對外關係由俄至德的轉向，為朱的仕途邁進提供了又一次機遇。留德博士的學緣背景引起蔣介石注意，並借用朱之私人管道從德國引薦專家。德國顧問來華後，亦由朱負責接待、擔當翻譯。朱家驊在對外事務中的出色表現，贏得了領袖信賴，發揮著不可替代的作用。雖然在搭建中德關係中，朱之地位舉足輕重，但蔣介石始終未派其赴德，而是在國內建設中被委以重任。

九一八事變後，蔣介石韜光養晦，展開強國計畫，將教育與交通列為首要發展對象。朱家驊作為擁蔣派，先後出任上述兩部部長。1935年國民黨五全大會後，出於應對國際形勢與調整黨內權力格局的需要，蔣先使朱卸任交通部長，並以代理中政會秘書長為過渡，繼而派為浙江省政府主席。抗戰初起，在新一輪人事調整計劃中，朱重回中央出任參事室主任。臨全大會時，蔣介石突將一直擔任政務官的朱家驊引入中央黨部，藉以緩和派系衝突、重振黨務。而當中德關係陷入困境時，蔣又有派其赴德的計劃。1938年3月至4月間，由參事室主任至赴德專使，再至中央黨部秘書長，蔣介石對朱家驊任用幾度變更，不僅是對朱的多方借重，也暴露出國民黨幹部資源匱乏的缺陷。

朱家驊入主中秘處後，如何妥善位置新人、安置舊人是一個非常棘手的問題。但戰時中央機關分遷兩地，副秘書長甘乃光與秘書「三王」之間爆發的矛盾，恰為朱「置身事外」地解決難題提供了有利契機。王子壯在朱家驊到任之初果斷交出辭呈，因其深知先前中秘處雖也曾幾度易主，但終不脫二陳陣營。朱家驊的到任，則意味著「陳家黨」時代的結束。

秘書在現代政治中，扮演著幕僚角色，因工作需要終日隨侍主官，廁身機要，具有較強私屬性。秘書即心腹，也成為官場中

為人深諳的規則。因此,「三王」作為舊人,在朱家驊到任後雖立即主動求去,但也多有試探之意。就朱之立場而言,若一經履新,前任遺留幹部便紛紛離職,極易造成排斥異己的不良影響。並且,朱家驊初到中央黨部,人地俱生,又缺乏黨務工作經驗,留任舊人也是恰當的過渡之道。

甘乃光作為新設副秘書長,在武漢與朱家驊分權失敗後,便趁前往重慶代理處務之機,削弱「三王」職能,以期從彼等手中分割職權,最終導致後者的辭職他就。在此期間,朱家驊秘書班底的迅速構建,也未給甘乃光留下伸展權力的機會。不久後,汪精衛的出走更使甘乃光頓失政治倚仗。甘乃光與秘書「三王」間爆發的衝突,看似是一場因中秘處內部權力分配失調而起的人事糾紛,但實際是因戰時黨務領導權轉移,聯動引發的秘書班底的新陳代謝。

1939年底,朱家驊調任中央組織部部長,達到個人仕途的巔峰。朱就職後,立即調整部內機構人事,逐漸引入昔日故交舊屬,藉以淘汰他方勢力。朱家驊作為部長,在肩負起蔣介石交付的構建國民黨人事制度重任的同時,處理部中日常瑣事,平衡派系勢力,經營與同級機構關係等亦是分內職責。這要求主官既須擁有過人的政治權術,亦須具備專業的辦黨素質。各方對於這位黨中新貴的處事能力,無不拭目以待。

總之,朱家驊的人際網絡與政治軌跡是同時代國民黨高層官僚中的一例,從中雖可挖掘出國民黨人事任用中普遍存在的共性,但其獨具的地緣與學緣優勢也描繪了一幅不可複製的官緣圖景。

第二章　重塑黨權：黨政軍關係的戰時探索

　　1924 年，國民黨第一次全國代表大會召開，孫中山改組國民黨，確立「一黨專政」的治國理念。李劍農將此視為中國政治新局面的開端：

> 政治上所爭的，將由「法」的問題變為「黨」的問題了；從前是「約法」無上，此後將為「黨權」無上；從前談「法理」，此後將談「黨紀」；從前談「護法」，此後將談「護黨」；從前爭「法統」，此後將爭「黨統」了。[1]

　　這不僅道出國民黨所開啟的政黨政治與北洋軍閥統治的不同，更大體預言了未來中國政治的走向。國民黨與中共的黨治體制最初均效仿自蘇俄，但二者之後的歷史發展軌跡卻大相徑庭。根據列寧主義政黨模式的要求，各級黨委應為最高領導機關，透過向政府部門輸送幹部的方式控馭政權。然而，就國民黨日後運行實態而言，1927 年「清黨」造成的重政輕黨、軍權膨脹等後遺症，導致地方黨權不彰，黨員對政治資源的控制日漸減弱，「黨權無上」實際淪為空談。[2]

　　此後，國民黨統治下黨政軍關係的失衡與變異，不僅使黨員對黨之屬性日感模糊，也導致地方黨政軍組織和人事制度的運轉

1　李劍農，《最近三十年中國政治史》（上海：太平洋書店，1931），頁 531。
2　王奇生，〈黨政關係：國民黨黨治在地方層級的運作（1927-1937）〉，《中國社會科學》，2001 年第 3 期，頁 187-203+208。

失序。自北伐勝利至抗戰爆發前的十年間,這種畸形模式始終未能得到糾正,並且愈演愈烈,為戰時體制埋下嚴重隱患。

第一節　黨政關係的體制徘徊

何志明在研究國民黨訓政前期統治重心——江浙黨部時發現,1928年至1931年,地方黨部屢次設法提高黨權均遭失敗,究其原因在於中央對基層黨部定位不清,沒有以列寧式政黨「黨高於政」的模式相規範,而是將其視為類似於議會制形態下政府監督者的角色。「國民黨央地黨部各自所取的立場都是基於自身利益的考量,以國民黨中央為例,固然有自己對『提高黨權』的理解,如認為『黨權高於一切,乃指中央黨權而言』,而在地方政權中卻有意不願黨高於政。」[3] 因而,地方黨部在面對來自同級政府的挑戰時,無法獲得中央支持。

其實,在第一次國共合作期間,地方黨組織大多尚能對同級政府施加影響,得到政府對黨部權威的認可。1926年10月,國民黨中央曾針對省黨部與省政府關係議決三種辦法:省政府在省黨部指導之下;省政府在中央特別政治委員及省黨部指導之下;省政府與省黨部合作。各省應採取何種辦法,由中央執行委員會議定。[4] 隨著中共在基層黨組織中的地位愈發舉足輕重,逐漸引起國民黨對地方黨權高漲的恐慌。「清黨」後,各地黨部的清洗、改組,不僅導致黨務活動趨於停頓,也使黨權開始陷入低迷。第一次國共合作的夢魘更使國民黨中央在應將地方黨部工作

3　何志明,〈權力重構與利益抗爭:國民黨江浙黨部的政治主張及其實踐(1928-1931)〉(南京:南京大學碩士論文,2011),頁61。

4　〈省黨部與省政府之關係議決議案〉(1926年10月20日),榮孟源主編,《中國國民黨歷次代表大會及中央全會資料》,冊上(北京:光明日報出版社,1985),頁282。

重心置於何處、如何定位黨部與同級政府關係等問題上，顯得無所適從。

1929年，國民黨三屆二中全會規定中央黨部須指揮並監督下級黨部，培植地方自治的社會基礎；宣傳訓政方針；開導人民接受四權使用之訓練；指導人民努力完成地方自治所必備的先決條件；促進其他關於地方自治的工作。縣及縣以下各級黨部，「應以集中工作於縣自治為原則」，並通過宣傳黨義、調查社會與督促地方自治三種辦法施行。其中，「縣政府實施地方自治及建設工作時，縣黨部處於指導督促地位，應予以宣傳推行之助力」。而在各級黨部與同級政府關係方面，「凡各級黨部對於同級政府之用人、行政、司法及其他舉措，有認為不合時，應報告上級黨部，由上級黨部轉諮其上級政府處理」。反之，若各級政府對同級黨部不滿時，亦由上級政府轉諮上級黨部處理。[5]據此，黨政雙方不僅被置於平行地位，且黨部職責基本被局限於推行地方自治之上。

1930年，國民黨三屆三中全會對上述規定重新加以解釋：「此規定之意義，系明白說明縣黨部對於縣政府予以宣傳推行之助力，以扶助地方自治及建設工作為實行指導督促之方法。」這是警示縣黨部應努力分內工作，強調其若對縣政府舉措不滿，須報告上級黨部轉諮上級政府處理。[6]而國民黨中央對縣黨部權能的約束，也使黨權被再度弱化。九一八事變後，領導民眾組織

---

5 〈訓政時期黨務進行計劃案〉（1929年6月15日），《中國國民黨歷次代表大會及中央全會資料》，冊上，頁757。

6 〈關於訓政時期黨務工作附則增修案〉（1930年3月6日），《中國國民黨歷次代表大會及中央全會資料》，冊上，頁794。

禦辱自衛團體被列為地方黨部的主要工作。[7] 1937 年，五屆三中全會上，國民黨中央又將舉辦社會服務事業作為黨部的中心工作。[8] 基層黨部逐漸轉變為宣傳、訓育與服務性角色，成為政府職能推行的輔助者。久之，黨部不但無法與同級政府相抗衡，在社會中的地位和作用也被日益虛化。

此外，黨政兩方經營的事業也頗多重疊，權力邊界模糊。黨部稍有所作為，便會被政府視為侵權，黨政矛盾也就因此生成。1936 年 2 月，國民黨中央鑒於各地黨政之間不能分工合作、互相牽制，規定「民眾之區域組織屬於政府，民眾之集團組織屬於黨部。一為平面的管轄，一為立體的結合。屬平面的以政府為主，以黨部為輔，屬立體的以黨部為主，以政府為輔，而民眾之喚起則由黨部任之」。並再次說明黨政關係：「就以黨治國之制度言，既非『黨政分開』；以兩個對等機關之職權言，亦非『黨政合一』。蓋在『分工合作』之原則下，各發揮其固有之力量以達成共同之事業。」國民黨中央還為使黨、政通力合作，迅速完成地方自治，決定由省市黨部和政府各派五人，另就民眾團體遴派二人，組成「地方自治推進委員會」，藉以密切黨政聯繫。[9]

上述方案由時任中央組織部部長張厲生提出，其甚至坦言黨部無切實工作，且省黨部以下組織龐大無用，若中央不予黨部工作機會，盡可縮減黨部規模。蔣介石並認同張厲生的觀點：「要

---

[7] 〈國難期間臨時黨務工作綱要案〉（1932 年 3 月 5 日），《中國國民黨歷次代表大會及中央全會資料》，冊下，頁 151。

[8] 〈確定以舉辦社會服務事業作為今後地方黨部之中心工作案〉（1937 年 2 月 19 日），《中國國民黨歷次代表大會及中央全會資料》，冊下，頁 447。

[9] 〈中國國民黨中央執行委員會密函國民政府為調整各省市黨部組織及工作方案請查照分別轉飭各省政府知照〉（1936 年 2 月 17 日），《國民政府檔案》：001-014210-00003-001。

知我們現在的黨只要有能力,有作法,很可以發動一切,使政府及長江流域各省切實去作。政府方面是客的受指揮的地位,我們是主人,我們只談自己沒有辦法,不應該責備別人。」王子壯認為蔣介石身為黨政領袖,自然感覺事屬易之。「然以目前形勢,政府自視太高,不屑與黨為伍。即黨部自己亦每以為自己的同志為無經驗、易滋事,不肯多畀責任,實為大患。」[10] 蔣介石的政策設計師楊永泰,則對將黨的中心工作限制於社會運動之上,另有一番解釋:

> 以前黨的工作,各級黨部均認為黨權高於一切,即一切均應過問,以致縣黨部與縣政府間,或省黨部與省政府間,關於用人行政等問題,時有意見出入,遂如民初議會之與政府恆處對立地位一樣。此實彼此皆有錯誤。兄弟以為黨的工作途徑,應注重於社會運動。蓋政治運動與社會運動,須相輔而行,欲改善政治,必須改良社會。疇昔中央所以規定造林保甲等七項運動,而令全黨同志努力推行者,其意義亦即在扶助政治之發展,而為指導政治最高之方針。[11]

1937年2月,國民黨五屆三中全會上,吳開先、方覺慧等人感於「地方黨部無工作可做」,聯名提案將舉辦社會服務事業確定為地方黨部中心工作。方覺慧強調:「黨部並不是與政府爭權,不過想做些工作,協助政府而已。」吳開先則談到:「過去下級黨部尚有七項工作綱領在那裡努力,但自七項工作歸併省市

---

10 《王子壯日記》,冊3,1936年2月6日,頁37-38。
11 楊永泰,〈今後黨的工作途徑〉(1936年3月2日),楊璿熙編,《楊永泰先生言論集》(臺北:文海出版,1973),頁140。

政府辦理以後，下級黨部就沒有工作做。因為無工可做，所以表顯不出成績來。」[12] 同年 5 月，在各省市黨務委員談話會上，陳惕廬也反映地方辦黨的精神與物質方面都備感痛苦：「尤其是精神方面，人家都罵我們是黨官、黨痞，看我們的身份，以我們的生活費為標準，因為省黨部委員每月是 170 元，所以看我們還不如一個縣長。我們的工作有七項運動，可是這種工作，政府方面也都有機關來做，又不免發生衝突……在省政府方面倒不希望你做事，你愈努力，他便愈反對。」[13]

因此，自 1928 年國民黨宣布實施訓政以後，在地方施行的實質是黨政分立的雙軌體制，即中央領導可以身兼黨政兩方職務以模糊黨政關係，而在地方則黨政人事分開，各行其是。齊錫生指出，國民政府之所以採取這種立場，其原因是缺乏制服地方龐大而根深蒂固舊勢力的能力，並且擔心這些舊勢力滲入地方黨部後，據以干涉地方政府。但是，黨政雙軌並行的後遺症則是地方黨部和政府之間經常發生衝突。[14] 直至抗戰爆發前，國民黨中央始終未能理順地方黨政關係，導致黨在基層的效能與權威被日漸消耗。

12　1929 年 2 月 4 日，中央執行委員會第一九五次常務會議決定，各級黨部應從事宣傳以下七項工作：識字、造林、造路、保甲、合作、衛生運動與提倡國貨。1937 年，五屆三中全會上，方覺慧與吳開先等人提案雖獲通過。但 1938 年初，蔣介石又電令陳立夫：「各省民眾訓練與組織皆交省政府負責辦理，而地方黨務人員規定其全體動員，獨注重於教育一項可也。」〈下層工作七項運動進行辦法〉（1929 年 2 月 4 日），《中央黨務月刊》，第 8 期（1929 年 3 月）頁 2；〈中國國民黨第五屆中央執行委員會第三次全體會議第四次會議速紀錄〉（1937 年 2 月 19 日），《會議記錄》，中國國民黨黨史館藏（以下略）：會 5.2/157；〈蔣介石電陳立夫令地方黨務人員全體動員投注教育並詢有無宣傳人材〉，《蔣中正總統文物》：002-010300-00008-028。

13　〈各省市黨部常務委員談話會速記錄〉（1937 年 5 月 21 日），《會議記錄》：會 5.0/5。

14　齊錫生，《分崩離析的陣營：抗戰中的國民政府 1937-1945》，頁 70-71。

戰爭爆發後,蔣介石痛心疾首地指出:「我們看這十幾年來,凡是實行以黨建國的國家,無論是蘇俄、德國、意大利或土耳其,他們組黨在我們之後,實行以黨建國的制度,都比我們遲,但他們都已由黨治使國家臻於富強,可以說現在全世界凡以黨建國的國家,沒有那一國不成功的;只有本黨當政的中國,弄得現在這樣危急存亡的地步!」[15] 於是,蔣介石為重塑黨權,將「改進黨務並調整黨政關係」列為臨全大會的主要議題,並對各級黨部與政府關係做出原則性規定,即在中央採取以黨統政、省及特別市採取黨政聯繫、縣採取融黨於政的形態。[16]

在隨之召開的國民黨五屆四中全會期間,熊式輝、張羣、顧祝同、張治中等國民黨高層要員,曾相約聚談黨政關係調整意見。熊式輝認為國民黨成立近三十年,由革命黨成為執政黨,「一不像美之共和民主等政黨,二不像蘇俄之共產革命專政黨,三不像德意之納粹黨及法西斯黨,實際並以上三種性質兼有而不俱全,以此來與民社等政黨及憑藉武力革命之共產黨相周旋,一切政治施為固難求其適應」。必須先確定黨的性質,黨政關係才有軌可循,漸趨協調。[17] 熊式輝隨後謁見蔣介石時,亦直言感想四點:「一、黨的性質不明,因此黨的運用不當;二、黨員身分不明,因此黨部成衙門,黨員成官吏;三、水流濕、火就燥。黨的工作,應該幫政府,為濕為燥;四、黨的組織不適於其工作。」蔣不僅對熊之建議頗為嘉許,還命其盡速寫成書面條陳

---

15 蔣介石,〈改進黨務與調整黨政關係〉(1938年4月8日),秦孝儀主編,《先總統蔣公思想言論總集》,卷15,頁221。

16 〈改進黨務並調整黨政關係案〉(1938年3月31日),《中國國民黨歷次代表大會及中央全會資料》,冊下,頁477。

17 熊式輝,《海桑集:熊式輝回憶錄1907-1949》,1938年4月3日、4日,頁221。

意見。[18]

在蔣介石看來，國民黨彼時面臨的最大危險是：「黨員不明職責，不諳本分，以致黨政分立，力量抵消。」黨部不僅未能認清自身地位和責任，更以黨務工作不如政府事業容易表現成績，而與政府爭事業，導致黨政關係不和。政府方面也自外於黨，凡事撇開黨部，不能任用黨員，致使黨政互相隔離，黨員沒有實際工作成為黨的贅瘤。由此，蔣介石要求全體黨員認清黨的性質與任務，一方面根據主義研究國情與地方環境，確定政策並監督政府實施；一方面採訪民情、宣傳政策，推動社會領導民眾，營造易於推行政令的環境，便利國家政策施行。[19]

蔣介石在談到黨與民眾組訓的關係時又指出：「納民眾組訓工作於固有管、教、養、衛的機構之中；任用黨員服務，由政府據法令辦理，黨部只從事『宣傳』、『督促』，以助其成功。」[20]《事略稿本》記道：「今日所講本黨失敗之由與復興之道，及黨政關係之調整方案，俱為本黨完成革命之基本要則，惟自覺研究與創立太晚耳。」[21] 蔣雖於戰爭之初有所省悟，並力圖重建黨機器。但臨全大會後，黨、政兩方互爭民眾，以致對立的現象仍然存在。蔣介石只得在五屆五中全會上，就黨政職權劃分

---

18 熊式輝所著回憶錄《海桑集：熊式輝回憶錄1907-1949》，主要選擇了其日記中「有關於治亂興衰之跡」的部分，並補寫一小部分，也摻入一些個人其他著作。《海桑集》的寫作原則為「隱惡揚善，勿暴人短，勿炫己長」。因此，相較於熊式輝的回憶錄，近年出版的《熊式輝日記》保留了無關治亂興衰的部分，內容更加廣博與豐富。同時，《海桑集》中相對隱晦的內容，也得以在日記中清楚地呈現。熊式輝著，林美莉校注，《熊式輝日記（1930-1939）》，1938年4月6日（臺北：中央研究院近代史研究所，2022），頁170-171。

19 蔣介石，〈改進黨務與調整黨政關係〉（1938年4月8日），頁226-228。

20 蔣介石，〈改進黨務與調整黨政關係〉（1938年4月8日），頁220。

21 國立政治大學人文中心主編，《民國二十七年之蔣介石先生》（臺北：國立政治大學人文中心，2016），頁176。

再做聲明：

> 以後各地方黨部不做政府的事情，只是站在幫助政府的立場上去做民眾方面的工作。凡一切事情，名義上都由政府去做，黨部和黨員負從旁推動的責任，所以以後黨部不做任何特種專門的工作。以前黨部與政府發生互爭民眾的現象，把黨與政府形成對立，這是很不對的。以後黨完全輔助政府，推動民眾，使民眾奉行法令，發揮政治效能，這樣黨的工作才有實際。[22]

這無疑是對黨在民眾工作方面權能的再度擠壓，由先前的「督促」政府，降至從旁「幫助」的位置。社會事業的服務對象是民眾，而蔣介石對以後黨部「不做任何特種專門工作」的警示，無疑是對三中全會所通過的「以舉辦社會服務事業作為地方黨部中心工作」一案的廢棄。張發奎就認為，省縣黨部工作重心若側重對一般民眾團體的管制，會使黨成為政府的社會行政機關，而應將省以下各級黨部原有民訓工作劃歸政府的社會行政機關辦理。黨部應專注於黨員訓練與督導工作，藉以增強黨的力量，更好地成為政府的施政之助。[23]

〈改進黨務並調整黨政關係案〉頒行一年後，黨內頑疾未能消除，各地所收成效也十分有限。例如，在貴州，地方政府對黨務懷有歧視，使黨在民眾中難以產生信仰，並且隨黨方工作日漸深入，「封建勢力日感不安，因而封建勢力及官僚政治與黨之

---

22 〈中國國民黨第五屆中央執行委員會第五次全體會議速紀錄〉（1939年1月25日），《會議記錄》：會5.2/159.1。
23 張發奎，〈健全黨部組織調整黨政關係〉，《中央周刊》，第4卷第52期（1942年8月6日）。

對立」。[24] 在湖南，省政府與省黨部隔閡依舊。蔣介石不得不親電該省主席張治中，切囑黨政軍打成一片，竭力輔助省黨部主委，實現通力合作。[25] 上述種種現象，也使蔣介石被迫重新反思「為何黨政不能打成一片」。[26]

地方黨政關係失調是當時人所共知的問題，黨內人士對此也有所研議。熊式輝在中央訓練團黨政訓練班演講時曾以人體為喻，闡釋黨政關係法則：

> 黨的系統是人身神經系統，政的系統是人身四肢六腑五臟的筋骨系統。一切筋骨之內，皆有神經潛伏，而不是暴露於外，與筋骨相同在表面活動的。神經作用在發動筋骨，這就是黨的工作法則。政的作用，在遵循黨的政綱政策及一切決議，運用所有人力物力去完成它，這就是政的工作法則，這是天經地義，一定不移的。[27]

1939年11月，國民黨五屆六中全會時，蔣介石在談到改進黨務、政治和經濟要點時，提出要「改善黨部與政府之關係，使黨部人員兼任政府工作，一切事業透過政府而實施」，「設立委員會，研究調整黨、政、軍行政機構及改善其管理運用與聯繫之辦法」。[28] 隨後，中常會根據上述指示制定了以下原則：「今後黨的工作其有關行政部份者，應以各種方法透過政府機構行之，

24　〈貴州省黨部工作報告〉（1938年5月），《特種檔案》：特6/75。
25　國立政治大學人文中心主編，《民國二十七年之蔣介石先生》，頁488。
26　〈蔣介石日記〉，1939年3月3日。
27　熊式輝，〈縣以下行政機構與黨政關係之建立〉，《海桑集：熊式輝回憶錄1907-1949》，頁290。
28　國立政治大學人文中心主編，《民國二十八年之蔣介石先生》，頁646。

避免由黨部直接行動,縣黨部與縣政府尤應注意以同志任縣長,及其他必要職務」,「各縣黨部主要任務在改革社會,而其方法要在改善經濟,增加生產,以謀社會之福利」。[29]

早在該年 7 月時,蔣介石就曾電令陝、甘、浙、贛、湘五省主席:「凡各省縣科長以上文官,必須以黨員充任,其未入黨者,必須令其入黨宣誓為要。」[30] 隨後,這一指令不僅經六中全會認定,亦有黨內幹部提出縣黨部、區黨部與區分部三級黨政機構調整方案,力求達到「以黨領政、以政行黨」:

一、縣黨部。縣黨部書記長必兼任縣政府教育科(社會科)長,縣黨部所有其他工作同志亦一律兼其他行政職務,黨部只有活動經費,概無薪俸。二、區黨部與區署或聯保主任辦公處打成一片,區黨部書記即兼任區長或聯保主任,所有區黨部工作完全以區署或聯保辦公處命令執行之。三、區分部與保甲長辦公處打成一片,區分部書記長即擔任保長,而區分部工作,完全以保長辦公處名義執行之。[31]

國民黨中央改變僅在制度層面敦促黨部克制權責的做法,開始倡導向黨員開放政治資源,嘗試運用黨兼政職的人事辦法,謀求黨政關係協調。不過,地方黨部中心工作仍被限定於社會民眾事業,註定不可避免地會與政府職能發生衝突。黨的職責定位又

---

29 〈中國國民黨第五屆中央執行委員會第一三五次會議紀錄〉(1939 年 11 月 30 日),《中國國民黨第五屆中央執行委員會常務委員會會議紀錄彙編》,冊上,頁 499。

30 〈蔣中正電示蔣鼎文朱紹良黃紹竑等各省縣科長以上文官須以黨員充任〉(1939 年 7 月 11 日),《蔣中正總統文物》:002-010300-00025-004。

31 「對本部工作推進之意見」(1939 年 12 月 5 日),〈黨務建議與改進意見〉。

使其必須立足民眾，開展宣傳工作，充當民眾與政府間橋樑。蔣介石再次回避這一問題，要求黨部應置於政府身後，一切事業須透過政府實施，未能從根本上解決民眾事業領導權劃分問題。抗戰前，黨政關係的畸形狀態，導致地方黨部長年處於無事、無權的境地。蔣介石的「透過」原則，不僅無從落實，反使黨組織脫離一線事業，黨權難逃被再度弱化的宿命。

1940年2月，蔣介石繼續推行「黨務對社會應以協助代統制」的方針。4月，命令各省加緊黨政聯繫、協同合作：「黨部如對政府有意見，只可設法貢獻，隱惡揚善，以提高黨政同志共同一致之精神。」[32] 10月，蔣再次通電十六個省的黨部主委，要求務必虛心誠意與政府通力合作，以尊重政令為人民表率，不可有違反政府施政方針及阻礙設施的傾向，各級黨部應「殫精竭力服務社會，救濟貧民，發展地方公益，解除民眾疾苦，如對政府措施有所檢討，只可貢獻意見，善為匡正，並傾誠協助，解決國難，切勿任意攻訐表露於外」。[33] 蔣介石雖頻繁地通電地方，但重心仍在規誡黨部。

1941年3月，國民黨五屆八中全會時，蔣介石在繼續強調黨務應注意社會服務的同時，還重申了戰前確定的黨部推進地方自治事業的要求。[34] 對此，就連陳果夫都在私下評論各省辦黨同志，對蔣之提高黨權案擔心做不到，認為若欲重振黨權，矯枉必須過正，而「總裁之意為振奮同志之興趣，使趨向□□治之途

---

[32] 〈蔣介石日記〉，1940年2月9日；國立政治大學人文中心主編，《民國二十九年之蔣介石先生》，頁174。

[33] 〈陝甘等省加緊黨政關係〉（1940年10月），《國防檔案》，中國國民黨黨史館（以下略）：防003/952。

[34] 蔣介石，〈健全黨務刷新政治加緊軍事與經濟建設〉（1941年3月24日），秦孝儀主編，《先總統蔣公思想言論總集》，卷18，頁85-86。

也」。[35] 蔣介石或許不知，地方黨部長期處於無權、無事境地，黨務幹部的工作熱情早已被失衡的體制消磨殆盡：

> 今則省黨部與省政府平行，縣黨部且在縣政府之下，既無指導之力，更無監督之權。監察使、參議會臨之於上，動員會、抗敵會行之於下，上下俯仰，兩足懸空。省黨部與縣黨部漸同虛設矣，若不予以提高、恢復指導監督之權，則今後地方黨務將無法進展矣。[36]
>
> 為黨政關係未能明確規定，縣黨部僅為縣政府之附庸，省黨部亦復如是。不惟不能以黨導政，即以黨監政亦恐不能。[37]

蔣介石一再要求黨方退讓，並非謀求黨政關係正常化的有效措施，而應設法提高黨部地位，恢復對政府的監督權。當黨部與政府處於平行、甚至低於政府的地位，且職權劃分不清時，一旦欲有所作為，雙方就會為爭權而起摩擦；若求和睦，黨部又會因庸碌無為而形同虛設。在浙江，抗日自衛會作為冶全縣黨政軍民於一爐的機構，所擁權力甚廣。該會一般由縣長出任主任委員，黨部負責人擔任副主任委員。這種安排使地方黨部認為自衛會以縣長為主委，本身就是以政府為中心的顯示。多數縣長又為包辦會務，甚至設法使黨方落選副職，從而提高政府職權。這不僅有損黨的地位，亦影響民眾對黨的信仰。[38]

35　〈陳果夫日記〉，1941 年 3 月 26 日。
36　「李少陵致朱家驊函」（1941 年 3 月 1 日），〈黨務建議與改進意見〉。
37　「陳協中報告」（1941 年 8 月 23 日），〈廣東黨務：李漢魂任主委時期：工作報告〉，《朱家驊檔案》：301-01-06-041。
38　〈浙江省黨部工作報告〉（1941 年），《特種檔案》：特 6/74。

至 1941 年底的國民黨五屆九中全會時，改善黨政關係仍是大會主要議題。蔣介石所做「黨為推動政治之根基，政府要運用黨的力量來實行三民主義」的論述，將黨政關係引向更為焦灼的境地，諸如此類無關痛癢地論調，對改善現實問題並無大效。[39] 1942 年 9 月，蔣介石視察西北時，曾在張掖等地召集黨、團員會議，到場一千多人，惟有縣長缺席。蔣經詢問得知，縣長亦為黨員卻未接到通知，不禁申斥黨政失和：「比方黨務和政治工作，絕對不容有兩個方針，即如一縣的縣長，他的能力學問和經驗，既可以勝任縣長的職務，如果是黨員的話，則縣黨部的書記長一職，就可由他兼任。」[40] 陳果夫對此持則不同意見：「蓋縣長未辦過黨，不知黨之內容與辦法，如兼之，則如省主席兼黨主任，反不佳。」[41]

蔣介石上述論調的背景是有感於西北地區縣長受輕視，為平衡黨政關係，有意抬高縣長地位，但忽略了整體「政強黨弱」的局面。並且，此番能力學問與經驗既可勝任縣長，更可兼任書記長的論述邏輯，也無意中暴露了自身對黨務懷揣的輕視心理。三個月後，蔣便對上述說法加以糾正，明確指出由縣黨部書記長兼任縣長時，集合一處辦公，以便人員經費互相使用。此外，蔣介石還要求：「縣以下黨部應設置於縣鎮保甲公所之內，對外不必公開，而內部收相輔相成之效」、「黨務的中心在於教育，故黨部與學校應取得密切聯繫」等。[42]

---

39 蔣介石，〈五屆九中全會之要務〉（1941 年 12 月 19 日），秦孝儀主編，《先總統蔣公思想言論總集》，卷 18，頁 442。
40 蔣介石，〈視察西北之觀感及中央同人今後應有之努力〉（1942 年 9 月 22 日），秦孝儀主編，《先總統蔣公思想言論總集》，卷 19，頁 316-319。
41 〈陳果夫日記〉，1943 年 6 月 8 日。
42 蔣介石，〈改進黨務政治之途徑與方針〉（1942 年 11 月 23 日），秦孝儀主編，

其實,蔣介石關於構建「黨政一元化」的想法早在1938年初就已產生,並經陳立夫提議,在西康進行實驗。彼時西康省黨部籌備委員會適逢成立,建省委員會亦在改組。國民黨中央遂提出使黨部委員與建省委員互相兼任,簡派黨部指導委員葉秀峰為建省委員兼經濟組主任委員,以建委會委員長劉文輝任黨部常務委員,並規定:「凡屬西康黨政大計,皆經黨政最高人員合組之研究會詳密加以研討,分別行政,交由主管機關計劃,並分別執行。」[43] 然而,西康的黨政一元化實踐不能被高估為國民黨密切地方黨政關係的成功案例。西康長年在軍政長官劉文輝的控制下,割據態勢強烈。國民黨在該地初設黨部時的黨政一體化措施,實際是中央組織力量難以滲入地方時,所採取的黨化「羈縻」手段。

1942年11月,國民黨五屆十中全會召開,各地黨務負責人普遍反映辦黨者無權與聞政治,社會事業又歸政府辦理,黨部地位更不及參議會,戰時物價高漲,黨務人員已不能維持最低限度生活水平,能夠繼續工作者多賴私人感情等問題。對此,中央官員也各有所感。段錫朋認為,黨政不應分離,不應以開會宣傳是黨務,五年或十年計劃便不是黨務。省政府工作同志稱省黨部的負責人員為「黨方」,而省黨部工作同志稱省政府負責主官為「政方」,黨政主官對軍事長官則稱為「軍方」,說到全國的事就稱「中央的」,地方的事稱「省方的」,這種名詞的存在,表示將整個事業分離割裂,各不相謀。[44] 張厲生主張將若干教育工作寓於下級黨務。鄭亦同則將官僚化解釋為「侍候好高級,即

《先總統蔣公思想言論總集》,卷19,頁379。
43 〈西康省黨務概況報告〉(1938年6月1日),《特種檔案》:特6/18。
44 蔣介石,〈改進黨務政治之途徑與方針〉(1942年11月23日),頁385。

何事皆辦妥」，如省黨部需侍候好省主席，中央黨部需侍候好總裁。[45] 王子壯亦感慨：「目前所謂黨者一般僅指黨務工作人員而已，不付與事業，不畀以財源。以故黨務工作人員則如衙門，更何能領導黨員保持社會之潛力，一旦生活昂貴乃有此窘態。」[46] 對於以上種種，蔣介石的回應僅是：「黨務須與行政切實配合，尤以基層行政機構與黨部組織互相配合聯繫為最急要。」[47]

國民黨五屆十中全會閉幕後，蔣介石對黨政關係的關注開始逐漸減少，並將注意力轉移至推行憲政運動之上，但地方黨政關係依舊未能協調，黨權繼續低落，以致羅霞天被任命為浙江省黨部主委後，向王子壯傾訴：

> 今日之黨已經變質，不過在國家政治上有某種意義，只所謂一種古董，實質上則不能發揮黨的意義。在抗戰以前，黨務工作人員起碼尚足以維持生活，今竟不能，又何能有興趣努力工作。且經濟困苦，絲毫事業不能舉辦。對於政治取協助之態度，又何能有成績（浙江黨方面與主席黃紹竑不睦）？余（羅自稱）為浙黨部服務將二十年，如作他種任何事業已為專家，必定有社會上之地位。今則又任無辦法之黨務，為個人前途計，亦不能久於其事。不過既奉命，只得工作一相當時期而已。[48]

45　《徐永昌日記》，冊6，1942年11月21日（臺北：中央研究院近代史研究所，1991），頁510。
46　《王子壯日記》，冊7，1942年11月13日，頁542。
47　蔣介石，〈對於黨政工作總檢討之指示〉（1942年11月21日），秦孝儀主編，《先總統蔣公思想言論總集》，卷19，頁371。
48　《王子壯日記》，冊8，1943年5月8日，頁183-184。

一省黨部主委對黨尚且抱以如此消怠之態，在其主持下的一省黨務效能更無從談起。面對如此頹喪的黨風，熊式輝曾特意提醒朱家驊：「黨與政之工作性質不同，黨如神經，政為筋骨。不善用之，黨政自多衝突。」只可惜朱對此反應冷淡，僅匆匆起立離開。[49]

第二節　改善黨政關係的實踐

通過對戰前與戰時國民黨黨政體制形態的回顧，以及對蔣介石處理黨政關係問題的邏輯裡路梳理，有助於理解國民黨中央在戰時為密切地方黨政聯繫、實現「抗戰健黨」，在機構和人事方面所做的一系列努力與嘗試。

1、黨政聯席會議

抗戰前，各地雖有黨政聯席會議形式的存在，但大多屬臨時自發行為，未成定制。1938年3月，臨全大會頒佈的《改進黨務並調整黨政關係案》明確規定：「省黨部省政府每月須舉行聯席會議一次」、「省黨部主任委員，應出席省政府會議，以收黨政聯絡之效」。[50] 隨後，中央黨務委員會擬具聯席會議要旨四項：

> 一、聯席會議之性質：甲、黨政工作之會報；乙、黨政雙方意見之交換。二、聯席會議之決議，按其性質，由省黨部或省政府分別施行。遇黨政雙方意見不能一致之問題，不作結論，由黨政分別呈請上級指示。三、聯席會議不設機關，不

49　熊式輝，《海桑集：熊式輝回憶錄1907-1949》，1943年11月28日，頁432。
50　〈改進黨務並調整黨政關係案〉（1938年3月31日），頁481。

對外行文，不列經費。四、省黨部主任委員、全體委員及書記長，省政府主席、全體委員及秘書長，均應出席。由省黨部主任委員或省政府主席，輪流為聯席會議之主席，其紀錄由書記長或秘書長分別擔任。[51]

「要旨四項」表明，黨政雙方在聯席會議中處於平等地位，並要求省黨部主委須出席省政府會議，但黨方在其中應居何種位置，並未予以明確。安徽省黨部主委劉真如就曾請求中央，解釋主委參加省政府會議究系出席亦系列席。中秘處對此批註：「改進案」原文為「出席」，後經修正為「參加」，省黨部主委在省政府會議中居何等地位原案並無規定，最終決議做「列席」解釋。[52]陝西省黨部亦問詢中央，當省黨部主委兼任省政府主席時，省黨部應否另行派員參加省政府會議。中央組織部與黨務委員會認為，省黨部主委兼省政府主席時，黨政雙方設施方針既已取決於一人，省黨部毋庸另行派員。中秘處則認為，主席兼任主委時，對黨部事務難以全神貫注，若能使書記長參加省政府會議將更有助於黨政聯繫。最後，中秘處的建議被採納。[53]

安徽與陝西省黨部所爭者，實際是黨方在省政府會議中的權力與地位。國民黨中央在已有黨政聯席會議設置的前提下，又命

---

51 〈中國國民黨第五屆中央執行委員會常務委員會第八十一次會議紀錄〉（1938年6月16日），《中國國民黨第五屆中央執行委員會常務委員會會議紀錄彙編》，冊上，頁237。

52 〈中國國民黨第五屆中央執行委員會常務委員會第九十次會議紀錄〉（1938年8月25日），《中國國民黨第五屆中央執行委員會常務委員會會議紀錄彙編》，冊上，頁282。

53 〈中國國民黨第五屆中央執行委員會常務委員會第一一七次會議紀錄〉（1939年3月23日），《中國國民黨第五屆中央執行委員會常務委員會會議紀錄彙編》，冊上，頁385。

省黨部主委列席省府會議，無非意在提高黨的地位，賦予其監督者身份。但黨部權威不僅不能從這種徒具形式的會議中獲得，反而會因黨政冗務的增加而降低行事效能。加上戰前同樣為密切黨政關係所設的「地方自治推進委員會」仍在運轉，各種機構疊床架屋，導致事倍功半。1940年2月，國民黨中央鑒於新縣制業已實施，「關於地方自治工作之推進，已另有規定，至黨政之聯繫，亦已有黨政聯席會議之舉行」，地方自治推進委員會才被撤除。[54]

1941年4月，國民黨五屆八中全會上，國民黨中央又因「地方政府對於同級黨部之關係，仍極疏遠而不能融洽一體」，決定將省黨部主任委員、書記長、執行委員，與省政府主席、秘書長、廳長及委員中的黨員劃編成立特別小組，直屬省黨部實施黨團辦法。[55] 至於黨政聯席會議與特別小組的落實情況，李宗黃在1943年考察桂粵湘贛四省黨政工作時發現：廣西省黨政聯席會議與特別小組會議均未召開；廣東省黨政聯席會議與特別小組會議有時舉行；湖南省黨政聯席會議不時舉行，特別小組會議未曾舉行。[56]

中央組織部亦接到地方報告：「黨政聯席會議及特別小組會議與政治研究會種種，均有名無實、形同虛設，即使開會亦無重要議案，草率糊塗，敷衍塞責，民主之精神盡失。」[57] 中央組

54　〈中國國民黨中央執行委員會秘書處函國民政府文官處為廢止省市地方自治推進委員會組織條例請轉陳飭知〉（1940年2月27日），《國民政府檔案》：001-014210-00003-022。

55　〈增進各級黨部與政府之聯繫並充實本黨基礎案〉（1941年4月1日），《中國國民黨歷次代表大會及中央全會資料》，冊下，頁696-697。

56　〈考核會李宗黃考察桂粵湘贛四省黨政工作簡報〉（1943年9月），《國防檔案》：防003/1059。

57　「密報」，〈廣東黨務：李漢魂任主委時期：人事〉，《朱家驊檔案》：301-

織部遂向中常會提請取消黨政聯席會議:「各省市或僅舉行黨政聯席會議而未劃編特別小組,或已劃編特別小組而未舉行聯席會議,殊不一致」,兩種會議目的均為密切黨政關係,參加人員又大致相同,且各省市已舉行黨政軍聯席會報,黨部與政府已不乏公開聯繫機會,撤銷聯席會議後,可督促各省市按期舉行特別小組會議。最終,中常會僅做出綏議的處理意見。[58] 1945年,吳鐵城也在六全大會上毫不諱言地指出:「黨政各種會議多偏於雙方工作的報告、情感的聯繫,而缺少實際工作的檢討與配合運用則為事實。」[59]

2、黨政主官互兼

王奇生曾對1934年國民黨省市黨政人事兼職情況做過統計,發現江蘇、安徽、湖北、四川、福建、河北、山西、陝西、青海、天津等十個省市,均無黨政委員兼職情況,浙江、江西、綏遠等省比例亦低。黨政相兼比例較高的湖南、廣東、廣西、貴州、甘肅、寧夏等省,大多為地方實力派控制地區,或是只在名義上奉國民黨為「正朔」的邊緣省分。國民黨中央雖在地方始終奉行黨政雙軌、人事分離的政策,但在一些實際無力掌控的地區,只能採取黨政互兼的羈縻手段,並且這一狀態持續至抗戰爆發。[60]

01-06-039。

58 〈取銷省黨政聯席會議責成各省市一律劃編特別小組案〉(1942年5月11日),《中國國民黨第五屆中央執行委員會常務委員會會議紀錄彙編》,冊下,頁874-875。

59 吳鐵城,〈國民黨第六次全國代表大會黨務檢討報告〉(1945年5月7日),《中秘處檔案》:711-5-168。

60 王奇生,〈黨政關係:國民黨黨治在地方層級的運作(1927-1937)〉,頁187-203。

1938 年 5 月，朱家驊就任中央黨部秘書長之初，曾向蔣介石彙報中央常務委員談話會討論在中央委員任省政府主席時，應否兼任省黨部主委一事。朱認為中委出任省政府主席者，大多在黨內有歷史資望，再兼黨部主委，固能收事權合一、黨政融通之效，但亦有諸多不妥。首先，黨部處於領導民眾地位，並兼民意機關，在民眾與政府間發揮居中解釋作用。若主席兼任主委，此種作用便會消失，難免使民眾對黨政產生誤解。其次，擔任省政府主席的中委，熟悉黨務情形者雖多，富有政治經驗者亦有之，但黨政能力兼備者甚少，概令兼辦黨務恐不合事宜。再者，主席在戰時所負政務已極繁重，再兼黨職恐有貽誤，亦會因甲省兼而乙省不兼，徒生向隅之感。由此，朱家驊建議中委任省府主席時，以不兼黨部主委為佳。對此，蔣介石的態度是：「不必拘定。」[61]

　　1940 年，中央組織部視察員曹德宣在向朱家驊彙報黨政主官互兼弊端時指出：「各省主席兼主任委員，既視黨務為副業，每置而不理。加以政務叢脞，勢亦不能兼顧，若再指揮軍事更無暇及此。且往往不懂黨務為何事，然而慣於專權且好把持，於是保薦私人為省委，以代行其職權而作其耳目，結果造成二重主任委員與二重書記長鈎心鬥角、摩擦衝突。」此外，兼任制度各地也不統一，有兼者亦有不兼者，分歧錯雜，徒生誤會。「兼主任委員者並不重視，而未兼任主任委員者反有向隅自外生成之感。事實上，兼任主任委員之主席雖與中央有直接關係，並不熱心黨務，對於書記長及各委員更瞧不起。而彼不兼主任委員之主席反對黨部特別尊重，對黨務工作同志亦相當推崇。正與吾人原來所

61　〈朱家驊上總裁簽呈〉（1938 年 5 月 17 日），《特種檔案》：特 27/13。

想像者,適成其反。」因此,曹德宣建議中央取消省黨部委員制,實行專任制,將主委改為主任,由中委及具有相當資歷人士擔任,同時不准省主席兼任,以使黨務發揮獨立效能。[62]

張羣也主張提高黨權須注意主持人選,因省黨部的工作任務之一就是督察與宣傳全省政治設施,黨政主官互兼會使《中國國民黨總章》賦予黨部稽核政府的權力失效。主委也會隨主席更易發生變動,無形中使黨部成為政府附庸。張羣認為:「黨部主任委員之人選最好擇有資望者任之,並令其兼任該省之監察使,則一面行使黨的職權,一面可監察政府,則黨之地位不言而提高」,「惟尚待注意者,即黨部對於政府施政之督察必須認真實行,政府亦應虛心接受黨部對於下級及民眾之領導」。[63]

蔣介石本欲借職務互兼,建立起省級黨政人事關係,進而密切黨政聯繫,一經實驗便意識到:「現在有的同志,看到許多地方黨政不能合作,就以為省政府主席沒有兼任省黨部的主任委員,所以黨政不能一致,互相妨礙;其實這種說法是錯誤的。現在有許多省區省黨部主任委員一職,已由省政府主席兼任,而黨政仍舊不能聯合一致,仍舊不免彼此摩擦。」蔣由此得出結論:「制度不過是一個呆板的東西,其能否推行盡利完全在於有人去運用,如果運用的人識大體,明事理,負責任,守本分,就是不甚完善的制度,也可以變好。」[64]

上述關於制度與運用者關係的論斷頗有幾分道理,黨政主官互兼在實際運行中也因地而異。在江西,省政府主席熊式輝兼任

---

62 「黨務改進意見」(1940 年 3 月 5 日),〈黨務建議與改進意見〉。
63 「陳立夫致中央組織部函」(1940 年 3 月 25 日),〈軍隊黨務:軍隊黨務處〉,《朱家驊檔案》:301-01-06-286。
64 蔣介石,〈五屆九中全會之要務〉(1941 年 12 月 19 日),頁 453。

省黨部主委近四年，對黨務十分熱心，事無大小必加過問。全省黨務經費原僅九千元，平均每縣一百元左右，各縣黨務萎靡不振。熊上臺後，為求振衰起弊，不僅每月由省政府增撥黨費一萬元，還追加省黨部特別費與另撥書記長的訓練班經費，對調查統計室、中央通訊社等中央直轄單位亦有補助。[65] 在熊式輝的扶持下，江西黨務大有進步。即便如此，也僅勉強維持省級黨政關係和諧。熊主持省黨部會議時，就曾遭遇各縣黨政摩擦，委員爭論不休的場景。熊自省道：「余忝為省黨部主任委員，並省政府主席，對於各級部屬未能使之一心一德，而時有摩擦爭執之事，亦可愧矣，是當反省，加強自己領導工作，飛機能向前推進，始不致向下墜落，黨務更屬如此。」[66] 在雲南，省黨部主委與省政府主席均由龍雲擔任，黨務便是另外一番景象：

> 省黨部唯龍主席之命是從，無所謂聯繫，更談不上監督。除黨務經費有時諮請省府補助甚難生效外，其餘在不違反政府意旨之原則下尚屬無事。政府對黨態度可以「漠然」二字概之。縣黨部方面因書記長素質太低，每多流為縣長部屬，或因互訟貪污、時起糾紛，或藉黨營私、工作不力，能厥盡黨部職責者不可多得。[67]

1942 年 11 月，國民黨五屆十中全會時，蔣介石終於放棄黨政主官互兼政策，決定：「省黨部主任委員應以專任為原

---

65 「江西黨務及其一般狀況」（1939 年 8 月 5 日），〈黨務建議與改進意見〉。
66 熊式輝，《海桑集：熊式輝回憶錄 1907-1949》，1941 年 7 月 4 日，頁 283。
67 「廖伯英致朱家驊函」（1943 年 11 月 16 日），〈中國國民黨中央組織部黨務講習會：雲南地區學員通訊〉，《朱家驊檔案》：301-01-06-399。

則。」[68] 截至彼時，國民黨統治區域內共有十一個省分存在黨政主官互兼情況：

表 2-1：省級黨政主官互兼情況統計（1942 年 11 月）

省分	廣西	廣東	雲南	湖南	安徽	山西
姓名	黃旭初	李漢魂	龍雲	薛岳	李品仙	趙戴文
省分	河北	陝西	甘肅	青海	寧夏	
姓名	龐炳勳	熊斌	谷正倫	馬步芳	馬鴻逵	

關於黨政主官分離一事，朱家驊向蔣介石彙報稱，因顧及地方實際困難，中央組織部擬於 1943 年 12 月前，先將半數省份黨部主委調整為專任，施行緩急則以各省實際情形為准，「省黨部在工作上須適應軍事、政治之配合，在人事上須謀軍政各方之協調，並須領導民眾掌握輿情，協助政令之推行，各省黨部能達成此項任務者固不甚多」。[69] 至 1944 年 5 月國民黨五屆十二中全會召開時，上述十一省中，僅陝西、甘肅、廣東、山西等四省的省黨部主委改為專任，其餘七省仍保持黨政主官互兼狀態。朱家驊先前呈報的調整計劃未能按時兌現。

3、黨政互調

1940 年，國民黨中央曾有關於「中央地方黨政工作人員互調」（以下簡稱「黨政互調」）的討論。這一制度的提出主要基於以下幾點原因：

---

68 〈黨務改進案〉（1942 年 11 月 27 日），《中國國民黨歷次代表大會及中央全會資料》，冊下，頁 791。

69 「朱家驊致蔣介石簽呈」（1943 年 4 月 29 日），〈廣東黨務：李漢魂任主委時期：人事〉。

甲、本黨負荷建國治國之重任，為完成此種任務，有須為政府培養行政人材，而黨政互調為培養方法之一。乙、黨政聯繫之密切或鬆弛，「人」的因素較為重要，黨政互調為達成黨政協調之有效辦法。丙、為利於貫徹黨的政策，需要明瞭黨的政策之黨工人員參加政府工作。丁、為在政府中培養黨的行政幹部，需要黨政人事配合銜接。[70]

黨政互調旨在使雙方人員增進對彼此的業務瞭解，加強人事流通，擴大黨內幹部的來源與補給渠道。由於該案被列為機密，所訂細節僅為內部原則，並未公開發佈，遂使這一密切黨政關係的措施長期以來被學界忽視。但作為蔣介石所構想的人事制度藍圖的冰山一角，黨政互調牽涉到一系列問題，大到黨、政權力地位界定，小到黨、政工作人員薪資對接。國民黨中央為此必須迅速公布完善的幹部任用法、級別劃分標準等相關人事制度，以供與政府系統相對接和匹配。

蔣介石指定由吳鐵城、陳果夫、朱家驊、賈景德、張厲生五人負責擬定黨政互調的具體實施辦法。吳鐵城領導下的中央黨部秘書處態度積極，表示欲使每一黨務人員均可與同性質、同等級、同薪俸的政府人員實現對調，並親自主持擬定《黨務工作人員任用法草案》、《省市路海員黨部執行委員派任暫行條例》與《黨務工作人員升遷調補辦法草案》等相關章程。然而，作為主要涉事部門的中央組織部，對黨政互調的實施抱持消極態度，更提出諸多相左意見：

---

[70]「中央地方黨工人員互調與黨政人員互調研究意見」（1940 年），〈人事〉，《朱家驊檔案》：301-01-06-001。

蓋黨為政治團體，其內部工作人員系服務性質，幹部同志不宜嚴於階級之分。完全在憲政實施、黨務完全秘密後，黨內雇用人員為數極少，亦不必張大法制，儼如任官。至就黨對政府而言，黨之任務在分配黨員擔負國家政務性之工作，即在政府人事法規以外為國儲材，固不必處處迎合政府規定，而以黨務工作為政府工作之階梯。且憲政實施後，黨內之人事制度雖欲勉與政府銓敘制度銜接，國法亦所不許。是則本黨人事制度應以純黨務之立場，自立規模，不應依附比擬，徒多周折也。[71]

中央組織部雖認為黨的人事制度不應一如行政機關之成規，但也深知黨政互調出自總裁之意，若其態度堅決，也無法拂逆。朱家驊方內部討論的方案大體如下：

甲、黨政互調，暫限於指定少數職位之工作人員，此項職位之工作須富有伸縮性，不因人事之調動而影響其所屬機關之工作，如省黨部不兼處委員與省政府不兼廳委員或行政督查專員對調，縣黨部委員與縣政府秘書對調。乙、黨政互調，係觀摩性質，不牽涉雙方人事上之異動問題，被調人員於短期內仍回原職，被調期間仍在原機關支原薪。丙、凡富於政務性之工作人員，因與時間地點及同僚人事有特殊之配合，暫不對調，如省黨部處長與省政府廳長，暫不對調。丁、凡不宜中途更動之工作人員，如科長、總幹事等職暫不對調。

---

[71] 「關於黨政工作人員互調辦法草案」（1940年4月9日），〈人事〉，《朱家驊檔案》：301-01-06-001。

戊、省一級黨政工作人員之對調,由中央有關部處定期商呈常會決定,如省黨部委員與政府委員之對調,由組織部與內政部商呈常會決定之,縣一級黨政工作人員之對調,由省黨政聯席會議決定。[72]

隨後,中央組織部提出,若在向憲政過渡時期必須擬訂一般「黨工任用法」,須就以下幾個方面再做商榷:第一、應將黨工入黨及革命年資作為任用標準,尤其在抗戰期間,犧牲奮鬥精神與冒險犯難事蹟應為主要依據;第二、對邊遠地區及戰地黨工的任用似應從寬辦理,以適應實際需要;第三、黨的人事重在培植幹部配備於社會部門,雖須與政府人事制度相配合,但不必逐級比附,須顧及黨的人事特殊性,避免削足適履。[73]

對於「派任條例」,中央組織部亦強調:第一、選舉制將陸續實施,在過渡時期,不必另行擬定條例,且戰地黨部人才難得,恐受條文限制反生窒礙;第二、若條例必須擬訂,須放寬對邊遠地區及戰地黨部委員的任用標準;第三、須依舊例由中央組織部掌握對各省市路海員黨部委員的派任權,反對改為組織部提請中執會交中央秘書處審查。[74]

中央組織部亦針對「黨工升遷調補辦法」出具了幾點研究意見。第一、關於省黨部委員晉任、各級工作人員升遷調補,均注重以年資為標準,組織部認為:1、省黨部委員為政務性職務,

---

72 「關於黨政工作人員互調辦法草案」(1940年4月9日)。
73 「朱家驊函吳鐵城對黨人事制度、黨務工作人員任用遷調之規章之意見」(1940年6月1日),〈人事〉,《朱家驊檔案》:301-01-06-001。
74 「朱家驊函吳鐵城對黨人事制度、黨務工作人員任用遷調之規章之意見」(1940年6月1日)。

正常應由選舉產生,雖當前暫由中央選派,但選舉恢復在即,草案規定政務性委員應由事務性職員逐級遞升,似與黨的民主集權制組織原則相抵觸。2、年資固應為黨工升調依據之一,但犧牲奮鬥精神、冒險犯難事蹟尤應為主要標準,徒重年資將不利於幹部人材選拔。(此點在「黨工任用法」意見中亦已提出)3、對省黨部委員分級別晉任,不僅使同一黨部委員地位軒輊,亦會阻礙黨政互調的實施,且省府委員並無相應級別可資比對。第二、關於設立「中央人事評判委員會」專司中央及省黨部工作人員升遷調補,組織部認為殊無必要。因升遷調補應根據考核結果與實際需要,各主管部門較為熟悉,若評判之責由秘書長及各部會首長組成的評判委員會承擔,不免會因情況隔膜,導致評判徒具形式,建議仍由主管部門依法擬定人選,送請中央秘書處匯辦。[75]

概而言之,對於一系列人事草案條例,中央組織部雖結合彼時黨內實際情況,反對將年資作為任命黨工的唯一標準,主張視具體情況而定,並以民主集權下的選舉制為憑,反對省黨部委員按級別晉任的升遷辦法,但實質也是反對上交黨工薦免權。朱家驊方的訴求是盡力維持黨務人事體制運行現狀,牢牢掌握對地方黨務幹部的選派權力,為己方引進、提拔幹部,爭取更加靈活寬鬆的任用標準與空間。

黨政互調的推行因牽涉黨政雙方人事制度,受客觀環境限制,在戰時的國民黨內並不具備真正推行的條件。因此,這一設想隨後被擱置。直至 1942 年底,國民黨五屆十中全會全面恢復省縣選舉後,蔣介石才開始系統性思考黨與團的人事制度、中央

---

[75] 「對於黨務工作人員升遷調補辦法草案研究意見」(1940 年),〈人事〉,《朱家驊檔案》:301-01-06-001。

與地方黨工對調原則等問題。對此,陳果夫在日記中也有所記錄:「國防會總裁訓話,行政機關人事機構已有進步,黨務機關人事尚未辦,亦應速辦。以後應從考核中取材,高級人員調整,黨與黨、黨與政應調整互調。」[76]

1943年,黨政互調重啟後,國民黨中央將社會行政、教育、民政、主計、審計、人事管理等事業人員確定為主要對象,著重政務官互調,事務官互調在有特殊需要時再予實行。由高級黨政負責人組成黨政工作人員互調委員會,審定應該且可能互調者行之,如工作甚久、能力學識均優的黨工人員,及政府人員中須予以黨內工作訓練者互調。並計劃於該年6月底前,完成中央黨政互調製度的制定與實施,省縣黨政互調製度的制定與實施則計劃於該年底完成。[77]

此後,中常會確實針對該案所涉黨政人事制度銜接、黨政人員薪給、考核等問題,公布了一系列相關規定,如《中國國民黨黨務工作人員任用規程草案》、《中國國民黨省市路海員黨部執行委員派任暫行規則草案》、《暫行黨務工作人員職位等級表》、《暫行黨務工作人員薪級表》、《黨政人事制度配合銜接意見》、《黨政互調人員訓練綱要草案》等,以便在具體執行時可資援引。[78]

由於黨政互調製機密性較強,目前可見檔案資料較少,僅知

---

76 〈陳果夫日記〉,1942年12月21日。
77 〈中國黨政人事制度配合銜接意見〉,《國民政府檔案》:001-014210-00001-006。
78 〈中國國民黨第五屆中央執行委員會常務委員會第二四二次會議〉(1943年11月15日),《中國國民黨第五屆中央執行委員會常務委員會會議紀錄彙編》,冊下,頁1108。

廣東省曾發生政府借黨政互調名義，剷除黨方幹部的事端。[79] 然而，因缺乏更為詳細的史料，暫時無法對典章制度外「黨政互調」的具體實施情況與效果加以評估。但至此已足見蔣介石為打通黨政系統人事壁壘和規範幹部任用制度的苦心孤詣。

4、黨工從政

王奇生研究認為，國民黨雖始終將「一黨專政」奉作信條，但政治資源對黨員的開放程度卻十分有限。在中央政府機關公務員中黨員所占比例，1929 年為 36%、1933 年時降至 22%、1939 年上升至 45%。[80] 蔣介石早年謀求黨內地位時，曾有意以軍權壓制黨權，北伐後，又為容納各方將領，以政治地位相酬庸，導致政治資源緊張。此外，蔣介石始終認為，黨人應埋頭下級工作，不應謀求為官：「以後我們的同志應負責能擔任中堅的工作，不應專為獵取政府中的高位。比如有些很年輕，年在三四十歲之間就要擔任次長，我是不贊成的。」[81] 以上各端致使黨人的政治出路逐漸減少。

抗戰爆發前，陳果夫在主持江蘇省政時，曾大量援用黨員，頗有成績。國民黨中央有鑑於此，便通過了《中央同志從政工作辦法》。王子壯認為：「如此所以消納黨部之同志，政治方面可以增多黨人之成份也」、「黨人有時幼稚，但尚有朝氣。倘使領導得人，未嘗不能作一番事業」。[82] 三年後，王子壯仍高度評價

---

79 〈密報〉（1943 年 7 月 6 日），〈廣東黨務：李漢魂任主委時期：人事〉。
80 王奇生，〈黨政關係：國民黨黨治在地方層級的運作（1927-1937）〉，頁 187-203。
81 《王子壯日記》，冊 3，1936 年 2 月 6 日，頁 38。
82 《王子壯日記》，冊 2，1934 年 9 月 6 日，頁 127。

此舉:「只一江蘇可為以純粹黨人之力主持省政,因上下一氣之故,作事極易,三年以來頗有成績超過各省,未始非黨內同志之試金石也。」[83]

1939年8月底,中央組織部曾對各省市、鐵路、海員黨部,共計四十二個單位的二百一十一名委員和書記長兼職情況進行統計:「未兼職者一七三人、兼職者一二六人(兼任二職以上者四十人)、新委派之十二人情況不明。按兼職人員既不能專心致力黨務,又復影響分區督導。」組織部就此提出六點意見:

> 一、青年團職務准兼,但以與分區同轄境為限。二、動員、新運、賑濟、童軍理事及抗敵後援等會職務准兼,但以不必常川駐會,並須與分區同轄境為限。三、國民參政會參政員及省參議員職務准兼,但以不任駐會委員正副議長及秘書長為限。四、新聞教育界職務准兼,但以無須躬親主持行政業務管理為限(以上准兼各項職務,應隨時將所兼職務名稱、地區報請備案,但分期分區省份,仍不得適用)。五、凡行政官吏、軍官佐屬、其他黨部委員書記長等項職務,既不准兼。其有特殊情形者,得准每省有一二名額暫為兼任,但仍以不妨礙分區為限。六、凡執行委員名額尚未派足之黨部,其委員因人地特別相宜,未便因兼職遽予調回者,應分區之需要,酌量增派名額。[84]

---

83 《王子壯日記》,冊4,1937年3月15日,頁76。
84 〈六中全會中央組織部工作報告〉(1939年1月—1939年11月),李雲漢主編,《中國國民黨黨務發展史料——組織工作》,下(臺北:近代中國出版社,1993),頁198-199。

對此，中央秘書處的處理意見是，省執行委員組織條例僅規定主任委員與書記長須為專職，而一般委員並無不許兼職的明文約束，恐限制過嚴，多所扞格。中央組織部可斟酌各省實際情形分別調整，對兼職過多的委員酌予更調，但以能適應分區督導需要為依歸，不必明定兼職限制，第六項意見在必要時可照辦。[85]

然而，國民黨中央彼時不僅未對地方黨部委員兼職過多的問題予以糾正，更愈發鼓勵黨工兼任政職。1939年11月，蔣介石提出使黨工人員兼任政府工作，縣黨部與縣政府尤應注意以同志任縣長及其他必要職務。[86] 1940年5月，蔣介石電令時任中央黨部秘書長葉楚傖：「中央與各省黨部凡服務於本黨黨務在十年以上者，應由中央黨部舉辦甄審成績，並考其行政能力與政治常識，以備黨務工作人員得以參加行政工作，以促推進新政之實施。」[87]

1941年，國民黨五屆八中全會上，蔣介石更提出「政府用人必就黨內取材」，「省黨部委員之能力學識應提高，每一委員應研究民、財、建、教一種知識，以備考核政府之工作，必要時即可擔任政府之工作」。[88] 並且，據此制定出過渡性措施：「省政府之不兼廳委員以省黨部委員充任為原則，經中央黨部之提薦後任命之。」[89] 中央組織部為明確具體實施辦法，隨後擬具

85　〈六中全會中央組織部工作報告〉（1939年1月—1939年11月），頁199。
86　國立政治大學人文中心主編，《民國二十八年之蔣介石先生》，頁646。〈中國國民黨第五屆中央執行委員會常務委員會第一三五次會議紀錄〉（1939年11月30日），《中國國民黨第五屆中央執行委員會常務委員會會議紀錄彙編》，冊上，頁499。
87　〈蔣中正電示葉楚傖由中央黨部甄審服務本黨十年以上者參加推進新政〉，《蔣中正總統文物》：002-010300-00034-004。
88　《王子壯日記》，冊7，1941年4月1日，頁91。
89　〈增進各級黨部與政府之聯繫並充實本黨基礎案〉（1941年4月1日），《中

《提薦省黨部委員充任省府不兼廳委員辦法草案》,但中常會核議後認為:「由中央與行政院院長隨時商洽辦理,不必明定辦法。」[90] 1942 年 8 月,蔣介石為消除黨政隔閡,又下令各省社會處處長「應由各省省黨部委員與組織科長兼任,不宜在黨部以外另委人員」。[91]

前文所述「黨政互調」僅是黨員群體內,擔任黨政職務者的人事雙向流動。「黨工從政」則是由黨至政的人事單向流動與資源擴張,某種程度上擴大了黨工的政治錄用。並且,黨工從政後大多仍兼黨職,就中央層面而言,選拔優秀黨務幹部從政能夠增進黨政聯繫,亦可提高黨權、促進政治發展。但對身處戰爭環境的黨工來說,迫切的從政願望大多基於現實利益的考慮。雲南省黨部執委兼書記長趙澍便是一個典型案例。

趙澍,雲南人,曾在浙江省民政廳追隨朱家驊任職,抗戰初期任內政部秘書。1938 年底,趙因聽聞雲南省黨部即將改組,便向昔日長官謀職。[92] 朱家驊也應其所請,任命趙澍為該省黨部委員。[93] 趙澍回滇後發現,雲南作為抗戰大後方,因大批流亡學生與避難人口湧入,物價飛漲、民不聊生,僅憑黨工微薄的薪資難安其位。1939 年 3 月,趙澍又向朱家驊設法謀一兼職:

國國民黨歷次代表大會及中央全會資料》,冊下,頁 697。
90 〈中國國民黨第五屆中央執行委員會常務委員會第一八五次會議紀錄〉,《中國國民黨第五屆中央執行委員會常務委員會會議紀錄彙編》,冊下,頁 771。
91 〈蔣中正電孔祥熙陳儀谷正綱朱家驊通令各省府以後各省社會處長由省黨部委員與組織科長兼任〉,《蔣中正總統文物》:002-090106-00016-125。
92 「趙澍致朱家驊函」(1938 年 12 月 12 日),〈趙澍〉,《朱家驊檔案》:301-01-23-423。
93 「朱家驊致趙澍函」(1938 年 12 月 14 日),〈趙澍〉。

職向主張省市縣黨部工作者應另有職業,庶足以深入同職業之社會群眾,樹立永久之基礎,並習練該項職業之智識與技能,此不能不另求一職業之理由一。省黨部工作甚閒,初來又不便多所活動,精神上頗覺鬆散與煩悶,此不能不另求一職業之理由二。此間各執委俱兼有要職,職一人獨無其他職業,日久必見譏評或輕視,此其三。此間省黨部待遇甚低,連省款及中央補助款所發之薪合計折扣後,每月實領款不過國幣七八十元,加以常有各種場面捐募及交際,結果殆等於完全無收入,生活勢難維持,此其四。[94]

趙澍還向朱家驊坦言,若在地方機關中求兼職,既無合適職位,又會因插足他方勢力而招來忌視。因此,趙欲從中央在滇機關,如交通部郵政儲匯局、中央銀行、敘昆鐵路工程處、滇緬鐵路工程處等單位覓一兼職。[95] 朱家驊對此回覆道:「既有不得不另兼工作之困苦,自當為之留意。」[96] 1941年5月,趙澍的兼職問題雖仍未予落實,但朱家驊命其兼任省黨部書記長。不過,這對改善趙之經濟困境無濟於事。透過《雲南省黨政機關人員薪額比較表》,可一目了然地獲知戰時黨、政系統待遇的懸殊,亦可知趙澍並未誇大其詞。

---

94 「趙澍致朱家驊函」(1939年3月5日),〈雲南黨務:人事與經費〉,《朱家驊檔案》:301-01-06-048。
95 「趙澍致朱家驊函」(1939年3月5日)。
96 「朱家驊覆趙澍」(1939年3月14日),〈雲南黨務:人事與經費〉。

表 2-2：雲南省黨政職員薪資比較表（1941 年 3 月）

省政府		省黨部		比較	
職別	薪額	職別	薪額	多	少
省府委員	560	委員	170		390
薦任秘書	320	秘書	140		180
薦任科長	300	科長	130		170
主任科員	200	主任幹事	110		90
會計員	200	會計員	120		80

資料來源：「康澤報告」（1941 年 3 月 5 日），〈雲南黨務：人事與經費〉。

1942 年時，因昆明物價持續上漲，經濟處於崩潰邊緣的趙澍再次寫信向朱家驊求助：

> 職個人方面經濟實已至無法維持之境，職若早入經濟界當不至此。即今亦多改入經濟界之機會，惟黨務工作即難兼顧。因念可否請鈞座向孔副院長一言，俾兼財部貿易委員會委員或該會雲南分會常務委員（事甚少）或外匯管理委員會委員。職本習經濟，如此一則可以在經濟界略植基礎，為他日事業準備。二則亦可稱資挹注，免成涸鮒。[97]

朱家驊依趙澍所請，將其推薦給了孔祥熙。孔立即聘趙為公債籌募會滇省分會副主任委員。此職雖直屬財政部，但卻是義務職，違背了趙欲求兼職以紓財困的初衷。趙澍只得向朱家驊另謀他職：「財部擬在各省區設銀行監理員，職本研銀行學，與地方上下關係均洽，對銀行界情形亦尚熟悉。如得滇省區此職，當可勝任，且處監理地位，與省黨部及國民參政會立場亦甚符。可否

---

97 「趙澍報告」（1942 年 7 月 14 日），〈雲南黨務：人事與經費〉。

請鈞座晤見孔副院長時，再為一言。」[98]

康澤在視察雲南省黨部後，也深感該省財政困難：「本會中下級職員、工警每月所得不敷伙食，以是辭職他就者比比」，「因之近半年來紛紛托故請假辭職，甚有不待批准而逕行去職者」，並向中央請求增加黨部經費及職工生活補助費。[99]此後，國民黨中央雖注意提高黨工待遇，但仍難有所改觀，逐漸形成「精幹人員殊少由黨務方面謀出路者，下級縣黨部人員因生活不足，更不免為新土豪劣紳之事實，藉以稱霸地方」的局面。[100] 1943年8月時，中央組織部主任秘書王啟江自昆明歸渝後，談及當地情形時，表示實為意所不及：「如省黨部省政府之委員、職員莫不大作生意，不則身兼若干職務。」[101]

朱家驊身為中央組織部部長，自然十分清楚黨、政人員的待遇差距。1941年，朱欲調正在中央大學執教的王季高出任廣西省黨部書記長時，就曾代王向軍事委員會桂林辦公廳主任李濟深謀求兼職，補償其因赴桂工作的經濟損失：「查王同志現在渝所入六百餘元，出任書記長待遇僅二百餘元。衡以戰時物價實難維持生活，可否並請於貴廳量予二三百元之間數兼職以資調劑。因王君係弟力勸赴桂，擬放棄此間一切，全家遷移，與其個人經濟上不無損失。」[102]

抗戰期間，黨方幹部謀求兼任政職的活動屢見不鮮，朱家驊大多均積極設法促成。就朱之立場而言，緩解下屬經濟負擔尚屬

---

98 「趙澍致朱家驊函」（1942年7月31日），〈雲南黨務：人事與經費〉。
99 「康澤報告」（1941年3月5日）。
100 《王子壯日記》，冊8，1943年5月8日，頁184。
101 《王子壯日記》，冊8，1943年8月30日，頁341。
102 「朱家驊致李濟深電」（1941年4月23日），〈廣西黨務：人事〉，《朱家驊檔案》：301-01-06-046。

次要，主要目的還是想要提高黨務幹部的政治地位。但朱家驊對黨工從政也有所顧慮、內心矛盾：「黨內同志時有要黨而不要黨部者，一旦從政即罵黨，與黨務工作人員自生離心，此為黨之危機。凡我同志從政者尤須忠於主義，精誠團結協助推進黨務，俾黨務透過政治而進展則能根深柢固，國事可為。」[103] 朱家驊的擔憂雖不無道理，但問題的根源實在於國民黨黨政地位的失衡。

第三節　黨政軍一元化嘗試

1937 年 11 月，國民黨中常會議決將組織、訓練、宣傳三部劃歸軍事委員會管理。1938 年 1 月，國防最高會議又決定將上述三部歸還中央執行委員會，但規定中央黨部對民眾組織、訓練及宣傳所定方針，須授權軍事委員會政治部執行，後者亦對各省市黨部戰時民眾組織、訓練及宣傳工作，負有指揮監督之權。[104] 由此，戰時民眾組訓、宣傳相關事務便牽涉中央組織部與軍委會政治部兩方。彼時，張厲生任中央組織部部長兼政治部副部長，本可借職務之便，密切兩方關係，但在實際運行中，黨政軍間仍難以避免因權責不清而引發的各類衝突。

在河南，領導民運工作的因有政訓處、服務隊、工作團、民運指導員等多家單位，導致名目繁多，系統不一。第一戰區司令長官部雖曾召集會議，商定戰時人民團體由長官部統一指揮，登記與指導則由民運指導員與縣黨部會同辦理，但各方仍感職權不清，難以避免摩擦。地方黨部只得呈請中央明定民運職權分

---

103 「朱家驊覆葉含章」（1940 年 10 月 1 日），〈福建黨務：人事〉，《朱家驊檔案》：301-01-06-036。
104 〈中國國民黨第五屆中央執行委員會常務委員會第六十四次會議紀錄〉（1938 年 1 月 12 日），《中國國民黨第五屆中央執行委員會常務委員會會議紀錄彙編》，冊上，頁 181。

際。[105] 鑒於地方黨政軍工作聯繫與配合存在的問題，顧祝同率先於1938年初，在第三戰區研擬成立蘇、浙、皖、贛、閩黨政軍委員會，以司令長官為主任委員，各省市黨部、省政府各派一名委員組成。[106]

其實，早在戰前便有類似密切黨政軍關係的機構雛形存在。1937年5月，朱家驊擔任浙江省政府主席時，曾組織召開浙江省黨政軍聯席討論會，由省黨部常委、書記長、監委；省主席、各廳長、秘書長、保安處處長；軍事訓練委員會主任委員；蘇浙邊區主任公署主任、參謀長、秘書長；閩浙贛邊區主任公署主任、參謀長、秘書長等組成，設於省政府內。[107] 與戰時情況不同，此種黨政軍聯席討論會由省主席主持，旨在促進地方「剿匪」工作。浙江實行後，陳果夫亦欲在江蘇效仿，蔣介石對此也表示支持。[108]

1939年1月，張羣、熊式輝、李宗仁、白崇禧、吳鐵城、陳誠、周恩來、賀耀組、黃紹竑、甘乃光等軍政要員，商討建立一個黨政委員會的組織，熊式輝提出四點意見：

1、黨政二字不宜並用以作會名；2、性質，應為中央代替機關，要能：a為省府解除法令財力上困難；b為戰區司令長官公署解除人力困難；c為中央解除鞭長莫及困難；d為地

---

105 〈河南省黨部工作報告〉（1938年1-6月），《特種檔案》：特6/94.1。
106 顧祝同，《墨三九十自述》（臺北：國防部史政編譯局，1981），頁197-198。
107 「浙江省黨政軍聯席討論會組織簡章」，〈浙江省政府主席朱家驊電軍事委員會委員長蔣中正為遵將該省黨政軍臨時聯席談話會紀錄呈請示遵〉，《國民政府檔案》：001-050050-00001-003。
108 〈軍事委員會委員長蔣中正電江蘇省政府主席陳果夫江蘇省可由其召集組織黨政軍聯合會議〉，《國民政府檔案》：001-050050-00001-004。

方解除軍、民、政不易扣合困難。3、職權，替中央設計指導監督考核，不是替地方代勞。4、區劃，順手需要而設，不必限定分會之數目與地點及隸屬（於司令長官公署或總司令所在地皆可）。[109]

最終，國防最高會議決定在軍事委員會內設立戰地黨政委員會，並在遊擊地區設立分會，直隸各地區最高軍事長官管轄，統籌負責戰地黨政工作的設計、指導、監督與考核。[110] 分會設主任委員、副主任委員各一人，委員七至十一人，主任委員由戰地最高軍事長官兼任，管區內省政府主席、黨部主委為當然委員。[111] 在組織性質上，戰地黨政委員會及各分會被定位為幕僚機關。

此後，中常會又有「戰地黨政軍聯合辦事處」（以下簡稱「辦事處」）與「戰地黨政軍聯席會議」（以下簡稱「聯席會議」）之設。根據規定，辦事處設於行政督察區，與縣平級，為當地最高權力機關，並受戰地黨政委員會分會及上級軍政機關監督和指導，由當地黨政軍主管長官及地方公團、學校代表組成，以駐在地軍政機關官階較高者為主任，職責為會商與抗戰建國有關事項並督促執行，可視為戰地黨政委員會分會的下設機構。[112]

---

109 《熊式輝日記（1930-1939）》，1939 年 1 月 19 日，頁 277-278。
110 〈軍事委員會頒發戰地黨政委員會及分會組織綱要訓令〉（1939 年 1 月 18 日），中國第二歷史檔案館編，《中華民國史檔案資料彙編》，第五輯第二編軍事（一），頁 159-162。
111 〈中國國民黨第五屆中央執行委員會常務委員會第一二九次會議紀錄〉，中國第二歷史檔案館編，《中國國民黨中央執行委員會常務委員會會議錄》，冊 2（桂林：廣西師範大學出版社，2000），頁 411。
112 〈中國國民黨第五屆中央執行委員會常務委員會第一一七次會議紀錄〉，《中國國民黨中央執行委員會常務委員會會議錄》，冊 25，頁 149-150。

聯席會議則為謀求戰區內黨政軍配合,由戰區司令長官、參謀長、政治部主任,戰區內各省政府委員一至三人,各省黨部委員一至二人組成,以司令長官為主席,主要議決治安、交通、兵役、民眾組訓等事項。[113]

戰地黨政委員會及其分會的工作針對的既然是遊擊區,便須首先明確遊擊區邊界。組織綱領規定其職權範圍由軍委會依照軍事情況劃定,標準有二:「甲、全部已淪為遊擊區之省分。乙、省之一部分已淪為遊擊區者,如該部分事實上該省省政府不易管理時,則將該部分劃歸鄰近之戰地省政府、或該地區最高軍事長官暫管,前項暫管之各縣,應歸併鄰近之行政督察區,或另行劃定行政督察區。」[114] 甲項規定十分明確,乙項則頗為含糊,留下較大爭議空間。該會成立後的四個月內,精力基本耗費在爭奪職權、劃分區域之上。

蔣介石認為,先前地方工作缺乏成績是因沒有統籌機構,遂特設黨政委員會,希望能夠藉以促進遊擊區黨政軍各方工作。但在徐永昌看來,彼時遊擊區(尤其是冀、察、蘇、魯)的最大問題實際是黨政軍機動力不夠,主要責任在黨部與政治部:每個遊擊區正規軍不夠;軍隊或官兵之精神知識不夠;人民的抗戰情緒不夠;官吏及地方力量的情緒、技能不夠。除第一點外,其他均為黨政部門職責失位所致。[115]

1939 年 8 月,軍委會再次討論加強遊擊區黨政軍工作。徐

---

113 〈戰地黨政軍聯席會議通則〉(1939 年 3 月 23 日),《中國國民黨中央執行委員會常務委員會會議錄》,冊 25,頁 151-152。

114 「軍事委員會戰地(即游擊區)黨政委員會組織綱要」(1939 年 1 月 18 日),〈軍事委員會頒發戰地黨政委員會及分會組織綱要訓令〉,《中華民國史檔案資料彙編》,第五輯第二編軍事(一),頁 160。

115 《徐永昌日記》,冊 5,1939 年 6 月 28 日,頁 86。

永昌感慨道:「本屬黨部與政治部之如何努力工作問題,乃不向該兩部求之,而另成一黨政委員會,今且在研究如何做。」中央如此議而不做的風氣,使徐只能徒呼:「奈何,奈何。」[116] 蔣介石對於黨政委員會的工作重心定位本身就存在問題,初衷是欲使戰地黨政打成一片,藉以造成軍事基礎,但隨後卻將工作重心移至促進社會進步與經濟建設之上,無異於捨本逐末。[117]

戰地黨政委員會原本僅設於遊擊區。1939 年 11 月,蔣介石又令戰區及接近戰區的省黨部工作,可由所在地擔任軍事長官的中央委員就近指導與策進,俾與抗戰軍事要求相配合。各戰區內省黨部的工作計劃與實施情形也須報告戰區司令長官查核,後者對省黨部人員工作成績亦應隨時考察報告中央。[118] 這一使軍事長官介入省黨部工作的舉措,不僅擾亂了地方黨務秩序,更降低了黨部地位。正如時人所評論:「抗戰前係黨指導政治,今則軍事第一,政治、黨務同成為軍事之附屬品矣,黨務應如何辦理,真無從說起也。」[119]

戰地黨政委員會成立後,根本未能達到釐清黨政軍各方職能、通力合作、並肩抗戰的效果,反而使地方權力秩序陷入混亂。國民黨中央又態度曖昧、政令迭出,導致問題愈發複雜。根據中央組織部所頒《戰時民眾組織與訓練及實施要項》與訓練總監部制定、行政院頒布的《戰時民眾組織訓練與服務大綱》規

---

116 《徐永昌日記》,冊 5,1939 年 8 月 16 日,頁 113。
117 蔣介石,〈戰地黨政會議開幕詞〉(1941 年 4 月 19 日),秦孝儀主編,《先總統蔣公思想言論總集》,卷 18,頁 108。
118 〈中國國民黨第五屆中央執行委員會常務委員會第一三五次會議〉(1939 年 11 月 30 日),《中國國民黨第五屆中央執行委員會常務委員會會議紀錄彙編》,冊上,頁 498。
119 何成濬著,沈雲龍校注,《何成濬將軍戰時日記》,冊下,1944 年 3 月 12 日(臺北:傳記文學出版社,1986),頁 395。

定,民眾組織與訓練職能屬政府與軍事機關,黨部無權過問。其後,軍委會第六部雖又頒發《戰時民眾團體整理方案》,聲明民眾組織與訓練工作仍由黨部領導指揮,但先前的「要項」與「服務大綱」並未廢止,軍、政兩方仍在負責。未幾,軍委會政治部又發文要求各省縣民眾組訓主辦機關應由該部派員主持,「會同當地黨政機關共同進行,並受省縣政府之監督指揮」。如此一來,各地黨部組織訓練民眾的職權被徹底廢止。黨部感到無所適從,只得請求中央明確指示民運方針。然而,黨部得到的卻是「民運在抗戰時期應由政府主辦,黨部亦不宜放棄責任」的含糊回覆。[120]

而在人事派遣方面,王奇生研究認為抗戰開始後,戰區各省黨部主委多由省主席兼任,省主席又多由戰區軍事長官擔任,省級黨政軍最高人事呈現一元化特點。[121]陳默考察抗戰期間,國民黨為求軍政協調配合,多由軍人主政。八年間,由軍隊系統以及軍人兼理省主席者達到總數的58.2%,若再加之前軍人轉任的情況,則比例高達79.8%。這一態勢在1940年達到頂峰,二十八位省主席中有十九位由現職將領兼理,另有五位省主席為前軍人。[122]

對於地方黨政軍主官高度集中的現象,國民黨高層內部逐漸出現反對呼聲。1940年4月,徐永昌向蔣介石建議不使戰區長官兼任主席,但僅得到「漸次推行」的回覆。[123] 11月,白崇禧

120〈浙江省黨部工作報告〉(1941年),《特種檔案》:特6/74。
121 王奇生,《黨員、黨權與黨爭——1924-1949年中國國民黨的組織形態》,頁359-360。
122 陳默,〈抗戰時期國軍的戰區—集團軍體系研究〉(北京:北京大學博士論文,2012),頁202-207。
123《徐永昌日記》,冊5,1940年4月19日,頁311。

亦開始主張司令長官不應兼任主席,並獲程潛附議。徐永昌評論道:「是皆忘其過去一倡兼主席,一爭兼主席,只講利己不講是非,只知責人不知自訟。」[124] 翌年5月,張治中也向蔣介石提出同樣建議。對此,蔣答覆待三、五年後始可實行。熊式輝起而反駁:「若必待三、五年後,始可行之,竊恐三、五年後中國已無可用之將,所謂軍事專家,將盡變成前清之兵備道,事事懂而事事不專。」不過,熊事後又自覺當日言詞過激,令蔣無言以對,追悔莫及。[125] 但徐永昌卻稱讚道:「他人所言皆不如天翼之簡而扼要。」[126]

1941年12月,國民黨五屆九中全會時,中央終於做出「今後軍隊之指揮官,不得兼任行政」的規定,不僅使軍人長省比例開始下降,也使軍、黨兩方人事關係逐漸剝離。[127] 1942年後,除湖南、安徽、河北、青海、寧夏五省仍保持黨政軍首腦合一的狀態外,其餘省份已不存在現職軍人擔任省黨部主委的情況。[128]

然而,如此並非說明軍權對政權、黨權的影響開始式微。鑒於軍權獨大的慣性,即便在軍人不兼省政府主席或省黨部主委的省份,亦設法通過其他方式制約黨權的發揮與黨務的推展。甘肅省政府主席谷正倫就曾向何成濬大吐苦水:「此時省主席不易作,各廳長皆由中央派定,指揮上不無困難,日日辦理兵差,而

---

124 《徐永昌日記》,冊5,1940年11月21日,頁472。
125 熊式輝,《海桑集:熊式輝回憶錄1907-1949》,1941年5月31日,頁281。
126 《徐永昌日記》,冊6,1941年5月31日,頁122。
127 〈第五屆九次中央全會對政治報告之決議案〉(1941年12月22日),《中國國民黨歷次代表大會及中央全會資料》,冊下,頁743。
128 此五省的省級黨政軍人事合一情況均維持到1945年抗戰勝利,分別是湖南的薛岳、安徽的李品仙、河北的龐炳勳和馬法五、青海的馬步芳、寧夏的馬鴻逵。

又不能見諒於軍隊,辭職不准,真莫可如何。」對此,何成濬只能勸說谷正倫暫行忍耐,因「抗戰後兼軍職之省主席,權力幾無與倫比,事事不遵中央規定,形同獨立,不兼軍職之省主席,則受制於人,權力被削奪殆盡,甘省主席猶覺較陝、豫等省為優也」。[129]

第四節　廣東省黨政軍權力的較量

國民黨北伐奪取中央政權後,黨、政、軍權力向全國各地擴張與浸透的過程極為艱難,頭緒也紛繁複雜,涉及與各方勢力的競爭和博弈。雖然各省情形有異,但能大體反映出國民黨執政時期政治生態的某些基本特徵。陳濟棠下臺後,廣東省權力格局演變,在細繹西南一隅黨政軍三方關係的同時,各方勢力也在其間爭奪與運作黨務領導權,呈現出抗戰背景下國民黨省級權力鬥爭的複雜面相,以及前述戰時體制的實際運行效果。

大體言之,1936 年「六一事變」後,國民黨中央對廣東地方黨政軍人事的重新調整,使廣東順利完成了從「陳濟棠時代」向中央直接領導下的過渡,但軍權獨大的後遺症也使粵省軍、政摩擦不斷發生。李漢魂出任廣東省主席兼省黨部主委後,為掌握實權極欲排除軍方余漢謀對政治的干涉。待到陳誠等人蒞粵,雖將該省軍、政權限加以釐清,自此看似兩方可以並肩抗戰,卻實則開始了新一輪對各自權力邊界的試探。黨務作為軍、政的中間地帶,轉而成為雙方爭奪的目標,省黨部亦變成各方炫技的競技場。抗戰爆發後,先後擔任中央黨部秘書長與中央組織部部長的朱家驊亦欲向廣東伸展勢力。

---

129 《何成濬將軍戰時日記》,冊下,1944 年 1 月 8 日,頁 368。

1、粵局初定

自 1931 年起,陳濟棠就把持著廣東黨政軍大權與南京政府相頡頏,使廣東始終維持著半獨立狀態。「六一事變」後,陳濟棠下野。國民黨中央命余漢謀將陳之舊部整編為第四路軍,正式納入國軍編制。而在省政方面,蔣介石將陳濟棠時代主政粵省五年的林雲陔撤換,代之以與余漢謀有舊的粵籍將領黃慕松。[130] 黃執政不滿一年,於 1937 年 3 月病逝。蔣介石遂致電余漢謀商議省主席繼任人選:「能與兄合作者,似以吳鐵城為宜,或林雲陔亦妥,兄意如何?」[131] 此時已調離廣東、出任審計部部長的林雲陔雖再次成為蔣之考慮人選,但中央還是最終任命吳鐵城為新一任廣東省主席。

吳鐵城,祖籍廣東,與粵籍實力派關係密切,實非蔣介石心儀人選,只因遷就余漢謀而任之。吳上任未久,蔣介石便致電宋子文:「擬委兄為廣東省府主席,兄意如何?」[132] 隨後,蔣又電詢孔祥熙:「子文已安抵港,擬即發表子文為粵省主席,暫調吳鐵城為實業部長,未知兄意如何?」[133] 數日後,蔣意有所徘徊,在日記中寫道:「派子文赴俄乎?主粵乎?」[134] 1938 年初,蔣再次詢宋,願否擔任粵省主席。[135] 直至 7 月,蔣介石仍在反

---

130 〈蔣中正電余漢謀陳誠已發表黃慕松為廣東省政府主席王應榆宋子良劉維熾許崇清為民政財政建設教育廳長曾養甫為廣州市長等〉,《蔣中正總統文物》:002-080200-00267-107。

131 〈蔣中正電餘漢謀詢黃慕松逝世其繼任人選以吳鐵城或林雲陔為宜〉,《蔣中正總統文物》:002-010200-00173-026。

132 〈蔣中正電告宋子文擬委其為廣東省政府主席〉,《蔣中正總統文物》:002-010300-00007-022。

133 〈蔣中正電詢孔祥熙如同意宋子文任廣東省主席再徵求汪兆銘同意後發表〉,《蔣中正總統文物》:002-010300-00007-045。

134 〈蔣介石日記〉,1937 年 12 月 9 日。

135 〈蔣介石日記〉,1938 年 1 月 3 日。

覆考慮：「粵主席與美大使人選」、「粵黨政問題，子文之任務」等事宜。[136] 可見，蔣介石對吳鐵城主粵並不放心，仍在反復考慮是否由更可信任的宋子文接長廣東省政。

1938年10月21日，廣州的失守使蔣介石重新考慮廣東人事問題。[137] 11月下旬，南嶽軍事會議時，蔣突然召見粵籍將領李漢魂，詢以「對軍事、政治那一種有興趣？」李答以：「本屬軍人，雖無成績，希望可以無過；政治從前雖頗有興趣，但現時粵局殘而且亂，實無把握，懇另簡賢能。」[138] 翌日，陳誠亦前往勸說李接受蔣之安排。李漢魂表示：「仍請給以考慮機會。」[139] 李漢魂雖略顯躊躇，但最終還是同意了出掌粵政，並開始擬定省政府委員及各廳人選。[140] 隨後，蔣介石電示吳鐵城這一人事變動：「省府擬將改組，以李漢魂同志繼任，以兄在軍時期多不便，故另以任務屬兄。」[141] 蔣此時運用軍人主政應是受廣州失守的影響，出於戰時需要的考量。

與此同時，蔣介石在軍隊人事上亦做出調整，任命張發奎為第四戰區司令長官。此前該戰區由軍政部部長、參謀總長何應欽兼任司令長官，但何僅為掛名，實際職權由副司令長官余漢謀代理。[142] 蔣最初欲任命薛岳為副司令長官，卻遭到余漢謀的反

---

136 〈蔣介石日記〉，1938年7月16、19日。
137 〈蔣介石日記〉，1938年11月11日。
138 朱振聲編纂，《李漢魂將軍日記》，上集冊1，1938年11月27日（香港：聯藝印刷，1975），頁235。
139 《李漢魂將軍日記》，上集冊1，1938年11月28日，頁236。
140 《李漢魂將軍日記》，上集冊1，1938年11月30日，頁236。
141 〈蔣中正電示吳鐵城粵省府改組擬以李漢魂繼任〉（1938年12月19日），《蔣中正總統文物》：002-010300-00018-039。
142 除第四戰區副司令長官外，余漢謀還兼任廣東綏靖主任與第十二集團軍總司令。廣州失守後，蔣介石將其第十二集團軍司令職務革職留任。〈余漢謀先

對。余向蔣推薦了張發奎。而張對此並不欲受，因深知余對其並非真心歡迎，僅是「兩害相權取其輕」。張發奎稱與余並無夙怨，也談不上深交：「我同余漢謀是廣東同鄉，是同學，也是第一師老同事。他的職位一直比我低得多：我當團長時，他甚至還未當上營長；他的飛黃騰達是在他推翻陳濟棠之後。」[143] 從張發奎的描述中，可以體會出對余漢謀資歷與晉升方式的不屑。最終，在蔣介石承諾會派李漢魂接替吳鐵城予以協助後，張發奎才接受了這一任命。

蔣介石對軍政人事的重新佈署，並未能使廣東各方關係得以融洽。據張發奎回憶，其雖為第四戰區司令長官，軍權卻實際掌控在副司令長官余漢謀之手，「我想調動一些不稱職的師長與其他軍官，但余漢謀不同意。除了四戰區的部隊，我不能調查屬我管轄的部隊之內部事務。在賞罰方面，我沒有發言權」，「我的困擾是余漢謀掌握軍權，不聽我的話」。[144] 而李漢魂與余漢謀自從在陳濟棠手下任職起，關係就不曾和睦。余對李從其手中拿走六十四軍，使之直屬中央一事十分不滿。[145] 吳鐵城在卸任時，也曾向李漢魂大訴苦水：「在粵年餘，誤於委曲求全四字，而經手所放之百餘縣長中，出自己意者只十二人。」李為此決定：「可知此路已走不通，予此後當不再走。至若縣長予固歡迎介紹，但用否之權在我，我要九十餘縣長個個都由我衷心放出。[146] 李所言之「路」，系指與軍方余漢謀相妥協的政治路線。

生訪問紀錄〉，《口述歷史》，第 7 期（1996），頁 228。
143 張發奎口述，《張發奎口述自傳》（北京：當代中國出版社，2012），頁 200。
144 《張發奎口述自傳》，頁 203、209。
145 《張發奎口述自傳》，頁 204。
146 《李漢魂將軍日記》，上集冊 1，1939 年 1 月 2 日，頁 239。

因此，李漢魂上臺後便開始大量撤換吳任主席時任命的縣長與專員。[147] 而這些職位大多由軍方余漢謀之人擔任，這也使李漢魂與余漢謀間矛盾激化。

由於張發奎和李漢魂同余漢謀均有矛盾，便為張、李兩方合作抗余提供了契機。張發奎首先向余漢謀發難，要求中央派員指導廣東黨政軍機關重組，分割各自職權。國民黨中央隨即指派白崇禧、陳誠與梁寒操三人赴粵解決軍、政權限問題。對此，吳鐵城曾意態消沉地向陳誠提出「解決」余漢謀的三項建議：「（一）改造環境。（二）脫離軍隊。（三）率部離粵。」[148] 但陳誠認為上述辦法甚為不妥，主張對余漢謀開誠布公，最終議定：「將所有屬政府者一律歸還政府」，將余之軍隊「撥一軍歸吳奇偉指揮，一軍歸夏威指揮」。[149] 並由陳誠召集張發奎、余漢謀與李漢魂三人談話：「說明須三位一體，負起抗戰建國之責，打破過去各自為政，互相摩擦之弊。」[150] 經此，余漢謀在粵權力被削弱，但隨後廣東軍政之間並未就此息爭。

2、黨部嬗變

陳濟棠時代，廣東黨務始終把持在陳之親信林翼中手中，有「陳家黨」之稱。「六一事變」後，蔣介石要求徹底整頓廣東黨務組織。[151] 據時人觀察，改組後的省黨部主要是 CC 系與粵系

---

147 《張發奎口述自傳》，頁 210。
148 《陳誠先生日記》（1），1939 年 1 月 5 日，頁 184。
149 《陳誠先生日記》（1），1939 年 1 月 6 日，頁 185。
150 《陳誠先生日記》（1），1939 年 1 月 7 日，頁 186。
151 中央任命黃慕松、曾養甫、李煦寰、余漢謀、鍾天心、香翰屏、陳策、鄧彥華、羅翼群、蕭吉珊、邢森周、蒲良柱、劉健群為國民黨廣東省黨部委員，並指定黃慕松、李煦寰與曾養甫三人為常務委員，諶小岑任書記長。李欽寰，

軍人實力派的鬥爭。CC系以曾養甫、諶小岑為代表。軍人實力派則有鐘天心、李煦寰、陳策、鄧彥華、余漢謀和香翰屏等人，幾乎均屬軍界人士。在當時廣東九十六個縣市黨部中，由軍人實力派掌控的佔據六成、CC系占三成、其餘各派占一成。1937年4月，吳鐵城繼任省政府主席後，省黨部做了局部改組。[152] CC系一直設法在其間擴張勢力，雖取得些許進展，但軍人實力派在省黨部中依然佔據主導地位。

　　1938年3月，國民黨臨全大會決議改進黨務，在省一級除設置委員會外，應采主任委員制，廣東省黨部須依此改制。[153] 蔣介石亦打算趁此之機更換該省黨部主委。7月，蔣突然命陳果夫密保粵省黨部主委人選。[154] 陳果夫密保何人目前雖缺乏直接史料證明，但陳布雷曾致函朱家驊：「粵抗戰緊張，擬即任曾養甫同志為粵省黨部主任委員，俾得領導全省黨員積極協助抗戰，此事已以委座名義電精衛、哲生、海濱諸先生詢其意見。」[155] 曾養甫被提名很可能是因陳果夫推薦，其若能順利就任主委，對CC系在粵省黨部擴張勢力將發揮重要作用。然而，廣州失守使蔣意突變。10月27日，國民黨中常會決議：「前奉總裁諭以吳

〈1936年到1938年間國民黨廣東省黨部內派系鬥爭的一些內幕情況〉，《文史資料選輯》，輯27（廣州：廣東省人民政府參事室，1983），頁67-68。

152 此次改組廣東省黨部，委員編制由十三名削減為十一名，除吳鐵城接替黃慕松外，CC系餘俊賢代替該系蕭吉珊，並加入同屬CC系的曾三省，鄧彥華、邢森洲、蒲良柱三人則退出省黨部。由吳鐵城、李煦寰、餘俊賢擔任常務委員，諶小岑仍任書記長。李欽寰，〈1936年到1938年間國民黨廣東省黨部內派系鬥爭的一些內幕情況〉，頁68-70。

153 〈中國國民黨臨時全國代表大會改進黨務並調整黨政關係案〉，《中國國民黨歷次代表大會及中央全會資料》，冊下，頁477。

154 〈蔣中正電請陳果夫密保湘甘民政廳長及粵省黨部主委人選〉，《蔣中正總統文物》：002-010300-00014-087。

155 「陳布雷致朱家驊函」（1938年10月15日），〈廣東黨務：李漢魂任主委時期：人事〉。

鐵城為廣東省執行委員會主任委員,曾養甫為廣州特別市執行委員會主任委員,並經常務委員會決定提前發表在案。」[156]

1939年1月,隨著廣東省政府主席的易主,蔣介石再次考慮粵省黨務問題。[157]為求黨政統一,中央任命省政府主席李漢魂兼任省黨部主委,余漢謀、丘譽、繆培基、黃麟書、伍智梅、蔡勁軍、高信、余森文、姚伯龍、孫甄陶、鄒洪為省黨部執行委員,並以朱家驊系的余森文兼省黨部書記長。[158]不過,蔣介石精心配置的廣東人事,並未能使省黨部運轉自如。改組未久,白崇禧就向陳誠表示廣東軍政均有進步,唯黨務不妥。陳誠在日記中寫道:「其意似在余森文與蔡勁軍,余當以不可存畛域觀念,凡中央所派人員即無一勝任者。」[159]幾日後,白崇禧和張發奎約同省黨部李漢魂、鄒洪等人,以及在粵中央委員羅翼群、梁寒操、鄧青陽等,以「粵省黨委亟待整理,分區指導尤不容緩,惟現在到部委員不敷分配,工作無法開展」為由,要求蔣介石對省

---

156 〈中國國民黨第五屆中央執行委員會常務委員會第九十八次會議紀錄〉(1938年10月27日),《中國國民黨第五屆中央執行委員會常務委員會會議紀錄彙編》,冊上,頁313。

157 〈蔣介石日記〉,1939年1月7日。

158 這一人事安排的出爐歷經頗多曲折,白崇禧與張發奎等均向中央保薦由省政府主席李漢魂兼任黨部主委。但朱家驊與吳鐵城等人提名張發奎,並擬具了以余漢謀、李漢魂、丘譽、繆培基、吳榮揩、伍智梅、曾三省、高信、余森文、姚伯龍、孫甄陶為執委,余森文兼書記長的人事名單。白崇禧、陳誠等人商擬後,將吳榮揩、曾三省、孫甄陶易為方少雲、蔡勁軍、陳宗周,並由方少雲兼任書記長。上述意見被匯總簽呈時,蔣介石又批覆須將黃麟書、蔡勁軍二人加入。為此,朱家驊函詢吳鐵城。吳意將吳榮揩、曾三省二人刪去,代以黃、蔡。人事名單起草完畢後,蔣不知為何又有所遲疑,令暫緩發表,但最終公佈的廣東省黨部人事任命仍基本容納了上述各方意見。〈中國國民黨第五屆中央執行委員會常務委員會第一一六次會議紀錄〉(1939年3月9日),《中國國民黨第五屆中央執行委員會常務委員會會議紀錄彙編》,冊上,頁380;〈余森文致中秘處電〉(1939年2月7日),《特種檔案》:特6/44.1;〈朱家驊致吳鐵城函〉(1939年2月23日),〈廣東黨務:李漢魂任主委時期:人事〉;〈蔣介石日記〉,1939年2月28日。

159 《陳誠先生日記》(1),1939年5月8日,頁245。

黨部人事再予調整。[160]

為此，中央黨部秘書長朱家驊權衡各方利益，做出人事調整計畫。[161] 但改組之議並未落實，因陳果夫聽聞粵省黨部「有兼職之委員一律撤銷」的消息後，曾向朱家驊力保執委高信。朱回覆稱：「粵省黨部改組一節係李主任委員之要求，白張二兄亦曾電總裁建議。經再三考慮，結果已決定不予改組。」[162] 其實，即便按照朱家驊擬議的調整方案執行，省黨部內的權力格局也不會發生較大改變。此次人事更調，名義上雖為充實省黨部力量，但李漢魂的主要目的是欲借機踢走朱家驊系書記長余森文，代之以己方幹部。因此，李僅在書記長一職上參與意見。[163] 並就其人選致電中央：

> 粵省黨務，書記長一職至關倚重。余委員森文兼任，原意得人，惟經驗尚淺，措置間有失宜，復不能與各方融洽一切，更難推行。且中央原令委員分區督導，潮梅區情形複雜，亟

---

160 彼等在致蔣介石電文中寫道：「一、為增加委員效力及主任委員辦事便利起見，余森文擬專任委員，其所兼書記長以黃玉明繼任；二、鄒洪、丘譽、高信因均兼他職，蔡勁軍已調一戰區未能到部，均擬請開缺，另以陳遠略、陸匡文、冼家銳、胡道南接充；三、余漢謀欲辭去執委，並薦李鶴齡繼任。」朱家驊將上述電文轉與中央組織部副部長吳開先商議。吳建議以胡道南、李鶴齡、陳遠略、方少雲，接充餘漢謀、鄒洪、丘譽、蔡勁軍遺缺，余森文與高信二人則毋須更動。〈蔣總裁致朱家驊代電〉（1939年5月13日），《特種檔案》：特6/44.4；〈吳開先致朱家驊電〉（1939年5月15日），《特種檔案》：特6/44.4。

161 朱家驊批示：「鄒洪不動，高信不動。餘漢謀、丘譽、蔡勁軍調整。白所保薦者，略容納一人陳遠略；余漢謀所保者李鶴齡，吳開先謹保方少雲一人，似可容納；姚伯龍缺擬補許成業。」〈蔣總裁致朱家驊代電〉（1939年5月13日），《特種檔案》：特6/44.4。

162 「朱家驊覆陳果夫函」（1939年6月14日），〈廣東黨務：李漢魂任主委時期：人事〉。

163 〈鄭豐致朱家驊函〉（1939年5月22日），《特種檔案》：特6/44.10。

需委員負責。森文同志家鄉所屬,專任該區督導較為適宜,所兼書記長擬請以黃玕明接充。」[164]

余森文此時在黨政訓練班受訓方畢,蔣介石批示:「已受訓之黨務人員現或決半,半年內不與更動。覆李主任,余森文不辭勞怨,工作積極,不可以他人不滿即與更動。」[165]余森文對此回憶稱:「蔣介石看了電文之後,反以為余某人是個書記長,敢於同李、白頂,是非常好的。蔣對朱家驊說,由省主席兼主委是掛名的,我就是要書記長當權。」[166]

朱家驊為此雖曾去電安撫李漢魂:「余同志返粵前,弟已切囑凡事秉承我兄處理。余同志從弟多年,其人熱忱忠實、勇於任事是其長處,有時稍嫌魯莽,常□措施欠當,至祈我兄糾正。」[167]在蔣介石的支持下,余森文回粵後雖繼續擔任書記長,但日後的工作舉步維艱:「此間情形在生未返粵前似陷僵局,會內生所介紹之重要工作同志已全部被迫辭職。及生返韶與主任委員傾譚之後,彼甚表悔氣也,也許又是一套做作之姿態。」[168]數日後,余森文再次致函朱家驊,要求其幫助聯絡 CC 系與三青團等方面關係,以避免被孤立:

---

164 〈朱家驊上總裁簽呈〉(1939 年 5 月 21 日),《特種檔案》:特 6/44.6。
165 〈朱家驊為調整粵省黨部人事上總裁報告〉(1939 年 5 月 19 日),《特種檔案》:特 6/44.5。
166 朱馥生,〈余森文回憶錄〉,《杭州文史資料》,輯 20(杭州:政協杭州市委員會文史委編,1988),頁 98。
167 〈朱家驊致李伯豪函〉(1939 年 5 月 30 日),《特種檔案》:特 6/44.11。
168 「余森文致朱家驊函」(1939 年 5 月 23 日),〈廣東黨務:李漢魂任主委時期:工作報告〉。

組織部與宣傳部副部長開先、公展二兄,暨立夫先生及兆民兄處,懇分別介紹接譚。伯龍兄週後始克動程,高委員信亦取得密切之聯繫。應付此困難之局面,已感無能當之孤獨矣。會內職員自收發而至組織、總務、宣傳科均主委新派,生在此之維艱可以想見。[169]

李漢魂不僅在黨部內與書記長為難,還向朱家驊表示:「粵省黨務困難,近而益甚。潮汕陷後,政務倍加繁劇。弟以輊材更難兼顧,經已電呈總裁請辭主任委員職。」[170] 李漢魂此次辭職顯然是以退為進,要挾中央,雖經慰留,但未善罷甘休。不久,李又與張發奎一道,向陳誠表露辭職之意:「向華、伯豪來談,均表示辭職,乃以大義勉之,並商解決困難。」[171]「向華、伯豪」指的便是李漢魂和張發奎二人。因李漢魂態度強硬,未出半年,余森文還是未能逃脫被排擠出省黨部的命運,其遺缺則由李方人士鄭豐補充。[172] 李漢魂如願以償地從朱家驊手中奪走書記長一職。

3、黨權競逐

李漢魂主政廣東後,雖集省黨政權力於一身,但在黨務方面

---

169 「余森文致朱家驊函」(1939年6月1日),〈廣東黨務:李漢魂任主委時期:工作報告〉。
170 「李漢魂致朱家驊電」(1939年7月28日),〈廣東黨務:李漢魂任主委時期:人事〉;〈陳誠呈蔣中正李漢魂請辭兼廣東省黨部主任委員〉(1939年8月3日),《陳誠副總統文物》,國史館:008-010202-00005-012。
171《陳誠先生日記》(1),1939年10月2日,頁294。
172〈中國國民黨第五屆中央執行委員會常務委員會第一三一次會議紀錄〉(1939年10月5日),《中國國民黨第五屆中央執行委員會常務委員會會議紀錄彙編》,冊上,頁486。

並未能隨心所欲,遭遇諸多掣肘。據李稱:「粵省的基層黨組織和省黨部委員,一部分為軍方所控制,一部分仍聽命於原粵省主席吳鐵城,我實際上沒有掌握全省的黨組織。在韶關附近的桂頭我辦了一個幹訓團,用來培養黨政幹部,立刻就有流言說是『桂頭造黨』。」[173] 事實上,彼時廣東省黨部內形勢較李漢魂所言更為複雜。

1939年3月,廣東省黨部改組後,除主委李漢魂外,執委人事也發生幾次更調。至1942年前後,時任十一名執委分別為:鄭豐、高信、許成業、李偉光、袁晴暉、李伯鳴、謝鶴年、冼家銳、陸冠瑩、蕭宜芬、余建中,袁晴暉兼任書記長。其中,冼與謝為余漢謀同鄉,屬軍余方人士。袁、陸、鄭為政李方勢力。許、蕭和李偉光三人畢業於中山大學,均以朱家驊門生自詡。高、余二人則與CC系關係密切。李伯鳴雖由葉楚傖薦為執委,但被朱家驊方爭取。[174] 彼時廣東省黨部各執委派系所屬情況,可參見下表:

表2-3:廣東省黨部執行委員派系所屬情況(1942年)

余漢謀系	冼家銳、謝鶴年
李漢魂系	鄭　豐、陸冠瑩、袁晴暉
朱家驊系	許成業、蕭宜芬、李偉光、李伯鳴
CC系	高　信、余建中

在此局勢下,身為中央組織部部長的朱家驊為培植在粵根基,與李漢魂爭奪黨務領導權,便利用軍、政不睦的既有條件,

---

173 王杰、梁川主編,《枕上夢回——李漢魂吳菊芳伉儷自傳》,《廣東文史資料》,輯88(廣州:廣東人民出版社,2012),頁83。

174 「廣東黨政軍情況」,〈廣東黨務:李漢魂任主委時期:人事〉。〈各省市路黨部人事分析〉,《朱家驊檔案》:301-01-06-295。

採取了與余漢謀相聯合的策略。蕭宜芬曾向朱獻策:「客人在七戰區軍事與政治幹部人數頗眾,惟缺乏團結與領導。故若能推薦一客人幹部與長官,或就長官部現有客家幹部中如趙一肩、羅梓材、陳方綬等吸收一人,則對我等極為有利。」[175] 余漢謀部下客家人居多,且多欲謀求政治出路。朱家驊遂利用此點,作為與軍余合作的突破口。此外,CC 系在粵勢力一直較他省為弱,且與政李關係未深,也為朱家驊與 CC 系的暫時合作提供了可能。於是,省黨部內形成了以李漢魂和朱家驊為代表的兩方陣營。

如果國民黨五屆十中全會前,朱、李兩方尚是暗鬥的話,那麼,十中全會的召開便拉開了雙方明爭的序幕。此次全會要求:「今後各級黨部應速完成選舉。」[176] 這使朱家驊方遭遇棘手問題,因該方彼時在粵能夠直接掌握的縣分僅二十個左右,加上可聯合的軍余力量,也僅達到三分之一。以高信為代表的 CC 系力量,最多也只占有十分之一縣分。並且,CC 系雖可聯絡,但蕭宜芬擔心:「選舉時,彼必權術利害,而與較有力量方面合作也。」[177]

李漢魂在粵經營黨務多年,加之政界勢力,在省縣選舉中的操控力不可小覷。朱方若想在未來的省代表大會選舉中應付裕如,必須控制半數以上縣分。這使朱家驊意識到,只有加緊對各縣黨部的控制,才能最終贏得廣東省黨部實權。不過,此次全會規定:「省黨部主任委員應以專任為原則。」[178] 這便為更換廣

---

175 「廣東黨政軍情況」。
176 〈第五屆第十次中央全會黨務改進案〉,《中國國民黨歷次代表大會及中央全會資料》,冊下,頁 791。
177 「廣東黨政軍情況」。
178 〈第五屆第十次中央全會黨務改進案〉,頁 791。

東主委提供了契機,使以省政府主席兼黨部主委的李漢魂面臨被奪去黨權的危險。

為改變上述窘境,朱家驊從調整省黨部人事、加強自身陣容著手。首先,謀求以「忠厚和平而可配合者」代替李漢魂。[179] 繼而,爭取由己方人士兼任書記長與組訓處處長二職,並設法除去李漢魂系執委陸冠瑩。[180] 為此,朱家驊上呈蔣介石,提出以方覺慧接替李漢魂,又以時任廣西省黨部執委兼宣傳處處長的親信鄭紹玄取代陸冠瑩,並兼任書記長,原書記長袁晴暉專任執委。[181] 而在此之前,朱家驊曾函約方覺慧到組織部徵求其意願,但方表示「因粵省不願外籍人前去,且現任李主委亦不願交出,如果發表,恐引起反對,仍擬堅拒」。方覺慧還就此事詢問何成濬意見,後者認為粵省情形確與所述無異,告以「不若於未發表前,明白向總裁呈明理由,請另易他人」。[182]

與此同時,蔣介石已向吳鐵城徵詢過書記長人選。吳以廣東省政府委員方少雲與方覺慧為舊日同事,可加強黨政聯繫為由相推薦,並獲蔣之核准。[183] 朱家驊知曉後,為掌握書記長一職,以該職職責繁重,應以專任為原則,致書蔣介石:「方〔少雲〕同志現任粵省政府委員,使任書記長恐難兼顧,方同志本人亦慮

---

179 「許成業致朱家驊函」(1943年3月15日),〈廣東黨務:李漢魂任主委時期:人事〉。
180 「廣東黨政軍情況」。
181 方覺慧,湖北蘄春人,同盟會會員,早年參加反清、討袁、護法諸役,曾任第十一軍黨代表、第二十七軍政治部主任、軍委會政訓部副主任等職,1929年當選國民黨中央執行委員,抗戰後任冀晉察平津五省市黨務指導專員兼軍委會第六部駐豫辦事處主任。「朱家驊擬簽呈總裁函」(1943年4月17日),〈廣東黨務:李漢魂任主委時期:人事〉。
182 《何成濬將軍戰時日記》,冊上,1943年4月16日,頁248。
183 「吳鐵城致朱家驊函」(1943月4月21日)〈廣東黨務:李漢魂任主委時期:人事〉。

及種種事實困難,其不願擔任之實情,吳秘書長現已明悉。」[184]

聽聞中央有以方覺慧接任主委的消息後,余漢謀也立即向中央表示支持,並力保余建中、李伯鳴、冼家銳、謝鶴年、蕭宜芬、李偉光、許成業七人蟬聯執委。[185] 余漢謀的這則電文不僅與朱家驊調整省黨部的人事計劃遙相呼應,也使由上述七人組成的廣東省黨部「反李」陣營浮出水面。

面對朱家驊與余漢謀的聯合,李漢魂也未坐以待斃。十中全會期間,李宗黃曾提醒李漢魂「應致力以黨為重心」,使其大受啟發,在日記中寫道:「政治地位有時失敗,而黨則無失敗,故應注意以黨為重心。」[186] 李漢魂雖日漸意識到黨權的重要性,但國民黨中央關於省黨部主委專任的規定也使其感到位置朝不保夕。李遂改變先前策略,嘗試從搞好黨務的「天線」和「地線」入手。「所謂搞好天線,就要對中央黨部攀得緊;所謂搞好地線,就要對各縣黨部抓得住。」[187]

於是,李漢魂轉而試圖與朱家驊謀求妥協,但因與朱素無歷史淵源,便指派心腹鄭豐組織中山大學同學會,藉以與朱聯絡。據稱:「此時朱家驊正要利用舊日中山大學員生來供自己驅策,因此鄭豐便被朱家驊看重。」[188] 與此同時,李還設法通過鄭豐、袁晴暉、陸冠瑩等人,拉攏省黨部內各朱系執委,拆散彼等

---

184 「吳鐵城、朱家驊簽呈總裁函(草稿)」(1943 年 5 月 8 日),〈廣東黨務:李漢魂任主委時期:人事〉。
185 「余漢謀致吳鐵城、朱家驊電」(1943 年 3 月 16 日),〈廣東黨務:李漢魂任主委時期:人事〉。
186 《李漢魂將軍日記》,上集冊 1,1942 年 12 月 11 日,頁 380。
187 陳榕亮,〈李漢魂時期的廣東黨務〉,《廣州文史資料存稿選編》,輯 3(北京:中國文史出版社,2008),頁 37。
188 陳榕亮,〈李漢魂時期的廣東黨務〉,頁 37-38。

與余漢謀及 CC 系的聯盟。袁曾對蕭宜芬表示引退之意，欲以李偉光任書記長、蕭任宣傳處處長。蕭宜芬分析，這是李漢魂旨在安定局面，餌塞朱方人士之口的策略。另一方面，李漢魂出席十中全會時，因見「二陳在黨的勢力大而人才亦多」，亦開始了對 CC 系的聯絡。[189] 據報告：「前陳部長抵粵時，伯豪與其在互勵社談一小時。此外，伯豪亦極力拉攏高信。陳部長願否與伯豪聯合，重慶當較易判斷。」[190]

李漢魂還加緊了對省縣黨部選舉的運作，不僅選派較有黨務經驗者充任縣長，藉以加強縣長對縣黨部的控制力，更「以省幹訓團為中心，利用各縣訓所教育長監視縣書記長，時有密報，近來黨部派任之縣書記長十之八九為幹訓團人物」。[191] 除極力把握各縣書記長外，政李亦利用各區分部人員，試圖以出巡名義控制各地方參議會及社團，並且還命親信分赴閩、贛、湘、桂、滇各省活動，意在聯絡西南各省黨部，與中央組織部對立。[192]

張發奎眼見李漢魂在省黨部主委任上搖搖欲墜，只好再次挺身而出，致電中央對李極力挽留。這使蔣介石態度動搖，命朱家驊：「宜使伯豪兄專其事權，不宜多所更張。即至萬不得已而黨部必須改組、主委必須更換，則對人選方面亦擬請特賜垂詢。使伯豪兄得就各中委中之能匡助省政，堪以繼任者舉以上聞。」[193]

對此，朱家驊態度強硬地要求蔣介石維持原議：「主委應以

---

189 《李漢魂將軍日記》，上集冊 1，會中感想，頁 387。
190 「張嘉謀致朱家驊函」（1943 年 12 月 24 日），〈廣東黨務：李漢魂任主委時期：人事〉。
191 「廣東黨政軍情況」。
192 「張嘉謀致朱家驊函」（1943 年 12 月 24 日）。
193 「侍從室致朱家驊函」（1943 年 4 月 24 日）〈廣東黨務：李漢魂任主委時期：人事〉。

專任為原則,十中全會有此決議。現在省主任委員兼任者計有陝、冀、甘、青、寧、粵、桂、滇、湘、皖、晉等十一單位。本部依據全會決議,擬定實施計劃進度,亦顧及地方若干困難。擬於本年十二月份以前,先調整半數為專任。」[194] 朱認為各省施行緩急應以實際情形為准,省黨部在工作上須適應軍事、政治需要,在人事上須與軍政各方協調,而廣東省黨部之癥結便在於軍政不能協同並進。朱家驊還向蔣介石表示:「此間同志與粵省方面均對方同志繼任消息反應甚佳,前呈書記長人選即係與方同志商定擬呈者。若因李主委來電要求而即予寢置,似未免有損中央威信。」[195]「此間同志」與「粵省方面」,分別指代省黨部內「反李」陣營和軍方余漢謀勢力。此兩方對方覺慧繼任反應甚佳,反襯出的則是對政李主黨的不滿。「軍政不和」而「朱余相和」,使背腹受敵的李漢魂下臺指日可待。

當方覺慧赴粵之行懸而未決之時,蔣介石又有派其赴藏之意。朱家驊見此情形,極力勸說蔣:「惟方同志赴粵準備業已就緒,而入藏一節又恐非一時所能實現。似可先令赴粵就任,俟赴藏有期,再行調往。」朱家驊擔心省黨部主委更調計劃就此擱置,立即為蔣擬定另外三名候選人:「如鈞座擬即令方同志入藏,不克赴粵,則關於粵省黨部主任委員繼任人選,擬請就陳策、陳耀垣、歐陽駒中擇派一人。」[196] 上述三人均屬粵籍,陳策與歐陽駒出身行伍,純粹軍事將領;陳耀垣早年經商,發跡後

---

194 「朱家驊簽呈總裁函」(1943 年 4 月 29 日),〈廣東黨務:李漢魂任主委時期:人事〉。
195 「朱家驊簽呈總裁函」(1943 年 4 月 29 日)。
196 「吳鐵城、朱家驊簽呈總裁函」(1943 年 5 月 9 日)〈廣東黨務:李漢魂任主委時期:人事〉。

加入同盟會，但多在海外從事革命活動。此三人涉獵黨務較淺，又缺乏從政經驗，卻被朱推薦擔任廣東主委，其意可測。

歐陽駒曾致電朱家驊表示：「粵黨主委事勢必更動，弟意倘乏理想者以繼方，似仍以籌碩兄擔任較為適宜。」[197] 其所言「籌碩兄」即陳策，而朱亦正有此意。[198]「以他方力主外籍未果。」[199]「他方」應指軍余對主委人選的干涉。由此可知，廣東省黨部新任主委至少須得朱家驊與余漢謀兩方共同認可，而方覺慧即是符合這一條件的人選。政李方面對此也有所洞悉，鄭豐就曾向朱家驊控訴：「彼等擬第一步先以第三方面人做省黨部主任委員，第二步即取而代之。俟取得黨的力量後，彼等即可與省府更多之困難，以遂其攫取省政之目的。」[200]

廣東省黨部主委調整幾經周折，當蔣介石試圖暫且擱置時，朱家驊又向蔣拋出廣東地方對李漢魂的密控。朱早在1942年11月，就收到了控訴政李的密報，但彼時僅批示密交組織部人事室主任參考，按而不發。[201] 翌年7月，廣東省黨部冼家銳等人再次以「排除異己、任用私人、蔑視黨務、把持包辦、營私取巧」等罪名，聯名向中央狀告李漢魂。[202] 朱家驊此時亦覺條件

---

197 「歐陽駒致朱家驊電」（1943年8月18日），〈廣東黨務：李漢魂任主委時期：人事〉。
198 「吳鐵城、朱家驊簽呈總裁函（草稿）」（1943年5月8日），〈廣東黨務：李漢魂任主委時期：人事〉。
199 「朱家驊覆歐陽駒電」（1943年8月19日），〈廣東黨務：李漢魂任主委時期：人事〉。
200 「鄭豐致朱家驊函」（1943年7月9日），〈廣東黨務：李漢魂任主委時期：人事〉。
201 「冼家銳、蕭宜芬、李偉光、謝鶴年、李伯鳴、余建中、許成業密報李漢魂罪狀」（1942年11月5日），〈廣東黨務：李漢魂任主委時期：人事〉。
202 「廣東省執行委員會冼家銳、許成業、李偉光、李伯鳴、謝鶴年、蕭宜芬密報李漢魂罪狀」（1943年7月6日），〈廣東黨務：李漢魂任主委時期：人事〉。

成熟，徑直簽呈蔣介石，矛頭直指李氏在粵辦黨不力。[203]

1943 年 11 月，執委袁晴暉、李偉光、李伯鳴與余建中等四人，又以環境困難、責任日重、應付乏術等由，聯名致電朱家驊，分別辭去省黨部書記長、組訓處長、宣傳處長與監察專員各職。[204] 高信、冼家銳、謝鶴年、許成業、蕭宜芬等五人亦電朱，以示聲援。[205] 上述四人的辭職原因，據李漢魂言，係中央改派李偉光、李伯鳴二人兼任組訓處處長、宣傳處處長。李漢魂因省黨部並無向中央報請改派之意，便要求書記長查明真相，遂引起書記長袁晴暉、李偉光和李伯鳴的不滿。余建中則是因李漢魂未保舉其擔任社會處處長，而電請辭職。[206]

蕭宜芬此前曾向朱家驊彙報：「晴暉要求生等與彼一致，藉以轉投伯豪。並謂倘若失敗，則惟有六人辭職，共同進退。」[207] 袁晴暉雖被視為政李一系，但交情未深，李對其並不信任。[208] 袁因在省黨部鬱鬱不得志，又長期受陸冠瑩等人排擠壓迫，頗思脫離政李掌控，並逐漸與朱方接近。據此可知，上述四人聯名辭職的真正原因，並非如李漢魂所言，而是執委聯手脅迫主委下臺的手段。當侍從室就此事函詢朱家驊時，朱則維護所屬稱，曾由李漢魂面告該省黨部處長須加改選，調整方案制定後，由袁晴暉

---

203 「朱家驊簽呈總裁函」，〈廣東黨務：李漢魂任主委時期：人事〉。
204 「袁晴暉、李偉光、李伯鳴、余建中致朱家驊電」（1943 年 11 月 6 日），〈廣東黨務：李漢魂任主委時期：人事〉。
205 「高信、冼家銳、謝鶴年、許成業、蕭宜芬致朱家驊電」（1943 年 11 月 12 日），〈廣東黨務：李漢魂任主委時期：人事〉。
206 「抄李漢魂戌佳暑電」（1943 年 11 月 9 日），〈廣東黨務：李漢魂任主委時期：人事〉。
207 「廣東黨政軍情況」。
208 袁晴暉胞弟袁春暉在李漢魂任師長時，曾任師政治部科長。袁晴暉也因緣際會，由省地方行政幹部訓練團教育長，調至省黨部接替鄭豐任書記長。陳榕亮，〈李漢魂時期的廣東黨務〉，頁 36-37。

轉陳李漢魂徵詢意見,並已得其同意。「此電系由該省政府駐渝辦事處長李敏親自送來,顯非他人所能擅發。」同時,袁晴暉等雖請求辭職,但經嚴斥後,已照常工作。因此,「原電所稱該員等請辭兼職緣電,實系臆測之詞」。[209] 朱家驊的這一回應使李漢魂徹底失去轉圜餘地。

省黨部下設秘書、組訓、宣傳、監察四處處長的聯名辭職,無異於等同省黨部的癱瘓。李漢魂為此大受刺激,將之視為1927年葉挺、賀龍舉兵後,部屬的又一次「叛變」。[210] 最終,李漢魂身陷四面楚歌,只能以領導無方為由,向蔣介石主動請辭廣東省黨部主委職務,並推薦由在粵多年、對新縣制富有研究的中央委員李宗黃接任。[211] 1943年底,吳鐵城與朱家驊再次簽呈蔣介石,力薦方覺慧和陳肇英為廣東省黨部主委候選人。蔣最終圈定以方覺慧接充。[212] 而方覺慧此時對赴粵之命仍舊意態消沉,拖延至1944年2月,「因奉到命令已久,不能不去」,才勉強前往廣東就職。[213]

4、塵埃未定

李漢魂卸任主委後,將廣東省政府作為最後根據地,陽取守勢,暗中極力活動,試圖以政抑黨。1944年4月,方覺慧正式

---

209 「吳鐵城、朱家驊簽呈總裁函」(1943年11月27日),〈廣東黨務:李漢魂任主委時期:人事〉。
210 鄭澤隆,《軍人從政——抗日戰爭時期的李漢魂》(天津:天津古籍出版社,2005),頁398。
211 「抄李漢魂戌佳暑電」(1943年11月9日)。
212 「吳鐵城、朱家驊簽呈總裁函」(1943年12月23日),〈廣東黨務:李漢魂任主委時期:人事〉。
213 《何成濬將軍戰時日記》,冊下,1944年2月23日,頁387。

到任後，最感棘手的便是人事問題。方起初本欲更換省黨部組織科、訓練科和民運會等部門負責人，但李漢魂以各職均與省政府社會處及省幹訓團有關而力爭保留。李還利用曾隨方覺慧工作過的省政府財政廳廳長張導民，對新主委「誘之以情感，動之以利害」，使黨之措施遷就配合行政，以保持政李在黨部的一席之地。在縣一級，李漢魂則運用縣政府、參議處、田賦處和稅捐處等機關，收買當地人員，企圖利用行政力量控制黨務，以便在全省代表大會中操縱選舉。[214]

1944 年 2 月，李漢魂與余漢謀應召參加南嶽軍事會議。會前，有廣東「軍政不和亟須調整」的流言傳出，李認為這是「乘此機會肆其攘奪目的」，遂立即轉變態度，改與余漢謀聯合，努力營造軍政和諧的氛圍。[215] 對內，李也試圖緩和同軍余關係，打開僵局、減少阻力。據稱，李漢魂曾以省政府名義與余漢謀部人員聯歡，但「以政方未臻誠意，而軍方主幹人員又復對李未能諒解」。[216] 因此，政李的曲意聯余策略收效甚微。

李漢魂為擴大陣營，還試圖通過高信加緊與 CC 系聯絡。在省黨部內，李與高原本對立，但李下臺後轉而拉攏高，令其負責黨團及社會方面設計與指導活動，更以教育廳長一職相許諾。而「高為沽取職位，堅李信心，乃將各委員托帶函件獻於政李，以為告密」。高信陽奉二陳之命、大賣政李之力的行為，也引起軍余方面和冼、謝等委員的不滿，認為高不惜放棄己方立場而賣友求榮。中央委員李次溫到粵視察後，亦曾致函二陳，指摘高

---

214 「余建中報告粵黨政內幕」（1944 年 5 月 11 日），〈廣東黨務：方覺慧任主委時期：粵省黨政情形〉，《朱家驊檔案》：301-01-06-043。
215 王杰、梁川主編，《枕上夢回——李漢魂吳菊芳伉儷自傳》，頁 86-87。
216 「余建中報告粵黨政內幕」（1944 年 5 月 11 日）。

信。[217] 由此，李漢魂聯絡 CC 系的管道亦未疏通。

李漢魂卸任主委前後，朱家驊也開始著手汰清政李在黨部內外的潛存勢力，如執委鄭豐、陸冠瑩和由其任命的督導員、科長、各縣書記長等。朱方幹部認為：

> （一）須設法調整各區督導員。（二）爭取縣書記長，吸收優秀分子。（三）設法出發各地視導。此三項辦法若能迅速切實做到，亦有相當成效。惟第一項辦法須中央有決心，倘督導員仍必由主任委員保薦，仍屬無望。至於另一方面，生等現亦正加強與各方之聯繫，以及本身之準備，俾屆時聯合各方之力量，不至為彼一人所包辦。[218]

接到地方彙報後，朱家驊立即條諭人事室：「粵省各區督導員人選必須健全充實，著即迅速調整為要。」[219] 朱還同時致電袁晴暉、蕭宜芬、李偉光徵求意見。三日後，朱收到蕭宜芬等人起草的各區督導員名單，並照之迅速做出調整。[220]

李漢魂雖失黨權，但尚主政，其若反擊，必借行政權力製造黨政摩擦。朱家驊深知若想黨務工作順利開展，須有行政力量相與配合。朱之屬下早先便勸其效仿二陳，設法插足省政：「如高信之小有成就，固有其特殊之條件，如中政校之基幹、二陳之支

---

217 「余建中報告粵黨政內幕」（1944 年 5 月 11 日）。
218 「蕭宜芬致朱家驊函」（1943 年 10 月 14 日）〈廣東黨務：李漢魂任主委時期：人事〉。
219 「朱家驊條諭人事室」（1943 年 10 月 27 日）〈廣東黨務：李漢魂任主委時期：人事〉。
220 「蕭宜芬致朱家驊函」（1943 年 10 月 30 日）〈廣東黨務：李漢魂任主委時期：人事〉。

持與在粵歷史之悠久,均非吾人所能及。然彼能於省府方面獲得一席,一方面可以提高聲望,另一方面可以在各縣布置人事,發展自易多之也。」[221] 朱方若能涉足省政,自然如虎添翼,但在政李的嚴防死守下,實無可能。

因此,朱家驊若想繼續擴大在粵勢力,唯有整合各方資源。方覺慧繼任後,余漢謀及其左右雖曾對新任主委爭取甚力,但仍與朱方繼續合作。吳鐵城亦對廣東局勢極其重視,以其弟為在粵代表,將稅務局、電報局、港澳總支部等單位作為落腳點,也頗能與朱方步調一致。[222] 此外,朱家驊還積極謀求與舊日所忽略的各方力量合作。如,許成業建議朱展開對中央軍校骨幹分子的聯絡,將時任省政府委員兼中央軍校畢業生在粵調查處主任吳廷憲提補為省黨部執委。由此,朱方不僅可容納軍人人士,更可借「吳同志籍屬瓊崖,該區十餘縣黨務向由現任曾三省督導員把握。而曾為陳方舊關係深切幹部,將來對國省選代表恐成問題,如能提以吳廷憲為省委則該區便可控握矣。」[223] 張嘉謀則建議加強對廣東教育文化界的聯絡,設法將各中學黨部改為省直屬黨部,再進一步取得第七戰區編纂會、粵省文化運動委員會和中山大學區黨部領導權,作為聯絡中大教師及領導學生的場所,通過知識分子爭取廣東民眾團體,藉以削弱政府影響力。[224]

正當朱、李兩方排兵布陣,準備對廣東省黨政權力展開最終角逐時,中央組織部的突然易主,順勢改變了省黨部的權力鬥爭

---

221 「廣東黨政軍情況」。
222 「余建中報告粵黨政內幕」。
223 「許成業致朱家驊函」(1944 年 1 月 10 日),〈廣東黨務:李漢魂任主委時期:人事〉。
224 「張嘉謀致朱家驊函」(1943 年 10 月 23 日),《朱家驊檔案》,〈張嘉謀、張國魂〉,《朱家驊檔案》:301-01-23-481。

風向。1944 年 5 月,蔣介石命陳果夫接替朱家驊主持中央組織部後,廣東省黨部中的朱系人馬不僅逐漸被淘汰,主委方覺慧亦自請辭職,改由 CC 系的余俊賢接充。[225] 李漢魂的省主席一職,也於 1945 年 8 月被羅卓英取代。

廣東自北伐以來,軍隊一向保持地方性,政治、黨務亦由軍事將領把持。陳濟棠下臺後,國民黨中央雖得以直接控制廣東局面,重新分配該省黨政軍權力。但黃慕松與吳鐵城短暫主政時期採取的與軍方余漢謀相妥協的政策,使陳濟棠時代軍權獨大的態勢得以延續,黨政權力始終不彰。直至李漢魂上臺之初,軍事干政的情況依然存在。因此,廣東軍政矛盾有其由來已久的原生性。

在黨務方面,「六一事變」後,廣東省黨部主要被 CC 系與實力派人士所充斥。後者以其在粵歷史淵源與地緣優勢,長期控制著該省黨務的領導權。CC 系雖活動甚力,但終未占得優勢,這為日後第三方勢力朱家驊系的介入創造了有利條件。朱家驊出任中央組織部部長後,逐漸將以「中大校友」為特徵的親信隊伍安插進入省黨部,無形中改變了原有執委的人事結構。省主席李漢魂被任命為省黨部主委後,不甘徒負虛名,亦思將黨權收入囊中。這便使省黨部內的權力爭奪愈趨複雜。而若想全面理解這場鬥爭,必須對廣東的黨政格局展開剖析。

李漢魂雖為省黨部主委,但實權究有幾何?若真如余森文所言,蔣介石讓省政府主席兼主委僅是掛名,真正意圖是要使書記長當權的話,那麼,李漢魂的主委頭銜僅是為促進黨政聯繫,並不具有實際權力。事實上,李被發表為主委前,省黨部事務確實

---

225 〈各省市路黨部委員名冊〉(1945 年 9 月),《中秘處檔案》:711-4-40。

由書記長余森文負責。[226] 於是，李漢魂到任後，為取得實權，就必須將書記長收入麾下。李亦深知此事，更將書記長列為最重要的幹部之首。[227] 書記長一職早先尚由主委提請中央任命，後因「省黨部工作艱巨，為加重書記長責任起見」，改為中央委派。[228] 這便使李漢魂最初只能被動接受中央派任的人選，待書記長到任後再製造矛盾，設法汰去。正如中央候補監察委員鄧青陽視察廣東黨務後所言：「書記長一職必由主任委員推薦，否則意志不能一致，措施不能貫澈。」[229]

朱、李兩方對書記長人選的爭奪僅是賽前熱身。李漢魂將朱系書記長排擠出省黨部後，也使朱家驊由此窺知其意欲掌握黨部實權的野心。朱為將李調離主委之位，利用廣東軍政不睦的既有條件，聯合軍方余漢謀與CC系勢力，在省黨部內形成多數優勢，對李漢魂施予三連擊。首先，借國民黨五屆十中全會規定主委專任的原則，以體制不合為由，要求蔣介石對李漢魂進行調整，但蔣對此頗猶豫。朱力爭未果後，又將地方對李的密控徑呈於蔣，利用輿論聲勢製造主觀惡感。而省黨部「反李聯盟」的多人聯名辭職，最終使李漢魂窮途末路，唯有主動請辭。

軍政關係不睦不僅為朱家驊勢力打入廣東提供了有利契機，也給予其運作黨權的空間。余漢謀一直居於幕後，對朱方施以聲

---

226 朱家驊出任中央黨部秘書長後，余森文被任命為廣東省黨部書記長。吳鐵城卸任至李漢魂繼任前，省黨部主委一職由余暫時代理。「余建中致朱家驊函」（1939年2月18日），〈廣東黨務：李漢魂任主委時期：工作報告〉；朱馥生，《余森文回憶錄》，頁94。

227 《李漢魂將軍日記》，上集冊1，1942年12月11日，頁380。

228 〈中國國民黨第五屆中央執行委員會常務委員會第八十九次會議紀錄〉（1938年8月18日），《中國國民黨第五屆中央執行委員會常務委員會會議紀錄彙編》，冊上，頁276。

229 〈視察廣東區報告第一號〉（1939年5月14日），《特種檔案》：特6/38.2。

援，其所欲獲得的是在粵政治地位的擴張。朱家驊則通過讓渡某些權益，使雙方在省黨部權力分配上達成默契，在保證新任主委由非粵籍且忠厚和平人士擔任的前提下，結成了朱余聯盟。

反觀李漢魂，上臺主政後，一改先前兩位省政府主席路線，極欲排除軍方對政府的干涉，掌握政府實權。而李漢魂、張發奎、余漢謀三人間又各有淵源，微妙的過往關係使李、張在削弱軍余權力一事上達成共識。但張發奎在黨、政兩界素無實際力量，能為李漢魂提供的僅有一條向中央申訴和辯護的管道。此外，李也未行合縱之術，雖曾與政學系過從甚密，但十中全會後，李見政學系勢力大減，雙方結合也趨於瓦解。[230] 此後，李漢魂雖對朱家驊、余漢謀與CC系均做出曲意聯絡之態，也或因成見未捐、利益衝突，使其最終僅能勢單力薄地固守陣地。即便如此，李漢魂基於在政勢力仍尚能與朱家驊和余漢謀等方形成的聯合勢力較量一番。

1938年，國民黨臨全大會對中央至地方各級黨政關係加以重新調整，在省一級採「黨政聯繫」的形式，以省主席兼省黨部主委設計的初衷是求黨政工作步調一致。省主席若不熱衷黨務，樂得兼一虛銜，由中央組織部所派書記長掌握實權，省級黨政關係勉強能夠維持。但若如李漢魂，欲思獲取黨部實權，不僅會引發權力爭執，被迫去職後，更會利用政界勢力對黨務多方掣肘。

地方政治權力的輔助，對同級乃至下級黨務的開展至關重要。據傳李漢魂在新任主委方覺慧履新時，曾當眾詢問其攜帶若干人員來粵，並以手拍口袋曰：「余口袋內有不少呈請辭職之

---

230 「廣東黨政軍情況」。

條子，方先生需用若干人，余便批准若干人辭職。」[231] 如此觀之，即便李漢魂卸去省黨部主委一職，也並不意味朱家驊可以高枕無憂。

若將廣東與戰時國民黨控制下的其他省分相對比，朱家驊在這場黨權角逐中基本處於主動位置，掌控了運作權力的節奏，是朱家驊成功運作黨權的典型案例。而這主要得益於CC系勢力在廣東的缺位。自陳濟棠下臺至臨全大會召開，CC系尚未從地方實力派手中奪取粵省黨務領導權，朱家驊便在中央取代二陳掌理黨務。在廣東，CC系姑且能與朱家驊步調一致地展開合作，但在多數省分，兩方則纏鬥激烈。由於雙方力量懸殊，朱方始終處於狼狽應對的困境。

小結

蔣介石雖在抗戰之初就意識到國民黨黨務積弊，急謀改善之道，但可惜誤入歧途、南轅北轍，正如王子壯一段極為精闢的評論所言：

> 先談管，即所以管理整治，革命初期尚有此朝氣。自臨全大會以後，省政府主席兼任省黨部主任委員，黨如何能以管政治。致政治腐化，黨亦不敢開口，是管之意完全失卻。教，所以訓練青年幹部。自青年團成立，此作用失矣。養，係注重社會事業，發展社會團體。但自社會部成立，此權則歸於政府。至於衛，所以自保，與異黨鬥爭。現在黨員此種意識，異常銷沉，甚且以為此為調查統計局之特務工作，而不知該局

---

231 「余建中報告粵黨政內幕」。

為情報機關,積極奮鬥以衛黨,仍屬黨員之責也。[232]

抗戰爆發後,國民黨在組織與人事上的一元化努力是為消解黨、政、軍各方矛盾與衝突,集合一切力量以利抗戰。而所謂矛盾與衝突,實際是由北伐以來,國民黨黨權羸弱的後遺症導致,使黨無法對軍、政施以節制。曾有學者用「武主文從」來描述國民黨的黨軍關係。[233] 戰爭爆發後,國民黨中央在奉行黨治體制的同時,又推出以軍方為主導的一元化模式。這種戰時締造出的畸形產物,只能愈發加劇軍權膨脹,最終使地方黨部淪為軍政附庸,出現「以軍統黨」、「以政統黨」的惡性循環局面。無論是戰前朱家驊擔任浙江省主席時,組織的旨在剿匪的「黨政軍聯席討論會」或是戰時由戰區軍事長官主持的「戰地黨政委員會」、「戰地黨政軍聯席會議」等機構,地方黨組織雖得以躋身其間,但在黨、政、軍三方中,始終處於末次位置。

國共兩黨的黨治體制最初雖均仿效自蘇俄,師出同源。在武力發展過程中,也均出現過黨權式微、軍地關係緊張等問題。中共在抗戰期間亦有過「一元化」調整,但與國民黨軍權外溢的情況不同,中共的立足點是抑制軍隊,提高地方黨權。1942年9月,中共中央政治局針對某些地區存在的各自為政、軍隊對地方黨和地方政權的尊重不夠、黨政不分、政權中黨員幹部對黨的領導鬧獨立性、黨員包辦民眾團體、本位主義、門戶之見等現象,通過了《中共中央關於統一抗日根據地黨的領導及調整各組織間

---

232 《王子壯日記》,冊10,1945年3月23日,頁111。
233 關於這一問題的研究可參見王奇生,《黨員、黨權與黨爭——1924-1949年中國國民黨的組織形態》,頁233-245;李翔,〈「三二〇」事件後蔣介石與黨軍體制的變易——兼析黨軍、文武主從關係的變動〉,《近代史研究》,2017年第6期,23-40。

關係的決定》,內中規定:

> 黨是無產階級的先鋒隊和無產階級組織的最高形式,他應該領導一切其他組織,如軍隊、政府與民眾團體。根據地領導的統一與一元化,應當表現在每個根據地有一個統一的領導一切的黨的委員會(中央局、分局、區黨委、地委),因此,確定中央代表機關(中央局、分局)及各級黨委(區黨委、地委)為各地區的最高領導機關,統一各地區的黨政軍民工作的領導。[234]

這一文件公布後,各根據地黨委便不再僅僅領導地方工作,而是成為該地區黨政軍民的統一領導機關,又因容納黨政軍三方負責人,更像是黨政軍的合組委員會。[235] 這似乎與1939年國民黨成立的戰地黨政委員會如出一轍,但完全不同的是,中共中央意在加強地方黨的權威性,賦予其在根據地內的絕對領導權。而國民黨中央則命軍事長官主導一切,對戰地黨政工作負有監督、指導之權。

實際上,國民黨的黨政委員會發揮的戰地統籌效能十分有限,大多流於形式。機構的增設反而導致職權劃分混亂,黨政軍各方衝突更甚。中共的「一元化」調整,保證了一貫「黨指揮槍」的作風。國民黨的「一元化」努力卻使軍政時代的軍權獨大在戰時被縱容與延續,形成「槍指揮黨」的發展態勢。

---

[234] 〈中共中央關於統一抗日根據地黨的領導及調整各組織間關係的決定〉(1942年9月1日),中央檔案館編,《中共中央文件選集》,冊13(北京:中共中央黨校出版社,1991),頁427。

[235] 關於抗戰時期中共的「一元化」與軍地關係問題的研究,可參見謝敏,〈抗戰時期中共軍隊政治工作研究〉(北京:北京大學博士論文,2016)。

國民黨也仿照俄共體制自上而下，建立了一套與行政層級相並行的黨務組織系統。中央黨部之下依次設立省黨部、縣黨部、區黨部，分別與行政系統相對應。黨政兩大組織系統雙軌並進，形成一種雙重衙門體制，是中國有史以來政治控制體制由單軌制向雙軌制的重大轉變。這一轉變至少在兩個方面與中國傳統官僚體制明顯區別開來：一是政權的「組織成本」成倍增長，官僚機構和官僚隊伍急劇膨脹；二是政治系統的運作方式發生改變。[236] 除此之外，中國近代內憂外患的時局，也使掌控武力的實力派軍人成為各級政壇上不可輕忽的力量。與帝制時代相比，黨治時代的多元權力結構為政治權力競逐增加了更為紛繁複雜的變數。

---

236 王奇生，《黨員、黨權與黨爭：1924-1949 年中國國民黨的組織形態》，頁 246。

第三章　「黨團合作」：
　　　　朱家驊與黃埔系

　　1938年前後，蔣介石對國民黨弊病的總結和對問題根源的反思，基本可歸結為兩個核心問題，即黨內的派系鬥爭與幹部資源的匱乏。臨全大會閉幕後，蔣試圖通過明令取消黨內小組織，借重以陳誠為代表的黃埔系，在著手幹部訓練的同時，消褪黨內既有的派系之別，從而增強黨的團結性和紀律性，實現黨的軍事化。不過，蔣介石對陳誠的任用，實際給國民黨帶來的最大變化是使黃埔系得以堂而皇之地由黨外進入黨內。

　　蔣介石原先將CC系與力行社的勢力範圍劃分為黨、軍兩界，數年來雙方雖互相越界、明爭暗鬥，但以力行社為核心的軍方黃埔系尚無公開參與黨務的權限與資格。隨著蔣對CC系信任的喪失，黃埔系獲得了創辦三青團與訓練黨務幹部的職權。雖有取締黨內小組織聲明在先，但蔣介石戰時健黨舉措所構建的「黨團雙軌制」，仍未能擺脫派系勢力的陰影，反而為國民黨埋下新的隱患。

　　日後黨團衝突的爆發，從派系鬥爭的層面看，就是CC系與力行社勢力對抗在戰時的另一種呈現與延續。正如張治中所言，當時黨與團的摩擦事實上是黃埔系與CC系的摩擦，更具體地說是賀衷寒、康澤與陳立夫、陳果夫的摩擦。於是，在國民黨黨團組織體制弊病的基礎上，又疊加了派系人事矛盾。抗戰時期，朱家驊在黨勢力的崛起，使得在CC系與黃埔系所形成的「黨團矛盾」，以及CC系與朱家驊系間的黨內新舊權力衝突的大前提下，出現了具有共同利益訴求的朱家驊與黃埔系的「黨團合作」

局面。[1]

第一節　朱家驊與三青團

1938 年 4 月，國民黨臨全大會上成立的三民主義青年團與五屆四中全會增設的中央訓練委員會，均是蔣介石在黨內重用陳誠、扶植黃埔系的重要表徵。王良卿曾對三青團的中央人事派系屬性做過統計分析：

表 3-1：三青團中央臨時幹事會成員派系屬性分析

中央臨時幹事會（1938.7.9 正式成立）					
職銜	姓名	派系屬性			
書記長	陳　誠	黃埔教官（1938.7.9-1939.8）			
	朱家驊	朱家驊派代理（1938.7-1939.8）			
幹事	陳誠等 31 人	復興社：5；親 CC：10；親陳誠：5；政學：2；親新桂：3；粵：2；孫科派：1			
常務幹事	陳立夫	CC	組織處長	胡宗南	復興社／黃埔一期（未實際主持）
	朱家驊	朱家驊派	組織處長代	康　澤	復興社／黃埔三期（代理）
	譚平山		組織處副	任覺五	復興社／黃埔四期
	張厲生	原 CC，親陳誠	組織處副	程思遠	新桂系
	段錫朋	原 CC，親陳誠	訓練處長	王東原	親陳誠
	陳布雷	親 CC	訓練處長代	李揚敬	粵系／黃埔教官
	谷正綱	CC	訓練處副	戴之奇	復興社／黃埔系／親陳誠
	賀衷寒	復興社／黃埔一期	訓練處副	谷正鼎	CC

資料來源：王良卿：《三民主義青年團與中國國民黨關係研究（1938-1949）》，頁 44-45。

王良卿曾將復興社作為立論對象，認為蔣介石「在國民黨通過設置三青團前，早已屬意由原復興社勢力執行這個嶄新、公開化組織的較多實際事務」，「三青團成立伊始，復興社在（臨

---

[1] 張治中，《張治中回憶錄》（北京：華文出版社，2011），頁 210。

時）中央幹事會裡所占人數少於 CC 及其親近勢力，其後復興社人數比例日高，CC 勢力與黨內其他派系（如新桂系、政學系）已難能望其項背」。[2] 雖然在三青團成立之初，黃埔系在中央臨時常務幹事的人員數量上較之 CC 系稍顯劣勢，但卻掌握了最為重要的組織與訓練二處。因此，黃埔系仍在三青團中居於主導地位。

在蔣介石的意識中，復興社早已和 CC 系在抗戰之初就被一同明令取締，使三青團書記長由黃埔教官出身，卻又與復興社素無關聯的陳誠擔任，便是出於既容納、續用復興社人員，又消解舊有組織，不使其借三青團名義死灰復燃的考量。齊錫生指出：「在南京時代先有力行社，在重慶時代後有三民主義青年團，都是他寄予厚望的革命新勢力，而且是獨立於國民黨架構之外的組織。甚至在選擇這些新革命團體的骨幹時，也特別重用黃埔軍校早期畢業生而排除陳氏兄弟，就是希望他們可以駕輕就熟地把建軍模式移植於建黨工作。」[3]

其實，蔣介石重用黃埔系，並以之改造國民黨的想法，早在 1935 年時就微露端倪。據王子壯觀察：

---

[2] 1932 年，蔣介石召集黃埔軍校學生在國民黨內成立了的一個秘密政治組織。這一秘密組織分為三層，第一層是「三民主義力行社」，是組織核心與最高決策機構；第二層是「革命軍人同志會」與「革命青年同志會」，是承上啟下的決策執行機構；第三層是中華復興社，是領導群眾、直接執行決策的機構。這一組織對內、對外的通用名稱為「復興社」，所以一般用「復興社」指代上述整個秘密組織系統。王良卿在此遵循這一用法，使用的是「復興社」這一名稱，而前文與下文所述的「力行社」指代的亦是這一組織。王良卿，《三民主義青年團與中國國民黨關係研究（1938-1949）》，頁 41、48-49；賈維，《三民主義青年團史稿》，上（北京：社會科學文獻出版社，2013），頁 43-44。

[3] 齊錫生，《分崩離析的陣營：抗戰中的國民政府 1937-1945》，頁 739。

蔣先生之用黃埔系活動於各方面，或為將來擔負非常責任、改組本黨之先聲未可知也。至戴先生、立夫等之工作多在敷衍目前，維持現在局面。若云應付非常，彼等蓋難勝任……吾人再看此次廬山訓練，以黃埔系主持其事，而使各地重要黨部委員一律參加，即可看出蔣先生之意見，如何重視黃埔系也云云。[4]

到了戰爭爆發之初的 1937 年 11 月，「鑒於國民黨青年之自行分裂衝突，又不足以網羅黨外之有力分子」，蔣介石正式向汪精衛提議組織三民主義青年團。[5] 蔣對於如何通過成立三青團處理黨內派系問題也有著清晰地構想，其雖在公開言論中表示：「過去黨部方面和力行社以及改組派兩部份的青年幹部都要聯合起來，打成一片，立定一個重心，從新成立一個三民主義青年團。」[6] 但蔣在日記中卻清楚表明，青年團應「以力行社為基礎」、「先派辭修、立夫為幹事」。[7] 其後，蔣介石召集力行社高級幹部會議時，亦明確將「團結國內各黨各派和組織三民主義青年團兩大問題」交予力行社研究決定方策，並要求全體黨員日後應受政治部、教育部兩部長指導。[8]

蔣介石還計劃將三青團分成兩部分：「一部分是武的，一部分是文的，武的方面無論軍隊或軍事機關，社會、軍訓、組織等都以政治部作指導機關，文的方面無論是政治、社會、文化、教

---

4 《王子壯日記》，冊2，1935年5月21日，頁329-330。
5 《陳克文日記1937-1952》，冊上，1937年11月10日，頁132。
6 蔣介石，〈對高級幹部的期望〉（1938年2月5日），秦孝儀主編，《先總統蔣公思想言論總集》，卷15，頁117。
7 〈蔣介石日記〉，1938年1月24日。
8 蔣介石，〈對高級幹部的期望〉（1938年2月5日），頁109。

育等都以教育部作重心。」[9] 由此可見，蔣介石命陳誠、陳立夫負責籌備三青團，除考慮聯合軍、黨兩方力量外，亦因二人分別擔任政治部部長與教育部部長，職能上能夠滿足對三青團軍事訓練和文化教育屬性設計的需求。

抗戰初期，蔣介石欲以陳誠為主導，融合黃埔系與 CC 系，改造國民黨的計畫，非僅限於成立三青團，如相近時間成立的中央訓練委員會亦是一例。但該會長期以來鮮被研究者注意，因而過往也就無法完整解讀這一時期蔣介石的健黨方案。1938 年 4 月，國民黨五屆四中全會決定在中央執行委員會內設立中央訓練委員會，性質與舊有的訓練部、民眾訓練委員會、中央組織部的黨員訓練處均有所不同，重在集體的徵集各類黨政幹部，以精神、政治、業務和軍事的訓練，而非黨員在所屬黨部內的訓練為範圍，主要掌理國民黨中下級幹部及全國政治、經濟、軍事、教育機關、公務人員、學校教職員的思想訓練事宜。[10] 蔣介石自任中央訓練委員會委員長，陳誠任主任委員，陳立夫、張厲生等人為委員。這一人事構成，再次彰顯了蔣欲融合黃埔系與 CC 系的意圖。

王子壯注意到，蔣介石鑒於廣西以武裝之副縣長訓練民眾的成功經驗，有使縣地方自治指導員以武裝同志擔任，以便訓練民眾，再由指導員兼任縣黨部書記長的計劃。若果真照此實行，縣黨部負責人便會被黃埔系人士替換。CC 系與黃埔系彼時的在黨勢力尚能勢均力敵，但日後黃埔系將逐漸佔據優勢。[11] 由此亦可

9　蔣介石，〈對高級幹部的期望〉（1938 年 2 月 5 日），頁 117。
10　黨彥虹，〈中國國民黨中央常務委員會研究：1926-1949〉（天津：南開大學博士論文，2009），頁 182。
11　《王子壯日記》，冊 4，1938 年 5 月 4 日，頁 447。

洞悉，臨全大會後，蔣介石將黨內幹部的訓練工作交由黃埔系主持的內在邏輯。

陳誠經臨全大會與五屆四中全會臨危受命，於軍事職權（1938年1月被任命為武漢衛戍總司令）外，驟然被委以軍事委員會政治部部長、三青團書記長、中央訓練委員會主任委員等職，一時成為在黨內比肩二陳的重要幹部，與蔣介石戰時黨務革新計劃的肱股之臣。肖如平將這一時期陳誠的晉升之路歸納為「由軍而政，由軍而黨」的過程。[12] 軍委會政治部和中央訓練委員會分別負責軍隊政治訓練、民眾組織訓練與黨內幹部訓練工作，三青團則旨在為黨培養新生力量。蔣介石為整合資源、提高效率，將具有訓育性質機構的領導權一併賦予陳誠，不僅表明對其萬分信任，更是蔣求治心切的反映。

然而，徐永昌目睹此景後頗為憂慮，連續數日在日記中寫道：「辭修應專心軍事」、「陳辭修應專責大武漢區之軍事（政治部應另有人代）」、「陳辭修兼政治部等事太繁，有害軍事責任，今日敬之、健生反要其再兼湖北省政，或謂此於辭修不利，然辭修頗有樂就之意，此真無法救正者」。[13] 1938年6月，蔣介石又令陳誠兼任湖北省主席。而當中央討論開闢第九戰區時，白崇禧等人竟又提議使陳誠出任司令長官。熊斌當即向徐永昌表示：「有人竊議此亡國之辦法也。」[14] 徐永昌認為，陳誠所兼各職均為不能兼任之職，其不僅未加拒絕，反而顧此失彼，對政事表現出極大熱情。陳誠出任湖北省主席後，能悉數列舉壯丁數

12　肖如平，〈蔣介石對黃埔系陳誠的培植〉，《近代史研究》，2013年第2期。
13　《徐永昌日記》，冊4，1938年6月3日、6日、10日，頁319、320、322。
14　《徐永昌日記》，冊4，1938年6月14日，頁325。

字,雖屬難能可貴,但對戰區事務卻開始不甚留意。徐永昌對此感到大惑不解的同時,更擔心陳誠會對軍事掉以輕心,僅對政事推求至詳,急其所不急。[15]

陳誠身為三青團中央幹事會書記長,地位僅次於團長蔣介石,雖身在戰區,仍積極負責三青團籌建工作,其曾向蔣建議:「各處室人選務以明大義而無成見、偏見或有其他作用者為妥。」[16] 隨後,蔣介石電告陳誠,團中央擬以胡宗南任組織處處長、由康澤代理,王東原任訓練處處長、暫由副處長谷正鼎代理等人事安排。[17] 自團長和書記長之下,最重要的職位便是掌握團內人事任免權的組織處處長。據康澤回憶,蔣介石本擬使其擔任,但有人以資歷太淺為由反對,最終遂以胡掛名、康代理的方式處理。[18]

康澤自述:「我當時除了在組織處負實際責任外,通過分佈在各處和各組的復興社分子,在中央臨時幹事會,使我形成了事實上的人事聯繫中心和工作推動中心。我的意見,在各處都被重視和發生效力,無論陳誠或陳立夫願意或不願意。」[19] 如此便可解釋,為何外界逐漸形成了三青團是以復興社為主導的觀感。這雖違背蔣介石的初衷,但其似乎也默許了這一趨向。

1938年7月,三青團中央臨時幹事會成立未久,陳誠突然

---

15 《徐永昌日記》,冊4,1938年6月22日、26日,頁329、332。

16 〈電呈三民主義青年團人事〉(1938年6月27日),何智霖編,《陳誠先生書信集:與蔣中正先生往來函電》,上(臺北:國史館,2007),頁320。

17 國立政治大學人文中心主編,《民國二十七年之蔣介石先生》,頁330。

18 康澤,《蔣介石的十三太保之一:「黨衛軍」魁首康澤自述》(北京:團結出版社,2012),頁85。

19 康澤,《蔣介石的十三太保之一:「黨衛軍」魁首康澤自述》,頁86。

向蔣介石提出辭職：「青年團書記長職務，職因個人見解微有不同，對於團務發展及今後做法尚無通徹研究，不敢再輕於嘗試。如果負其名而不能實際盡責，殊非鈞座對職之所期望也，亦非職平日自待之所願也。」[20] 陳誠在言辭中表露出對康澤擅權的不滿，但蔣並未應允，而是將其所負書記長職責，授意由中央黨部秘書長朱家驊暫時代理。由此，朱之權責也再獲提升。有研究者認為，蔣介石之所以選擇朱的理由有二，一為其身上的德國因素，一為平衡派系勢力：

就個人經歷而言，朱家驊富學術教育背景，對青年領導問題饒具經驗；且其曾留學德國，一般被視為國民黨內的親德派領袖，在意識形態上和復興社、三青團大致接近。另就派系因素來說，朱家驊原與陳果夫、陳立夫兄弟尚為親炙，但並非居於二陳之下的上下隸屬地位。[21]

三青團成立後，康澤對陳誠始終抱有幾分排斥態度，主要源於雙方舊日形成的微妙關係，但康澤對代理書記長朱家驊卻頗表好感。朱家驊接長黨務後，因與 CC 系暗中相互競爭，軍方勢力便成為其設法拉攏的對象，朱之內心亦無多少黃埔系內不同陣營

---

20 1939 年 3 月，陳誠再次致函蔣介石：「竊自青年團成立，職奉命充任本團書記長，適前方軍事緊張，即往前方指揮部隊作戰。關於團務設施未克多所盡力，近因整頓政治部與中央訓練委員會工作，深覺非專心職責，斷難有功」，申請辭去所兼三青團中央臨時幹事會書記長職務。蔣此次雖仍未允准，但久之對陳誠不能切實負責的態度開始漸生不滿：「陳誠幾對青年事使之中斷，始則憤激，卒以對內力持忍字，而陳已省悟。」〈電呈三青團書記長職請另派員負責〉（1938 年 7 月 18 日），《陳誠先生書信集：與蔣中正先生往來函電》，上，頁 323；國立政治大學人文中心主編，《民國二十八年之蔣介石先生》，頁 491。

21 王良卿，《三民主義青年團與中國國民黨關係研究（1938-1949）》，頁 217。

的區隔概念。並且，朱家驊僅為代理書記長，對團務干涉較少，無形中也給康澤提供了自由施展權力的空間。此外，也有時人認為康澤因是法西斯主義的鼓吹者，遂與親德派的朱家驊關係親近。[22]

朱家驊代理書記長後，認為團中央幹事會機構龐大，經在蔣介石的許可，將原有七處裁併為秘書、組織、宣傳三處，分別由葉溯中、胡宗南（康澤代）、黃季陸擔任處長。如此一來，中央幹事會人事關係更加單純，秘書處不能完全由 CC 系掌握，組織處則由復興社控制，宣傳處是以新桂系為首、接近復興社的混合物，並使組織處在團中央的重心作用愈加凸顯，所受牽制也減少。[23]

作為回饋，康澤在三青團地方人事安排上也較尊重朱家驊意見。1938 年 8 月，團中央組織處曾請朱家驊推薦各省市專科以上學校和海外邊疆等地團部幹部，並隨函附上介紹表十張以示誠意。朱立即推薦了以下數人：章兆直（同濟大學）、曹文彥（澳洲）、李尹希（浙江）、張定華（貴州）、陳紹賢（廣州市）、戴時熙（雲南）、柳十彌（湖南）、袁其炯（粵漢鐵路）、李桂庭（東北）、姚伯龍（廣東）。[24] 翻檢上述十人履歷不難發現，僅可考者中就有六人與朱家驊任職經歷存有交集。由此說明，朱在有意識地向三青團內輸入己方勢力。[25]

---

22 大小，〈關於蔣介石領導下的國民黨諸派系的若干考察〉（1943 年 11 月 19 日），《中秘處檔案》：711-6-118。

23 康澤，《蔣介石的十三太保之一：「黨衛軍」魁首康澤自述》，頁 88-89。

24 「三民主義青年團組織部致朱家驊函」（1938 年 8 月 19 日），〈三民主義青年團：人事介紹與任命〉，《朱家驊檔案》：301-01-06-509。

25 章兆直、張定華、陳紹賢在朱家驊擔任交通部部長時，分別擔任交通部編審委員、秘書、職工事務委員會主任委員；袁其炯曾為交通部公路總局第五區運輸處專門委員；李桂庭亦曾任職交通部，1936 年出任浙江景甯縣縣長；戴

與上述康、朱友善往來形成鮮明對比的是康澤對待 CC 系的態度。三青團甫經成立，CC 系就謀之甚急，時任中央組織部部長、CC 系重要成員的張厲生立即送給康澤一厚冊名單，人數約在三百名，均是各地 CC 系分子。如此冒進舉動，難免會使康澤懷疑 CC 系有占領三青團地方組織的企圖。[26] 鑒於 CC 系對三青團人事資源的垂涎，康澤與朱家驊達成了共同抵制的默契。

　　陳立夫曾出面向朱家驊推薦三青團幹部：「唐啟宇同志，民十三即在蘇參加秘密活動，民十六年在中央黨部工作忠實努力，將來贛省青年團支團部成立，擬請畀予效力機會。」朱對此態度敷衍，僅稱業已存記，並會與康澤接洽。[27] 三青團上海支團成立前夕，陳立夫再次向朱家驊舉薦人選：「弟意即指定滬市現在負責同志一人為特派員，似較由內地派人前往為妥。」[28] 朱婉拒道：「查此事已與康兆民同志商定，由吳紹澍同志前往主持籌備矣。」[29] 自 1938 年末至 1939 年上半年，各省市支團籌備處主任，「除山西、廣西、廣東比較例外，安徽方治是一個 CC 分子，也是一個例外，其餘多是復興社分子或接近於復興社的分子。書記除了廣西的程思遠外，其餘全是復興社分子」。[30] 因此，在三青團成立之初，朱家驊與康澤就聯手阻止了 CC 系向三

時熙在朱擔任浙江省政府主席期間，任慈溪縣縣長。劉國銘主編，《中國國民黨百年人物全書》冊上、冊下，頁 913、1216、1893。

26　康澤，《蔣介石的十三太保之一：「黨衛軍」魁首康澤自述》，頁 89。

27　「陳立夫致朱家驊函」（1938 年 9 月 23 日），〈三民主義青年團：人事介紹與任命〉。

28　「陳立夫致朱家驊函」（1938 年 10 月 31 日），〈三民主義青年團：人事介紹與任命〉。

29　「朱家驊覆陳立夫函」（1938 年 11 月 9 日），〈三民主義青年團：人事介紹與任命〉。

30　康澤，《蔣介石的十三太保之一：「黨衛軍」魁首康澤自述》，頁 89。

青團滲透勢力的想法。

朱家驊與康澤的人事合作並非止步於前者代理團中央書記長期間。即便卸任後，朱家驊仍向康澤推薦過平津支團主任人選。[31] 1943年時，朱還曾保舉浙、甘、晉、寧等省支團幹事長人選。[32] 總體而言，朱家驊對三青團人事的干預仍克制有度，「充其量介紹一個或兩個參加到各地方團部而已。原武漢支團書記、後上海支團主任吳紹澍，和青海支團主任王文俊（當時在青海任湟川中學校長）是朱家驊所提出的」，並且所介紹之人均能與各地原復興社分子融洽相處。[33]

朱家驊不僅與團中央組織處代理處長康澤關係甚密，還注意聯絡遠在陝西的名義處長胡宗南。1939年6月，于振瀛前往視察陝晉察綏黨務向朱辭行時，朱特意詢及彼與胡之關係，並告以：「總理之事業由總裁蔣先生繼承而光大之，將來承蔣先生之事業者則為胡宗南。請直告胡，如黨務方面有何意見，可以逕告余，無不照辦也等語。」王子壯分析：「關於繼承蔣先生事業，以對陳誠信任之專，有以擬之陳者。今朱之此言貿然出之，絕非無據，至少必有蔣先生之明示或暗示在其中。以蔣先生對彼之態度觀之，只畀以實權而絕未予以高位（現仍為中將），似將有重大之期待。朱氏之言，信有徵也。」[34] 由此可見，朱家驊對胡宗南的示好，既是為當下計，也是為長遠計。

與此同時，朱家驊也在各省黨部中積極容納團方幹部。如在

---

31 「康澤致朱家驊函」（1942年2月5日）〈三民主義青年團：人事介紹與任命〉。
32 「朱家驊致張治中函」（1943年5月11日），〈三民主義青年團：人事介紹與任命〉。
33 康澤，《蔣介石的十三太保之一：「黨衛軍」魁首康澤自述》，頁89。
34 《王子壯日記》，冊5，1939年6月24日，頁235。

湖南，朱家驊以支團組訓處長周天賢兼任省黨部執委，因其作為「湘省三萬青年團員之核心人物，以其參加黨務工作定能發生極大績效」。[35] 此後，朱家驊亦將支團書記劉業昭任命為省黨部執委，進一步密切該省黨團關係。在陝西，省黨部執委、CC系人士杜品山因與書記長不和。朱家驊便以蔣介石時有注意黨團聯繫指示為由，派陝西支團書記、胡宗南方幹部楊爾瑛接替杜品山。[36] 在甘肅，朱家驊曾有以支團書記寇永吉兼任省黨部執委的想法，但因主委朱紹良向朱家驊表示，寇作風稍欠純正，參加甘省黨務尤非其時，此議才算作罷。[37]

國民黨省縣黨部選舉恢復後，朱家驊更有意扶植團方勢力競選。1943年，福建省黨部選舉前夕，朱授意中央組織部主任秘書王啟江致電該省黨部主委陳肇英：「閩省青年團幹部同志不乏俊秀，似亦宜量其資歷，栽成一二人，以收聯繫之效何如？」[38] 最終，陳肇英遵照朱家驊旨意，從三青團中選出兩人出任省黨部執委。[39] 需要說明的是，朱家驊出面在省黨部內位置團方人事，從至公立場看是為加強黨團合作，而從私的角度來說，則是為抵制CC系而做的人事佈局。

在三青團各省支團中，情況最特殊的要屬江西，因該省團方負責人為蔣介石長子蔣經國。蔣經國雖非黃埔系人士，但在贛自

---

35 「朱家驊覆黃仁浩」（1941年12月31日），〈湖南黨務：人事與工作情況〉，《朱家驊檔案》：301-01-06-071。

36 「朱家驊致熊斌電」（1941年12月23日），〈陝西黨務：王季高就任陝西省黨部書記長半年來之黨務工作與人事〉，《朱家驊檔案》：301-01-06-118。

37 「朱紹良致朱家驊電」（1944年5月8日），〈甘肅黨務：黨務與人事問題〉，《朱家驊檔案》：301-01-06-126。

38 「王啟江致陳肇英電」（1943年9月6日），〈福建黨務：人事〉。

39 「李雄致朱家驊電」（1943年10月6日），〈福建黨務：人事〉。

成一系，力量不容小覷，亦使朱家驊產生聯絡之意。1944年，江西省黨部選舉在即，蔣經國本人雖對選舉無所表示，但該省支團書記曾向朱方表達團方須有人參加競選的意願。[40] 朱家驊便授意己方幹部推選蔣經國擔任省黨部監察委員、團方常務監察劉己達擔任執行委員。[41] 省黨部主委梁棟就此向朱建議，直接將蔣經國選為執委。[42] 朱家驊不僅十分贊同，更囑梁事先不必與蔣商酌，只須設法選出即可。[43]

面對朱家驊與黃埔系的相互依靠，CC系自然不能無動於衷。1942年11月，CC系幹部主動通過黃埔系的楊錦昱等人，向黃埔系表示棄嫌修好的願望。康澤認為「陳氏之動機在聯黃埔以倒朱驤先組織部長」；賀衷寒大表對楊放棄黃埔立場的痛惡；鄭介民則主張「打擊失節之黃埔同學」；唐縱據此斷言兩方合作局面不易實現。[44] 次日，楊錦昱、左曙萍又邀康澤、周厚鈞、余凌雲、濮孟九、陶銳、湯如炎、余拯等人商談黃埔與CC合作問題。據唐縱日記所載，雖然其間眾說紛紜：「但均主張相同，而著眼于如何邀集兩方高級幹部見面與會聚。而尤可笑者在如何劃分誰為第二級幹部，誰為第三級幹部。余知其無可為也！」最終，唐縱決定對兩方合作採取謹慎態度。[45]

---

40 「歐陽欽致朱家驊函」（1944年5月6日），〈江西黨務：江西選舉〉，《朱家驊檔案》：301-01-06-064。

41 「歐陽欽致朱家驊函」（1944年2月5日），〈江西黨務：江西選舉〉。

42 「梁棟致朱家驊電」（1944年4月17日），〈江西黨務：江西選舉〉。

43 最終，蔣經國或因不欲涉身派系糾葛，致電全省代表大會宣佈不參加省黨部競選。「朱家驊覆梁棟電」（1944年4月19日），，〈江西黨務：江西選舉〉；江西省地方志編纂委員會，《江西省志·中國國民黨江西省地方組織志》（北京：團結出版社，2006），頁96。

44 唐縱，《在蔣介石身邊八年——侍從室高級幕僚唐縱日記》，1942年11月6日（北京：群眾出版社，1991），頁317-318。

45 唐縱，《在蔣介石身邊八年——侍從室高級幕僚唐縱日記》，1942年11月

除人事矛盾外，國民黨內既存的體制問題也增加了黃埔系與CC系的合作難度。三青團將青年學生作為發展對象，學校成為其主要活動陣地，也就不可避免地對教學和校務秩序造成影響。彼時正逢陳立夫擔任教育部部長期間，學校團部卻直屬團中央管轄，脫離教育系統掌控。最終，這一矛盾上升為派系衝突，導致雙方關係愈發惡化。再如，教育部主管的「童子軍總會」原為社會團體。1943年，三青團第一次全國代表大會將該會劃歸團方辦理，無疑又是對CC系權勢地盤的掠奪。

　　體制造成的競爭關係，在為CC系與黃埔系合作製造障礙的同時，卻為黃埔系和與CC系有著同樣競爭關係的朱家驊之間的聯合創造了條件。並且，CC系與黃埔系分歧越大，越能凝結黃埔系與朱家驊方面的共同利益。正如王子壯的觀察：「現在組織部與青年團之關係較佳，似無甚隔閡。對於舊組織部二位陳先生所組織者則不睦仍深，此黨中糾紛之總因也。」[46] 抗戰時期，國民黨內派系鬥爭的另一面向也由此產生。

第二節　貴州省黨團糾紛

　　1939年7月13日，朱家驊主動向蔣介石請辭三青團代理書記長：「青年團成立以來已滿一年，團務尚少進展，各方不甚合作之情形難漸次消除，但鈞座迭次訓示各項根本要事盡力推行，仍未能迅速有成。職兼代書記長職務實難勝任，且時間精力亦難以全副關注，有負鈞訓。」[47] 7月16日，蔣介石開始尋覓書記長替代人選，曾欲以王世杰接任，但被後者當即回絕。次日，蔣

7日，頁318。
46　《王子壯日記》，冊8，1943年12月8日，頁476。
47　〈朱家驊上總裁簽呈〉（1939年7月13日），《特種檔案》：特27/39。

復勸王接受，王答以：「自去年一月餘離教育部，自覺對于青年訓練工作，無領導能力。仍未應允。青年團在過去一年間，諸事大半由康澤等主持，其訓練方法，大都蹈襲共產黨及秘密會社之故智，社會頗不信任。」[48] 在康澤主持大局的形勢下，王無異於將三青團書記長一職視為燙手山芋，既有陳誠的前車之鑒，拒絕態度也十分堅決。

8月底，三青團中央臨時幹事會結束，朱家驊隨之卸去代理書記長職責，但在團內短暫的任職經歷，也使其在進入中央黨部之初，便與以陳誠、康澤為代表的團方高層幹部締結了較為親密的私人關係。[49] 這一淵源在日後與 CC 系抗衡時，促成了朱方與黃埔系利益共同體和派系聯合陣營的構建。然而，基於各方勢力在基層的強弱對比不同，以及各省團方負責人或軍事長官利益訴求、處事風格的迥異，也催化了朱家驊與黃埔系間在地方各具形態的合作模式與效果，甚至不乏諸如貴州省的失敗案例。

1938 年 8 月，國民黨中央醞釀改組貴州省黨部，汪精衛推薦由王漱芳出任主任委員。[50] 為此，朱家驊致電陳立夫、張厲

---

48 《王世杰日記》，冊上，1939 年 7 月 16 日、17 日，頁 211。

49 1939 年 9 月，三青團中央幹事會正式成立。蔣介石因暫未覓得合適人選，遂使陳誠繼續擔任書記長。但 1940 年 6 月，陳誠再次向蔣介石表示不願將有限的精力和時間，陷於無謂的糾紛與摩擦之中，且「一般同僚友朋之批評亦謂職對於統率部隊與作戰指揮尚能刻苦耐勞，發揮所長，而對於黨政工作則不免動輒得咎，事與願違」，「在前方軍事方面尚可竭誠盡忠負一部分之責任，而在後方黨政方面則無能為力，亦無法為力」。陳之所言透露出黨政工作使其感到身心俱疲，難以為繼，向蔣提出一併辭去政治部與三青團職務。最終，同年 9 月，蔣介石命張治中接替陳誠出任軍委會政治部主任和三青團中央幹事會書記長。〈電呈側身黨政工作動輒得咎請准於軍事方面力圖自贖〉（1940 年 6 月 2 日），《陳誠先生書信集：與蔣中正先生往來函電》，下，頁 458-460；李雲漢主編，《中國國民黨職名錄》，頁 233、236。

50 〈汪兆銘電朱家驊推薦王漱芳同志為貴州省黨部主任委員請代呈總裁〉，《汪兆銘史料》：118-010100-0040-054。

生和黔籍人士張道藩商議。王漱芳,字藝圃,貴州人,參加過北伐戰爭,歷任浙江省黨部指導委員、交通部主任秘書、南京市黨部監察委員與執行委員、五屆中央委員等職。[51] 王漱芳在黨內具有一定資歷,曾被視為孫科所領導的「太子派」成員。[52]

貴州黨務向由以李次溫、陳惕廬為代表的 CC 系人士主持,若派王淑芳赴黔,自然對彼等不利。陳立夫態度消極地回應朱家驊:「淑芳同志思此位置久矣,是否適宜殊成問題。若問敬公,當無不贊成之理,仍乞先與屬生兄商之。」[53] 陳所言「敬公」係指黔籍人士何應欽,該省黨部主委人選需徵求何之意見也屬自然。陳對何的態度估量十分準確,早在該年 5 月間,何應欽就向蔣介石呈遞了一份貴州省黨部人選名單,推薦以王漱芳任主委、傅啟學為書記長,何玉書、李厚如、劉祖純、黃宇人、黃國楨、宋振渠等人為委員。蔣對此僅批示:交朱存查。[54]

貴州省黨部改組提上議程後,汪精衛也力薦王漱芳。蔣介石因無其他主張,遂表贊同。[55] 9 月,王漱芳被任命為省黨部主委。國民黨中央在舊有委員劉祖純、黃國楨、陳惕廬、周達時的基礎上,加派傅啟學、張定華、尹述賢、楊治全、李厚如為執行委員,仍以俞嘉庸為書記長。[56] 其中,傅、張、楊三人均屬朱家

---

51 劉國銘主編,《中國國民黨百年人物全書》,冊上,頁 238。
52 浜田峰太郎,《現代支那の政治機構とその構成分子》(学芸社,1936),頁 286。
53 「陳立夫覆朱家驊」(1938 年 8 月 27 日),〈貴州黨務:王漱芳擔任主委時期〉,《朱家驊檔案》:301-01-06-052。
54 〈何應欽呈中正貴州省黨部人選及履歷文電日報表〉,《蔣中正總統文物》:002-080200-00497-017。
55 「朱家驊覆陳立夫」(1938 年 9 月 10 日),〈貴州黨務:王漱芳擔任主委時期〉。
56 〈中國國民黨第五屆中央執行委員會常務委員會第九十五次會議紀錄〉(1938 年 9 月 29 日),《中國國民黨第五屆中央執行委員會常務委員會會

驊方幹部。[57]

　　貴州省黨部改組完畢後，朱家驊便開始制定己方勢力發展計劃。張定華因有在黔工作經驗，對該省政治環境較為瞭解，遂建議朱先從社會事業和青年團方面著手，利用在貴州實力派與教育界的人際資源，對黨務加以整頓。但實行這一計畫的障礙在於省黨務向被陳惕廬把持，CC系以發放活動費等手段，將貴州青年收買進入「青年陣地社」，且頗有影響力。[58] 朱家驊接信後，僅指示省方幹部需秉持精誠團結、論事不論人的工作原則，並強調「陳惕廬同志聞其過去工作尚有成績，辦事亦極努力，不妨先行平心靜氣，加以大公無私之觀察，不可即存有彼此之分，至要至要」。[59]

　　「青年陣地社」的前身為「青年讀書競進會」，是1935年前後，國民黨貴州省黨部為與中共貴州地下黨，爭奪學生領導權而發起的組織，曾一度發展至千名社員的規模。後因國民黨軍統欲要掌握該省學生領導權，便舉報青年陣地社未向中央立案申報是非法組織，導致該社被明令停止活動。即便如此，青年陣地社在CC系陳惕廬等人庇護下仍繼續存在，只是影響力有所減弱。[60] 國民黨各方對貴州青年的激烈爭奪，使省內保留了重視

議紀錄彙編》，冊上，頁298。
57 張定華、楊治全分別畢業於北京大學和中央大學，同朱家驊均有師生之誼。張更是朱擔任教育部長時的舊屬。〈各省市路黨部人事分析〉。
58 「張定華致朱家驊報告」（1938年10月11日），〈貴州黨務：王漱芳擔任主委時期〉。
59 「朱家驊致張定華函」（1938年10月20日），〈貴州黨務：王漱芳擔任主委時期〉。
60 陳明仙，〈我所知道的國民黨貴州黨務〉，中國人民政治協商會議貴州省委員會文史資料研究委員會編，《貴州文史資料選輯》，輯15（貴陽：貴州人民出版社，1984），頁139-141。

組織動員學生群體的傳統。並且,形成以青年為全省黨員主體,各級黨部均多以青年幹部為領導中心的局面。[61]

張定華或因先前受到朱家驊對執委間需團結合作的叮囑,在再次彙報省黨部情況時態度突變:「新舊委員尚無衝突,因各新委員均無基本群眾。舊職員亦頗能聽從命令,故不致有何摩擦也。」[62] 執委楊治全則向朱家驊反映,新舊委員間仍有嫌隙:「過去黨工既由陳惕廬同志一手把持,且其小組織『青年陣地社』為社會人士所詬病。此次黨部改組後,自不宜任其自然。」於是,楊治全等人開始設法吸收、改造陣地社分子,策動青年自發組織學術團體。[63]

朱家驊一如前態地勸勉楊治全道:「或以陳同志不明中央半年來之辦事方針所致,已電其來渝聽訓矣。數聞人言陳係頗有能力之同志,辦事亦極努力。倘果如此,應加愛護、推誠相與,萬不容有彼此之分。」[64] 而在另一方,陳惕廬也不願繼續滯留省黨部,屈居王漱芳領導,並被朱方幹部包圍,便以戰地服務團長的名義,借赴前線慰問之機離開貴陽,同時兼任起湖南傷兵管理處少將副處長,致使外間將陳之出走歸罪於王漱芳。[65]

除省黨部內新舊執委人事矛盾無法化解外,王淑芳與貴州省

---

61 「梁輔丞致朱家驊報告」(1939 年 1 月 5 日),〈貴州黨務:王漱芳擔任主委時期〉。

62 「張定華致朱家驊報告」(1938 年 11 月 11 日),〈貴州黨務:王漱芳擔任主委時期〉。

63 「楊治全致朱家驊報告」(1938 年 12 月 2 日),〈貴州黨務:王漱芳擔任主委時期〉。

64 「朱家驊致楊治全函」(1938 年 12 月 8 日),〈貴州黨務:王漱芳擔任主委時期〉。

65 「王漱芳致朱家驊報告」(1939 年 3 月 8 日),〈貴州黨務:王漱芳擔任主委時期〉。

政府主席吳鼎昌的關係也漸趨惡化，以致造成黨政對立。抗戰期間，國民黨在省級雖採行黨政聯繫的形態，雙方處於平等地位，但黨方實際無力抗衡政方。王漱芳到任後，主張「以黨治國」，欲處處壓制吳鼎昌。又適逢曾任交通部長、與王漱芳有舊的王伯群在黔閒居，使吳懷疑二王勾結，欲取其自代。[66] 最終，王淑芳與吳鼎昌在宣傳、兵役等問題上爆發衝突，導致關係破裂。蔣介石只得命朱家驊將王漱芳調離。朱以繼任人選難覓為由向蔣爭取：「似不如先由鈞座召令王同志來渝垂詢一切，並予以訓示，再定去留。」但無奈蔣介石態度堅決地回覆：「王淑芳應即調換，或以陳惕廬往替亦可。」[67]

朱家驊得知蔣介石欲以陳惕廬接任主委的意圖後，立即簽呈：「查山東省黨部委員兼書記長李文齋，近因致力游擊隊工作，對於書記長職務無暇兼顧，擬令其專任委員，所遺書記長缺，並擬調貴州省黨部委員陳惕廬接充。」[68] 朱調陳赴魯的提議並未獲批，蔣還是執意命陳代理貴州省黨部主委。[69] 據當事者回憶，陳惕廬在重慶中央訓練團受訓時，深受教育長王東原賞識，加之陳果夫、陳立夫兄弟支持，得以出任貴州主委，因資歷太淺才暫時給予「代理」名義。[70]

陳惕廬代理主委的消息傳出後，省內幹部極度不滿，引發省

---

66 黃宇人，《我的小故事》（香港：吳興記書報社，1982），頁291。
67 〈蔣介石手諭〉，《特種檔案》：特6/43.1；〈朱家驊上總裁簽呈〉，《特種檔案》：特6/43.2；「朱家驊簽呈蔣介石」（1939年5月22日），〈人事簽呈〉，《朱家驊檔案》：301-01-04-012。
68 「朱家驊簽呈蔣介石」（1939年5月26日），〈人事簽呈〉。
69 〈中國國民黨第五屆中央執行委員會常務委員會第一二二次會議紀錄〉（1939年6月1日），《中國國民黨第五屆中央執行委員會常務委員會會議紀錄彙編》，冊上，頁427。
70 陳明仙，〈我所知道的國民黨貴州黨務〉，頁152。

黨部執委聯名辭職。[71] 楊治全向朱家驊彙報，1938 年 9 月省黨部改組時，就因李次溫、陳惕廬處置失當，與省政府形成水火，「今藝圃與吳不洽，致非去職不可。中央反令陳回主黨務，前途暗淡可斷言」。[72] 此外，黔籍人士也對陳惕廬十分反感。黃宇人就認為陳作為一名中共「自首分子」，叛變不過幾年時間，竟一躍成為省黨部主委，無疑是貴州人的恥辱。據稱，黃還特意搜集了陳之罪行材料，向國民黨中央指控其有使貴州黨務特務化的行徑。[73] 朱家驊秘書甘家馨在貴州省黨務視察報告中也談到：

> 此次貴州以陳惕廬代理主任委員，各方咸不以為然。其於黨部內，除俞嘉庸等二三人外，俱不合作。蓋論其資歷，遠不如傅啟學、周達時，不足領導。其於政府方面之關係，過去亦甚惡劣。故此次發表之後，政府亦極感不安。此外，更因其以前擔任特務工作，曾與某方劇烈衝突。今竟以之擢升主委，尤感刺激。[74]

陳惕廬因遭各方排斥，代理主委期間又基本常駐在外。陳果夫擔心陳惕廬不能久安於位，主動向朱家驊提出：「陳惕廬同志如不能主黔省黨務，不如調湘為一委員，專任訓練黨員之責，

---

71 「王淑芳致朱家驊函」（1939 年 6 月 21 日），〈貴州黨務：陳惕廬代理主委時期之黨務〉，《朱家驊檔案》：301-01-06-053。
72 「楊治全致朱家驊電」（1939 年 6 月 12 日），〈貴州黨務：陳惕廬代理主委時期之黨務〉。
73 陳明仙，〈我所知道的國民黨貴州黨務〉，頁 153。
74 「調整黨部與調統室關係之意見」（1939 年 6 月 21 日），〈黨務建議與改進意見〉。

則黨政合作必有大功。」[75]朱家驊雖先前就不同意陳惕廬代理主委，此時陳果夫又主動提出更換，但也未立即著手調整，而是等待機會，同時暗中尋覓接替人選。

據黃宇人回憶，1939年11月，朱家驊接任中央組織部部長後，曾向其試探：「將來貴州方面也許還有更重要的工作要借重你。」黃認為朱因自成一系，遂有意網羅黨內有歷史而被CC系排擠者，或對CC系不以為然者。外界雖多將黃宇人視為CC系，但朱家驊或因通過其反對陳惕廬的作為，捕捉到黃與CC系間的嫌隙，開始對其有所屬意。[76]並且，彼時黃宇人甫任三青團貴州支團部籌備處主任，若能兼任省黨部主委，亦將有利於密切黨團關係。

1940年1月，貴州省黨部再次改組。國民黨中央指定黃宇人兼任主任委員，黃國楨、周達時、張定華、楊治全、徐德風、趙昉、周劍鋒、劉孔亮、胡稷同、李居平為執行委員，趙昉兼任書記長。[77]其中，黃國楨、周達時、劉孔亮、周劍鋒、胡稷同五人屬CC系，前三人為連任，後兩人為新任。楊治全、張定華、徐德風、趙昉四人屬朱系，除趙昉外，均是連任，且與朱家驊皆有師生之誼。書記長趙昉原在中央組織部工作，為朱之舊屬。至於李居平，「雖無派系關係，且以朱派四委員常將『朱先生』三字掛在嘴邊為可恥；但他對陳惕廬一班人更加憎惡；在若干問題

---

75 「陳果夫致朱家驊函」（1939年7月10日），〈貴州黨務：陳惕廬代理主委時期之黨務〉。
76 黃宇人，《我的小故事》，頁276、305。
77 〈中國國民黨第五屆中央執行委員會常務委員會第一三八次會議紀錄〉（1940年1月11日），《中國國民黨第五屆中央執行委員會常務委員會會議紀錄彙編》，冊上，頁511。

上，他多是站在反對 CC 的這一邊」。[78]

由此，改組後的貴州省黨部基本形成 CC 系與反 CC 系兩大陣營。主委黃宇人以「孤家寡人」自視，並表示本不欲任主委，但根據先前數月在黔辦團經驗，考慮到若不兼省黨部職責，貴州支團籌備工作必難開展。其實，黃的派系屬性十分特殊，其原為復興社成員，黃埔軍校第四期，卻因擔任過中央組織部總幹事、江蘇省黨部委員與社會部專門委員，而被視為陳果夫舊部。抗戰爆發後，黃逐漸有遠離 CC 系，回歸黃埔系的趨向。[79]

基於上述身分背景，黃宇人在就任之初，曾採取中立、獨立的處事原則，試圖平衡省黨部內的 CC 系與朱家驊方勢力。例如，陳惕廬卸任前，曾突擊改組十餘縣黨部和貴州省各界抗敵後援會，因遭其他委員反對，便以談話會方式通過執行。黃宇人到任後，朱方執委控訴陳之舉措是非法越權，所有改組結果應一律作無效處理。CC 系執委則辯解在新任主委到職前，舊任可照常行使職權，並無違法行為。黃宇人最終裁定，已改組縣黨部暫維現狀，發現不稱職者再予更換。黃雖知如此行事會使 CC 系在貴州佔據上風，但自覺是為顧全省黨部的對外信譽。事後，黃宇人為補償朱方，推薦張定華和徐德風代表省黨部參加省抗敵後援會，但因張、徐二人未能切實盡責，導致後援會始終被 CC 系周達時把持。[80]

黃宇人出任主委雖為朱家驊所拔擢，但其對朱並未亦步亦趨。1940 年 8 月，黃開始表現出對書記長趙昉的不滿。[81] 黃還

---

78 黃宇人，《我的小故事》，頁 276。
79 〈國民黨六屆中委各派系名單〉，頁 217；〈各省市路黨部人事分析〉。
80 黃宇人，《我的小故事》，頁 277-278。
81 「黃宇人致朱家驊函」（1940 年 8 月 29 日），〈貴州黨務：黃宇人擔任主

向朱逐一品評省黨部各執委，如張定華與胡稷同能顧全大體、努力工作；周達時次之；劉孔亮與周劍鋒雖略具工作經驗，但資歷太淺、難孚眾望；徐德風表現平平；楊治全能力尚可，但欠實際且不能吃苦、不顧大局，常對外批評省黨部；李居平為人公正，惟工作態度消極，數月不到黨部。問題最嚴重者當屬黃國楨與趙昉，黃加入哥老會大肆活動，引起外界對省黨部的不良觀感；趙則度量狹而氣焰高，有聯合諸委員與主委生事之舉。

因此，黃宇人建議朱家驊調離黃國楨、趙昉，批准李居平辭職。黃更向朱明言，雖可以張定華、周達時繼任書記長，但因二人分屬朱方與CC系，任何一人出任，均會引起另一方不滿。在冗長的鋪墊後，黃宇人也終於道出了內心真實想法，即欲推薦與兩方均無關係的曹明煥接替趙昉，並以三青團貴州支團部書記張景行、中央宣傳部委員張鐵君或貴州省參議員王炎，三人擇二，接替李居平與黃國楨。[82]

朱家驊極為尊重黃宇人意見，立即將趙昉調回，但並未按黃之要求選派書記長，而是命己方幹部楊治全兼任。朱向黃解釋道：

> 弟意為便兄作事起見，不欲另派新人前往繼趙。故委員中任何一人均無不可，曾檢委員名單一一考慮。因復憶及吾兄前在此時，言辭中對定華、治全兩兄似多借重，相處較好。故本擬以定華兄繼任，而伊新兼貴陽中學校長未能專任，便遂思及治全兄。因吾兄前籌備三青團時，曾保渠任書記，且

委時期之黨務〉，《朱家驊檔案》：301-01-06-054。
82 「黃宇人致朱家驊函」（1940年9月8日），〈貴州黨務：黃宇人擔任主委時期之黨務〉。

渠代理書記多月。兄去年報告籌備經過時,曾屢及渠襄助得力,遂以渠簽呈總裁。[83]

即便朱家驊告知黃宇人書記長人選已簽呈蔣介石,不便再做變更。黃仍堅持表示:「懇現任委員兼充,則必張定華或胡稷同為宜。」[84]與此同時,黃宇人還向張道藩訴說在黔受多面夾攻,殊為痛苦,請其幫助促成書記長人選。張頗感為難,向朱吐露:「殊不知弟對本省黨政問題多年來不願過問,故未敢向吾兄有所陳述」,「無論吾兄對黔省部人員問題為何處理,祈千萬勿向部中秘書科長諸同志提及弟有信致吾兄,因弟雅不願捲入黔省黨部中任何糾紛也」。[85]從黃宇人向張道藩的請託中,可明瞭黃之其目的,即因在省黨部內勢單力薄,欲借 CC 系與朱方對陣之機,安插己方人員。彼時 CC 系對空缺執委也虎視眈眈,徐恩曾就曾出面向朱家驊推薦人選。[86]朱順勢將黃宇人拉作擋箭牌,以「惟此事前由黃宇人兄力保張鐵君遞補」為由作覆。[87]

黃宇人為阻撓楊治全就任書記長,還向朱家驊彙報了楊在黔的不端品行,電文極盡冗長。[88]朱對此未做正面回應,僅表態

---

83 「朱家驊致黃宇人電」(1940 年 9 月 14 日),〈貴州黨務:黃宇人擔任主委時期之黨務〉。
84 「黃宇人致朱家驊電」(1940 年 9 月 18 日),〈貴州黨務:黃宇人擔任主委時期之黨務〉。
85 「張道藩致朱家驊函」(1940 年 9 月 19 日),〈貴州黨務:黃宇人擔任主委時期之黨務〉。
86 「徐恩曾致朱家驊函」(1940 年 9 月 28 日),〈貴州黨務:黃宇人擔任主委時期之黨務〉。
87 「朱家驊覆徐恩曾電」(1940 年 10 月 2 日),〈貴州黨務:黃宇人擔任主委時期之黨務〉。
88 「黃宇人致朱家驊函」(1940 年 9 月 28 日),〈貴州黨務:黃宇人擔任主委時期之黨務〉。

若李居平辭職，可以張鐵君遞補，以示安撫。[89] 至於書記長職務，朱家驊仍堅持由楊治全兼任。[90] 李居平是省黨部內，何應欽所薦獲任的唯一執委。朱雖承諾若李辭職，可使張鐵君接充，但因李始終未表求去之意，前議也只能擱淺。而黃宇人保薦的王炎，曾因案去職，驟然升任執委殊有不妥；黃國楨則因在黔從事黨務多年，不便無故調回。上述結果使黃備感挫敗，遂向陳布雷表達辭職之意，後經多方勸慰，才算作罷。[91]

黃宇人雖對朱家驊牢牢掌握書記長的做法甚為不滿，卻也無可奈何。直至一年後，貴州人事風波再起，黃才得以再次要求中央組織部將朱方執委張定華調回。[92] 黃自述起初對張印象尚佳，覺其為人坦率，自己離黔赴渝時，更指定張代理主委職務，後因張定華與 CC 系執委周達時屢起衝突，才出此下策。黃宇人在回憶中坦言，曾有人建議其趁機將周達時一併除去，只需在向朱家驊彙報時，補充周亦有不妥之舉，請另派人接替張定華，自己再推薦一人接替周達時。如此，朱方去一補一，無所損失，還借機剷除了 CC 系執委，增進與朱方關係。黃自覺極為鄙視派系鬥爭，且就事論事均是張定華之過錯，因而只請朱撤去張。[93] 其實，黃宇人請求中央調回張定華亦存私心，即希望借此遞補己方幹部。朱家驊雖同意調回張，以示懲處，但對黃所薦之人並未

---

89 「朱家驊覆黃宇人函」（1940 年 10 月 8 日），〈貴州黨務：黃宇人擔任主委時期之黨務〉。

90 〈中國國民黨第五屆中央執行委員會常務委員會第一六〇會議紀錄〉（1940 年 10 月 14 日），《中國國民黨第五屆中央執行委員會常務委員會會議紀錄彙編》，冊上，頁 633。

91 《陳布雷從政日記（1941）》，3 月 19 日，頁 43。

92 「黃宇人致朱家驊函」（1942 年 2 月 3 日），〈貴州黨務：黃宇人擔任主委時期之黨務〉。

93 黃宇人，《我的小故事》，頁 306。

採納,而是任命了己方心腹周封岐。[94]

趙昉與張定華相繼在黃宇人的運作下被免,使楊治全引以自危,與朱方執委徐德風聯合素來對立的黃國楨、劉孔亮、周劍鋒等人,向中央控告黃宇人涉嫌經濟問題,但控告信被送至中央組織部後,朱家驊壓而不理。黃事後分析是因朱明知為誣控,假如受理,楊等五人必遭撤職處分,致使省黨部內朱方執委勢將盡去。並且,自己已多次表示辭意,若拖至下次請辭時,朱順水推舟地接受,便可將楊治全等人誣控行為遮掩過去。孰知,楊治全等人還同時將控告呈文寄送了中央執行委員會。吳鐵城得知後,轉告了黃宇人。[95] 黃遂要求朱家驊派員赴黔徹查。[96]

楊治全等人的聯名控告,不僅使省黨部內朱方執委與黃之關係徹底破裂,也使黃對CC系備感失望。黃自認一直以來對待CC系較為寬容,卻不料被如此攻訐,以致數十年後仍義憤難平地寫道:「假如我到省黨部之初,先利用朱派反CC的形勢,將黃國楨、周達時、劉孔亮、周劍鋒等四人除去,推薦能與我合作的同志繼任,朱家驊及其親信以及省黨部的朱派委員,必然皆大歡喜。我在省黨部即可造成多數,張定華與周達時衝突的事也不會發生。」[97]

最終,經國民黨中央調查,楊治全等人所控多非事實。朱家驊只得向中常會提出:「楊治全、劉孔亮、黃國楨、徐德風、周

---

94 〈中國國民黨第五屆中央執行委員會常務委員會第一九五次會議紀錄〉(1942年2月16日),《中國國民黨第五屆中央執行委員會常務委員會會議紀錄彙編》,冊下,頁838。
95 黃宇人,《我的小故事》,頁307。
96 「黃宇人致朱家驊電函」(1942年4月26日),〈貴州黨務:黃宇人擔任主委時期之黨務〉。
97 黃宇人,《我的小故事》,頁307。

劍鋒、張定華等六同志呈控主任委員一案,經派員徹查,所控各節多非事實,違反紀律。除張定華早因另案調回外,其餘五人提經中常會二○六次會議決議一律撤回,書記長職務暫由黃主任委員推派委員代任。」[98]楊治全等人的自作主張使朱方在貴州損失慘重,但朱家驊稍後也建議蔣介石批准黃宇人的辭職申請,派傅啟學接任省黨部主委。[99]

傅啟學,貴州人,早年追隨西山會議派的胡漢民,曾任北京市黨部清黨委員、中央宣傳部秘書等職。1938年,王淑芳任貴州省黨部主委時,傅任委員兼《貴州晨報》社長、大夏大學訓導長,據傳是經王伯群介紹投入朱家驊麾下。[100]貴州省黨部人事情況複雜,具有派系背景的傅啟學到職後,也立即陷入派別攻訐之中。曾有人向中央組織部檢舉傅有任用戚屬、侵吞公款、排擠書記長等不端行為,使傅不得不向朱家驊詳加解釋。[101]

蔣介石彼時也對貴州的人事糾紛有所耳聞,欲徹底消除。[102]手諭朱家驊:「據報貴州省黨部派別甚多,意見分歧,應由組織部切實整頓,澈底改進,不許再有任何派別之分。如其前任幹部人員不聽從現任之指揮者應一律撤除,如何辦理並希呈報。」朱對此則加以否認:「過去黔省黨部人事未能協調,經於三十一年改派傅啟學接任主委後,同志間感情已漸臻和諧,派系之見日見

---

98 「中央組織部致貴州省執行委員會」(1942年7月23日),〈貴州黨務:黃宇人擔任主委時期之黨務〉。
99 「朱家驊致蔣介石簽呈」(1942年8月7日),〈各省黨部人事簽呈〉,《朱家驊檔案》:301-01-06-537。
100 陳明仙,〈我所知道的國民黨貴州黨務〉,頁154。
101 「史克榮致朱家驊報告」(1943年6月1日),〈貴州黨務:傅啟學擔任主委時期之黨務〉,《朱家驊檔案》:301-01-06-055;「傅啟學致朱家驊函」(1943年5月15日),〈貴州黨務:傅啟學擔任主委時期之黨務〉。
102〈蔣介石日記〉,1944年1月23日。

消弭,如貴、築等十四縣市召開代表大會改選執監委員,均已次第順利完成。」[103] 隨後,蔣介石又手諭三青團中央書記長張治中:「貴州團務不宜再派黃宇人領導,以免黨務與團務再起糾紛。」[104] 不過,黃宇人的貴州支團幹事長職務直至該省黨部選舉結束後,才以主動辭職的方式卸去。

除貴州省黨部既有人事矛盾外,傅啟學擔任主委時,正逢國民黨省縣黨部選舉籌備之際,因此便被推到了派系鬥爭的風口浪尖。1944年1月,傅在致朱的電文中寫道:「現對選舉注意者,除青年團及某派外,尚有政府方面。過去團力量及野心均大有操縱黨之勢,學謀妥協亦遭拒絕,故不能不略予打擊。貴陽選舉雖係聯絡某派打擊團,但結果係由可靠同志主持,全省觀感一新。」[105] 據此可知,在其他省份的黨部選舉中,大多作為朱方合作夥伴的團方力量,在貴州卻成為主要競爭對手。

1944年3月,傅啟學對貴州局勢的估計似乎過於樂觀,其向朱家驊彙報全省已有十八縣舉行選舉,預計該年7月前可有四十縣以上完成,待選舉縣分達到六十縣後(全省共計七十九縣),開始辦理省選。[106] 而書記長周封岐向朱家驊彙報時,則表現出憂心:「此間基層工作確達三分之一,唯某方力量仍有過之,且基層人員百分之九十五均與某方有關。傅主委態度實際上似與以前仍無變動,實至可慮。」[107] 5月,貴州全省代表大會召

---

103 國立政治大學人文中心主編,《民國三十三年之蔣介石先生》,上,頁105。
104 國立政治大學人文中心主編,《民國三十三年之蔣介石先生》,上,頁288。
105 「傅啟學致朱家驊電」(1944年1月29日),〈貴州黨務:傅啟學擔任主委時期之黨務〉。
106 「傅啟學致朱家驊函」(1944年3月4日),〈貴州黨務:傅啟學擔任主委時期之黨務〉。
107 「周封岐致朱家驊函」(1944年3月4日),〈貴州黨務:傅啟學擔任主委

開前,周封岐又向朱家驊彙報了省選佈置細節:

> 將來人選由傅約請全體執委座談立一規約,以全體蟬聯為原則,其餘監委五名現正交換意見中。傅意擬以調統室主任戴天強、青年團書記李天行、組織科長許慶民(傅之內弟)、訓練科長徐乾章(原為調統方面者,據傳稱已轉變,似亦可信)、人事室科長李繁均(傅之學生)任之。唯青年團仍要求多出一人。刻由李居平與生設法助傅,請團方取銷此意,尚未得結果。傅意力求安定,座談會規約之訂立實出自誠。傅之力量,除鄭一平掌握約十票外,上述之科長之和已有壓倒之勢。團方多提一人,似有不自量之感。[108]

以周封岐所言觀之,朱方大有勝券在握之勢,但孰料省選前,團方態度發生扭轉,並在各縣黨部選舉中佔據優勢,直接導致省選結果超出朱方控制。[109] 傅啟學事後向朱家驊彙報:「此次選舉對方以壓倒優勢向職進攻,經苦鬥結果職與鄭一平、李居平、杜叔業當選;周封岐候補第一、鄭鏞第五;監委方面,我方當選許慶民、李繁均二人,尚未慘敗。惟職以五票之差,當選執委第二名,第一名為周達時,殊深愧怍。主委問題如有可能,敬祈全力主持為禱。」[110]

時期之黨務〉。
108 「周封岐致朱家驊報告」(1944 年 5 月 3 日),〈貴州黨務:傅啟學擔任主委時期之黨務〉。
109 「周封岐致朱家驊電」(1944 年 7 月 10 日),〈貴州黨務:傅啟學擔任主委時期之黨務〉。
110 「傅啟學致朱家驊電」(1944 年 7 月 26 日),〈貴州黨務:傅啟學擔任主委時期之黨務〉。

周封岐也因選舉結果出乎意料，向朱家驊請示後策：「此次我方並中選監委二人，若無黃某之擾亂，其結果當不僅此也。今後工作，傅如可繼續，此間尚可有為。部中同志派生赴湘粵未得成行，及原留此間者共十餘人，亦須安置。」[111] 此時，朱家驊對貴州省選的失敗，已愛莫能助，因其已於該年 5 月卸去中央組織部部長職權，彼時正因胃疾復發，避居療養。上述情況僅由朱之秘書代為轉告：「惟云傅之主任委員若不能維持，則擬返渝。請鈞長為之設法其他相當工作，如此則周同志以候補第一名，便可遞補為正式執委。」[112]

至於貴州三青團如何佈置省選，並得以扭轉局勢的內情，目前僅能從黃宇人的回憶略窺一二。黃自述離開省黨部後，該方執委張景行便遭排擠辭職，貴州市黨部書記長鄭代恩亦被迫去職，致使與朱方關係日趨惡化。因此，貴州省選前夕，貴州支團內部慫恿黃宇人回省展開助選，希望能通過選舉，在省黨部中獲取三席位置。為實現這一目標，黃遂與 CC 系的周達時和省黨部調統室主任合作競選，在同意對方提出的四名競選者要求的同時，也自提團方三人參選。

最終，團方與 CC 系的合作使彼此在省選中均有斬獲，但黃宇人還是被 CC 系利用。CC 系所提四人全部當選，團方則有一人落選。黃為此曾與徐恩曾當面對峙：「貴州省黨部改選，你的人要占五席，我打電話給你。你說太多，太多，兩席就夠了，但他們仍堅持非有四席，不能分配室裡的同志。選舉結果，他們因

---

111 「周封岐致朱家驊電」（1944 年 7 月 26 日），〈貴州黨務：傅啟學擔任主委時期之黨務〉。

112 「胡頌平致朱家驊報告」（1944 年 7 月 26 日），〈貴州黨務：傅啟學擔任主委時期之黨務〉。

得團部同志的支持,完全當選,我所助選的同志,則因他們不守信義,有一人落選。」黃宇人事後也反省自己犯了大錯:「不但上了貴州 CC 的當,而且演成一次派系之爭,殊非應爾;乃堅決辭去貴州支團幹事長的兼職,以免再被糾纏。」[113]

起初以中立自居的黃宇人,為何會在省縣黨部選舉的關鍵時刻突然選擇與 CC 系合作,頗值得玩味。回顧黃擔任貴州省黨部主委期間,曾數次向朱家驊提出己方的人事派遣訴求,但均被後者婉拒。從這一角度來看,黃宇人與朱家驊之間始終未能建立起對等的信任合作關係,反而陷入互相拆臺的境地。加之朱方幹部又對團方勢力有所忽視,最終使利益成為選擇各自陣營與立場的砝碼,促成了團方與 CC 系在省選中的合作。

小結

雖然蔣介石起初對於成立三青團有著清晰地構想,但在實際運行中,國民黨高層卻一直苦於尋找團的定位。中央黨部副秘書長甘乃光曾在報告中談到:「對於青年團之組織似有兩種觀念,一種以為國民黨已老朽無復生氣,青年團成,即以之代替國民黨;一種以為青年團與國民黨須互相聯繫,略等於 C.Y. 之於共產黨。將來究竟如何,尚未之知也。」[114]

身處國民黨中央的幹部對團的認識尚且如此,更遑論地方幹部的困惑。當遠在廣西的省主席兼省黨部主委黃旭初,聽說聚集於重慶的「各省黨部學員對三民主義青年團盡力攻擊」,湖北甚至發現以團治國的標語後,曾詢問白崇禧:「國民黨與青年團究

---

113 黃宇人,《我的小故事》,頁 336-337。
114 《陳克文日記 1937-1952》,冊上,1938 年 5 月 20 日,頁 228。

系何種關係？」白則回答道：「蔣先生之意實欲培養為儲君，但此至難以明言，在本省究應使兩者並行發展，抑只發展團，尚宜集合同人先加討論。」[115]

　　三青團自成立之初起，其自身體制和與黨方職權劃分不清等問題的存在，無疑為日後黨團矛盾的積聚埋下了隱患。1939 年底，國民黨五屆六中全會召開前，曾傳聞大會將對黨與團的關係有所規定。不過，此後兩方關係和組織效能並未得到改善。[116] 到了 1942 年，就連蔣介石本人也開始不僅感歎黨團之間的鬥爭，嚴重削弱了黨的力量，更鑒於「青年團毫無工作表現，不能領導青年」的現狀，氣憤地表示：「現在之團與過去之黨，毫無二致。如此之黨，如此之團，我如系共產黨，亦須革你們的命。」[117] 蔣介石雖已意識到，團已成為黨的累贅，但卻找不到解決辦法。1943 年，三青團全國代表大會召開，黃埔系在選舉中獲選超過半數，不禁使外界揣測蔣介石「似將以團準備替代黨」。[118] 而這一形勢也無疑將黃埔系和 CC 系的矛盾推向白熱化。

　　抗戰爆發前，各地基層勢力分佈情況不同，以 CC 系為代表的舊日黨方力量與黃埔系的矛盾呈現方式也各異。例如，「湖南地方原有派別，甲派入黨，乙派則入團；廣西則地方糾紛完全表現於黨團以內。」[119] 由此，朱家驊與黃埔系的合作方式和程度也因地而異。總的來說，朱家驊與黃埔系高層幹部聯繫密切、關

---

115 〈黃旭初日記〉，1939 年 4 月 12 日、5 月 28 日。
116 〈黃旭初日記〉，1939 年 10 月 30 日。
117 楊玉清著，《肝膽之剖析——楊玉清日記摘抄（1927-1949）》，1942 年 1 月 25 日（北京：中國時代經濟出版社，2007），頁 304。
118 〈黃旭初日記〉，1943 年 4 月 21 日。
119 《王子壯日記》，冊 9，1944 年 4 月 7 日，頁 142。

係融洽，就彼此利益分配尚能達成共識。但上層制定的合作路線，在交予地方貫徹落實的過程中，往往會因省方幹部立場的動搖或執行的偏差，導致違背初衷，出現派系勢力內中高層意志與行為分離的現象。

此外，各省派系環境情況複雜，鬥爭風向瞬息萬變，各方分化拉攏手段之下，臨陣倒戈事件也時有發生，需要視情況不同，具體分析。派系高層領導人身處中央，完全依靠地方幹部的報告，往往難以及時、準確的掌握各地情況，進而有針對性的做出有效應對。大體言之，抗戰時期朱家驊與黃埔系在省黨部與各地三青團支團部的組織和人事配備等問題上，尚能良好合作，達成聯合抵制 CC 系的局面。

1944 年前後，國民黨省縣黨部選舉的陸續恢復，無形中是對朱家驊與黃埔系合作關係牢固與否的檢驗。CC 系起先雖在聯合陣營的抵制下暫處弱勢，但立即改變鬥爭策略，不惜採用分化瓦解等手段，動搖朱方與黃埔系間脆弱的同盟關係。最終，國民黨內派系鬥爭的權力角逐，對外宣示的是「沒有永遠的朋友，只有永遠的利益」的遊戲規則。

第四章　省黨部與調統室矛盾
──以陝西省為例

　　抗戰爆發後，蔣介石先後任命朱家驊出任中央黨部秘書長與中央組織部部長，並對其寄予革新黨務的厚望。朱因與陳果夫、陳立夫兄弟同為浙江人，早年又與二陳過從甚密，因而常被時人劃入 CC 系陣營。隨著朱家驊在黨勢力的崛起，特別是擔任中央組織部部長後，其在經營地方組織、派遣幹部時，與植根黨界多年的二陳矛盾日益尖銳。朱家驊在與 CC 系的周旋對抗中，雖然以超然身分相標榜，但漸趨自成一系，並有論者將朱家驊及其所屬冠之以「新 CC 系」、「朱家驊系（派）」或「新幹部派」等名號。

　　抗戰時期，朱家驊與 CC 系間的明爭暗鬥，雙方對外雖均予以否認，但各自以省黨部為陣地，展開對黨務領導權的爭奪卻是不爭的事實。1943 年 5 月，國民黨陝西省黨部與調查統計室（以下簡稱「調統室」）發生的暴力糾紛就是一個顯例。此次糾紛的發生並非一時衝突所致，而是省黨部內朱家驊方與 CC 系勢力間矛盾長期積蓄的結果，也是彼時國民黨高層派系鬥爭在地方的投影。

　　本章由該案切入，通過對戰時陝西省黨部人事調整與黨務運作的考察，不僅可以展現朱家驊與 CC 系在基層鬥爭的詳細經過，亦可揭示國民黨黨務機構設置上所存在的體制問題。又因中央調查統計局與地方調統室的組織樣貌一直以來較為模糊，前人研究所涉甚少，因而也欲借助此案探討國民黨調查統計工作（特務系統）與黨務事業的關係，以及其在省一級的組織模式與

效能。

第一節　黨、調衝突的爆發與處理

　　1943 年 5 月 15 日，陝西省黨部調統室代理主任李含英率領視察員李茂堂、科長向離等三十餘人麇集省黨部。「把守大門，監視電話，阻絕交通，威脅各科長職員，禁集辦公室內，並率領栗枝榮、趙世裕等十餘人擁入書記長辦公室。由李茂堂等喝令向王書記長季高、翟委員韶武橫加毆辱，旋又由各科分別拖出科長鄭靜之、張克敏、股長楊培森，狂施毆打。鄭、張兩科長受傷尤重，刻已送院醫治。」[1] 以上是陝西省黨部在給國民黨中央和蔣介石的電文中，關於此次暴力事件的描述。

　　國民黨中央獲悉陝西省黨部糾紛後，當即命在陝中委胡宗南，會同陝西省主席兼省黨部主委熊斌查明真相，就地迅予處理，並將肇事人員嚴行查辦，以肅黨紀。[2] 接到指令後，胡宗南立刻邀集數人商討處理辦法。其中，民政廳廳長、CC 系在陝負責人彭紹賢主張撤除省黨部書記長王季高和嚴辦調統室人員並舉。熊斌則主張黨內解決，僅逮捕調統室一方的鬧事兇手。[3] 除已拘禁的調統室人員四名外，熊還要求逮捕視察員李茂堂和科長向離。[4] 1943 年 5 月 25 日，胡宗南與熊斌最終議定，扣押肇事人員李茂堂、向離等六人，並解送重慶。[5]

　　中央組織部戰地黨務處長甘家馨奉部長朱家驊之命，也已於

1　〈陝西省執委會致中央黨部蔣總裁電〉，《特種檔案》：特 6/104。
2　〈中央執行委員會致胡委員宗南電〉，《特種檔案》：特 6/104。
3　胡宗南著，蔡盛琦、陳世局編輯校訂，《胡宗南先生日記》，冊上，1943 年 5 月 25 日（臺北：國史館，2015），頁 213。
4　〈馬毅致吳鐵城電〉，《特種檔案》：特 6/104。
5　〈胡宗南致中央執行委員會電〉，《特種檔案》：特 6/104。

22日抵達西安，專程處理此次事件。甘在暗中掌握各方情況後認為，先前所擬處理方案存在不妥之處，向朱建議此案須由中央處理，不可委之地方。因糾紛爆發後，陝西省內各方均表同情於黨部，在行政處分上至少應趁機撤換調統室負責人代理主任李含英，如此處置恰合興情。甘家馨還建議在中央給予陝西省調統室主任李獨龍相當位置，再由中央組織部主任秘書王啟江出面勸李勿回陝西，以作釜底抽薪之計，進而一舉解決調統室與省黨部矛盾。同時，將李含英等相關肇事者解渝查辦，藉以整飭紀律，恢復省黨部威信。[6]

不過，甘家馨的建議並未被朱家驊採納。因朱從他處得知蔣介石十分重視此案，手諭審辦人員不得交保，並已撤回萬大宏與李含英，派李獨龍赴陝視事。朱在給甘的信中寫道：「李尚明大體，樹芬與之甚熟，希囑各同志與之妥為相處，可無問題。」[7] 王啟江亦電囑省黨部書記長王季高：「李獨龍同志頗識大體，在渝表示極誠懇，盼與聯絡，目前無令其兼任省委意。」[8]

與此同時，朱家驊還擔心使胡宗南介入此案，會使熊斌心生芥蒂，遂授意王啟江用私人密本電告王季高，囑其向熊妥為解釋，係因胡為在陝中委之故。[9] 事實上，朱將此事委之於胡的真實意圖是想利用復興社與黃埔系勢力，聯合省政府主席熊斌抗衡CC系。但甘家馨抵陝後察覺該省情勢複雜，建議朱家驊只可令

6　「甘家馨致朱家驊電」（1943年6月2日），〈陝西黨務：調統室與黨部之糾紛案及其處理辦法〉，《朱家驊檔案》：301-01-06-122。

7　〈朱家驊覆甘家馨電〉（1943年6月11日），〈陝西黨務：調統室與黨部之糾紛案及其處理辦法〉。

8　〈王啟江致王季高電〉（1943年6月23日），〈陝西黨務：調統室與黨部之糾紛案及其處理辦法〉。

9　〈王啟江致王季高電〉（1943年5月20日），〈陝西黨務：調統室與黨部之糾紛案及其處理辦法〉。

熊斌出面解決此次糾紛：

> 須由李高兄就陝省黨政局面之立場上，對熊表示。否則彼低落，我為弱，或因風使舵也。至胡副長官處，決無所成。此中涉及問題頗多，難望胡先生再有表示。且職觀察實情以為多事求託，徒增不快。故請鈞長關於此事勿再致胡電，以免雙方為難。[10]

甘家馨之所以建議朱家驊勿使胡宗南過多介入此事，係因CC系在陝活動甚力，主要方式便是挑撥胡、熊間關係，利用地方勢力攻擊熊斌、王季高和省黨部內朱方執委。此次調統室與省黨部的暴力糾紛就是一次有計劃的行動。據朱家驊收到的另一份報告反映，胡宗南與戴笠的軍統機關也各懷鬼胎、貌合神離，暗中故意製造摩擦，處處與黨政為難。熊斌曾兩度召集朱方人士為其聯絡胡、戴方面幹部，聯手對付CC系。但朱方與胡、戴數次商討後，決定為避免正面衝突，僅由書記長王季高密切聯絡各方，協助政府作有效防制。[11]

由此可見，甘家馨對形勢的判斷大體是正確的。對朱方來說，胡宗南態度尚不明朗，請其出面，不僅效果有限，也非解決糾紛之上策。一味向胡施壓，不如先扎實與省政熊斌的合作關係。

---

10 「甘家馨致朱家驊電」（1943年6月13日），〈陝西黨務：調統室與黨部之糾紛案及其處理辦法〉。

11 「中央組織部軍隊黨務處處長周兆棠、代書記長童維經致王啟江轉朱家驊電」（1943年6月17日），〈陝西黨務：調統室與黨部之糾紛案及其處理辦法〉。

第二節　省黨部人事背景分析

若要全面瞭解陝西省黨部與調統室矛盾，以及引發暴力衝突的原因，要先從省黨部兩年前的人事更迭開始追溯。1941年初，中央組織部視察員向國民黨中央呈遞的一份報告，打亂了原本平靜、機械運轉著的陝西省黨部，報告中不僅彙報了陝西黨務廢弛的情況，還建議盡速調整省黨部人事。據稱，彼時的省主席兼省黨部主委蔣鼎文，為人昏庸貪污、好貨豪賭，既不懂黨務也不過問黨務，無領導資格；書記長郭紫峻對組訓等基本工作一向極其漠視，且行為不檢、怠慢懈弛、驕縱跋扈，無法領導青年與社會優秀分子，也應另易妥人；執委周心萬兼西安市黨部書記長把持黨部財政，只知營利，行為卑污，因係蔣鼎文心腹，為所欲為，亦應免去省委及所兼各職。谷正鼎等其他六名兼委，均身兼數職，為便利外出分區督導，也應另派妥人接充。[12]

以上述報告所示，陝西省黨部的組織和人事存在嚴重問題，整頓迫在眉睫。為此，蔣介石手諭朱家驊：「陝西省黨部應特別加強，兼任委員之人數務必減少，而將專任委員之人數加多，使每一委員皆能用其全付精力集中於辦理黨務也，希將調整辦法擬具呈報。」[13] 接到蔣之手諭後，朱家驊迅速制定出人事調整方案，將職務繁忙的兼任執委周伯敏、谷正鼎、彭紹賢、胡庶華、周心萬和書記長郭紫峻六人調回。改派王季高、章兆直、米志中、杜品山、陳固亭、張大同遞補遺缺，由王季高兼任書記長。[14] 然而，朱家驊事先未與陳果夫商議，就將省黨部執委汰換

12　「曹德宣同志調整陝西省黨部人事意見」（1941年2月25日），〈陝西黨務：調整陝省黨部人事〉，《朱家驊檔案》：301-01-06-117。

13　「蔣介石手令」（1941年5月17日），〈陝西黨務：調整陝省黨部人事〉。

14　在最終派遣時，張大同似被王樹滋代替，此處待考。「朱家驊致陳果夫函」

一半，被換者又均是與 CC 系過從甚密之人。朱雖向陳解釋稱，原本計劃與其商酌，但因其不在重慶，便擅先訂定人事方案彙報總裁。[15] 由此便埋下了日後雙方衝突的隱患。

陝西省黨部執委人事初定，朱家驊緊接著又上呈蔣介石：「現該省政府業經改組，由熊斌同志繼任主席。為加強黨政聯繫，應付西北複雜情形，擬請即派熊斌同志兼任主任委員。」[16] 蔣對此照准。至此，陝西省黨部主委、書記長、執委均依照朱家驊心意，進行了一次大改組。新任執委六人中，朱方占四人，加之原執委中傾朱人士二人，省執委十二人中，朱方佔據六席，瞬時打破了省黨部內既有的政治生態平衡。[17] 朱家驊或許滿心以為就此改變了省黨部原由 CC 系把控的局面，但之後事態的發展則證明事與願違。新任執委抵陝履新未久，省黨部內人事鬥爭就接連爆發。

在省黨部新任執委中，米志中、王樹滋、陳固亭皆為陝人，杜品山雖非陝籍，但曾在陝任職。唯有王季高與章兆直既非陝籍，也無在陝任職經歷，空降省黨部後的行事阻力可想而知。[18]

（1941 年 6 月 3 日），〈陝西黨務：調整陝省黨部人事〉。
15 〈陳果夫函蔣中正報告近來黨務組織與人事情形〉，《蔣中正總統文物》：002-080200-00621-050。
16 1941 年 5 月，蔣介石下令將蔣鼎文與時任軍委會西安辦公廳主任的熊斌對調。熊斌接任陝西省主席，但省黨部主委仍暫由蔣鼎文兼任。〈中國國民黨中央執行委員會組織部長朱家驊呈總裁蔣中正為請派熊斌兼任陝西省黨部主任委員〉（1941 年 6 月 20 日），《國民政府檔案》：001-032220-00219-003。
17 改組後的陝西省黨部成員有：主任委員熊斌、書記長王季高、執委章兆直、米志中、杜品山、陳固亭、荊憲生、李貽燕、徐玉柱、田毅安、馮大轟、張守約、王樹滋。其中親朱者：王季高、章兆直、米志中、李貽燕、田毅安、王樹滋。
18 前任書記長郭紫峻調走後，舊有人員紛紛趨向執委荊憲生。荊原與郭積不相能，但郭離陝前曾奉渝方命令給荊八千元活動經費。荊就此接過郭之衣缽，成為 CC 系在陝西省黨部內的代言人。「劉季緒致朱家驊函」（1941 年 9 月 29 日）、「王季高致朱家驊函」（1941 年 10 月 15 日），〈陝西黨務：王

而處於另一方的 CC 系在陝執委六人,則借「高幹會議」之名密切聯繫,採用「包圍、威脅、謠言等攻勢,如難達到彼等之目的,即利用調統室之電臺,電告渝方以為後援」。[19]「渝方後援」即指調統事業的真正掌控者,以二陳為首的中統局。「高幹會議」還欲拉攏章兆直,藉以孤立王季高。王遂向朱彙報,章為原 CC 系執委周伯敏任南京黨委時的幹事,生活散漫、用度揮霍,常與 CC 系人員為伍。在舊執委排擠、新執委拋棄的處境下,王季高只得要求朱家驊再次改組陝西省黨部,並開列了一份人選名單。[20] 但此時省黨部改組未久,朱家驊只得安撫王季高會徐圖解決,並邀請在陝中委張繼出面調解省黨部人事矛盾。[21]

在王季高向朱家驊報告章兆直在陝受人拉攏、陷己於孤立的同時,章也向遠在重慶的朱彙報:「季高兄之招致摩擦係因言語不慎,常對人表示曾奉鈞座命令,須支持某方、打擊某方」,「CC 之組織在此似仍在積極進行中,此為前途之隱憂」。[22] 不過,王季高對形勢的估計卻頗為樂觀,認為陝西黨員雖受小組織薰染,只知有派、不知有黨,以致形成有派無黨或派外無黨的局面。但某派也絕非組織嚴密、紀律整肅的集團,成員大多是出於

季高就任陝西省黨部書記長半年來之黨務工作與人事〉,《朱家驊檔案》:301-01-06-118。

19 「高幹會議」成員分別為:荊憲生、徐玉柱、張守約、馮大轟、杜品山、陳固亭。此六人原本不睦,但因將王季高視為當前大敵,便同唱起「大團結」路線。「王季高致朱家驊函」(1941 年 10 月 15 日),〈陝西黨務:王季高就任陝西省黨部書記長半年來之黨務工作與人事〉。

20 「王季高致朱家驊函」(1941 年 10 月 17 日),〈陝西黨務:王季高就任陝西省黨部書記長半年來之黨務工作與人事〉。

21 「章兆直致朱家驊函」(1941 年 11 月 5 日),〈陝西黨務:王季高就任陝西省黨部書記長半年來之黨務工作與人事〉。

22 「章兆直致朱家驊函」(1941 年 10 月 17 日),〈陝西黨務:王季高就任陝西省黨部書記長半年來之黨務工作與人事〉。

現實生計考慮的黨部職員，歸順於某派緣於某派當政，其辦法不外乎威脅與利誘。[23] 因此，王季高預測省黨部改組後，CC系勢力會被自然削弱，先前追隨者就會見風使舵，再擇良木而棲。

省黨部執委米志中在給朱家驊的信中也談到，此次改組，舊勢力必定不會甘心，預計會聯合黨、政、經勢力，以及利用特工組織的活動便利，對朱方領導下的黨務發起進攻。米志中尤其強調了省調統室的問題，雖隸屬於黨部，卻完全獨立、自行其是，黨部無權過問。如此不僅削弱了省黨部權威，並且成為位置私人、施加破壞的據點。米志中認為，在省黨部內反對派尚占多數的情況下，唯有再做一次改組，才能打開局面。[24]

接二連三的改組建議，雖未使朱家驊大肆調整陝西省黨部人事，但也陸續更替了一些執委，削弱了省黨部內CC系勢力，藉以改善王季高等人在陝處境。[25] 經過調整後，省黨部執委中，朱方佔有八席，居絕對多數。但CC系執委不斷被撤換，也使兩派關係變得日益緊張。1942年底，陝西省黨務工作會議召開期間，CC系就借機大肆活動。據王季高彙報，中統局曾向陝西匯

---

23 「王季高致朱家驊函」（1941年11月4日），〈陝西黨務：王季高就任陝西省黨部書記長半年來之黨務工作與人事〉。

24 「米志中致朱家驊函」（1941年11月18日），〈陝西黨務：王季高就任陝西省黨部書記長半年來之黨務工作與人事〉。

25 如1941年底，朱家驊首先調回了與王季高不睦的杜品山，代之以王推薦的胡方人士、三青團陝西省支團部書記長楊爾瑛，希望藉以增進黨團聯繫。1942年8月，朱家驊又以另有任務的名義，將CC系核心人物荊憲生調回，派翟韶武補充。翟韶武的任用和章兆直有密切關係，翟彼時作為中央組織部視察員正在陝、豫視察，章向朱大力推薦：「其過去歷史以與李敬齋稍接近，與胡宗南方面亦略有關係，最近西北各省黨部如有調動，翟同志似可擢用。」「朱家驊致熊斌電」（1941年12月23日）、「章兆直致朱家驊函」（1941年11月5日），〈陝西黨務：王季高就任陝西省黨部書記長半年來之黨務工作與人事〉；〈中國國民黨第五屆中央執行委員會常務委員會第二〇八次會議紀錄〉（1942年8月10日），《中國國民黨第五屆中央執行委員會常務委員會會議紀錄彙編》，冊下，頁909。

去大批款項，由省調統室指定給與有關係的五十二個縣的縣黨部書記長，每人發放經費百元、日記本一個、「黃石公素書」一份，並由該調統室公開宴請全體出席人員。

在CC系大肆收買各縣書記長、培植基層勢力的同時，王季高則更屬意於對省級勢力的掌控。王在向朱家驊彙報時談到：「職因執委十二人中已有八人，督導員吾人中已有四人，意見趨於一致。對於省黨部內部及各縣書記長，當可作有計劃之調整。」王認為，己方可以通過利用在省黨部內的優勢，進而控制各縣黨部人事的辦法，與CC系抗衡。王季高因此要求朱家驊：「設法調回一、二委員及鄭督導員逸」，「在調統局實際行使職權」。[26]

隨後，王季高按照上述策略，開始緊鑼密鼓地進行人事更調，不僅撤換了省黨部社會科科長、總務科科長，還更換了數個縣黨部書記長。[27]「其能脫離小組織者，俾其改變作風，實行工作計畫。其輕視工作、唯以小組織為事者，俾督導員詳列劣跡，予以撤換。所用新人以學歷較高，與各種小組織俱不接近者為原則。」[28]

各縣黨部書記長的大批被撤換，使CC系感受到形勢的嚴峻和朱方勢力的威脅。省調統室向中統局彙報，王季高等計劃在該年6月底前共撤換書記長三十五、六人：「查本室縣單位僅六十餘，而三分之二負單位工作者，加強黨網聯繫，多為縣黨部書記

---

26 「王季高致朱家驊函」（1943年1月8日），〈陝西黨務：陝省黨部召開黨務工作會議情況〉，《朱家驊檔案》：301-01-06-120。

27 〈擬免兼任調查工作之黨務人員情形，陝省黨工人員更調頻繁〉，《特種檔案》：特6/104。

28 「翟韶武致朱家驊函」（1943年5月2日），〈陝西黨務：為陝省訓練團合併戰幹團事、胡宗南、熊斌意見衝突事〉，《朱家驊檔案》：301-01-06-121。

長兼任。倘如此下去,在陝工作勢將整個解體。」[29] 因縣黨部書記長大多同時兼任縣調統室主任,書記的長大批被撤換,便意味著CC系對各縣調統室領導權的喪失。

朱方突擊撤換各縣書記長,並非僅是出於對眼前利益的考慮。王季高曾提醒朱家驊:「全國黨部大會之召開,目下雖尚無所聞。然自原則言之,鈞座似應早加籌劃,日期之決定則應以全國各省市之實際情形為依歸」,「半年內恐難有大效,如必操勝券,論時仍須一年」。[30] 朱回覆道:「至各級選舉一層,陝省必須從速準備一切,限於本年底完成。因大會隨時有召集可能與必要,且通知之期僅三個月,非本部所能左右。」[31] 因此,大批撤換縣黨部書記長實際是為將來全省代表大會召開後,隨之將舉行的省黨部選舉做準備。

在此形勢下,陝西省黨部和隴海鐵路黨部等朱方幹部十人,在章兆直和王季高的組織下,決定每星期聚餐一次以資聯繫,作為與CC系「高幹會議」的對陣,並計劃設法加強與胡宗南方面關係。[32] 朱家驊在此事的彙報電文上僅批示「已悉」二字,應是對組織這種朱方小團體的默許。而彼時朱方成員聯繫的加強也是省內派系衝突爆發的前兆,雙方矛盾漸有一觸即發之勢。

除上述行動外,王季高等人還在公開場合表示須劃清省黨部與調統室、黨工與特工間關係。如中央組織部所辦戰地黨務工作

---

29 〈陝西省調統室致中央調查統計局電〉,《特種檔案》:特6/104。
30 「王季高致朱家驊函」(1943年4月7日),〈陝西黨務:為陝省訓練團合併戰幹團事、胡宗南、熊斌意見衝突事〉。
31 「朱家驊覆王季高」(1943年5月4日),〈陝西黨務:為陝省訓練團合併戰幹團事、胡宗南、熊斌意見衝突事〉。
32 「章兆直致朱家驊電」(1943年3月22日),〈陝西黨務:工作報告〉,《朱家驊檔案》:301-01-06-119。

人員訓練班負責人,在向全體學員訓話時,稱中統局的特務人員以黨部作外圍,在各地招搖詐騙、虛構情報,無所不為,應對彼等予以監視和制止。王季高也警告學員,不得與調統室接近,並要求已參加調統工作的學員必須退出。此外,黨省黨部人事科某幹事要求入戰地黨訓班受訓時,王季高也以其與調統室有組織關係,而不予批准。

陝西省調統室人員也將彼間情形彙報中統局:「此種現象若任其繼續發展,則調工在陝省黨部內必不能合法存在,調工之進行勢必與黨部黨員脫離關係。」[33] 調查專員還向中統局續報了朱方幹部在召集學員時的演講內容:「調工人員不必品學兼優,黨工人員則須品學兼優。目前調工人員以黨作亂,想以特務工作來領導黨。這是不對的。要做調工應退出黨部工作,要做黨務工作應辭去調工。」[34]

面對朱方的步步緊逼,CC系在陝勢力也曾對王季高等人展開反擊,但因朱方在省黨部中占據優勢,加之主委熊斌的傾斜,並未能占得便宜。[35] 不過,CC系未善罷甘休,轉而鼓動被撤換的各縣書記長聯名向中央控告王季高防奸不力;任意撤換黨工、歧視調工;發表謬論、有失立場等罪名,要求中央懲辦,以肅黨紀。[36] 隨著事態的逐漸升級,雙方矛盾愈演愈烈,最終引發了1943年5月15日的省黨部暴力衝突事件,即本章開篇所描述的

---

33 〈誆騙調工為小組織之活動勒迫自首情形〉,《特種檔案》:特6/104。
34 〈萬大宏致中央調查統計局電〉,《特種檔案》:特6/104。
35 執委陳固亭利用其監察專員職權,藉故攻擊省黨部秘書陳子萬。張守約利用省黨部撤換兩科長之機,對王季高攻擊備至。「翟韶武致朱家驊函」(1943年5月2日),〈陝西黨務:為陝省訓練團合併戰幹團事、胡宗南、熊斌意見衝突事〉。
36 〈陝省黨部書記長王季高違犯當即事實三則〉,《特種檔案》,特種檔案:特6/104。

一幕。[37]

第三節　調統室乘「機」追擊

　　陝西省調統室幾名肇事人員被押解赴渝後，此案並未就此結束。國民黨監委會檔案中一份題為「陝西省書記長王季高濫用職權案」的卷宗，收入了二十餘份來自陝西地方對省黨部書記長王季高的檢舉函電，時間大多集中在1943年5月底至6月初。這可視作CC系對王季高的新一輪攻擊，目的在逼迫國民黨中央將其撤回。這些檢舉信內容大多雷同，主要羅織了王的以下幾項罪名：思想錯誤、言論荒謬；無故撤換省黨部科長和縣書記長；任用私人宵小、貽誤黨務工作；包庇貪污分子、玷辱本黨信譽；兼職兼薪、玩忽功令；藐視中央命令、忽略基本組織等。[38]

　　1943年9月，蔣介石在向胡宗南談及陝省黨政問題時，甚表憂慮。[39]翌日，蔣在日記中寫道：「撤陝黨部王季高。」數日後，蔣介石通知朱家驊：「陝西省黨部書記長王季高應予他調，希將其繼任人選遴舉候核為要。」[40]總裁的直接命令使王季高再無戀棧可能，朱家驊也只好將與其私下往來密切的章兆直作為繼任者人選。[41]王季高的被撤實際也宣告了朱方在此次省黨部與調

37　〈陝室銑電〉（1943年5月16日），《特種檔案》：特6/104。
38　〈陝西省書記長王季高濫用職權案〉（1943年6月），《監察檔案》，中國國民黨黨史館（以下略）：監0644。
39　國立政治大學人文中心主編，《民國三十二年之蔣介石先生》，下，頁230。
40　〈蔣介石日記〉，1943年9月16日；「蔣介石致朱家驊函」（1943年9月20日），〈陝西黨務：陝西省防奸工作與人事調整〉，《朱家驊檔案》：301-01-06-123。
41　「朱家驊致章兆直電」（1943年9月22日），〈陝西黨務：陝西省防奸工作與人事調整〉。

統室鬥爭中的失敗，在陝威信嚴重受損。隴海鐵路特別黨部負責人曾向朱家驊表示：「於中央明令尚未到陝之前，賜予設法暫假用部內主任或處長等一較好名義之職務，迅速明電陝黨部調季高回部擔任。以轉移社會觀感，俾吾人留陝尚有活動餘地」。[42]

王季高的出路頗使朱家驊為難。王原兼任中央組織部所辦戰地黨務人員訓練班副主任，為維持朱方在陝力量計，朱希望王卸任書記長後，能專任黨訓班副主任。不料朱家驊的這一提議，被王季高斷然拒絕。黨訓班主任沈兼士建議，副主任人選若一時不易物色，可以暫懸，王季高因公參譴，希望能被委以中央組織部視察室主任之職。[43] 其實，朱早有調王擔任中央組織部黨員訓練處處長的打算，因王堅決不願在部內工作而作罷。[44] 朱家驊不得已之下，只好致函中央圖書館館長蔣復璁：「昨談王季高兄為三民主義叢書編纂委員會編纂一事，即請速予發表，倘有高於編纂之名義更佳。」[45] 朱與蔣同為留德學人，私交甚篤。王季高在三編會過渡數月後，朱家驊又為其謀得考試院考選委員會第一處處長職務。[46]

王季高卸去省黨部書記長與戰地黨訓班副主任後，翟韶武的執委及所兼組訓處處長二職亦被免去。章兆直則因繼任省黨部書記長，而不能再兼任西京市黨部書記長。這使朱方對戰訓班與西

---

42 「張國魂致朱家驊電」（1943年10月22日），〈陝西黨務：陝西省防奸工作與人事調整〉。

43 「沈兼士致朱家驊電」（1943年10月28日），〈王季高〉，《朱家驊檔案》：301-01-23-035。

44 「朱家驊覆沈兼士」（1943年10月29日），〈王季高〉。

45 「朱家驊致蔣復璁函」（1943年10月27日），〈王季高〉。

46 「王季高致朱家驊電」（1944年2月29日），〈陝西黨務：陝西省防奸工作與人事調整〉。

安市黨部的控制力減弱。為此,在陝幹部希望朱家驊能將省黨部組訓處處長與西京市黨部書記長二職,分別授予與戰訓班有密切關係的人員。[47]最終,朱家驊派遣中央組織部黨員訓練處指導科科長唐得源赴陝接替翟韶武,出任省黨部執委兼組訓處處長,並由執委王樹滋兼任西京市黨部書記長。此二人均屬朱方幹部,如此人事安排勉強使朱方保住了在陝原有勢力。[48]

朱家驊在承蔣介石之命,更換陝省書記長的同時,並以國民黨五屆十中全會要求的省黨部主委應改為專任為由,請示中央一併更換陝省主委,建議以谷正鼎代替熊斌。[49]朱推薦任用與CC系過從甚密的谷正鼎辦理黨務似乎有違常理,但應是為迎合蔣之心意。早在1942年6月,蔣介石就表露出欲用谷正鼎整頓陝省黨務的想法。[50]該年底,蔣亦反覆考慮更換陝省執委與省主席事宜。[51]但當朱家驊簽呈保薦谷正鼎時,蔣卻批示「暫從緩議」。[52]章兆直在獲悉谷私下活動主委甚力的消息後,曾向朱家驊求證。朱回覆稱:「此事年餘以來,各方力欲促成。總裁亦早有此意,似與活動無關,現或可不成事實,至少暫緩。」[53]

---

47 「許文樑、張國魂、高挺秀致朱家驊電」(1943年10月25日),〈陝西黨務:陝西省防奸工作與人事調整〉。

48 經過調整後的陝西省黨部執委十二人為:章兆直、張守約、馮大轟、楊爾瑛、陳固亭、米志中、王樹滋、李貽燕、田毅安、陳建晨、唐得源、徐玉柱。其中,朱系或傾朱系成員有八人。

49 「朱家驊呈蔣介石」(1943年9月22日),〈陝西黨務:陝西省防奸工作與人事調整〉。

50 「總裁手令兩件」(1942年6月10日),〈陝西黨務:調整陝省黨部人事〉。

51 〈蔣介石日記〉,1942年11月「大事預定表」、12月「大事預定表」。

52 「朱家驊覆何應欽」(1943年10月2日),〈陝西黨務:陝西省防奸工作與人事調整〉。

53 「朱家驊覆章兆直」(1943年9月29日),〈陝西黨務:陝西省防奸工作與人事調整〉。

從陝西省黨部與調統室糾紛的最終處理結果看，調統室肇事人員被押解赴渝懲辦，陝西省黨部書記長王季高與執委翟韶武被撤換，雙方各有折損。但李茂堂等人被關押不滿半年，便回陝官復原職。[54] 更為出人意料的是，李的真實身分是潛入國民黨中統的中共黨員，其在注意到省黨部內朱家驊系與 CC 系矛盾後，利用機會製造事端，促使事態升級，最終導致兩派衝突以暴力形式公然爆發，也給此案增添了幾分戲劇化色彩。[55]

　　1944 年 2 月，蔣介石再次下令改組陝西省黨部，以谷正鼎任主委。[56] 谷到任不久後，從屬朱方的四名執委便被撤換。[57] 數月後，章兆直亦被國民黨中央調回，其遺缺由 CC 系人士繼任。[58] 同年秋，陝西省黨員代表大會召開，經選舉產生的省黨部新任執委

54　馬建中，〈國民黨陝西省黨部的派系鬥爭：一九四〇至一九四九〉，《西安文史資料》，輯 4（西安：中國人民政治協商會議陝西省西安市委員會文史資料研究委員會，1983），頁 90。

55　陸昇，〈李茂堂：潛伏「中統」十五年〉，姚文廣、康狄主編，《民國的末路》（北京：東方出版社，2014），頁 135-145。

56　同時任命高文遠、張光祖、王德崇、楊大乾為省黨部委員，取代了原執委張守約、李貽燕、田毅安、徐玉柱四人，並由高兼組訓處長、張兼宣傳處長。再次調整後的陝西省黨部委員十二人為：章兆直、馮大轟、楊爾瑛、陳固亭、米志中、王樹滋、高文遠、張光祖、陳建晨、唐得源、楊大乾、王德崇。其中，朱系或傾朱系成員七人。朱方幹部向朱家驊詳細介紹了幾位新任執委的情況：「高，清華畢業，一向在大學上課，現任教西北大學，一純粹教書學者。王，北大畢業，一向服務本省教界，現任西北農院，參加黨的組織時間較久。兩人均留美，最近二年內由爾瑛介紹與職，先生認識。張，師大畢業，留法，由顧希平介紹在七分校任教官多年，現任職蘭州西北訓練團，對於爾瑛不若高、王之切。三人均陝籍，與職私交均好。」可見，在蔣介石派任的四名新執委中，除楊大乾外，朱家驊對其餘三人均不甚瞭解。〈中國國民黨總裁蔣中正電中央組織部長朱家驊有關陝西省黨部以谷正鼎為主任委員高文遠張光祖王德崇楊大乾為委員〉，《國民政府檔案》：001-014100-00011-008；「中組部卅三年六月起至卅四年元月底止人事動態簡報」，〈人事〉，《朱家驊檔案》：301-01-06-003；「唐得源致朱家驊電」（1944 年 2 月 29 日），〈陝西黨務：陝西省防奸工作與人事調整〉。

57　馬建中，〈國民黨陝西省黨部的派系鬥爭：一九四〇至一九四九〉，頁 91-92。

58　「章兆直致朱家驊電」（1944 年 9 月 25 日），〈章季如、章祖純、章乃器、章兆直〉，《朱家驊檔案》：301-01-23-448。

中，僅存一名朱方幹部。[59]

第四節　黨、調矛盾的體制根源

　　陝西省黨部與調統室糾紛的爆發雖是派系矛盾的呈現，但國民黨地方黨務機構設置的弊端也從中激化了矛盾。1928年，中央組織部內始設黨務調查科，專司黨務情報搜集工作，陳立夫任科長。1929年，改由CC系成員徐恩曾繼任。1932年9月，蔣介石將陳立夫與戴笠的情報組織合併為「國民政府軍事委員會調查統計局」，下轄三個處室，以徐恩曾、戴笠、丁默邨分任第一、第二、第三處處長。[60] 1938年8月，第一處被擴大為中國國民黨中央執行委員會調查統計局（簡稱「中統局」），隸屬於中央黨部秘書處，掌理黨務統計與紀律案件的調查工作。[61] 由中央黨部秘書長朱家驊兼任局長，副局長徐恩曾負實際責任。這一安排使中統局權力仍掌握在以陳立夫為首的CC系手中。1939年，國民黨五屆六中全會後，朱家驊雖調任中央組織部部長，但繼續兼任中統局局長職務。

　　中統局成立後，各省市路黨部內原設的調查統計科改為調查

59　朱系執委唐得源在CC系當權時，能被選舉連任省黨部執委，主要原因在於：「第一是谷正鼎的支持。第二外縣一些黨部有他的學生。第三唐和CC幹將陳固亭約好在選舉中互相支持。」馬建中，〈國民黨陝西省黨部的派系鬥爭：一九四〇至一九四九〉，頁91-92；唐得源口述，宋旭初整理，〈所謂朱家驊「系」的產生及其在陝西的活動〉，《文史資料》，第3期（1990），頁40-41。

60　關於中統局的發展變遷，參見馬振犢、林建英，《中統特務活動史》（北京：金城出版社，2016）。

61　〈修正中央執行委員會組織大綱〉（1938年4月21日），〈中國國民黨第五屆中央執行委員會常務委員會第七十四次會議〉，《中國國民黨第五屆中央執行委員會常務委員會會議紀錄彙編》，冊上，頁199。蘇聖雄主編，《諜報戰：軍統局特務工作總報告（1937）》（臺北：民國歷史文化學社，2021），頁II-III。

統計室，成為該局的地方下設機構。「調查統計室組織通則」規定：「各省市路調查統計室設主任一人，受各該黨部主任委員之指導監督辦理調查統計事務。」調統室主任在行事中應聽命於當地黨部主委，但「前項調查統計室主任及所有工作人員，均由中央調查統計局直接任免，並與所在黨部工作人員享受同等待遇」，將調統室人事任免權授予中統局。又「各省市路黨部調查統計室概不對外，如與各機關接洽事宜以黨部名義行之」，使中統局對調統室具有絕對領導權，省黨部主委僅具指導與監督調統室主任的權力。[62] 調統室雖名義上內嵌於同級黨部，在實際運作中卻是兩個平行機構，這樣的設置無疑使省黨部處境尷尬。

「組織通則」實行未滿一年，甘家馨在視察地方黨務後，向朱家驊呈交了一份調整黨部與調統室關係的意見書，一針見血地指出現行制度的不合理：「調統室用人行政，黨部雖不與聞，而經費又由黨部負擔，若有差池，則名譽上之責任又歸諸黨部。甚至調統室人員有力檢舉黨部人員，而黨部委員則無力糾彈調統人員。」甘家馨建議將調統室改為黨部內之一科，主任雖可由上級委派，但應接受黨部主委指揮。調統室工作計劃和文告等均應以黨部為核定機關，調統室主任只管理技術事宜，主任以下工作人員的任免亦應遵照黨部職員任命辦法。[63] 甘家馨意見的實質是

---

62 〈各省市路黨部調查統計室組織通則〉（1938 年 8 月 11 日），〈中國國民黨第五屆中央執行委員會常務委員會第八十八次會議〉，《中國國民黨中央執行委員會常務委員會會議錄》，冊 23，頁 336-338。

63 抗戰爆發前，各省黨部內設有「特務室」，對外雖以黨部名義行文，但除經費由黨部補助外，雙方實質並無組織與工作關係。1936 年，江蘇省黨部改組後，就曾發生因黨部委員派系矛盾而引發的省黨部與特務室衝突事件。抗戰期間，省黨部與調統室的組織模式基本沿襲了戰前體制。「調整黨部與調統室關係之意見」（1939 年 6 月 21 日），〈黨務建議與改進意見〉；〈蘇永寧呈覆蘇省黨改組後各委員等對特室非難原因〉（1936 年 4 月 27 日），《中秘處檔案》：711-4-377。

要求明確調統室與黨部的上下級從屬關係，僅保留中統局對調統室主任的任免權，其他人員任免則完全交由省黨部，藉以增強地方黨部對調統室的領導，進而削弱中統局對黨務的干涉。

中央組織部對甘家馨的建議回應敷衍：按照調統局組織條例規定，由調統室主任應受黨部主任委員指揮一點類推解釋，工作計畫須經主委核定，當無疑問。又因無特殊明文規定，調統室其他人員任免辦法當然與黨部職員同一，「目前調統局之形成特殊系統，由於立法方面者少，原於人事者多為補偏救弊計」。最終，中央組織部僅重申各省黨部主委對調統室工作應盡指揮監督之責，中統局雖飭令各省調統室除技術和行動應行秘密者外，一般工作計畫應由主委核定。但調統工作的特殊性便在於秘密性，「應行秘密者」的限定，無疑給調統室提供了回避黨部領導與監督的藉口。因而，上述指令仍未從根本上解決黨部與調統室矛盾。[64]

一年後，黨務與特務系統混淆的問題，又被提至國民黨五屆七中全會之上。劉峙等人聯名提案，由於特工人員大多從事黨務工作，不僅造成一般人對國民黨唯一工作便是特務工作的不良印象，特工也會因公開參加黨務活動而暴露身分，導致調統工作效能減損。因此，劉峙等要求中央劃分特工與黨工的組織系統，建議中統局和各地調統室人員除工作必需外，不必參加黨務活動。特工人員除必要時需對黨部高級負責人公開外，應最少程度的聯繫特工主持人與黨部負責人，同時概不對黨部公開，辦公地點也應重新劃分等。[65] 對此，中央黨務委員會議定：「原則妥善，惟

---

64 「調整黨部與調統室關係之意見審核意見」（1939 年 7 月 10 日），〈黨務建議與改進意見〉。

65 〈黨務工作與特務工作應劃明系統〉，《會議記錄》：會 5.2/49.25。

現值抗戰時期,應維持黨務與特工原有組織及其關係不必另行更張,至特工與各關係機關之聯繫,應加改進之處,由調查統計局隨時注意。」[66] 最終,特務人員既未脫離黨務,也無法保持秘密性,反使各省黨部更加頻繁地向中央報告與調統機關的矛盾。

1941 年 5 月,山西省黨部書記長曾向朱家驊反映該省調統室借組織關係,爭奪和把持省黨部實權,不僅對外公開,更直接指揮各縣黨部工作,給予各縣黨部負責人特種名義或津貼。[67] 省黨部與調統室的矛盾已非單純的特務從事黨務,而是上升為特務攫取黨務,大有侵佔省黨部之勢。接此報告後,朱家驊以中統局長名義,聯名副局長徐恩曾通告各地調統單位:「該室仍為黨部之內部之一部分,主任委員既有監督指揮之權,書記長自可指導,則主委與書記長同時負有考核之責。如該室主任或工作同志有工作不力或人地不宜時,主委與書記長可說明理由,請局改派也。」[68] 然而,來自中央的這一申誡收效甚微。1943 年時,雲南省黨部書記長仍向朱家驊反映類似問題:

> 查調統室一般人均認為屬於省黨部,該室人員在外迭有越軌行動,外間均指責省黨部或向省黨部交涉。省黨部代該室對外負責,而實則無權管理該室。中央雖規定主任委員有指揮監督之權,書記長有指導之責,但人事既不能過問,公文又

---

66 〈中國國民黨第五屆中央執行委員會常務委員會第一五五次會議紀錄〉(1940 年 8 月 22 日),《中國國民黨第五屆中央執行委員會常務委員會會議紀錄彙編》,冊上,頁 602。
67 「黃樹芬致朱家驊函」(1941 年 5 月 25 日),〈山西黨務:趙次隴擔任主委時期:人事〉,《朱家驊檔案》:301-01-06-090。
68 「通告」(1941 年 6 月 23 日),〈山西黨務:趙次隴擔任主委時期:人事〉。

不經呈轉，所云指揮監督及指導亦等空談。[69]

  雲南省黨部書記長道出了問題癥結所在，即人事不能過問，一切便是空談。但朱家驊僅回覆：「遇有困難或須保薦人員，均可致書與弟，便當交局核辦。」[70] 至此，朱在處理省黨部與調統室關係時，依舊僅運用身兼中央組織部部長與中統局局長的雙重身分居中協調。朱家驊如此行事，或因深知若想謀得徹底改善，必須先獲取主持中統局的實權。

  1943 年 5 月至 6 月，各省黨部與調統室衝突頻發，中央組織部與中統局之間關係也劍拔弩張。唐縱日記對此有所披露：「下午徐恩曾來訪，談中統局與組織部近來摩擦益烈，彼此積不相能。問其故，道其癥結所在，彼均慨乎言之，表示一切可讓步，惟欲將中統局劃出黨部範圍，則非力爭不可。」[71] 雙方矛盾實際起於，朱家驊向蔣介石密保由前陝西省黨部書記長郭紫峻任中統局副局長，從而導致朱方與徐恩曾衝突的公開。[72]

  郭紫峻時任中統局秘書，因長期被徐恩曾閒置，心懷不滿。朱家驊知郭非徐嫡系，亦非調查科時代的老幹部，易於收買，便慫恿中央組織部戰地黨務處長甘家馨等人暗中與郭交往。[73] 郭也自覺繼續追隨徐升遷無望，遂轉身投入朱方陣營。與此同時，徐恩曾正準備保薦顧建中任中統局副局長。雙方矛盾便由此

---

69 「趙澍致朱家驊電」（1943 年 6 月 9 日），〈雲南黨務：人事與經費〉。
70 「朱家驊函告趙澍關於調統室與書記長職權之劃分問題」（1943 年 5 月 25 日），《朱家驊檔案》，〈雲南黨務：人事與經費〉。
71 唐縱，《在蔣介石身邊八年——侍從室高級幕僚唐縱日記》，頁 357。
72 唐縱，《在蔣介石身邊八年——侍從室高級幕僚唐縱日記》，頁 360。
73 趙毓麟，〈徐恩曾的歷史和活動片段〉，柴夫主編，《中統頭子徐恩曾》（北京：中國文史出版社，1989），頁 82-83。

激化。[74]

　　陳布雷就朱家驊保薦郭紫峻一事，曾與唐縱商議解決辦法。唐認為：「朱、徐衝突已表面化矣，吾人既不能從中做主，亦唯將實情上聞，為之轉呈而已。」[75] 唐縱如此態度，似因得知朱家驊懷疑其亦欲謀取中統局長而刻意避嫌：「陳主任這裡還替我講點公道話，我不但不想中統局，而且不想軍統局。朱部長在保郭紫峻任中統局副局長，其呈表不願經過我的原因為此。」[76]

　　CC系也在暗中積極謀劃。陳果夫直接出面約見顧建中、郭紫峻、張強等人，商議調統局副局長一事。[77] 數日後，徐恩曾向陳果夫彙報：「驪先對顧建中不承認，必欲郭紫峻，且宴請之大勢恐不調和也。」[78] 最終，郭紫峻如願出任副局長。朱家驊為爭取郭，曾囑咐陝西省黨部書記長章兆直：

> 郭兄自我提升為副局長以來，彼方對之頗表不滿。渠對我態度尚佳，曾託啟江囑渠對陝省黨務妥為協助，並與兄聯繫，渠已見照辦。即希照此意，善與周旋，使之安心而漸出力，或未始不可爭取。故其所薦之人能用則用之，仍希就近考察，酌量辦理也。[79]

　　朱方幹部長期以來，希望朱家驊能夠在中統局內實際行使職

74　張文，〈中統頭子徐恩曾〉，頁38。
75　唐縱，《在蔣介石身邊八年——侍從室高級幕僚唐縱日記》，頁360。
76　唐縱，《在蔣介石身邊八年——侍從室高級幕僚唐縱日記》，頁361。
77　〈陳果夫日記〉，1943年6月9日。
78　〈陳果夫日記〉，1943年6月12日。
79　「朱家驊覆章兆直」（1943年12月23日），〈陝西黨務：陝西省防奸工作與人事調整〉。

權，以減少特務系統對黨務工作的掣肘。朱此時拉攏郭，使其「漸出力」，便是欲在中統局獲取實權的策略。但在陝西，唐得源接任省黨部組訓處處長後，調統室照舊不許朱方過問。唐吸取前車之鑒，調統室不主動彙報情況，黨部亦不過問，才未生事端。[80] 由此可見，即便朱家驊自兼中統局局長、郭紫峻出任副局長，調統事業仍牢牢掌握在 CC 系手中。調統室體制上隸屬省黨部，而省黨部無權過問的畸形狀態並未改變。陝西省黨調糾紛實則是這一時期中統局與中央組織部矛盾在地方的縮影，更是朱家驊方與 CC 系鬥爭進入白熱化階段的一個爆發口。

小結

抗戰時期，朱家驊身為中央組織部部長，掌握著對各省黨部人事的任免權。除蔣介石直接干預外，朱亦可繞過二陳，大批撤換省黨部內 CC 系執委，代之以己方心腹。但朱家驊並未能充分好職權優勢，配備出一套合作無間的省黨部執委班底。如在陝西，王季高與章兆直之間就貌合神離。章到陝後，與朱家驊保持密切聯繫，在各方勢力間左右逢源，不僅時常彙報陝中情勢，還要求朱於便中向主委熊斌引薦自己，從而得到熊之重用。[81]

章兆直曾向中央提出調整省黨部人事的要求，朱家驊回覆道：「因種種關係，不能再予調整，季高兄品學均佳，教育界亦有名譽。弟頗費苦心羅致之，無論如何弟必全力支持之。」[82] 隨

---

80 唐得源口述、宋旭初整理，〈所謂朱家驊「系」的產生及其在陝西的活動〉，頁 39。
81 「章兆直致朱家驊函」（1941 年 11 月 5 日），〈陝西黨務：王季高就任陝西省黨部書記長半年來之黨務工作與人事〉。
82 「朱家驊覆章兆直」（1942 年 5 月 4 日），〈陝西黨務:雜件〉，《朱家驊檔案》：301-01-06-124。

後，翟韶武在章之推薦下出任執委，使王季高的處境愈發艱難。朱家驊接到彙報稱：「翟韶武兄不明大禮，善用手腕挑撥季高、鎮寰感情，離間季高、兆直關係，自己活動豫書記長，驅季高、助兆直為陝書記長。」[83] 王季高既非陝籍、在陝又無根基，一介書生空降至省黨部任書記長，孤軍奮戰兩載。這其中既有王的處事失當，也有朱的用人不善，最終在內外夾攻下去職，亦非偶然。

朱家驊在陝經營黨務，似欲採取遠交軍界胡宗南、近攻 CC 系的策略，但最初執行的並不堅定。王季高初任書記長時，即有意拉攏胡宗南。[84] 但當外間傳出「拉攏復興社，奔走胡公館」、「意圖與熊打成一片，而以胡為外援」的流言後，王便立即向朱表明立場，撇清與胡之關係：

> 與熊打成一片，乃季高職務內應做之事，自毋庸否認或辯正。所謂以胡為外援，總計到此以後謁見宗南先生前後僅兩次。第一次係初次拜會，根本無由深談。第二次係約茶會，在座者不僅季高及志中、樹滋、兆直諸兄即陳固亭亦曾參與。事實上僅具形式上之聯歡，而無表示密切合作之可能。至於胡先生對外表示願意支持季高，自係顧及整個黨的局面及與鈞座之交誼。[85]

---

83 「許文櫟致朱家驊電」（1943 年 5 月 1 日）〈陝西黨務：雜件〉。
84 1942 年 1 月間，王季高曾兩次拜訪胡宗南。9 日，胡日記載：「十二時，王季高談：渠之意見，可左右熊主席。對陳固亭任社會處長，不滿。余以動指揮部已撤銷；動員之事，不能幫忙。」12 日記：「王季高來談，頗新穎。」《胡宗南先生日記》，冊上，頁 81-83。
85 「王季高致朱家驊函」（1941 年 10 月 17 日），〈陝西黨務：王季高就任陝西省黨部書記長半年來之黨務工作與人事〉。

1942年前後,地方幹部曾向朱家驊建議:

> 此間幹部同志現有一共同感覺,均認為欲開展工作,必須鈞長首先決定一政策,即究竟聯胡亦聯陳。若長此孤弱寡助,徒為愛者所惜、仇者所快,而工作基礎永難健全……在胡意,自願盡力協助鈞長,但亦須鈞長在黨政方面予以支援,並希有較明確地表示,即不便直談,能決定政策,暗示幹部進行亦可。如此,則吾人之工作當可放膽邁進。[86]

隨著CC系的壓迫日增,朱家驊逐漸明確了「聯胡抑陳」的策略。章兆直接任書記長後,就坦然陳說人事策略:「對外注重聯胡和熊,交谷,與西西則虛與委蛇」。[87]對於胡宗南這一在陝資源,朱起初沒有充分利用、密切聯繫,調統室與省黨部糾紛爆發後,卻請其出面處理。胡自然不可能不顧及CC系利益,公然偏袒朱方。當熊斌要求在已批捕的調統室肇事者四人中,再增加該室幹部二人時,胡宗南同意照辦,已是最大限度地向朱示好。

與朱家驊相較,谷正鼎在處理與胡宗南關係時就顯得略勝一籌。谷接任主委後,不僅撤換了朱方四名執委,還請胡推薦繼任者。「胡宗南就推薦他的謀士王大中為省黨部委員。谷正鼎還要上報胡的秘書長前任教育廳廳長王捷三,胡也同意。」於是,谷向中央上報了兩位胡方人士,又將另兩個名額給予從屬CC系的

---

86 賴志偉,〈書生從政:朱家驊在國民政府的政治活動(1927-1949)〉(臺北:臺灣大學歷史學研究所碩士論文,2014),頁110。
87 「章兆直致朱家驊電」(1943年12月9日),〈陝西黨務:陝西省防奸工作與人事調整〉。

陝西省議長王宗山和調統室主任李獨龍。[88]

朱家驊雖兼任中統局局長,當其治下的省黨部與調統室發生衝突時,調解起來本不成問題,最終黨部卻敗於下風,其根源在於的中統局局長頭銜徒有其名,對調統事業並無實際領導權。若求根本解決黨調矛盾,或取得調統系統實權,或設法將調統室劃出黨部,以使組織得到淨化,黨務獲得獨立。

1944年5月,朱家驊相繼辭去中央組織部部長與中統局局長職務。二陳兄弟重掌黨務與調統權力後,立即通電各省市路校黨部,要求調統與黨務工作密切配合,並列出九項要點,一改朱家驊在任時路線,如「所屬黨員,由省黨部通告有擔任調查工作之義務」、「各縣市黨部擔任之調查工作,由省黨部交調統室領導,並考核其工作成績,報由主任委員懲獎之」、「各調統室所有情報,除黨務與機密性不得洩露外,省黨部有了解必要者,可抄送省黨部主委或書記長一份」等。[89]

這份通令不僅明確了各級黨部與調統室的職權劃分,也加強了二者聯繫,更說明此前黨務與調統的不睦,雖有制度設計的缺陷,更是派系勢力在運作。抗戰時期,各級黨部與調統室之間始終存在隔閡的真正原因,實際是兩個系統所屬派系陣營的分離。當黨務與特務領導權重歸CC系後,二者步調便能漸趨一致。由此,朱家驊在陝與CC系鬥爭的失敗,歸根溯源還是雙方力量的懸殊。CC系植根黨務、特務系統多年,朱家驊入主中央黨部後,根基不穩又勢淺力薄,為形勢所迫,在時機尚未成熟時,就與CC系正面交鋒,如此潰敗也在意料之中。

---

88 馬建中,〈國民黨陝西省黨部的派系鬥爭:一九四〇至一九四九〉,頁92。
89 「李雄致朱家驊電」(1944年5月9日),〈福建黨務:工作報告〉,《朱家驊檔案》:301-01-06-037。

第五章　中央與地方博弈：朱家驊與晉閻勢力

　　抗戰爆發前，「晉閻」與「滇龍」作為兩個離心力較強的地方實力派，耗去了蔣介石許多精力。抗戰爆發後，彼等雖做出與蔣介石共商大計、支持抗戰的姿態，但中央地方關係始終貌合神離。對於雲南王龍雲，蔣主要擔心其與汪偽政權合作。而山西王閻錫山所處環境則更為複雜，身邊同時環繞著日本勢力與中共力量，就連閻也自稱是在「三個雞蛋上跳舞」。國民黨如何處理與閻錫山的關係，不僅牽動著整個華北戰局，亦會對日本、中共方面產生影響。反之，戰爭進程、日本與中共動向，也考驗著閻錫山對國民黨的向心力。國民黨組織在山西的生存與發展狀況，則是這一系列錯綜複雜關係的直接反映。

　　齊錫生曾在研究中指出，抗日戰端一開，內陸諸省分的實力派領袖不但無意與國民黨中央分享權力，也不願接受後者領導。他們要麼把自己的親信幹部安插進黨部成為核心委員，要麼虛應故事地接受少量中央委派的委員，但隨即把他們打入政治冷宮。地方實力派加入國民黨的動機，原本就是政治上的權益之計。因此，他們當然會儘量保護各自的勢力範圍，極力排斥國民黨中央的侵入。事實上，許多地方實力派早已把基層政府機構和社會設防成為禁區，禁止中央人員和組織活動介入，遇有違反時便會遭到激烈抵制。[1] 上述論斷無疑是閻錫山在山西面對國民黨中央勢

1　Ch'I Hsi-sheng, *Nationalist China at War: Military Defeats and Political Collapse, 1937-1945* (Ann Arbor: University of Michigan Press, 1982), p. 206.

力滲入時,所做應對的真實寫照。

中原大戰後,山西的國民黨組織與其說是反復地間歇性發展,不如視為蔣、閻關係分合的象徵標誌。閻錫山獨立態勢強烈時,國民黨黨部遭到驅逐,而當關係緩和時,黨部又獲許存在。抗戰期間,閻錫山與國民黨中央的若即若離,使雙方關係變得微妙而富有張力,充滿值得深入探尋的空間。學界既有研究,從軍事戰略、政治體制等層面已對蔣、閻、共、日四方關係,進行了較為深入的考察。此外,閻錫山還通過發展地方組織與蔣介石相博弈。蔣也運用各種手段對閻施予拉攏與牽制。在這一過程中,中央組織部部長朱家驊及其所屬,在處理中央與地方實力派之間關係時,亦發揮了重要作用。

從省級地方組織與人事的視角出發,特別是民族革命同志會(以下簡稱「同志會」)、國民黨山西省黨部和書記長黃樹芬居間的主要活動,可以探索抗戰時期閻錫山與國民黨關係,以及朱家驊對中央與地方關係問題的處理。

第一節　國民黨在晉生存實態

1924年,國民黨第一次全國代表大會召開,山西代表鄧鴻業、苗培成、趙連登等人出席了會議。[2] 此數人返回太原後,開始秘密籌建山西的國民黨組織。1926年5月,國民黨山西省黨部正式成立。[3] 6月,閻錫山就任國民革命軍北方總司令,山西省黨部與地方軍政關係開始步入正軌。但此後,國民黨在晉發展

2　出席中國國民黨第一次全國代表大會的山西代表共有六人,分別是鄧鴻業、苗培成、趙連登、谷思慎、韓書麟、劉景新。《中國國民黨歷次代表大會及中央全會資料》,冊上,頁61。

3　山西省史志研究院,《山西通志·黨派群團志》(北京:中華書局,2000),頁989。

進程仍可謂命途多舛,而形勢的優劣則主要取決於閻錫山與蔣介石或國民黨中央的關係。

1930年,閻錫山與馮玉祥發動中原大戰,聯合反蔣,並下令關閉國民黨山西省黨部,使之不得不暫時遷往天津。閻倒蔣失敗被迫離晉後,省黨部才得以重回太原活動。1931年8月,閻錫山私自潛回山西。蔣介石曾多方設法,欲再次將其驅逐出晉。同時,閻也在秘密聯絡改組派、川、粵等地方力量反蔣。總體而言,中原大戰使晉閻實力受挫,國民黨暫居上風。但九一八事變的爆發,瞬時扭轉了這一格局。

日本的侵華舉動促使太原學生抗日情緒高漲,紛紛舉行罷課遊行。國民黨山西省黨部出面鎮壓時,學生穆光政遭到槍殺,釀成「一二‧一八慘案」。由此更加激起山西民眾義憤,使得運動愈演愈烈,進而搗毀了省黨部。先前一直靜待時機的閻錫山則迅速出擊,借助民怨打擊山西的國民黨勢力,不僅拘捕了黨務人員,更使省黨部迫不得已遷往北平辦公。[4] 國民黨山西省黨部既已離晉,縣及以下基層組織的生存更無從保障。於是,閻錫山成功利用「穆光政事件」,又一次驅逐了國民黨在晉組織。

淞滬會戰爆發後,閻錫山被任命為軍事委員會委員、山西綏靖公署主任,重掌軍權。閻東山再起後,制定了省政十年建設計劃,專注於山西的政治、經濟建設。面對日本對華北的日益進逼與蠶食,晉閻表面上完全擁護蔣介石的重大決策,實際奉行的卻是「防共防蔣」路線,對國民黨中央殊多防備,繼續周旋於國、共、日各方勢力之間。與此同時,閻錫山也迫切希望加強對山西農村資源的控制與利用。自1935年起,閻因欣賞中共在鄉村的

4　山西省史志研究院,《山西通志‧黨派群團志》,頁990-991。

組織動員模式,便著手借助薄一波等中共人士籌建山西犧牲救國同盟會(以下簡稱「犧盟會」),作為招募、宣傳、動員和組織民眾的重要機構,並發展了一支新的軍事力量——新軍。由此,在擁蔣前提下,閻錫山也與中共在山西建立起了聯合抗日關係。

1937年7月,盧溝橋事變後抗戰爆發。閻錫山受任為第二戰區司令長官,紅軍被改編為國民革命軍第八路軍,進入山西作戰,國共合作抗日局面在山西形成。11月,忻口戰役失敗後,太原失守,閻錫山率領軍政機關撤至臨汾。翌年2月,日軍大舉南侵。在八路軍、新軍與晉綏軍等聯合打擊下,山西抗戰進入相持階段。但面對日軍的步步進逼,和借助新軍與犧盟會在山西逐漸發展壯大的中共勢力,閻錫山也愈發感到自身在晉地位的岌岌可危。

1938年底,閻錫山為爭取蔣介石援助,同意了國民黨中央恢復山西省黨部的要求。[5] 至此,在外流亡八年的國民黨組織得以重新回晉。但國民黨中央仍採取謹慎態度,在省黨部執委的任命上儘量爭取閻錫山好感,時任中央組織部部長的張厲生曾向中央黨部秘書長朱家驊表示:

> 黨務無論矣,即現在衛副司令長官俊如在晉作戰區域內之政治黨務,以及民眾組訓工作亦無權過問。其與中央部隊接近之縣長、專員皆被撤職。山西問題仍不脫閻先生服從領袖,而軍事政治壹惟閻先生之自由支配,雖中央亦不得過問。[6]

5　山西省黨部離晉後,國民黨親閻人士成立中國國民黨山西黨員通訊處與中央維持微弱聯繫。1935年,山西省黨部又從北平遷至河南開封。1938年,再度流亡至陝西西安。參見山西省史志研究院,《山西通志・黨派群團志》,頁990-991。

6　「張厲生致朱家驊函」(1938年8月28日),〈山西黨務:趙次隴擔任主

第五章　中央與地方博弈：朱家驊與晉閻勢力　　217

　　鑒於閻錫山在晉一家獨大的態勢，在省黨部重啟之初，蔣介石便傾向直接由閻兼任主任委員，以謀求第二戰區黨政軍關係的協調。朱家驊的意見則與蔣相左，推薦起用趙戴文。為此，蔣令朱先與閻錫山接洽徵求意見。[7]孰料，閻回覆力推陳公博主持山西黨務。不過，汪精衛此前已有令陳負責四川黨務之意。[8]蔣介石雖為迎合閻錫山，命中央黨部另行物色川省人選，實際卻也忌憚倘若真派陳公博赴晉，會使中原大戰時閻錫山聯合改組派「倒蔣」的故事重演。因此，陳公博赴晉之議並未實現。最終，國民黨中央依照朱家驊提議，任命趙戴文擔任山西省黨部主委。趙戴文曾任閻錫山幼年教師，據接近閻、趙者稱：

> 閻每次發動不當行為，趙必挽之，使入正軌。閻亦因此遇有做作，輒避免趙之耳目，以防其阻過。趙之關係於閻之政治生命於此可見，但趙始終為閻之忠實部下。閻雖過錯百出，而趙決不至於離閻也。趙舊學甚佳，晉人頗多敬之者。[9]

　　國民黨中央最終選定趙戴文出任主委，應是想利用其在晉地位的德高望重，不僅能夠修飾國民黨在晉形象，且在向閻錫山以示拉攏的同時，亦期望趙能對閻起到一定規誡作用。此外，另有一重要考量。趙此時已年逾七十，擔任省主席，雖實際職權由閻錫山掌握，但尚具名譽之銜。趙受精力所限，勢必無暇顧及省

　　　委時期：人事〉。
7　「朱家驊致閻錫山電」（1938 年 8 月 11 日），〈山西黨務：趙次隴擔任主委時期：人事〉。
8　「朱家驊致張厲生函」（1938 年 9 月 1 日），〈山西黨務：趙次隴擔任主委時期：人事〉。
9　〈各省市路黨部人事分析〉。

黨部事務，可以給國民黨方面提供更多自主性，而事實亦大體如此。據報告：「論人事及實際運用，趙主任委員遠居克難坡，從未到過省部，大權集於書記長。」[10] 由此觀之，趙戴文出任省黨部主委，能夠作為中央地方之間的緩衝，也是蔣、閻雙方均能接納的最佳人選。

彼時，第二戰區司令長官部與山西省政府均遷至克難坡，而省黨部則設於陝西宜川的秋林。國民黨中央組織部視察員認為省黨部所處，「既非晉省境界，又非省府所在地，對於地方黨務極不便於指揮，且與主任委員不能時常商討問題，急應移入晉境，以利工作」。[11] 雖然省黨部與軍政機關分處兩地，不利於密切黨政聯繫，但也給國民黨在山西創造了些許自由伸展的空間。

1938 年至 1944 年，國民黨山西省黨部書記長由黃樹芬擔任。1932 年至 1936 年，黃曾任交通部會計科科長、浙江郵檢所主任，而朱家驊在此期間則分別擔任交通部部長與浙江省主席，可見二人淵源頗深。黃在給朱的電報中寫道：「論黨之組織係統，吾公及芬之直接領導者。論私之關係，不獨為數十年來之長官，而今後事業上尤須賴提繫扶植。」[12] 抗戰之初，黃樹芬被軍委會派至山西擔負特工任務。1938 年 4 月，朱家驊調任中央黨部秘書長後，黃作為其心腹與舊屬，在國民黨人事派遣極為注重「人地相宜」的背景下，雖籍屬廣東，仍被繼續留任山西。[13] 這

---

10 「王貢獻致朱家驊函」（1943 年 5 月 13 日），〈山西黨務：趙次隴擔任主委時期：人事〉。

11 〈視察山西省黨務報告摘要〉（1939 年 6 月），李雲漢主編，《中國國民黨黨務發展史料——組織工作》，下，頁 309。

12 「黃樹芬致朱家驊電」（1943 年 1 月 25 日），〈山西黨務：趙次隴擔任主委時期：人事〉。

13 抗戰之初，國民黨中央在恢復山西省黨部的同時，還命中統局建立「晉特室」，後改稱「山西省黨部調查統計室」，黃樹芬擔任首位主任。彼時，國

不僅表明黃樹芬深得朱家驊的信任與器重,也反映出受朱信任的幹部群體中缺乏合適晉籍人士。

1939 年 12 月,國民黨五屆六中全會後,朱家驊取代張厲生轉任中央組織部部長。該部作為專司國民黨地方黨務人事調派的機構,掌握著各省黨部委員的薦免權。1942 年春,為增強國民黨在晉組織力量,也為擴充朱系幹部隊伍,朱家驊相繼向山西省黨部派遣了兩名己方執委,即胡作礪與高挺秀。同年底,省黨部改科設處,最重要的秘書、組訓與宣傳三處處長分別由黃、胡、高三人兼任。[14] 相較於戰時其他省分,山西省黨部的執委構成較為簡單,CC 系與黃埔系勢力尚未涉足,朱家驊系執委可大體代表國民黨中央在山西省黨部內的全部人事力量。

雖然朱家驊一方把控了山西省黨部的主要職權部門,但閻系執委人數卻居絕對優勢。以 1942 年的情況為例,即便朱借機謹慎地安插了胡作礪與高挺秀二人,閻系執委依然佔據十一個編制中的六席,其餘三席則是不受閻信任的地方人士。六名閻系執委雖均身兼軍政要職,多無意於黨部職權,但省黨部人事構成依舊反映了中央地方權力結構對比,可以從中窺探出國民黨在晉力量虛實。這一時期山西省黨部執委身分屬性如下:

民黨中央組織部部長雖由 CC 系人士張厲生擔任,中統事業亦向來被 CC 系壟斷,但黃樹芬因曾涉足調統事業而與彼方關係曖昧。這使黃在被朱家驊保舉出任省黨部書記長時,較易為 CC 系一方接受。山西省史志研究院,《山西通志・政法志》(北京:中華書局,1999),頁 28。

14 「王貢獻致朱家驊函」(1943 年 5 月 13 日),〈山西黨務:趙次隴擔任主委時期:人事〉。

表 5-1：山西省黨部執行委員派系背景分析（1942 年前後）

姓名	職務	勢力派別
趙戴文	省黨部主委、省主席	閻錫山系
黃樹芬	省黨部書記長、省黨部秘書處處長	朱家驊系
邱仰濬	省黨部執委、省政府委員、民政廳廳長	閻錫山系
劉冠儒	省黨部執委	
李　江	省黨部執委、省政府委員	閻錫山系
楚溪春	省黨部執委、第二戰區副參謀長	閻錫山系
武誓彭	省黨部執委	
薄毓相	省黨部執委、省政府委員、教育廳廳長	閻錫山系
胡作礪	省黨部執委、省黨部組訓處處長	朱家驊系
高挺秀	省黨部執委、省黨部宣傳處處長	朱家驊系
王友蘭	省黨部執委	
梁綖武	省黨部執委、第二戰區黨政分會秘書主任、閻錫山五妹夫	閻錫山系
梁敦厚	省黨部執委、省政府委員、閻錫山表侄	閻錫山系

資料來源：〈各省市路黨部人事分析〉；劉壽林等編：《民國職官年表》，頁 900。

　　山西省黨部內，中央與地方兩方力量對比懸殊，除因閻錫山在晉軍政權勢甚大外，也與蔣介石這一時期對閻採取的主動示好、遷就態度有關。1940 年，蔣曾簽發手令，直接插手山西人事：「聞王用賓之子現在山西任黨務工作，言行不慎。未知彼係擔任何項職務，應速將其調回中央，不得再留山西。」並嚴令：「以後凡與閻長官意見不合之人，皆不可派往山西工作，以免引起誤會也。」[15] 王用賓係國民黨政要，曾擔任司法行政部部長，其子王昉彼時被派任山西省黨部執委。王昉被撤後，中央組織部改派山西省三青團幹事郭澄接充。郭到任未久，黃樹芬就致函朱家驊秘書沙孟海：

　　　　查郭同志原任山西青年團幹事，因結黨營私已由中央團部調

---

15 「蔣介石致朱家驊、馬超俊手令」（1940 年 8 月 29 日），〈山西黨務：趙次隴擔任主委時期：人事〉。

回。今復改派為黨委，恐晉省黨部將從此多事矣。閻、趙意前囑電保薦楚溪春補缺，未為採納。今發表郭澄，閻、趙均表不滿。[16]

朱家驊接到黃樹芬此封信函後，在回覆中聲明，郭澄先前並非因案調回，爾後也是因聞中央團部將派其返晉，中央組織部才令其兼任省黨部執委。[17] 隨後，因中央對郭澄另有任用，遂依晉方意見，以第二戰區副參謀長楚溪春補充執委空缺。上述既已論及山西三青團，在此便稍做延伸，對山西支團部人員安排做一簡要梳理，藉以更加完整地反映抗戰期間閻錫山與國民黨中央的人事博弈。

1938 年底，三青團山西支團部籌備時，閻錫山曾向蔣介石建議人選。蔣遂囑團中央組織處代理處長康澤：「對山西可例外一點，尊重地方的意見，以免做不通，不過，我們還是要有幾個人在裡面。」[18] 於是，中央團部指定薄毓相、陳仲魯分任主任與書記，負責籌備山西三青團。幹事則有梁敦厚、李江、郭澄、李猶龍、黃樹芬、李潤沂等人。[19] 由此可見，團方人事構成極為遷就閻氏。

次年，因薄毓相與梁敦厚發生衝突，使山西三青團人事需做調整。閻錫山又向國民黨中央提出兩個原則：切實密切中央與地方聯絡；勿引起二戰區內部摩擦，並推薦由趙光庭任主任、郭澄

---

16 「黃樹芬致沙孟海函」（1941 年 3 月 20 日），〈黃樹芬〉，《朱家驊檔案》：301-01-23-559。
17 「朱家驊批註」，〈黃樹芬〉。
18 康澤，《蔣介石的十三太保之一：「黨衛軍」魁首康澤自述》，頁 89。
19 山西省史志研究院，《山西通志‧黨派群團志》，頁 999。

任書記長。[20] 朱家驊分析認為，趙、郭先前均為改組派，但已與汪精衛脫離關係，立場逐漸接近中央，既然二人由閻錫山提出，似可照派，亦可消除薄、梁間衝突。於是，朱分別致電三青團中央書記長陳誠與康澤說明情況。[21]

若結合省黨部恢復之初，閻錫山對陳公博的推薦不難發現，閻在處理國民黨在晉組織人事時，青睞提出具有改組派背景人士。而在汪精衛出走河內後，國民黨中央也恰好有意吸納與其脫離關係者。因此，這類人選往往成為晉閻與國民黨雙方均能接受的對象。

國民黨中央雖在人事安排上基本滿足了閻錫山要求，但在山西的組織發展並不順利。早在國民黨醞釀重回山西之時，張厲生就預見到未來公開發展組織的艱難前景：「該省環境如此困難，所謂八路軍又從而蠱惑利用，隱憂甚大，不容忽視。然中央必須下一決心，於普通辦法以外，另謀培植實力之道，即秘密發展組織是也。」[22] 朱對此回應道：「囑調統局切實規畫後，即派幹員前往進行，一面設法成立青年團。」[23]

至 1939 年 6 月，山西省黨部已恢復工作半年，但僅向十七個縣派遣了書記長，尚有八十個縣分未成立國民黨黨部。這其中固然受時局所限，省境內部分地區被日本與中共勢力佔據，導致

---

20 「劉奠基致朱家驊電」（1939 年 10 月 1 日），〈三民主義青年團：人事介紹與任命〉。

21 「朱家驊致陳誠、康澤電」（1938 年 10 月 7 日），〈三民主義青年團：人事介紹與任命〉。

22 「張厲生致朱家驊函」（1938 年 8 月 28 日），〈山西黨務：趙次隴擔任主委時期：人事〉。

23 此後，國民黨在晉政策未見有所更張，黨團的實際生態環境是：「黨的方面是誰要動誰即是共，結果本非共黨亦排成共黨。」三青團在山西的地位更還不如黨部。「朱家驊致張厲生函」（1938 年 9 月 1 日），〈山西黨務：趙次隴擔任主委時期：人事〉；「王貢獻致朱家驊函」（1943 年 5 月 13 日）。

國民黨黨務推展受阻。但僅山西省黨部所在的宜川、秋林兩地設立黨員總報到處後,二十天內報到者不滿百人,徵求新黨員工作也未著手辦理。此外,省黨部甫經恢復就已形成尾大不掉之勢,人員超編、支出過巨。據報告稱,省黨部為應酬人事,不僅特設秘書三人,更增設警衛二十餘人,且多非黨員。科長以上人員月薪高達八十至百元,較之省政府職員高出一倍以上。而各縣書記長月薪僅十五元,生活尚不能維持,推動工作更無從談起,再至各區指導專員多未能按期赴區工作,「或永不到職,或自令不相當之人代理,甚或按月領款,而從未推動工作」。[24]

第二節　以會制黨:閻錫山與同志會

　　國民黨重回山西後的發展績效不彰,一方面受制於戰局,另一方面也與閻錫山的抑制有關。抗戰爆發前,閻錫山仿效中共的組織建設模式,成立犧盟會。至1939年時,犧盟會漸有被中共把持之勢。第九十三軍軍長劉戡在給中央的報告中談到,犧盟會是閻錫山領導下類似政黨的組織,「不過既沒有主義為中心思想,又沒有正確的理論以領導行動,完全跟共黨的尾巴走,這是非常危險的。他將這政治集團之網張開了,是否能收得回來尚是一個問題,以現在的情形觀察,就有尾大不掉之勢」。[25]即便犧盟會阻礙了國民黨在山西的發展,但彼時閻錫山與中共的關係正漸趨膠著,蔣介石遂暫未採取若何措施,只是靜觀其變。

　　閻錫山也早已清醒地認識到自身處境。因中共主導的犧盟會

24　〈視察山西省黨務報告摘要〉(1939年6月),李雲漢主編,《中國國民黨黨務發展史料——組織工作》,下,頁308-309。

25　〈國民黨中執委秘書處轉發犧盟會組織與活動公函〉(1939年6月7日),中國第二歷史檔案館編,《中華民國史檔案資料彙編》,第五輯第二編政治(三),頁440-441。

在領導、組織各級救國會,廣泛訓練、吸收幹部,組訓民眾等方面,近乎取代了國民黨組織在基層的作用。[26] 因此,閻錫山對中共通過犧盟會向山西滲透與擴展勢力的舉動大為恐慌,急欲擺脫這一被動局面,重新掌握犧盟會與新軍。

其實,早在1938年初,閻錫山就開始有所準備。太原失守後,閻率兵轉移至臨汾時,面對軍隊潰敗、組織癱瘓的境況,深恐犧盟會大權旁落,便決定借第二戰區抗戰工作檢討會之機,召集山西高級幹部一百餘人,發起成立同志會,作為統一領導二戰區軍政民各部門工作的集中組織。[27] 但直至同年7月,同志會仍處於秘密、觀望階段,未公開掛牌。礙於犧盟會的地方威望,同志會亦未著手建立區縣組織。

自1939年4月起,隨著中共在晉西活動日甚,與閻錫山頻頻發生摩擦,促使同志會全面啟動,開始秘密發展會員,作為對犧盟會的反制。[28] 為此,閻錫山首先授意軍政長官,利用同志會名義統一一切組織,且犧盟會在名義上須受該會領導。其次,將全省劃為五個軍區,由己方將領統轄。再者,改編決死隊以削弱犧盟會武力。同時,組織敵工團、突擊隊、精神建設委員會等組織,作為同志會的下設機構,以與中共及犧盟會鬥爭。[29] 閻錫

---

26 〈國民黨中執委秘書處轉發犧盟會組織與活動公函〉(1939年6月7日),頁440。

27 閻伯川先生紀念會編,《民國閻伯川先生錫山年譜長編初稿》,冊5,1938年2月16日 (臺北:臺灣商務印書館,1988),頁2076;山西省政協文史資料研究委員會,《閻錫山統治山西史實》(太原:山西人民出版社,1984),頁242。

28 楊懷豐,〈閻錫山的民族革命同志會紀述〉,中國人民政治協商會議山西省委員會文史資料研究委員會編,《山西文史資料》,輯11(1965),頁50-51。

29 閻伯川先生紀念會編,《民國閻伯川先生錫山年譜長編初稿》,冊5,1938年2月16日,頁2076;山西省政協文史資料研究委員會,《閻錫山統治山西史實》,頁242-258。

山另起爐灶的作法,使其與中共的對立態勢漸趨明顯。1939 年 12 月,「晉西事變」的爆發,便是雙方合作關係破裂的標誌。[30]

然而,對抗中共僅是閻錫山成立同志會的表層動因。自 1938 年底,國民黨組織重回山西後,閻就亦欲採取措施對黨務的發展加以制約。既然己方對犧盟會的控制被中共動搖,那就另立組織維護自身勢力。先前犧盟會已對國民黨在晉發展造成阻礙,同志會的成立使山西政治環境變得更加複雜與棘手。閻錫山的這一動向也立刻引起國民黨軍統的警覺,戴笠在向中央報告「民族革命同志會最高幹部會議」召集情況時談到:

(一)確定同志會為核心領導組織。(二)同志會之名稱主張公開,但組織須秘密。(三)民族革命青年團之負責人均須為同志會之會員。(四)發動一百萬民眾普遍建立遊擊根據地。(五)決定在五月十五日以前,將會員總數統計完竣。各級選舉限六月十五日以前一律辦妥,當選代表名單呈報代表大會。大會定於七月七日開幕。[31]

對於閻錫山大肆發展同志會的行為,蔣介石在日記中強烈痛斥:「閻以大一統為遺毒與中心思想之曲解,其卑劣甚於共黨,

---

30 關於犧盟會建立與發展的歷史經過,以及這一時期閻錫山與中共關係的研究,參見楊奎松,〈閻錫山與共產黨在山西農村的較力——側重於抗戰爆發前後雙方在晉東南關係變動的考察〉,《抗日戰爭研究》,2015 年第 1 期;賀江楓,〈1940-1942 年閻錫山與「對伯工作」的歷史考察〉,《抗日戰爭研究》,2017 年第 4 期;王奇生,〈閻錫山:在國、共、日之間博弈(1935-1945)〉,《南京大學學報》,2018 年第 1 期。

31 〈賀耀組、戴笠電蔣中正報告王纘緒與川康建設視察團南路組長張表方發生摩擦及閻錫山積極發展民族革命同志會組織等情報提要等三則〉,《蔣中正總統文物》:002-080200-00522-024。

其破壞三民主義之罪惡為不可恕也。」³² 即便如此，蔣也僅在暗中抱怨，並未公開採取若何措施。徐永昌感慨道：「共產黨賴政治工作以生存以擴大，閻錫山賴政治工作以防共以整軍，中央何至不能用政治工作以抗倭以戡共。」³³ 但徐也對閻的另造勢力頗不以為然：「按今日閻先生做法，在冀、察、魯、蘇、浙、贛、鄂、皖等省，皆應如彼辦理，乃不此之圖，輕信輕言，誠對不起國家，對不起同事。」不過，徐又轉念論定，此種組織成不了若何氣候，「閻之機關黨，所謂犧盟會、公道團等，與民十八啟予之興中學會性質高的有限，皆隨現地位以進，與官同其運命者，有何可懼。正國家危急之今日，樂得利用之工具耳」。³⁴

相較於徐永昌，稍遠離國民黨政治核心之人，也對閻錫山的離心傾向有所耳聞，但彼時似乎尚不清楚同志會的建立，仍將犧盟會作為論說對象。1939 年 10 月，剛從蘇魯等省視察歸渝的梁漱溟，在向陳克文、甘乃光等人談起山西情形時就表示：「閻現時以第三者自居，既不附共產黨，亦不表同情於國民黨，他所組織的犧盟會儼然國民黨與共產黨以外的一個政黨。」³⁵

針對山西的特殊局勢，省黨部書記長黃樹芬對國民黨在晉工作方針有所設計：1、改變閻氏作風，擁護閻氏堅定中央立場，不為中共所引誘；2、加強並協助晉閻對犧盟會中非中共黨員的統制能力，解決省黨部、三青團內人事糾紛；3、扶植與策動舊派人士大團結，肅清中共在各正規軍中的活動與潛伏分子，派遣同志分任各正規軍要職；4、利用閻之軍政勢力，使黨政軍配合

---

32 〈蔣介石日記〉，1939 年 7 月 10 日。
33 《徐永昌日記》，冊 5，1939 年 6 月 30 日，頁 88。
34 《徐永昌日記》，冊 5，1939 年 6 月 26 日，頁 84-85。
35 《陳克文日記 1937-1952》，冊上，1939 年 10 月 28 日，頁 498。

一致,監視中共非法活動,與之爭取民眾。[36] 總的來說,黃樹芬的宗旨是拉攏閻錫山,共同消解中共力量。從之後事態發展來看,黃的這一計劃效果並不理想。閻錫山雖與中共合作關係破裂,但國民黨向山西的勢力滲透也很有限,並且還為日後中央對黃樹芬的信任問題埋下隱患。

「晉西事變」爆發後,同志會與犧盟會演成公開對立,遠在重慶的蔣介石也愈發關注晉閻對共態度與犧盟會發展情形,並召見黃樹芬商談解決辦法。[37] 而閻錫山則趁此托黃向蔣索要槍械,藉以打倒犧盟會。徐永昌視閻是「以右制左」。[38] 對此,蔣介石決定暫時採取觀望態度:「對共黨此時當先嚴密防範,相機制裁。」[39] 不過,蔣隨後亦擔心晉綏軍在中共壓力下難以為繼,便調派兩個師的兵力予以援助,並在日記中感歎:「伯川思想與行動完全反對三民主義與中央,其背謬可笑,共黨焉能不輕侮暗算,然余仍支持之,未知其以後能悔悟否。」[40]

經此分裂,山西四分之三以上區域皆入犧盟會之手,不僅使閻錫山喪失精銳部隊三、四萬,槍二萬五千支,也導致國民黨政治工作無法推進。[41] 1940 年 3 月,中共中央主動採取與閻錫山相緩和的姿態,使閻共關係逐漸恢復穩定。[42] 但閻自此愈加重視

---

36 〈黃樹芬呈蔣中正共黨在山西之活動及其勢力閻錫山態度及其應付方法〉,《蔣中正總統文物》:002-020300-00049-048。

37 《徐永昌日記》,冊 5,1939 年 12 月 15 日,頁 243;〈蔣介石日記〉,1939 年 12 月 16 日;國立政治大學人文中心主編,《民國二十八年之蔣介石先生》,頁 702。

38 《徐永昌日記》,冊 5,1939 年 12 月 26 日,頁 251。

39 〈蔣介石日記〉,1939 年 12 月 25 日。

40 〈蔣介石日記〉,1940 年 2 月 2 日。

41 《徐永昌日記》,冊 5,1940 年 3 月 16 日、5 月 16 日,頁 295、320。

42 楊奎松研究認為,毛澤東等人依舊重視對閻錫山的統戰工作,擔心會把閻逼

組織的作用,集中力量建設同志會。[43] 在人事安排上,閻自任會長、趙戴文任副會長,並由十三名人員組成高級幹部委員會。值得注意的是,同志會高幹會議五個處的主任均是國民黨山西省黨部執委。[44] 同志會不僅自為獨立的組織系統,高級幹部亦橫跨國民黨,對省黨部予以監控,使山西國民黨的運轉受到嚴重干擾。黃樹芬曾致電朱家驊表示:「主任委員即為同志會副會長,亦將步黨政分會、特別黨部政治部之後塵,徒仰他人之鼻息而已。頃據報告,同志會近曾決議對付本黨之辦法,決議派人打入本黨各級組織,以作第五縱隊之活動。對上級拉攏、對下級打擊,會議記錄另呈閻、趙。」[45] 對黃的彙報,朱並未做出若何回應。

而在組織上,閻錫山在對應行政系統的專區、縣、區、村四級,每級都設立了同志會,並在軍隊、學校中大力發展會員。[46] 閻還下決心要將組織工作深入到鄉村:「必使我們的政權不存在時,尚能保存十分之一以上戶數同志奮鬥。」[47] 為此,山西省

到國民黨中央一邊去。之所以雙方屢發衝突,甚至走向破裂,本質是利益之爭的結果,但也存在諸多不依雙方意志為轉移的複雜因素。最終,閻錫山與中共達成和解,雙方關係恢復穩定。中共放棄長治以南地區,長果路以南的八路軍部隊陸續北撤,地方黨政機構和群眾組織骨幹亦隨軍北遷。參見楊奎松,〈閻錫山與共產黨在山西農村的較力——側重於抗戰爆發前後雙方在晉東南關係變動的考察〉,頁33-39。

43 關於同志會的組織架構與歷史變遷,參見牛貫傑,〈民族革命同志會初探〉,《山西高等學校社會科學學報》,2015年第9期。
44 各處主任分別是:秘書處主任王懷明、組織處主任梁敦厚(化之)、宣訓處主任李江、政事處主任薄毓相、監察處主任邱仰濬。楊懷豐,〈閻錫山的民族革命同志會紀述〉,頁49-50。
45 「黃樹芬致朱家驊電」(1943年1月8日),〈山西黨務:趙次隴擔任主委時期:人事〉。
46 山西省政協文史資料研究委員會,《閻錫山統治山西史實》,頁300。
47 閻錫山,《閻錫山日記全編》,1941年9月7日(太原:三晉出版社,2012),頁461。

黨部不得不向中央報告：「各縣組（同志會）政軍民並稱，黨毫不被重視。」[48] 1944 年，同志會成立六周年時，閻錫山更提出「五建」學說，即組、政、軍、經、教。[49] 所謂「組」，除字眼上的區別，實際與「黨」已別無二致。同志會成為與山西國民黨具有極大重合度與競爭性的地方政黨。

據黃樹芬報告，同志會還以精建會、敵工團、突擊團、視察處等作為外圍組織，派遣大批幹部前往鄉村活動。閻錫山在經濟上也給予大力支持，給每縣發放經費數千元，更常使之代替二戰區募集特別捐。而同志會的工作內容之一，就是與國民黨基層黨部爭奪對民運工作的領導權。[50] 自 1940 年起，閻錫山一方與山西國民黨在二戰區的摩擦事件頻繁發生，兩三個月內就高達數百件，其中大多是由雙方對民運領導權的爭奪導致。黃樹芬向朱家驊彙報時，一方面對國民黨在晉控制力加以誇大：「實際黨在二戰區確已能起領導作用，今日形勢已足代過去共黨在二戰區之位置有過之。」另一方面，委婉建議國民黨中央在民運等問題上，應與閻保持妥協姿態：「以共黨之作風，尚以擁閻為號召，何況我輩確實要爭取晉閻以為我方之助乎。」[51]

與國民黨奉行三民主義、效忠黨國的革命精神不同，同志會的中心思想是「物產證券與按勞分配」，具有強烈的私屬性。楚溪春就曾向徐永昌訴說，山西幹部在閻錫山面前歃血為盟之情

---

48 「王貢獻致朱家驊函」（1943 年 5 月 13 日）。
49 閻伯川先生紀念會編，《民國閻伯川先生錫山年譜長編初稿》，冊 6，1944 年 2 月 16 日，頁 2206。
50 「黃樹芬致朱家驊函」（1941 年 3 月 6 日），〈山西黨務：趙次隴擔任主委時期：黨政軍情勢與省鈔問題〉，《朱家驊檔案》：301-01-06-091。
51 「黃樹芬致朱家驊電」（1940 年 8 月 28 日），〈山西黨務：趙次隴擔任主委時期：黨政軍情勢與省鈔問題〉。

事。徐此前雖略有耳聞，但從未置信：「今聞此，覺閻先生愈趨日暮途遠之景象。」[52] 據親歷者回憶：「閻錫山與日軍勾結，為了表現與重慶蔣政權脫離關係，閻將第二戰區及山西省政府的關防印信均置而不用，而以民族革命同志執行部的名義發號施令。」[53] 上述說法中，閻是否僅是出於拉攏日方的目的尚不能坐實，但脫離國民黨另立組織的做法卻可被印證。如在具有同志會機關報性質的《革命動力》和《革命行動》兩份刊物上，均嚴格按照「民族革命同志會執行部、第二戰區司令長官部、太原綏靖公署、山西省政府」的排序，發佈組織命令或行政通告，完全未見「國民黨山西省執行委員會」的身影。

犧盟會組建之時，國民黨組織尚未回歸山西。而閻錫山擺脫犧盟會，另造新「黨」之際，山西省黨部已恢復工作。同一地區兩套組織並行發展，無論在法理上，還是實際運作中，均具有較強互斥性。國民黨中央即便採取曖昧退讓路線，但在山西的處境也未能有所改變。1941年，黃樹芬再次向朱家驊大吐苦水：「晉省工作重要，處境特殊。因積極負責，他方頻施壓力，並易招內怨。黨務稍有寸進，同志會必先從下級予以工作上之打擊。如大徐等縣黨務糾察隊之糾紛，吉縣社會服務處產銷部之被封閉，工作同志之被殺害。」[54] 此後，中統方面也向中央續報了閻錫山所屬，擅補黨工、侵佔縣黨部的情況。[55]

閻錫山雖表面力言黨與國家不可分割，宣稱同志會是國民

---

52 《徐永昌日記》，冊5，1940年4月26日，頁315。
53 楊懷豐，〈閻錫山的民族革命同志會紀述〉，頁54。
54 「黃樹芬致朱家驊電」（1941年6月24日），〈山西黨務：趙次隴擔任主委時期：人事〉。
55 〈山西閻錫山部摧殘黨團情形〉（1942年6月12日），《特種檔案》：特9/42.1。

黨的外圍組織。但對國民黨的打擊依然如故，黨政失和達於極點。[56] 據統計，截至 1942 年 6 月，國民黨在山西共有黨員二萬四千九百二十四人。[57] 而同一時期，同志會會員已達到八萬餘人。[58] 徐永昌日記亦載：「晉軍官兵僅有六七萬人，而其政治人員亦有六七萬，恐怖逾昔。」[59] 1945 年 3 月，國民黨官方統計的山西省黨員總數也僅為五萬一千四百八十三人。[60] 若簡單的以各方發展成員人數評估組織規模與效能的話，國民黨在山西遠遜於同志會。

第三節　黃樹芬：蔣、閻、朱間的紐帶

抗戰期間，國民黨中央不僅為謀求黨組織在晉生存發展而煞費苦心，對中層幹部的運用與管理也頗費心力。1938 年 10 月至 1944 年 2 月，國民黨山西省黨部主任委員始終由趙戴文擔任，但閻方採取包而不辦態度，黨務發展職責實際落到了書記長黃樹芬身上。誠如上文所述，國民黨在山西的黨務受主客觀環境所限，組織效能不彰。不過，黃樹芬作為中央直接派駐山西的重要幹部，以省黨部為陣地，在密切蔣閻關係、地方黨政軍聯繫，甚至監視晉閻動向等諸多方面均發揮了重要作用。

---

56 「王貢獻致朱家驊函」（1943 年 5 月 13 日）。
57 國民黨統計數據的真實性雖尚待考察，但為體現黨員發展成績，上報數據也僅存在虛高的可能。《十中全會中央組織部工作報告》（民國三十年十二月～三十一年十一月），李雲漢主編，《中國國民黨黨務發展史料——組織工作》，下，頁 480。
58 根據牛貫傑在〈民族革命同志會初探〉一文中，徵引的山西數縣縣誌所載同志會會人數推算，亦可基本證實同志會會員遠超山西國民黨黨員人數。楊懷豐，〈閻錫山的民族革命同志會紀述〉，頁 53。
59 《徐永昌日記》，冊 7 開，1943 年 6 月 17 日，頁 105。
60 〈國民黨中央組織部在第六次全國代表大會期間所編制的黨務統計報告〉（1945 年 4 月），《中秘處檔案》：711-4-122。

張厲生曾對朱家驊明言:「查山西人選最難物色,蓋自十九年以來,凡接近閻先生者,皆不敢接近中央,其接近中央者,皆閻先生所不信任。」[61] 這不僅道出國民黨中央在經營與晉閻關係時所面臨的困難,也預見了國民黨在山西的負責人的處境。然而,黃樹芬憑藉自己獨特的處事技巧,以省黨部書記長身分不僅成功接近閻錫山,更成為蔣、閻間的聯絡人。1939 年 11 月,黃回渝彙報工作時,閻曾特意致函蔣:「黃委員樹芬在此間工作甚為努力,尤其在黨政間調恰之力甚大」,「鈞座如有垂詢,黃委員均能詳呈,鈞座如有指示,亦請由黃委員轉示」。[62] 閻錫山如此為之,不僅是在蔣介石面前為黃樹芬美言,更意在表現對黃的肯定與信任。

黃樹芬雖是國民黨派駐山西的幹部,但閻錫山也有意對其拉攏、利用,通過黃試探蔣介石與國民黨中央對中共態度,兼及表達己方訴求。例如,針對中共在晉動員民眾、發展組織、擴充武力的現實情況,閻希望國民黨中央能夠事先在中共活動據點佈置重兵,「在抗戰意義上為建立遊擊根據地,在剿共或防共上對共黨主要區域採取一種包圍之形勢」。閻還希望中央能夠幫助武裝、增強山西正規軍力量,如原晉綏軍的精銳部隊,即由陳長捷與王靖國分別統率的第六十一軍、第十九軍。此外,為謀求山西省黨政軍、中央與地方的緊密聯繫,閻錫山還欲使蔣派遣一名聯絡員常駐二戰區,密切與各方關係,減少誤會。[63] 不過,國民黨

---

61 〈張厲生致朱家驊函〉(1938 年 8 月 28 日),〈山西黨務:趙次隴擔任主委時期:人事〉。

62 〈閻錫山函蔣中正現黃樹芬回重慶報告工作如有指示亦可由其轉示〉,《蔣中正總統文物》:002-080200-00618-037。

63 〈黃樹芬呈蔣中正共黨在山西之活動及其勢力閻錫山態度及其應付方法〉,《蔣中正總統文物》:002-020300-00049-048。

中央此後似乎並未正式派遣聯絡員赴晉，而是由黃樹芬實際扮演了這一角色。又如1940年4月，「省鈔跌落，糧價飛漲，民食、軍糧兩感困難」，山西財政狀況難以為繼之時，閻錫山便派黃樹芬回渝，向蔣介石彙報彼間情形，請求經濟援助。[64]

晉閻與國民黨雖在防共、抗日問題上具有一致性，但雙方間也潛存競爭、互斥關係。山西一直被視為閻錫山統治下的獨立王國。抗戰爆發後，中央軍入晉無疑對閻錫山的軍政權力空間造成擠壓，也使閻、蔣關係變得微妙而脆弱。自1940年起，第六十一軍軍長陳長捷作為閻錫山的左膀右臂，漸有親近國民黨中央的傾向，加之晉綏系內部權力鬥爭，使閻對陳大為不滿，以致漸不被容。隨後，閻錫山便欲借陳長捷與薄毓相衝突一事，將陳提送重慶，交蔣介石處置。黃樹芬分析閻之目的在自我表白與肅清隊伍。因此，為維護中央與地方的關係，黃建議蔣介石萬不能使陳遠離前線，以免節外生枝。蔣也採納了黃的建議，對陳長捷加以慰勉，令其在前方安心殺敵。[65] 與此同時，中央軍與晉綏軍間矛盾也日趨激化，雙方就晉東南地區的控制權爭奪十分激烈，閻錫山遂命黃樹芬與省政府委員李江代表黨政兩方前往解決。為此，黃特別向蔣介石表示：「晉東南形勢重要，國軍與地方當局應如何取得密切聯絡確為重要問題。」[66]

上述僅是黃樹芬參與解決的閻錫山與國民黨中央間的兩起摩擦，雖均被化解，但雙方關係裂痕業已加深，愈發增強了晉閻的

---

64 〈閻錫山呈蔣中正山西省鈔跌糧價漲擬加調整並派黃樹芬謁請詳情〉，《蔣中正總統文物》：002-080200-00291-076。

65 〈黃樹芬電蔣中正懇電閻錫山飭勿將陳長捷送中央審辦並加慰勉等文電日報表等三則〉，《蔣中正總統文物》：002-080200-00526-029。

66 〈黃樹芬電蔣中正九日與楚溪春李江赴洛陽晉見衛立煌商討駐晉東南之國軍如何切取聯絡並渡河視察〉，《蔣中正總統文物》：002-080200-00291-046。

離心傾向。1941 年 4 月，日蘇中立條約簽訂。5 月，中條山戰役國軍失利，國際、國內環境的突變更促使「先愛己後愛國」的閻錫山開始重新考慮未來出路。閻曾對左右坦言：「將來收拾國家，共黨有三分，汪偽有二分，中央只有一分。」[67] 然而，晉閻與中共的合作經犧盟會實踐，已知走不通。於是，閻錫山此時開始思索與正向其拋出橄欖枝的日本妥協。

蔣介石自該年 4 月起，就開始對閻錫山的通敵動作予以重視，但始終處於半信半疑的觀望狀態。直至 7 月底，局勢變得愈發嚴峻，使蔣再也無法泰然處之，派軍令部部長徐永昌赴山西打探虛實，並希望能對閻氏進行勸誡。徐雖出身晉系，卻一直對閻錫山欲脫離中央以自立的傾向，抱持消極態度，更毋庸說此時的投日之議。除徐永昌外，蔣介石還通過其他渠道密切注閻、日合作動向，以便全面掌握情況，妥善制定對策。1941 年 10 月，黃樹芬通過朱家驊向國民黨中央密報：

> 汪逆兆銘派人入晉多方煽動。在敵特務機關長大清本主持之下，以蔡逆熊飛、閻特務人員白太沖等為媒介，曾與閻所派之趙總司令承綬及偽蘇省長體仁等在孝義開會三次，有進行妥協之準備。其內情因受政治影響，自日蘇協定之後，中共逐次在軍事有與敵偽合流可能，繼以中條山戰事爆發，據敵宣稱將渡河攻取西安。在此種形態之下，閻深感晉綏軍存在將成問題，故特有一部分強調存在即目的之口號，其意即只要能存在，與汪逆合流亦可。[68]

---

67 《徐永昌日記》，冊 6，1941 年 6 月 21 日，頁 138。
68 「黃樹芬致朱家驊電」(1941 年 10 月 5 日)，〈黃樹芬〉。

12月時，黃樹芬又直接致電蔣介石報告自 8 月以來的晉閻動向。據黃瞭解，閻錫山確派第七集團軍總司令趙承綬、山西黨政分會秘書長梁綖正、綏署機要處長劉迪和閻之親信徐咸壽等人前往太原、平津，與日偽代表會晤，謀求妥協。並且，趙承綬抵達太原後，敵人當即自汾城撤退，改由晉綏軍進駐。前線各地凡與敵人接壤部隊均已取得默契，互不相犯，高級軍官間亦有秘密往來。11月，當敵人進佔施灘時，克難坡雖與之相距甚近，但不僅未發生恐慌，更阻止國軍渡河增援。此外，第二戰區散住在川陝的眷屬、工廠、機關、銀行等單位，均已遷至隰縣、大寧、吉縣及前線各地。縱觀二戰區的各種動態，黃樹芬認為閻錫山顯然已有與敵偽妥協的趨勢。[69]

　　黃樹芬還結合自身在前方的觀感，向蔣介石分析閻錫山投日動機：首先，日美談判使閻誤認為中央有與日妥協的可能，故欲搶佔先機與敵接近。其次，中共在晉勢力日益擴大。閻自覺即便將來日軍撤退，晉綏軍也無力與之爭奪地盤。再者，閻方感受到來自國民黨中央各部隊與各方對山西的歧視。同時，晉地社會已出現糧食匱乏、生活成本益高的現象。此外，閻也是出於政治博弈的考量，以及受到香港民主同盟等氣氛的影響。黃樹芬在報告中還預測了晉閻勢力未來發展的幾種趨勢：1、晉綏軍不但無力抗日，且會更加與日方接近；2、若美日談判成功，日本必支持晉閻，造成華北特殊化環境；3、若談判失敗，日本為抽兵南進，亦必將佔領區逐移晉綏，以消滅國軍攻擊；4、盡力阻止中央軍入晉，以造成中立地帶。[70]

69　國立政大學人文中心主編，《民國三十年之蔣中正先生》，頁 916-917。。
70　國立政大學人文中心主編，《民國三十年之蔣中正先生》，頁 916-917。

1941年底，美日談判破裂後，局勢發生扭轉，使閻錫山擱置了投日計畫，山西危機得以暫時解除。黃樹芬隨後向蔣介石報告，閻在朝會上公開承認先前對美日關係估計有誤，表示擁護中央抗戰到底的堅定立場。黃更自我表功道，閻的這一舉動是經其建議，但同時也提醒蔣不可對山西形勢掉以輕心。因日軍若集中力量對抗英美，將來恐會為防備國民黨而變本加厲地拉攏晉閻。同時，中共也欲利用這一時機，以援蘇抗日為名進佔太原，擴大活動區域。黃樹芬還擔心中央軍與閻方再起摩擦，致使雙方關係惡化，向建議中央：1、促成閻錫山做出堅決抗日的表示，以絕後患；2、中央軍協助閻錫山收復太原，肅清中共勢力；3、儘量減少對二戰區刺激。最後，黃樹芬特別強調：「芬現住克，與閻趙日夕相處，時常進言。承渠等亦極坦白相告，對於中央與地方聯繫工作或能有所臂助耳。」[71]

　　此後，日本改變了對閻錫山政治誘降的策略，轉為武力脅迫，使山西局勢再次陷入危機。據黃樹芬瞭解，1942年4月，閻錫山與日方代表會晤時，曾達成幾點共識：協力反共；日方幫助閻建立三十萬鐵軍；晉綏冀察歸閻支配。至5月前後，黃又偵悉原駐紮於河西、洛宜各地直屬機關人員及重要物資均遷赴河東；二戰區軍政高級幹部因生活艱苦、環境困難，均願回歸太原；閻錫山亦將脅迫或統制下級幹部返回太原。為此，黃樹芬向國民黨中央表示，其將親赴前線謁閻觀察實況，作最後懇談，並運動閻之左右勸說閻懸崖勒馬，與敵中止談判。黃此時因聽聞蔣介石將赴西安，便建議邀閻錫山往謁。此外，黃樹芬還提出使在渝久居之邱仰濬返晉，藉以加強蔣、閻聯繫，並命第三十四集團

71　國立政大學人文中心主編，《民國三十年之蔣中正先生》，頁916-917。

軍於必要時進佔各重要據點，同時爭取晉閻內部不願附敵之軍政幹部等策略。[72]而蔣介石對黃樹芬的建議也有所採納，決定邀閻錫山赴陝一晤。[73]

第四節　國民黨中層幹部的困境

黃樹芬擔任山西省黨部書記長的七年間，在加強蔣閻聯絡、密切地方黨政軍關係、搜集晉閻情報等方面發揮了重要作用。孰料國民黨中央最終卻給其安上一個破壞組織的罪名。1940年8月，黃樹芬突然致電朱家驊解釋道：「惟因特殊，一切不得不顧及人事。因此，雖時有與二戰區接近，目的在借此人事感情以求達到黨務之開展，非有所欲於二戰區，更無所謂個人之得失，可絕對堅定本黨立場。」[74]由此也開啟了此後數年間，國民黨中央與黃樹芬反復糾纏的所謂政治立場問題。

1941年，當黃樹芬向朱家驊建議撤換執委郭澄，代之以閻系人士楚溪春時，朱就已表露出對其有失立場的不滿：「工作之苦心甚佩，但彼常過分，應力勸其必須隨時注意本黨的立場為要。」黃隨之向朱表白忠心：「職自浙江以至交部、太原均在吾公領導之下，在芬之長官中可謂歷史最深長，知芬最深切者，芬之人格與立場必定知之有素。且公之左右，芬之友好極多，知芬亦較眾。」即便如此，朱家驊迫於外界壓力，亦不得不時常敲打

---

72 邱仰濬曾任山西五台縣縣長、平津衛戍司令部總務處處長、山西省政府委員兼民政廳廳長等職，位居閻錫山「十三高幹」之一，深得閻的信任。〈朱家驊呈蔣中正據黃樹芬電稱據報閻錫山與敵代表會晤決定協力反共敵助閻建立三十萬鐵軍晉綏冀察歸同支配等妥協經過及決定事項〉，《蔣中正總統文物》：002-080103-00045-025。

73 《徐永昌日記》，冊6，1942年5月10日，頁395。

74 「黃樹芬致朱家驊電」（1940年8月21日），〈山西黨務：趙次隴擔任主委時期：黨政軍情勢與省鈔問題〉。

黃樹芬。但黃認為：「吾省環境較他省為複雜，敵偽奸黨之外尚有偽裝分子與二戰區各部門之鬥爭。因此，進行之方式上必須講求必須先選定敵人，分別緩急先後。集中力量少樹敵，從矛盾中求發展，由曲線中達目的。非如此欲求存在，尚不可能，況望發展乎。」[75]

黃樹芬所言「偽裝分子」實指在晉CC系勢力。中原大戰前，山西黨務由以苗培成為代表的CC系人士負責。抗戰爆發後，國民黨重回山西時，中央黨務的經營權已由朱家驊取代陳果夫、陳立夫掌握。據黃所言：「舊黨部派同志對此不獨不站在黨的立場予以幫助，近復組織晉社，以（姚）大海為總負責人，聯絡舊日黨部同志，而有所企圖，以推翻現黨部為目的。」姚大海等人主要策略是以該方所控制、隸屬於國民黨山西省黨部的調查統計室為陣地，與閻錫山方面製造事端。「彼等復乘職去渝期間，更有所策動。二三月來，各地與二戰區摩擦事件多至數百。」使閻對各地黨部的糾紛事件甚感不快，「幾疑今之黨部猶如舊日，致吾公恢復黨部之苦心未能大顯。職對於此點，對閻雖不敢明言，但閻深可信職決無故意製造摩擦之理」。[76]

黃樹芬為彌合雙方之間關係裂痕，隨後更加表現出對閻錫山的密切聯絡。而CC系便以立場動搖為名向中央控告黃，致使後者再次向朱家驊申訴道：

---

[75] 「黃樹芬致朱家驊函」（1941年5月27日），〈山西黨務：趙次隴擔任主委時期：人事〉。

[76] 姚大海，山西人，曾任中國國民黨山西省黨部商民運動委員會常務委員、黨務指導委員、山西省黨部監察委員會常務委員、山西省黨務指導委員會執行委員等職。1939年起，擔任軍事委員會風紀巡查團委員，為CC系在晉代表人物。「黃樹芬致朱家驊電」（1940年8月28日），〈山西黨務：趙次隴擔任主委時期：黨政軍情勢與省鈔問題〉；劉國銘，《中國國民黨百年人物全書》，冊下，頁1787。

至於言行方面，立場尤為堅定。此間黨部與地方當局固表面上不得不加聯繫，實以立場不同，暗鬥尤烈。惟在先求存在，及增加上級之處理困難原則之下，充分講求鬥爭技術，壁壘至嚴。即芬素主只要黨部大權操在我黨之手，即其他略事與之敷衍亦未不可。[77]

除來自 CC 系的攻擊外，山西三青團人士對黃樹芬亦表不滿：「未淪陷各縣，固且不能公開活動，黨與團之關係亦不甚融洽，如此次黃書記長代表山西支團赴渝出席團代大會，得力於二戰區幫忙者不少，而團方則深表反對者也。」[78] 但朱家驊彼時對黃樹芬尚較信任，仍向張治中推薦由其兼任三青團山西支團幹事長。[79] 不過，即便朱方群體內部也對黃大加控訴：

（一）晉黨部工作鬆懈，所屬五十餘縣整年無工作報告。
（二）黃行為不檢、態度隨便，中央代表評黃失立場、漏消息、吃兩頭、為黨丟臉，晉人稱為黃狗。閻對黃使晉人，因彼見棄於本黨且可利用。今夏送黃萬元，派其赴渝交涉敵工團經費，無結果。閻不滿，兩月不見黃。趙言黃不學無術，人格道德失黨體面。（三）黃對部座不滿，用人不徵彼同意，經費限制等。[80]

---

77 「黃樹芬致朱家驊電」（1943 年 1 月 8 日），〈山西黨務：趙次隴擔任主委時期：人事〉。
78 「王貢獻致朱家驊函」（1943 年 5 月 13 日），〈山西黨務：趙次隴擔任主委時期：人事〉。
79 「朱家驊致張治中函」（1943 年 5 月 11 日），〈三民主義青年團：人事介紹與任命〉。
80 「許文樑、高挺秀、曹德峻致朱家驊函」（1942 年 11 月 27 日），〈山西黨務：趙次隴擔任主委時期：人事〉。

對此，朱家驊批示：「婉言，懇電勸黃樹芬並飭糾正一節，努力工作，全力以赴。否則，不能再予容忍而支持也。」[81] 面對朱之警示，黃樹芬難以接受而申言道：「惟對環境之運用，似應付與充分活用的機會與上級充分的信任，始能應付裕如。否則先求安定內部及鞏固地位尚且不夠，安有餘力向外發展。」[82]

各方對黃樹芬「賣黨投機」行徑絡繹不絕的彙報，逐漸動搖了朱家驊對其的信任，開始命隴海路特別黨部人員許文樑密查黃樹芬在晉言行。據許調查，黃不僅以書記長身分參加同志會高幹會議，更羅列出其誣陷同志、囤貨居奇、販賣毒品、私挪公款經商等數項罪名。

（一）賣黨。閻高幹聯席會議，黃擅以書記長地位參加，遂使同志會有合法地位。（二）陷害。對調中訓團及黨訓班同志均加以罪名。如李玉林等，黃言為奸黨；牛明軒等來班，報以未到區工作陷害；陳振家買鴉片被扣兩月，無據旋釋。（三）囤積。卅年一月移用經費，自西安購大批萬金油運宜川，囤至夏始賣，職員薪金因而遲發兩月。今年六月，黃派李保固運大批貨物路過韓城被扣。七月，在辦事處囤布四十餘匹後，不知移於何處。（四）販毒。閻駐晉高級參謀王澤毅言，確曾販毒被彼軍所扣，並願以頭作證。（五）經商。以省黨部代電，迫督導員各出三千二百元、縣書記長各出二千四百元交伊經商。（六）生利。晉各區經費每辭一月發

---

81 「朱家驊批示」（1942年12月2日），〈山西黨務：趙次隴擔任主委時期：人事〉。

82 「黃樹芬致朱家驊函」（1942年11月29日），〈山西黨務：趙次隴擔任主委時期：人事〉。

存銀號生利,暗仍由李怡望負責。中央款到西安中央銀行後,由其弟黃清渠出面移存私人銀號,希圖重利。黃親稱在通商銀行有戶頭。(七)省黨同志向閻借麥。(八)應領中央米代金既不發亦不還晉閻,留以長飽。[83]

獲悉這一情況的朱家驊在震驚之餘,更訓斥許文樑:「此等機密之事何可輕用部中普通密碼拍來,引起誤會不少,殊屬疏忽之至。以後遇有機密文電,必須借用國魂兄之專用密本為要。」[84] 朱家驊此時雖已知曉黃樹芬在晉的各種惡劣行徑,但因正值與 CC 系勢力對抗的緊張之際,為避免貽人口實,暫時並未採取若何處置措施。

由此看來,各方對黃樹芬的控告雖有派系攻擊之嫌,但也並非捕風捉影。除客觀形勢需要,黃與晉閻過從甚密外,亦有謀求自身利益的主觀動機。1943 年 4 月,黃樹芬曾向徐永昌談及:「趙先生自謂今年必死云云。」[85] 不出所料,趙戴文於該年底病故。隨後,省黨部包括閻方人士在內的九名執委,聯名向國民黨中央舉薦由黃樹芬繼任省黨部主委。[86] 黃亦大膽地向朱家驊自薦:「此次晉省主委出缺,論歷史與環境,確以芬繼任為宜,此事關係芬之前途至大,想吾公必定出全力予以支持。」[87] 此時的

---

83 在朱家驊檔案中,尚有多份有關黃樹芬涉嫌經濟問題的密報。「許文樑致朱家驊電」(1943 年 9 月 3 日),〈山西黨務:趙次隴擔任主委時期:人事〉。
84 「朱家驊覆許文樑電」(1943 年 10 月 2 日),〈山西黨務:趙次隴擔任主委時期:人事〉。
85 《徐永昌日記》,冊 7,1943 年 4 月 29 日,頁 71。
86 「王友蘭、胡作礪、喬鵬書、武誓鵬、邱仰濤、李江、楚溪春、梁敦厚、薄毓相等九人致朱家驊電」(1944 年 2 月 16 日),〈山西黨務:趙次隴病故後之晉省主委人選問題〉,《朱家驊檔案》:301-01-06-093。
87 「黃樹芬致朱家驊電」(1944 年 2 月 23 日),〈山西黨務:趙次隴病故後

黃尚不知朱對其早已喪失信任,僅是等待時機予以處罰而已,又怎會對其再加以拔擢。並且,朱家驊業已向蔣介石舉薦了原天津市黨部主委王若僖。[88] 但朱回覆黃道:「吾兄在晉省工作多年素著績效,況由弟一再力為成全。此事弟早已計及,總裁現正考慮人選也。」[89]

關於朱家驊對王若僖的簽呈,蔣介石曾批示「可」,但隨即又電話指示,須再加考慮。[90] 數日後,侍從室告知朱,該處接到中央監察委員姚大海上呈蔣的一封長函稱:「數年來山西黨務,閻長官不存愛護之意,省黨部書記長黃樹芬極力逢迎。罔顧中央付與之使命,日惟陷害忠實同志,以博閻之歡心。」[91] 蔣介石應是因此封控函改變主意,最終欽定由具有 CC 系背景的韓振聲繼任主委,同時要求撤換書記長黃樹芬。韓籍屬山西,也曾擔任天津市黨部主委。若不考慮派系背景,韓振聲確較朱家驊所薦浙人王若僖更為合適。

主委一職中央雖已內定韓振聲,但遲遲未見公開發表。閻錫山方面態度也從絕對由黃樹芬繼任,轉變為可由黃或閻錫山、楊愛源擔任。不明內情的黃樹芬再次致電朱家驊:

有人建議閻長官對黨部應採取統制或包而不辦態度,主委名

之晉省主委人選問題〉。
88 「朱家驊簽呈總裁」(1944 年 1 月 18 日),〈山西黨務:趙次隴病故後之晉省主委人選問題〉。
89 「朱家驊覆黃樹芬電」(1944 年 2 月 25 日),〈山西黨務:趙次隴病故後之晉省主委人選問題〉。
90 「朱家驊簽呈總裁」(1944 年 2 月 19 日),〈山西黨務:趙次隴病故後之晉省主委人選問題〉。
91 「侍從室第三處致朱家驊函」(1944 年 2 月 27 日),〈山西黨務:趙次隴病故後之晉省主委人選問題〉。

義應由閻長官或楊副長官兼任。在渝某部長亦有來電作此建議，且謂芬非中委，不能擔任。但閻長官以此事前既當面允許由芬繼任，復在各委員面前一再說明，似未便改口。昨芬因知閻將赴前方，故親往晉謁。當承面示此事已電覆賈部長，請其再行轉告鈞座。[92]

黃樹芬認為，若省黨部主委必須由中央委員擔任，則山西僅有閻錫山與楊愛源二人符合條件，「中央如另提他人，則彼不能同意，定加拒絕，以免引起未來黨政之糾紛等語」。但又恐若由閻、楊擇一兼任，「晉省黨部工作進行之方式必採與同志會平行，或類如特別黨部、政治部等之維持名義為已足。如此可使芬十數年來苦心孤詣為黨樹立之基礎，以及千百本黨堅強幹部必趨逐漸瓦解」。[93] 因而，黃樹芬自認是主委最佳繼任人選。朱家驊對此未親做回覆，僅命秘書沙孟海代勞：「驪公未有不支持吾兄，惟事之成否正不可知，鄙意兄此時以稍靜默為宜。」[94] 另一方的閻錫山也並未如黃樹芬所言，對其有所舉薦，而是命賈景德出面向朱家驊建議由第二戰區副司令長官楊愛源接充主委。[95]

1944年3月，許文樑再次向朱家驊密報：「近來，黃親信趙璧全成立小組織，將我黨訓班同志排斥圈外，並作有計劃之打擊，擬在三月底召開該小組織基幹會上決定。查黃在晉種種劣跡，筆難罄述，祇侵吞公款一項，即在三百萬元以上。前黃在孝

---

92 「黃樹芬致朱家驊電」（1944年3月7日），〈山西黨務：趙次隴病故後之晉省主委人選問題〉。
93 「黃樹芬致朱家驊電」（1944年3月7日）。
94 「沙孟海覆黃樹芬電」，〈山西黨務：趙次隴病故後之晉省主委人選問題〉。
95 「賈景德致朱家驊函」（1944年1月23日），〈山西黨務：趙次隴病故後之晉省主委人選問題〉。

義出小麥七石，買十一二歲小丫頭一名。渠何來鉅資，不問可知。現閻對黃亦不滿，而黃欲運動做主委，群情憤極。」朱家驊對此批示，先密交秘書甘家馨一閱。[96] 月餘後，朱手諭免去黃樹芬書記長兼職，使其專任執委。[97] 但考慮到外界觀瞻，朱仍對黃有所維護，對外宣稱是其主動辭職。[98]

1944 年 5 月，國民黨五屆十二中全會召開，朱家驊卸任中央組織部部長，黃樹芬也頓失高層庇護。7 月，國民黨中央監察委員會以「破壞組織」罪的名義，對黃進行立案審查。[99] 最終，黃樹芬亦被迫辭去山西省黨部執委一職。[100]

小結

抗戰爆發後，山西省黨部的恢復標誌著國民黨政權得以重新進入晉閻勢力範圍，但也使蔣介石開始備受人事問題的困擾。如何在不引起閻錫山反感的前提下，盡最大可能地恢復組織、發展黨員與平衡雙方勢力。這些均受人事布置的影響很大。前人對閻錫山與蔣介石或國民黨中央關係的研究，大多是從軍事、外交、財政等視角展開，而對雙方圍繞國民黨山西省黨部組織與人事問題的博弈則關注較少。因此，本章便從這一角度切入，對抗戰時期的蔣閻關係進行再探討。

---

96 「許文樑致朱家驊電」（1944 年 3 月 9 日），〈山西黨務：趙次隴病故後之晉省主委人選問題〉。
97 「朱家驊手諭」（1944 年 4 月 14 日），〈山西黨務：趙次隴病故後之晉省主委人選問題〉。
98 「朱家驊致胡作礪電」（1944 年 4 月 22 日），〈山西黨務：趙次隴病故後之晉省主委人選問題〉。
99 〈山西黃樹芬破壞組織案〉（1944 年 7 月 27 日），《監察檔案》：監 0865。
100 「黃樹芬辭職信」（1944 年 7 月 25 日），〈黃樹芬〉。

其實，蔣介石對山西黨務始終並未抱有太高期許，所求的僅是希望能夠通過設置黨部，有助於維持晉閻與國民黨中央的合作抗日關係。因此，蔣介石不僅對閻錫山的諸多人事要求給予最大限度的滿足，更儘量克制而不干涉其在山西的勢力與組織的發展，並以此作為國民黨中央處理與晉閻關係的基本態度和策略。

俗語云：「在其位，謀其政。」與集國民黨黨政軍大權於一身的總裁蔣介石的著眼點不同，抗戰時期先後出任中央黨部秘書長、中央組織部部長的朱家驊，追求的是山西黨務的發展績效與自身派系隊伍的擴張。因而，在這種中央與地方關係中，也同時交織著國民黨內部派系勢力的角逐。朱在試圖最大化地推進在晉黨務、擴展己方力量的過程中，不可避免地會對蔣的旨意時所違背，並引起最高層對山西人事的直接干涉和對中央組織部工作計劃的修正。事實上，抗戰期間，山西國民黨受客觀環境制約所發揮的效能也十分有限。在某種程度上，其作為國民黨中央對晉閻監視機構的表現更為突出。

將山西視為安身立命之所的閻錫山，為維護自己的獨立王國，決定效仿中共在毗鄰的陝西的做法，重視鄉村、建立組織、確立思想。抗戰爆發前，犧盟會是閻錫山大膽實踐的開始。「晉西事變」的發生，不僅沒有澆滅閻對發展組織的熱情，反而更加強化了其對組織效用的信心。同志會便是閻錫山戰時為擺脫中共力量，建立的第二個犧盟會。閻表面對國民黨中央宣稱同志會是為對抗犧盟會而建，但實際卻成為國民黨在山西發展的最大阻礙與競爭者。正因閻對「組織」的重視，使其在掌握山西軍、政大權的同時，仍不放鬆對組織與民眾思想的控制。閻錫山之所以僅在山西省黨部內位置私人，並未爭奪黨務領導權，謀虛而不務實，則在於其已自行建立了一套與國民黨並行的組織系統，搶占

了政治資源。

抗戰期間，急劇變動的外部環境也多次衝擊著蔣、閻間的合作抗日關係。中央軍與晉綏軍發生衝突、閻錫山與日本密謀妥協等緊要關頭，蔣介石除對晉閻施予政治、軍事手段外，亦希望能夠通過無形的人事斡旋來處理危機。制度是靜止的，人則是靈活變通的。人情往還可以化解制度約束或突發事件，給雙方間緊張關係帶來的摩擦。在這一過程中，山西省黨部書記長黃樹芬曾扮演了重要角色，成功地在蔣、閻之間傳遞信息，及時向中央彙報地方動態。

然而，黃樹芬也是國民黨中央與晉閻博弈關係中的犧牲品。在貫徹中央對閻路線時，黃需要拿捏好分寸，亦需要具備左右逢源的處事技巧，方能謀生存，稍有不慎便會陷入「同志疑其親閻，閻方病其煩碎」的困境。[101] 黃樹芬自認只要黨部權力在握，對閻錫山的一切要求均可敷衍，甚至忽視了書記長的本職工作，即國民黨在山西的基層黨建任務。這種過於活用職權的行為，似乎也有違朱家驊的期許。

黃樹芬身處如此複雜的環境中，不能做到一心為公，不僅私挪公款投機經商，甚至企圖利用閻、朱兩方力量，作為自身升遷的政治資本。黃樹芬的左右迎合，既消耗了朱家驊對其的信任，也未能真正獲得閻錫山的許諾，使得獵取省黨部主委的美夢最終落空。朱念在黃數年來，確實向國民黨中央輸送了大量一手情報，提供了不少中肯建議，尚且能夠相信這位舊屬對國民黨的忠誠立場。不過，黃樹芬貪污腐化等劣跡也確實觸及了朱家驊用人

---

101 「翟韶武致朱家驊函」（1941 年 8 月 2 日），〈山西黨務：趙次隴擔任主委時期：人事〉。

的原則和底線。朱雖為避免授人以柄，選擇低調處理。但在國民黨激烈的派系鬥爭環境中，黃樹芬終究未能逃脫來自他方的攻訐。黃嚴重的經濟問題本有案可稽，最終卻被較難界說的破壞組織罪問責追究，不僅說明「立場問題」對黨工政治生命的毀滅性，亦反映出戰時閻錫山與國民黨之間的貌合神離和難以彌合的關係裂縫。

第六章　黨內選戰：省縣黨部選舉與派系角力

　　1924 年，孫中山以俄為師改組國民黨，開始採行「民主集權制」的組織原則，規定每一黨員有參與黨內一切問題的決議和選舉各級黨務機關的權利：「此等全黨黨員參與共同討論決議及選舉之制度，即所以保證民主主義之實行。」國民黨第一次全國代表大會頒布的《中國國民黨總章》（以下簡稱《總章》）首次確立了黨內選舉制的基本原則，規定各級黨部委員均須由各級地方黨員大會或代表大會選舉產生。[2] 這一關涉和維繫國民黨黨機器運轉的基本制度，既區別於改組前黨的體制，也有別於同時期國民政府的人事制度。

　　抗戰時期，擔任國民黨中央組織部部長的朱家驊留下了數量可觀的私人往來信函，內中保存了大量戰時國民黨人事派系糾葛的內幕材料。本章主要利用「朱家驊檔案」中，有關地方黨務幹部就選舉事宜與中央組織部部長朱家驊的往來函電，以及蔣介石、陳果夫、陳布雷、王子壯、王世杰、熊式輝等相關涉事人物

---

1 〈中國國民黨第一次全國代表大會決議案〉（1924 年 1 月），羅家倫主編，《革命文獻》，輯 8（臺北：中央文物供應社，1955），頁 113。

2 內中第七條規定：「地方黨員大會、地方代表大會及全國代表大會須選出執行委員，組織執行委員會，執行黨務。」1929 年，國民黨三全大會於《總章》第四十五、第五十四條，分別賦予省、縣代表大會的職權之一，即選舉省、縣「執行委員、候補執行委員及監察委員、候補監察委員」。1945 年，國民黨六全大會雖對《總章》再做修改，但僅增添了省、縣委員人數「由中央執行委員會定之」的要求。〈中國國民黨總章〉（1924 年 1 月 28 日）、〈中國國民黨總章〉（1929 年 3 月 27 日），《中國國民黨歷次代表大會及中央全會資料》，冊上，頁 23、669-671；〈中國國民黨總章〉（1945 年 5 月 16 日），《中國國民黨歷次代表大會及中央全會資料》，冊下，頁 947-949。

日記。在細緻梳理其中派系關係與人際網絡的基礎上,以戰時國民黨省級黨部選舉,尤以福建、江西等省情況為研究主體,將選舉製作為觀察國民黨派系鬥爭的一個剖面,嘗試揭示地方選舉過程中的各類明規暗則,進而剖析國民黨在「民主」外衣包裹下,黨內派系鬥爭的真實內裡。

第一節　國民黨選舉制的演進與變異

　　1924 年後,國民黨在若干條件成熟的省分,相繼舉行省、縣代表大會,選舉黨部執行委員與監察委員。1925 年 7 月,江西召開第一次全省代表大會,成立了省執、監委員會,是全國較早踐行直接選舉制的省分。在第一次國共合作背景下,經選舉產生的十六名執、監委員中,有十二名中共黨員與共青團員。[3] 1926 年 11 月,北伐軍佔領南昌後,蔣介石因不滿江西省黨部實權操之於中共黨員之手,調派國民黨右派、江西籍人士段錫朋、洪軌等回贛辦理黨務,並限令克期改選省黨部。[4]

　　1927 年 1 月 1 日,江西省第三次全省代表大會召開,中共跨黨黨員方志敏等五人和部分國民黨左派,經選舉當選為省黨部執、監委員。翌日,蔣介石命時任中央組織部部長陳果夫制定限制選舉辦法,以使省黨部人選決定權歸於中央。[5] 即便如此,在重新選舉時,方志敏、李松風等中共黨員仍然當選。蔣只得以圈

3　1926 年 3 月,江西第二次全省代表大會時,未對省黨部委員進行改選,仍由第一屆成員擔任。江西省地方志編纂委員會,《江西省志・中國國民黨江西省地方組織志》,頁 91-92。

4　江西省政府統計室,《江西年鑒(1936)》,頁 112;〈蔣總司令在贛開聯席會議〉,廣州《民國日報》,1926 年 12 月 13 日,版 3。

5　韓信夫、姜克夫主編,《中華民國大事記》,冊 2(北京:中國文史出版社,1997),頁 550。

定的辦法，任命段錫朋、周利生等十七人為江西省黨部委員，其中僅有的三名國民黨左派人士為表抗議，宣布退出，使江西省黨部完全淪為右派黨部。[6]

除江西外，同時期的廣州特別市黨部與廣東省黨部的選舉也出現違規操作。1926年12月，中央執行委員會常務委員會主席張靜江運用軍事手段，解散了廣州特別市黨部，另委李濟深、甘乃光、曾養甫等人組織特別委員會籌備改選。[7] 中共及國民黨左派人士認為，張無權解散原市黨部及委派特別委員會，由特委會辦理的選舉亦屬無效。[8] 1927年1月，廣東省第二次全省代表大會選出執委候選人四十五人，監委候選人十五人，再由中央政治會議廣州分會圈定出三分之一正式人選。在得票最高的前八人中，多人為跨黨的中共黨員，但最終僅一人當選。[9]

鑒於上述情形，1927年3月，國民黨二屆三中全會召開時，江蘇、安徽、直隸、山西、河南等省代表要求中央改選經違規選舉產生的各省市黨部：「此次廣東省黨部、江西省黨部代表大會所選舉之執、監委員，不照章選舉，而皆由中央主政之一、二人，以中央名義指定若干人加入預選，限令加倍選出數十人，稱

---

6 選舉辦法規定，執行委員應由中央執行委員指定十八人，代表大會選出十八人，再由代表大會簽定二十七人，監察委員由中央執行委員會指定六人，代表大會選出六人，再由代表大會簽定九人，最後交由中央執行委員會常務委員會圈定執委九人、候補執委三人、監委三人、候補監委二人。江西省地方志編纂委員會，《江西省志・中國國民黨江西省地方組織志》，頁92。

7 廣州市地方誌編纂委員會編，《廣州市志・政黨群團卷》，卷11（廣州：廣州出版社，2000），頁580-581。

8 〈江蘇、安徽、直隸、山西、河南等省黨部代表請取消違反選舉之各省市黨部選舉另行改選案〉，《中國國民黨歷次代表大會及中央全會資料》，冊上，頁339。

9 梁尚賢，《國民黨與廣東農民運動》（廣州：廣東人民出版社，2004），頁847-848。

由中央組織部加以圈定,是本黨有嚴密組織及森嚴紀律之革命黨,成為私人任意操縱之私黨!」[10]

在國民黨左派主持下,大會裁定廣東、江西、廣州市黨部的執、監委員的選舉違背總章,由中常會下令從速改組。[11]繼而又公佈了處理江西問題的八項辦法:「停止江西省黨部職權」、「嚴拿反革命兇手與反革命暴徒」、「開除段錫朋、周利生二人黨籍,並由政府通令拿辦」,任命方志敏等為中央特派員,代理省黨部職權,重新召開江西省第三次全省代表大會,直接選舉產生新任省黨部委員。但在隨即到來的「四一二政變」浪潮席捲下,中共黨員與國民黨左派未及就職,新組建的江西省黨部已被顛覆。[12]

1927年前後,隨著北伐戰爭的節節勝利,國民黨統治區域逐漸擴大。蔣介石之所以對廣東、江西等地黨部選舉加以干涉和破壞,主要目的便是為限制黨內中共勢力,也是其清黨反共的前奏。國民黨二屆三中全會雖在左派主導下,對蔣的權力有所節制,取締了「非法」選舉產生的省市黨部,但並未使國民黨地方選舉恢復正軌。該年底,蔣介石曾與黃郛商議:「停止各省黨部,待第三次全國代表大會從新派員組織。」[13] 1928年2月,國民黨二屆四中全會決議,各地各級黨部一律暫行停止活動,各省及相當於省一級的黨部,由中央派黨務指導委員組織「黨務指

---

10 〈江蘇、安徽、直隸、山西、河南等省黨部代表請取消違反選舉之各省市黨部選舉另行改選案〉,頁338。

11 〈關於取消違反選舉之各省市黨部另行改選決議案〉(1927年3月17日),《中國國民黨歷次代表大會及中央全會資料》,冊上,頁332。

12 江西省地方志編纂委員會,《江西省志·中國國民黨江西省地方組織志》,頁92-93、273-274。

13 〈蔣介石日記〉,1927年12月18日。

導委員會」，辦理一切黨務事宜。[14]

隨著蔣介石在黨內根基的日益穩固，以及第一次國共合作的破裂，《總章》所規定的直接選舉辦法被束之高閣。1928年6月，國民黨中央頒布《中國國民黨省執行委員及監察委員選舉法大綱》（以下簡稱「《選舉法大綱》」），重新制定選舉辦法三種：

甲、在全省代表大會中，中央除臨時派員出席監視外，得完全採用直接選舉制，由各代表按照中央規定執行委員及監察委員人數選舉之。

乙、由中央提出執監委員人數加倍之候選人，省代表大會於中央提出之候選人中按照中央規定之執行委員監察委員人數選舉之。

丙、由省代表大會先行預選中央所規定執行委員及監察委員人數加倍之候選人，中央於候選人中按照規定之人數圈定之。[15]

至於各省究應採用何種辦法，則由中央執行委員會依據各省黨務發展狀況決定。《選舉法大綱》的公布，無疑是國民黨清黨後遺症的體現，完全意義上的民主選舉制，使中央無法掌控各省執、監委員人選，不能保證黨部的「純潔性」。為防範中共勢力滲透，國民黨只能利用選舉制的名義，以圈定、委派等手段任命各省黨部委員。

---

14 〈整理各地黨務決議案〉（1928年2月4日），《中國國民黨歷次代表大會及中央全會資料》，冊上，頁521。

15 〈中國國民黨省執行委員及監察委員選舉法大綱〉（1928年6月18日），《中央黨務月刊》，第2期（1928年9月），頁5-6。

1929年3月，國民黨三大召開前夕，各省依照上述辦法，陸續組建省黨部。如廣東、廣西、山東、山西、安徽、江蘇、浙江等省，均應中央要求採用乙、丙兩種選舉辦法。[16] 真正符合《總章》規定的甲種直接選舉法，基本未被實行。因此，抗戰爆發前，國民黨實際採行的是中央控制下有限度的民主與受限制的選舉。1931年初，蔣介石曾有使「各省黨部選舉絕對自由，不再圈定」的想法，但並未付諸實踐，1928年的《選舉法大綱》仍大行其道。[17]

　　1933年1月，《豫鄂皖剿匪區內暫行黨務整理綱要》頒布，命令「剿匪區」內所有選舉事宜一律暫停。[18] 3月，國民黨中央又以抗日工作緊張為由，令華北十二省市黨部暫停一切選舉活動。自1928年《選舉法大綱》頒行，至1933年底，國民黨選舉制度的變革造成地方黨部組織形式參差不齊。王良卿曾對這一時期各省市黨部委員產生方式做過統計：

表6-1：各省市黨部委員產生方式與其施行黨部數（1929年、1933年）

	執監委員會	黨務指導委員會	黨務整理委員會	特派員辦事處	省市黨部設立總數
1929年12月的省市黨部建立狀態	選舉：0 圈定：8 小計：8	委派：14 小計：14	委派：7 小計：7	委派：2 小計：2	31
1933年12月的省市黨部建立狀態	選舉：9 圈定：5 小計：14	委派：7 小計：7	委派：6 小計：6	委派：4 其他：2 小計：6	33

備註：表中所列「選舉」一項，系指「甲種」直接選舉辦法。
資料來源：王良卿：《改造的誕生》（臺北：政治大學歷史學系，2010），頁49。

---

16 〈各省市的選舉和組織〉，《中央周報》，1929年第33期；〈皖魯選舉執監委員〉，《中央周報》，1929年第41期；〈中央圈定浙津執委〉、〈各地黨部鑒消消息〉，《中央周報》，1929年第40期。

17 〈蔣介石日記〉，1931年2月15日。

18 《豫鄂皖剿匪區內暫行黨務整理綱要》，《江西省政府公報》，第57期（1933年7月），頁3-4。

由表 6-1 可知，國民黨省市黨部組織的產生方式是選舉制與委任制並行，執監委員會、指導委員會、整理委員會、特派員辦事處等多種形式共存，名目混亂。[19] 多數省分雖已成立執監委員會，但基本由「選舉—圈定」的方式產生。即便如此，國民黨中央也僅將「民主選舉」的機會，給予那些已能較好掌控的省市黨部。不過，這些地方在選舉時，亦難逃派系力量的操縱。CC系便利用這一時機，迅速擴展了基層黨務勢力。此外，被冠以「指導」、「特派員」等名義的黨部，也反映出國民黨地方黨部權力實際源於中央自上而下的授予，而非基層黨員自下而上的賦予。這不僅是對《總章》所規定的「民主」原則的背離，更嚴重挫傷了黨工的積極性，致使「黨部負責人、黨務工作同志，經常有與黨內同志形成脫節的現象產生，使黨部與同志有所距離與隔閡」。[20]

　　1936 年初，因各地黨部每以選舉而起糾紛，針對「愈選舉而派別之立更為煩多，馴至不作正當工作而唯選舉準備之是務，黨務之無成績而日趨沒落」的弊端，國民黨中央毅然決定改組各地黨部，宣佈停辦選舉，由中央委員擔任特別委員或由原省市委員改任特派員負其責。楊永泰宣稱：「如地方黨部亦概由選舉決定，自不免隨時隨地發生許多無謂的糾紛。蓋黨中同志，凡願被

---

[19] 1932 年，國民黨中央曾通過下級黨部名稱辦法，試圖為黨務整理名目建立一套使用規範：第一、凡已正式成立的黨部，其執行機關稱為某省某縣「執行委員會」；第二、凡曾經正式成立黨部，復經派員改組及整理的黨部，一律稱為某省某縣「黨務整理委員會」；第三、凡從未成立正式黨部，或黨員人數尚不足以成立正式黨部之省或縣，一律稱為某省某縣「黨務指導委員會」；第四、凡派往各地辦理黨務之人員為一人時，稱特派員，其機關稱「辦事處」（不過，考諸實際經驗，特派員未必限於一人）。王良卿，《改造的誕生》，頁 32-33。

[20] 《李宗黃回憶錄：八十三年奮鬥史》，冊 3（臺北：中國地方自治學會，1972），頁 306。

選舉為黨委之候補者，自不能不各拉群眾，以為選舉之競爭。同志與同志之間，如有競爭，遂不免劃成多少鴻溝，或足影響於黨的整個團結。」[21]

國民黨中央若欲停辦《總章》所規定的省縣黨部選舉，尚須全國代表大會授權。待到1938年3月，臨全大會通過《改進黨務並調整黨政關係案》，規定地方黨部統一採行委員會制，省一級施行主任委員制，縣一級採用書記長制。在整理期間，省黨部委員可全由中央指派曾受訓練之同志充任，由中央監察委員會派中央監察委員常駐省黨部執行監察職務；縣執行委員會可只暫設書記長，由中央分配曾受訓練之同志交省黨部派充。[22] 上述變更在提案時，雖注明須修改總章，但經大會審議決定不必修改，僅交國民黨中央執行委員會妥議辦法，由總裁施行。[23]

「委派制」是抗戰初期國民黨中央做出的一項應急性舉措，但作為奉行「民主集權制」組織原則的執政黨，礙於總章要求，不可能長期迴避選舉。1939年9月，顧及外界觀瞻，中央組織部以發揚民主集權制精神，提高黨員為黨服務的責任，充實下級幹部，促進地方黨務普遍發展為由，通告各地「除區分部暨區黨部照舊實施選舉制度外，擬於全國各省份中擇其要區，逐漸實施縣（市）省（市）選舉制度」，實施日期則由中央或省縣黨部臨時以命令通知。[24] 不過，在這一表態之後，再未見其他推進下

---

21 楊永泰，〈今後黨的工作途徑〉（1936年3月2日），楊璿熙編，《楊永泰先生言論集》，頁140。
22 〈改進黨務並調整黨政關係案〉（1938年3月31日），《中國國民黨歷次代表大會及中央全會資料》，冊下，頁477、481-482。
23 〈對於審查改進黨務並調整黨政關係有關修改總章部份之決議案〉（1938年4月1日），《中國國民黨歷次代表大會及中央全會資料》，冊下，頁484。
24 〈擬訂地方黨部實施選舉標準及程序意見〉，《中央黨務公報》，第1卷第15期（1939年10月），頁30。

文。1940年5月，四川省黨部針對恢復地方選舉問題諮詢中央組織部時，得到的答覆是：「關於如何改善選舉，中央正在研究中，俟決定後再行函知。」[25] 對於該年內各地要求辦理選舉的請示，中央組織部均以「法制在訂定中，未准實行」作為回應。[26]

然而，既有先前之議，又有地方籲請，恢復國民黨省縣黨部選舉已是大勢所趨。1941年3月，中央組織部先向中常會提請，逐漸恢復省縣代表大會及執監委員選舉。[27] 隨後，四川省黨部主任委員黃季陸在國民黨五屆八中全會上亦提出：「現在黨務之所以不能辦好，是因為太集權，不能發揮民主精神，如縣黨部委員由省黨部委派，往往不能得好幹部，不如由下級活動，有能力之份子，可以組織黨部，即可以當選。」[28] 就此，蔣介石在談到如何健全黨的組織、提高黨員革命精神問題時做出回應：「上一周有幾位同志報告中間提到恢復選舉制度，這當然也是一個辦法，不過我以為目前最有效的辦法，還是要選拔有方，任使得法，今後無論中央或地方政府如要任用人才，先要就黨員裡面來選擇，非到萬不得已，不找黨外的人」。[29] 恢復選舉雖已引起蔣之注意，但其尚未將此作為選拔幹部的首要措施，而是更重視通過政府對黨內人才的任用來調動黨員積極性。

鑑於「後方各省黨務整理已漸就緒，下級組織日趨健全，黨

---

25 〈函四川省黨部關於選舉問題〉，《中央黨務公報》，第2卷第29期（1940年7月），頁19。

26 〈中央黨務機關二十九年度工作成績考核總報告〉（1941年），《特種檔案》：特6/56.2。

27 〈中國國民黨中央執行委員會常務委員會第一七一次會議紀錄〉，《中國國民黨第五屆中央執行委員會常務委員會會議紀錄彙編》，冊上，頁689。

28 《王子壯日記》，冊7，1941年3月27日，頁86。

29 蔣介石，〈五屆八中全會應有之檢討與努力〉（1941年3月31日），秦孝儀主編，《先總統蔣公思想言論總集》，卷18，頁96。

員為黨服務之情緒亦日益高漲」，國民黨五屆八中全會還是決定恢復省縣黨部直接選舉制。為避免重蹈覆轍與增多糾紛，還同時制定五項立法原則：根據各地實際情形分別辦理；由下而上逐步實施；規定候選人資格；採用無記名投票法；廢除圈定辦法。[30] 從上述規定來看，國民黨中央雖恢復了省縣黨部選舉，但未做具體實施與完成期限的說明，因而尚不具強制性。

1941年12月，據國民黨五屆九中全會時統計，僅廣西、浙江、江西、四川、湖南五省計劃著手開展選舉工作。[31] 截至1942年9月，後方十七省所屬縣及等於縣黨部的一千二百五十八個單位中，依照省黨部規定，選舉完竣的縣分僅有浙江省四十九個縣、雲南省所轄二個市縣、貴州省貴陽市和福建省所轄二十個縣，尚不足總數的7%。[32] 這表明自1941年4月起，國民黨中央宣布恢復選舉後，全國整體進展遲緩，其中固然有受戰時環境所限，難以開展的因素，但究其本質，還是與中央推行的決心和力度有關。

1942年11月，國民黨五屆十中全會前夕，中央委員蕭錚與程天放向國民政府主席林森提出：「各地黨部派員則大權集於中央，努力於下級工作者日少，以致基礎空虛。各地黨部因中央主持者之不同，於是紛歧轉甚。各省代表大會遲不舉行，黨的民主精神無由實現，則下級基礎渺矣。」據王子壯揣測，蔣介石始終不真正放手施行選舉的原因在於：「務使地方黨務一如中央，不

---

30 〈恢復省縣黨部選舉制度案〉（1941年4月1日），《中國國民黨歷次代表大會及中央全會資料》，冊下，頁693-694。

31 〈九中全會中央組織部工作報告〉（1941年3月—1941年12月），李雲漢主編，《中國國民黨黨務發展史料——組織工作》，下，頁456。

32 〈十中全會中央組織部工作報告〉（1941年12月—1942年11月），李雲漢主編，《中國國民黨黨務發展史料——組織工作》，下，頁473。

為某某所獨擅，以收互相牽制之效。」[33] 依王子壯所言，蔣介石實行派任制的目的是欲將地方黨委任免權，授予中央組織部部長朱家驊，藉以達到制衡 CC 系舊有地方幹部的效果。

國民黨五屆十中全會期間，王秉鈞等人公開質詢中央組織部用人無標準，致使地方黨部組織不健全。這無疑直指黨務幹部委任制存在的弊端，暗含要求全面推行地方選舉之意。[34] 吳忠信亦曾記載在此次會議期間，各委員的不滿言論甚多，「有云本黨頭足均好，就是中間不通；又有云下級黨部只要侍候省黨部幾位委員，省黨部委員只要侍候中央幾位先生，中央幾位先生只要侍候總裁，就算好了；又有主張實行總理遺教、民主集權制、施行選舉制者，議論紛紛」。[35]

回顧兩年間，為恢復選舉制賣力最甚者，如黃季陸、蕭錚、程天放、王秉鈞等人，無一不具 CC 系背景，均是重啟地方選舉的最積極推動者。其實早在五屆八中全會召開前夕，CC 系便開始頻繁集會，商討黨務問題。1941 年 2 月，在陳果夫參加區黨部黨務座談會時，就有人提出國民黨中央近來用人太濫，領導方式錯誤，主張恢復選舉。[36] 陳對此頗表贊同，並認為選舉辦法亦應同時改善。[37]

省縣黨部選舉制雖已在五屆八中全會時被恢復，但至五屆十中全會時，在黨內要求徹底恢復選舉制的訴求日益高漲、黨員幹部官僚化問題漸趨嚴重的情況下，蔣介石才真正下定決心，命各

---

33 《王子壯日記》，冊 7，1942 年 11 月 6 日，頁 539。
34 《王子壯日記》，冊 7，1942 年 11 月 14 日，頁 542。
35 《吳忠信日記（1942）》（臺北：民國歷史文化學社，2020），11 月 21 日，頁 132。
36 〈陳果夫日記〉，1941 年 2 月 18 日。
37 〈陳果夫日記〉，1941 年 3 月 31 日。

地切實執行:

> 以後下級黨部除有被奸黨擾亂篡奪之顧慮等特殊情況者外,其各級負責幹部務使之經由選舉而產生,毋庸再由上級指派,本黨中央會議凡有行選舉之必要者,亦應選舉。此項選舉制之實行,亦為本黨今後防制官僚化弊端之一法,故應切實施行。[38]

隨後,蔣介石在日記中寫道:「關於各委員提出意見,甚多可取,其批評本黨現狀毫不客氣,而且直率坦白,凡關於余之缺點,應改正者,余皆允其實行,其中最重要者:一、各級黨部除有特殊環境外,皆應恢復選舉制,中央常委亦決用選舉」。[39] 據此,後方各省將籌備選舉一事提上日程,推行效率大有改觀。據中央組織部統計,截至 1944 年 4 月,各省所屬縣市黨部依法辦理選舉完竣者,共計五百一十七個單位,約占後方十八省一千三百五十七個縣市的 40%。此外,十三個單位如期改選,戰地三十九個縣市試辦選舉完竣。至於省級選舉,福建於 1943 年率先舉行,寧夏、江西、重慶三省市計劃於 1944 年實施,其他各省亦在消極籌備中。[40] 蔣介石的決心與上下各級的重視,使國民黨省縣黨部選舉的推展看似勢在必得,但其後各種運行實態恐怕是蔣介石起初所始料未及的。

---

38 蔣介石,〈對於黨政工作總檢討之指示〉(1942 年 11 月 21 日),秦孝儀主編,《先總統蔣公思想言論總集》,卷 19,頁 374。
39 〈蔣介石日記〉,1942 年 11 月 21 日。
40 〈十二中全會中央組織部工作報告〉(1943 年 9 月—1944 年 5 月),李雲漢主編,《中國國民黨黨務發展史料——組織工作》,下,頁 529-530。

回顧自 1924 年國民黨一大至 1942 年五屆十中全會，省縣黨部選舉歷經了確立、變異、暫停與重啟等多個階段。孫中山師俄改組國民黨後，確立了「民主集權制」組織原則，要求地方黨部須由直接選舉產生。但 1927 年國共合作破裂後，蔣介石為清洗中共跨黨人士、掌控地方黨部，開始推行「選舉－圈定」的辦法。彼時二陳兄弟作為黨務領導者，利用這一時機使 CC 系大規模佔據了基層組織。抗戰爆發後，受戰爭環境限制，國民黨中央做出暫停選舉的決定，改用委派制，遂使黨務幹部任免權轉移至中央組織部部長朱家驊手中。CC 系既有利益受到嚴重衝擊後，開始主導恢復選舉制，藉以與朱方抗衡。國民黨五屆八中全會時，蔣介石迫於內外壓力，雖同意重啟地方選舉，卻尚有遲疑，直至五屆十中全會才下令切實推行，但由此也為黨內派系鬥爭提供了新的潰泄出口。

第二節　戰時地方選舉潛規則

　　國民黨中央曾為恢復省縣黨部選舉，制定了明文規約，但一些條文或因缺乏強制性，或因概念界定模糊，為實際操作制度者提供了大量可資變通與解釋的空間，直接為黨內派系鬥爭創造了互相攻訐的道具，進而促使省縣黨部選舉漸趨失控，陷入越選越亂、不可收拾的殘局。

　　1941 年 5 月 12 日，中常會通過的《修正省執行委員及監察委員選舉法大綱》規定，滿足以下兩項條件之一的省分可召開全省代表大會，選舉省執、監委員：「甲、全省各縣已有過半數實施選舉成立正式縣黨部者。乙、中央組織部認為有實施選舉必

要,提經中央常會核准者。」[41] 6月5日,朱家驊在中央組織部的工作會報會議上做出指示:「省市選舉,應速籌辦。以往在人事上,確多不甚明瞭,現在須先注意健全下層。可就下層組織較為健全,地方情形與交通狀況較佳之閩、浙、川、黔、湘、贛,等省及渝市開始,由下而上,籌備舉辦。桂省即難驟辦。總之,應適合環境,勿因選舉引起糾紛,否則寧可從緩。」[42]

在戰時後方十七省中,福建省所屬的六十六個縣市(除淪陷區外)率先完成選舉,符合甲項要求,於1943年9月召開全省代表大會,成為戰時國民黨控制區域內,最早舉行省選的地區。福建效率之高本應成為教科書式的範例,但經選舉產生的新任執、監委員,卻遲至次年3月才得以宣誓就職,其中曲折頗值得探究。

依照選舉法規定:「選舉採無記名連記投票法,以得票較多者,依次當選為委員及候補委員,票數相同時,依抽籤法定之。」[43]根據福建省代表大會選舉結果,李雄、李黎洲、梁龍光等十一人當選為省黨部執行委員。其中,書記長李雄得票數位居第一,而這一結果則與其事先煞費周章地布置難脫關係。省代會召開前,李雄對選票採用統制分配的辦法,勸導各縣書記長切勿參加競選,遂使整場選舉變得異常單純。[44]並大體與朱家驊事前交下的候選人名單相符,結果殊為圓滿。[45]

---

41 〈中國國民黨中央執行委員會常務委員會第一七五次會議紀錄〉,《中國國民黨第五屆中央執行委員會常務委員會會議紀錄彙編》,冊下,頁715。
42 〈第八十九次工作會報〉(1941年6月5日),中央組織部編印,《朱部長對於組織工作之指示》(重慶,1943),頁14。
43 〈中國國民黨中央執行委員會常務委員會第一七五次會議紀錄〉,頁716。
44 「黃謙若致陸翰芹函」(1943年9月30日),〈福建黨務:人事〉。
45 「李雄致朱家驊電」(1943年10月6日),〈福建黨務:人事〉。

鑒於李雄遵照朱家驊意旨，操辦選舉有功，且得票高居榜首，被中央組織部任命為福建省新一任主任委員。朱在向蔣介石彙報時寫道：

> 關於該省執行委員會主任委員一職，依照現行《省執行委員會組織條例》第三條規定，由中央執行委員會就省執行委員中指定一人充任。又查本黨總章第八十一條有「各級黨部執行委員、監察委員不得兼任其他黨部執行委員監察委員」之規定，陳肇英同志係中央委員亦未參加競選，依法不能指定為主任委員，茲擬指定得票最多之執行委員李雄充任。[46]

因該省原主任委員陳肇英事前放棄競選，朱家驊亦向其妥為解釋：「原有中央得指定中委為省市主委之語，後經黨務委員會審查、中央通過，乃無此明文，以致於法無據」，「閩省又為首先實施之一省，即行指名請求修改，殊多困難，考量久之，惟有以最多數之李雄同志為主委」。[47] 1943 年 11 月，國民黨中央正式任命李雄為福建省黨部主任委員。[48] 陳去李代本為順理成章之事，但新任委員就職之期卻被一再推遲，查其癥結則在陳肇英的去留問題尚未解決。

陳肇英自述放棄參選是因：「在閩主持黨務已將十年，後起之披，夙所願望，故擬回職中央委員，不再兼理地方。」[49] 但據

---

46 「朱家驊致總裁簽呈」（1943 年 10 月 17 日），〈福建黨務：人事〉。
47 「朱家驊致陳肇電」（1943 年 10 月 28 日），〈福建黨務：人事〉。
48 〈中國國民黨第五屆中央執行委員會常務委員會第二四一次會議紀錄〉（1943 年 11 月 1 日），《中國國民黨第五屆中央執行委員會常務委員會會議紀錄彙編》，冊下，頁 1105。
49 陳肇英，《八十自述》（臺北：陳雄夫先生八十華誕祝籌備委員會，1967），

知情人透露,陳是欲設法活動調主浙江省政,才放棄福建省選。誰知調浙未果,閩選又已結束,陳只得要求新選委員待其「下文」發表後,才許競爭主委。不料國民黨中央出其不意,直接指定李雄接任。[50] 李雄的政治發跡始自擔任陳之私人秘書,並經其一手提拔至省黨部書記長,後又兼任執委。因此,在老長官未獲新職前就取而代之,李亦頗礙情面,遂致電朱家驊表示,新執委無人敢任主委,懇請中央對陳肇英加以留任。[51] 朱勸勉道:「閩省為首先實施選舉之一省,若遽予改動,諸多困難,再三考量此事非兄莫屬。」[52]

選舉制的積極倡導者CC系,因在福建省選中收穫甚少,見此形勢後,不僅利用陳、李雙方間緊張關係,大肆活動,煽動陳肇英延期移交職權以候新職,更派員分赴各報社,禁止刊載省黨部換屆消息。[53] 李雄處此窘境,不得不請求國民黨中央另行設法優遇陳肇英:「派雄夫先生為第三戰區各省(或閩浙贛三省)黨務指導專員或黨務特派員之類名義,並酌給公費、辦公費及隨從秘書員役等名額,俾得成立略具規模之組織,如能在政治上予以適當之地位,尤所盼禱!」[54] 為此,朱家驊致函于右任稱:「其出處經簽奉總裁核示,已轉請酌予監察使位置。」[55]

又經數月拖延,陳肇英新職仍無消息,省內漸有李雄設計謀奪陳之職位的流言傳出。李雄迫不得已,再次催促朱家驊儘快將

頁101。
50 「余瑞麟致朱家驊函」(1944年3月20日),〈福建黨務:人事〉。
51 「李雄致朱家驊電」(1943年10月6日),〈福建黨務:人事〉。
52 「朱家驊致李雄電」(1943年10月28日),〈福建黨務:人事〉。
53 「余瑞麟致朱家驊函」(1944年3月20日),〈福建黨務:人事〉。
54 「李雄致朱家驊函」(1943年12月4日),〈福建黨務:人事〉。
55 「朱家驊致于右任函」(1944年2月12日),〈福建黨務:人事〉。

陳調離:「請設法催請于院長對於雄夫先生之工作提前發表,或以總裁名義電召雄夫先生赴渝。」[56]朱回覆:「雄夫兄事目前又催于先生,據云係待閩浙缺出,而現任者係於七月間任滿,屆時必可發表,絕無問題。」[57]與此同時,李雄在省內亦積極謀求化解僵局之道,除暗示各縣致電中央挽留陳肇英外,並於1944年3月借陳主持福建黨務十周年之機,舉行慶典紛獻銀鼎,為其掙足顏面。[58]經此一番波折,李雄終在次月得以正式宣誓就職。該年7月間,甫自福建主委卸任的陳肇英,被中央發表為江西主委。但查該省已於5月完成省選,新任主委理應從當選執委中任命,國民黨中央卻空降陳肇英入贛主黨,由此便牽扯出江西省選的一番亂象。

1943年6月,中央組織部向江西派遣七名督導員一事,可視為江西選舉拉開序幕的標誌。依照臨全大會規定:「除以主任委員駐省經常辦理省黨部事務外,其餘委員必須按區分派擔任督察各該區內所有各縣黨部之工作」,惟當委員不敷分配時,可由中央予以派遣。[59]督導員在平日負有督察各縣黨務、指導工作之責。[60]但在選舉前則多了一項隱形任務,即借出巡之機,分赴各縣籠絡人心、佈置選舉。同時,督導一區的執委或督導員在任命該區所屬縣份書記長時,通常也可參與意見,能夠發揮重要作

---

56 「李雄致朱家驊函」(1944年3月2日),〈福建黨務:人事〉。
57 「朱家驊致李雄電」(1944年3月7日),〈福建黨務:人事〉。
58 「余瑞麟致朱家驊函」(1944年3月20日),〈福建黨務:人事〉。
59 〈改進黨務並調整黨政關係案〉(1938年3月31日),《中國國民黨歷次代表大會及中央全會資料》,冊下,頁481。
60 〈省執行委員分期分區輪流督導各縣黨務實施綱要〉(1939年3月23日),《中國國民黨第五屆中央執行委員會常務委員會會議紀錄彙編》,冊上,頁388。

用。朱方幹部在報告督導收穫時,便有所表露:

> 生沿線所接見各縣之同志,有為多年北大之老同學,有為事業上曾共同奮鬥之友人,有為一手提攜培植長成之青年,彼等咸一致表示一德一心,願為一個力量奮鬥到底……依現勢觀察,各縣同志生可操百分之九十五把握,接受鈞長意旨。[61]

按照自下而上的選舉順序,能否首先贏得多數縣分選舉的勝利,直接關係著省選形勢。地方幹部向朱家驊明確提出,若要推進選舉,必須迅速切實做到以下三項:設法調整各區督導員;爭取縣書記長、吸收優秀分子;出發各地視導。「惟第一項辦法須中央有決心,倘督導員仍必由主任委員保薦,仍屬無望。」[62]

朱家驊此時從中央派遣督導員赴贛,便是要增強對縣級選舉的控制力,因而其所派人員毫無疑問,必須隸屬己方陣營。如時任江西省黨部書記長、朱方幹部陳協中,就向朱家驊保薦了曾拜颺等十四人為督導員。據查,曾畢業於中山大學,歷任省黨部事務科主任等職,與朱家驊具有學緣關係。[63] 朱接電後,立即將其派為江西省第二區督導員。[64]

早在該年 2 月,江西省黨部已將全省劃分為十個督導區,省

---

61 「蘇村圃致朱家驊函」(1943 年 12 月 19 日),〈江西黨務:江西選舉〉。
62 「蕭宜芬致朱家驊函」(1943 年 10 月 14 日),〈廣東黨務:李漢魂任主委時期:工作報告〉。
63 「陳協中致朱家驊函」(1943 年 6 月 9 日),〈江西黨務:一般人事〉,《朱家驊檔案》:301-01-06-062。
64 江西省地方志編纂委員會,《江西省志・中國國民黨江西省地方組織志》,頁 22。

黨部亦有執委十名，每人恰好分到一區。[65] 中央組織部加派七名督導員，意味著多數執委的出巡督導資格被剝奪，導致若干執委對這一非正常舉措表示不滿，要求仍由執委分區出巡督導。[66] 為此，朱家驊便以強制命令，將各縣選舉的監選權授予中央所派督導員：「今後各省代表大會選舉各縣代表時，其監選人員宜由各區督導員擔任，既可節省經費，又不至削減督導員之權責。」[67]

朱家驊方在江西遭遇的地方競爭阻力尚屬較小。在戰時的其他省分，中央組織部同樣試圖通過加派督導員的方式，繞過省黨部他方勢力，直接與各縣書記長建立聯繫，藉以增強對縣級黨部的控制，卻收效甚微。如在廣西，地方實力派不僅對中央所派督導員多方延阻，使之無法赴縣視察，反而自行加派省黨部科長或幹事出發督導。[68] 朱方幹部只能徒歎：「倘中央能催促各區督導員經常出發督導，則力量可增強也。」[69] 因朱方在桂根淺基薄，對此有違常制的行徑亦無可奈何。

若中央組織部所派督導員在布置地方選舉時成效不彰，朱家驊還會通過擴大陣營，聯合省內政、軍、團等多方勢力，設法對縣級權勢代理人加以掌握，以與黨內競爭者 CC 系相抗衡。實際上，在絕大多數省分，加派督導員與建立聯合陣營兩種手段通常雙管齊下。組成聯合陣營的省級幹部，或以籍貫所屬，或因長年工作往來等諸多因素，通常會將省內某縣甚至數縣發展為自身勢力依託。國民黨中央各方對省級人士的拉攏，便是看中其背後的

---

65 江西省地方志編纂委員會，《江西省志・中國國民黨江西省地方組織志》，頁 21-22。
66 「蘇村圑致朱家驊函」（1943 年 11 月 12 日），〈江西黨務：江西選舉〉。
67 「條諭」（1943 年 12 月 7 日），〈江西黨務：江西選舉〉。
68 「鄭紹玄致朱家驊函」（1944 年 4 月 30 日），〈廣西黨務：人事〉。
69 「許若恕致朱家驊函」（1944 年 4 月 27 日），〈廣西黨務：人事〉。

縣級資源。如此一來，本應是自下而上的層層選舉，也就變成了由上而下的層層佈置。

1944年初，朱家驊為贏得江西選舉，根據該省歷史背景，結合雙方力量對比，制定出一份「遠交近攻」式的競選策略。在「遠交」方面，自抗戰爆發至1942年初，江西黨政均由一向與朱交好的政學系人士熊式輝主持。此後，熊雖被蔣介石調入中央，但其在贛基礎雄厚，省政方面勢力未消。著眼於此點，朱方決定聯絡政方力量作聯合選舉，推選省政府社會處處長黃光鬥為候選人，並於必要時，再選舉該方一人出任監委。由熊式輝出面聲援現任主委梁棟主持大局，將政方力量交朱方運用。其次，朱方還欲聯絡團方，推選江西支團幹事長蔣經國為監委、常務監察劉己達為執委，由劉負責統籌，該方力量亦須交朱方運用。此外，社會方面則計劃選舉省參議會議長彭程萬為監委，藉以爭取中立分子。[70]上述方案僅團部分後做微調，因梁棟向朱家驊建議改推蔣經國為執委。[71]

而在「近攻」方面，「AB團」與「心遠系」是朱方的首要防患對象。[72]此二者為江西地方團體，因歷史關係，AB團核心人物、省黨部執委尹敬讓、薛秋泉、何人豪，心遠系首領陳際唐

---

70 「歐陽欽致朱家驊函」（1944年2月5日），〈江西黨務：江西選舉〉。
71 朱家驊雖然採納了梁棟的建議，但事前並未與蔣經國商酌。最終，蔣經國致電全省代表大會，宣佈不參加競選。〈梁棟致朱家驊函〉（1944年4月17日）、〈朱家驊覆梁棟電〉（1944年4月19日），〈江西黨務：江西選舉〉；江西省地方志編纂委員會，《江西省志‧中國國民黨江西省地方組織志》，頁96。
72 「AB」是英文 Anti-Bolshevik（反布爾什維克）的縮寫。1926年，北伐軍攻克武昌後，蔣介石授意段錫朋、程天放等人在南昌成立的國民黨右派組織。「心遠」一詞取自江西省心遠中學，因該校教員與畢業生進入各級教育行政機構者眾多，且頗具影響，久之在南昌教育界，甚至整個江西形成了著名的「心遠系」。蔡鴻源、徐友春編，《民國會社黨派大辭典》（合肥：黃山書社，2012），頁420。

等均與 CC 系過從甚密，基本可視作 CC 系在贛的外圍組織。根據利害關係，朱方決定先除去尹敬讓，在萬不得已時，犧牲執、監委各一席予以薛、何，但更傾向予以 AB 團其他弱勢分子。又為分散心遠系力量，計劃在必要時給以該方候補執、監委一至二席。[73] 至於 CC 系分子、執委馮琦，據朱方幹部觀察，因其與省民政廳廳長王次甫私交甚篤，而被 CC 系懷疑見信於熊式輝。於是，朱方計劃推熊出面，對馮施加壓力，相機爭取。王次甫雖亦欲參加競選，並與 CC 系有舊，但據判斷尚不至有組織關係。且王、馮均為外省人，在贛無久安之計。若省選成功後，彼等不能忠心合作，朱方預備待到選舉全國代表大會代表時，再設法對彼等加以制約。[74]

朱方的「遠交近攻」策略是為聯合省內各實力派，整合縣級資源，以抵制來自 CC 系的競爭。臨全大會改制後，縣黨部書記長不僅成為縣級黨務的主要領導者，若基礎雄厚，更可直接影響一縣出選的省代會代表，掌握一縣選票，主導該縣派系屬性。因而，這一群體成為省方甚至中央各派密切關注與爭相拉攏的對象。戰前，陳果夫、陳立夫兄弟植根黨務多年，省縣各級黨部基本由該方壟斷，他方勢力難以在其間有所伸展。朱家驊上臺後，為控制局面，勢必要對省縣黨部人員加以汰換。隨著選舉制的重啟，此種有針對性的人事清洗也變得愈發緊迫。諸多省份均因短期內大批更換縣黨部書記長，爆發了衝突與糾紛。

以 1943 年的河南省為例，該省黨部主委鄧飛黃新到任半年內，為掌握局勢、應對省選，突擊撤換了十六個縣黨部的書記

---

73 「歐陽欽致朱家驊函」（1944 年 2 月 5 日），〈江西黨務：江西選舉〉。
74 「江西省各黨團現狀及選舉情況之分析」（1944 年 3 月 23 日），〈江西黨務：江西選舉〉。

長，其在致朱家驊的電文中坦言：「以後方常態亦六十八縣而論，能有絕對把握者三十八縣，有五成把握者有十九縣，無把握者五縣，尚待調查者六縣。如再經半年努力整理，一切情形當更有進展。」[75] 正當鄧飛黃信心滿滿、志在必得之時，卻未料及其缺乏技巧性的人事更動舉措，已引發基層勢力的強烈反彈。各縣被撤書記長聯名上書國民黨中央，對鄧飛黃展開反攻，最終導致後者被迅速調離。同理，競爭對手亦會為贏得選舉，藉故撤換縣黨部書記長。在廣西，該省黨部書記長因非朱方陣營，不僅多方設法拖延選舉，且在未徵求督導該區執委或督導員意見的情況下，兩三個月內大批更換各縣書記長多達二十餘人。[76]

相比之下，江西省在此方面進展較為順利。省選前，朱方亦有撤換各縣書記長的舉動，但因有熊式輝主省時打下的良好基礎，使CC系在贛勢力始終受到壓制，未能掀起軒然大波。至1944年3月，江西全省所轄八十一個縣與二十一個直屬黨部，共計一○二個單位，均已完成選舉。

各縣黨部書記長所屬派別情況，統計如下：

---

75 「鄧飛黃致朱家驊電」（1943年12月11日），〈河南黨務：鄧飛黃擔任主委時期：人事〉，《朱家驊檔案》：301-01-06-104。
76 「鄭紹玄致朱家驊函」（1944年5月23日）、〈許若恕致朱家驊函〉（1944年4月27日），〈廣西黨務：人事〉。

表 6-2：江西省縣市（直屬）黨部書記長關係分析統計表（1944年 3 月）

	聯合	AB 團	心遠	CC	中立
縣市黨部	55	10	2	4	10
直屬黨部	7	1	4		9
合計	62	11	6	4	19
所占總數百分比	60.78%	10.78%	5.88%	3.92%	18.63%

說明：所謂「聯合」即指由省黨部執委周步光、蘇村圃、熊在渭、陳協中、匡正宇、胡德馨，以及省黨部人事室主任胡運鴻、團方劉己達組成的聯合陣線，代表朱家驊方勢力。AB 團代表人物為省執委尹敬讓、薛秋泉、何人豪。心遠系代表人物為省執委陳際唐。CC 系代表人物為省執委馮笳。
資料來源：「江西省各黨團現狀及選舉情況之分析」（1944 年 3 月 23 日），〈江西黨務：江西選舉〉。

依表 6-2 分析，朱家驊方所代表的聯合陣營，掌握了全省 60% 左右縣份的書記長，居絕對優勢。但因新派書記長受資望與能力等因素限制，彼時大多尚不能完全領導各縣黨員代表，或控制政府與社會力量。因此，朱方必須直接掌握參加省代表大會的各縣代表，藉以爭取選票。以下是對各縣代表所屬派別情況的統計：

表 6-3：江西省六十二縣市社會力量分析比較表（1944 年 3 月）

	聯合	AB	心遠	CC
全部控制縣份	31	4	3	
部分控制縣份	10	5	5	4
合計	41	9	8	4
所占總數百分比	66.13%	14.52%	12.90%	6.45%

資料來源：〈江西省各黨團現狀及選舉情況之分析〉（1944 年 3 月 23 日），《朱家驊檔案》，《江西黨務：江西選舉》，檔案號：301-01-06-064。

從表 6-3 的數據來看，朱方仍居優勢。不過，上述僅統計了局勢已經明朗的六十二個縣分，尚有二十一個縣需與各派勢力展開角逐。其中，須與 AB 鬥爭者十縣，須與心遠鬥爭者十七縣，須與 AB、心遠互爭者四縣。此外，二十一個直屬黨部中，須與 AB、心遠鬥爭者九單位。朱家驊一方暫不能高枕無憂，因政、

團兩方力量尚不能絕對掌握。如執委周步光就分析:「上述鬥爭區域如王次甫、蔣經國,在政治上予吾人助力,則有絕對勝利把握。否則,如守中立,吾人亦可以有相當把握。如加以阻力則頗困難,尤以贛南為甚,王、蔣問題希中央有所指示也。」[77]

至 1944 年 5 月時,江西省選日益臨近,各方對已完成選舉的七十五個黨部和一百五十四名出席省代會代表的掌握情況,更新如表 6-4:

表 6-4:各方對江西省各縣黨部與全省代表大會代表掌握情況表（1944 年 5 月）

		聯合	AB	心遠
縣（直屬）黨部	全部控制縣份	36	10	4
	部分控制縣份	11		
	再次控制縣份	14		
	合計	61	10	4
	所占總數百分比	81.33%	13.33%	5.33%
省代會代表	絕對掌握者	65	56（或 55）	3（或 4）
	可爭取者	30		
	合計	95	56（或 55）	3（或 4）
	所占總數百分比	61.69%	36.36%	1.95%

資料來源:「歐陽欽致朱家驊電」（1944 年 5 月 6 日）,〈江西黨務:江西選舉〉;江西省地方志編纂委員會:《江西省志·中國國民黨江西省地方組織志》,頁 96。

如此觀之,全省 60% 以上的代表,即九十餘票,已被朱家驊一方收入囊中。據估算,每名參選者若能獲得八十張基本票,便可當選為正式執委。朱方雖已在選舉中占絕對優勢,但也未掉以輕心,因內部尚有他虞:「中級以下之意見與省方上級並未一致。前者主張進取,後者不免有保守色彩。故投票時,如上級

---

[77] 「江西省各黨團現狀及選舉情況之分析」（1944 年 3 月 23 日）,〈江西黨務:江西選舉〉。

不能接受下級意見,則投票結果與預定難於一致。」[78] 為保持眼前優勢、避免夜長夢多計,朱家驊一再催促主委梁棟儘快舉行省選。梁則以「新派各區督導員尚未發生督導效能,指定各縣書記長亦未樹立強固之信仰,恐不能把握出選代表,至於選舉經費,於最短期間亦無法籌措」等因,申請延期至 8 月中旬舉行。然而,朱家驊態度強硬,命令必須於 5 月中旬完成。[79] 最終,江西省代表大會定於 1944 年 5 月 22 日召開。

在率先舉行省選的福建、江西兩省,朱家驊利用中央組織部部長特權,搶佔了先機,通過派遣督導員、撤換縣黨部書記長,聯合地方政、軍、團等多方勢力,運作基層選票,對抗來自 CC 系的競爭。這些幕後潛規則實際是對戰前國民黨選舉文化的繼承,而黨內既有的畸形權力格局,又給以朱家驊為核心的大聯合陣營的形成,提供了基礎。以上種種手段雖使 CC 系暫居下風,但該方隨後也立刻展開了反擊。

第三節　派系鬥爭的微觀考察

早在 1943 年 1 月,選舉制全面恢復之初,就有地方黨務幹部提醒朱家驊,對於來自他方的競爭需未雨綢繆:

> 全國代表大會必定接二連三舉行,改選中委乃更為可能之事,為鞏固彼輩未來之地位,以及爭取將來在代表席上之勝利起見,不得不在現時先加以準備與佈置。但在目前原有之組織狀態下,彼輩雖有深長之歷史,然要取得勝利至為危

---

78 「歐陽欽致朱家驊函」(1944 年 5 月 6 日),〈江西黨務:江西選舉〉。
79 「梁棟致朱家驊函」(1944 年 3 月 27 日),〈江西黨務:江西選舉〉。

險。是以必採取鬥爭之方式,以推翻現狀為目的,故其手段分別明暗與直接或間接,向吾人之中樞或各省,以及普遍深入至各縣份、各部門,掀起對於不滿現狀之攻擊。並將此種各地不安情形,有人收集是項資料報告總裁及中樞,借作對吾公攻擊之有力之根據。[80]

上述提及的「彼輩」實指 CC 系。該方作為朱家驊方的主要競爭者,雖對率先舉行選舉的福建、江西兩地控制略遜一籌,但始終未坐以待斃。1943 年 8 月,陳立夫蒞贛時,曾召集省黨部執委尹敬讓、馮琦、陳際唐三人,商議縣黨部選舉辦法。計劃若縣選失敗,即策動贛籍中央監察委員孫鏡亞,掀起驅逐省黨部主委梁棟的風潮。梁原為中央組織部專員,1940 年時由朱家驊派任江西省黨部執委兼書記長。1942 年,梁棟接替熊式輝升任主委。因此,「倒梁運動」無疑是 CC 系對朱家驊方的反制。

不出所料,在隨後完成選舉的十七個縣分中,90% 被朱方掌控。[81] CC 系按先前計畫,開始對梁棟採取措施,由孫鏡亞致電中央監察委員會,控告梁犯有違背總理學說、言論乖謬等項過失。中央監委會認為控告內容空洞,轉函中央組織部查明真相。為此,組織部不僅送去梁之答辯,更附上梁對孫在贛不法行為的反訴。鑒於雙方各執一詞,監委會遂將全案呈送黨中元老吳稚暉審閱。朱家驊還告知吳稚暉,該省黨政方面均對孫鏡亞行徑表示不滿,希望中央將其撤回。吳悉曉原委後,雖令監委會將該案提

---

80 「黃樹芬致朱家驊函」(1943 年 1 月 12 日),〈山西黨務:趙次隴擔任主委時期:人事〉。

81 〈周步光致朱家驊電〉,〈江西黨務:一般人事〉,《朱家驊檔案》:301-01-06-063。

交中常會查辦，但因雙方各有背景，最終從速了結。此時，恰逢有人在蔣介石身邊進言舉報孫鏡亞劣跡，要求監委會慎派監委。蔣知悉後，命令監委會對派員分赴各地執行監察職務的辦法加以完善。吳稚暉趁機勸蔣在改定辦法公布後，再向各地續派監委，才使此案因孫鏡亞派贛服務期滿，得以不了了之。[82]

一個月後，蔣介石突然召見熊式輝，再度過問江西省黨部人事。此次是因該省黨部執委尹敬讓向中央檢舉梁棟在中正大學和省參議會演講失言，以及辦理宣傳工作與《民國日報》不善等問題。面對蔣的質詢，熊辯解道，梁雖為彼所推舉，但並無任何私人關係，且梁確為忠實可用之才，此次被控或因人屬湘籍，贛人因畛域之見而不相容，並承認梁棟確有「出言失檢及宣傳領導之未盡得法」之處。隨後，熊話鋒一轉，將矛頭直指尹敬讓：「聞與黨中小組織有關，似當誠以識大體，同志間必須合作，掃除黨之結核病態乃佳。」[83] 其實，熊式輝早於該年6月就得悉程天放、劉峙等人有對梁棟不適任江西省黨部主委的控告。當時，熊將此事定性為地方主義，置之不理。[84] 由此可見，熊式輝雖一再強調對於贛事不偏不倚，但從各種應對中仍可探悉其主觀傾向。

1943年11月，江西省選進入緊張籌備階段。在CC系的謀劃下，孫、梁一案被舊事重提。贛籍人士、中央監委程天放，慫恿中央監委會常委張繼簽發手諭，重查孫鏡亞與省黨部糾紛案，企圖為孫翻案，藉以達到驅逐主委梁棟的目的。監委會秘書長王子壯洞察其中曲折後，又將此事報告吳稚暉。吳對此頗表不滿，

82　《王子壯日記》，冊8，1943年8月23日，頁332。
83　熊式輝，《海桑集：熊式輝回憶錄 1907-1949》，1943年9月29日，頁427。
84　熊式輝，《海桑集：熊式輝回憶錄 1907-1949》，1943年6月3日，頁400。

認為若為安撫孫鏡亞，可以個人名義去函，既然該案癥結在於梁棟，亦可訴之于朱家驊將其另調工作。吳的此番考慮是為避免監委會對梁的再度調查，引起熊式輝對監委會的打擊，從而使該會捲入派系鬥爭的漩渦，喪失一直以來竭力維持的超然地位。一方是在黨內力量雄厚的程天放與二陳兄弟，另一方是就江西問題結為同盟的朱家驊與熊式輝，中央監委會均不欲介入，只得選擇壓制該案。數日後，王子壯晤見張繼，稟明事情經過後，卻被告知程天放認為其在該案中受了中央組織部影響。王當即聲明自己雖與該部主任秘書王啟江交好，但因身在不同機關，各有立場，未在其間發揮絲毫作用。這也使王子壯不由感歎：「如無吳先生之始終主其事，余亦絕不能有違張先生之手條也。」[85]

1943年至1944年前後，各地因選舉而起的人事糾紛層出不窮，梁棟僅是其中一例。曾有地方幹部對朱家驊表示：「當此辦理選舉時間，各省負責同志每易遭遇無謂之攻擊，中央對此必須持以穩重，絕不可輕予調動，免墮奸計。」[86]在權力鬥爭中，任何一方若想路線在基層得到一以貫之的執行，必須要在中央為己方幹部撐起保護傘，以保證在發生人事攻訐時，能夠維持大局與人事隊伍的穩定。這既是地方幹部向朱家驊提出的訴求，也是庇護關係中朱必須履行的義務。從另一角度而言，一場糾紛愈是錯綜複雜，所牽涉的利益愈多，各方關係愈加微妙，往往留給權術操縱者的運作空間也愈大。梁棟案便因中央監委會幾度欲置身事外，而被一再壓制，反為朱家驊在江西事務中營造出幾分回旋與補救餘地。

---

85 《王子壯日記》，冊8，1943年11月16日，頁447。
86 「楊德翹致朱家驊函」（1944年3月25日），〈甘肅黨務：黨務與人事問題〉，《朱家驊檔案》：301-01-06-126。

第六章　黨內選戰：省縣黨部選舉與派系角力 | 277

CC系大概也因看清此點，在對朱家驊一方數次打擊均未奏效，而江西省選又舉行在即的情況下，決定繞過中央監委會，直接將此案提交國民黨五屆十二中全會，使江西選舉被暴露在聚光燈下。朱家驊的處境瞬時陷入被動，隨即警示贛省幹部，重申己方路線：

> 江西省選因兄等專以當地環境為重，各方接洽過多，徒增家驊無窮困難。弟疊次指示，言之諄諄而聽之藐藐。此實兄等未明所以自處之道，意在取辦一時，或竟訛傳部意，則流弊必更無所底止。弟為統籌全局計，為兄等人人計，故有疊次之指示。現在全會中告訐該省黨部之文迄尚未已。弟決不需四面妥協，亦並無一毫成見……弟決不以應為之事強兄等以必為，總希放大目光，以中央之意思為意思，絕對依照皓電，亦即王培仁秘書所攜名單辦理，不可有絲毫出入。[87]

1944年5月26日，江西省代表大會尚未結束，國民黨中央政治氣候突變。蔣介石批准朱家驊辭去中央組織部部長，命陳果夫接任。這一地震式的人事更迭，標誌著CC系在中央重掌黨務領導權，但已來不及對贛省形勢有所撥動，全省代表大會仍按部就班進行。劉已達、周步光、馮琦、曹浩森、胡運鴻、陳協中、陳際唐、王次甫、蘇邨圃、熊在渭、幸華鐵等被選舉為省執行委員，王枕心、薛秋泉、何人豪、尹敬讓、劉宜廷為候補執行委員，匡正宇、文群、胡德馨、柳藩國、丁砥南為監察委員，莊祖

---

[87] 「朱家驊致王培仁轉梁棟、熊在渭、蘇村圃、周步光、陳協中等電」(1944年5月24日)，〈江西黨務：江西選舉〉。

方、王青華、熊在墀為候補監察委員。[88] 這一結果與朱家驊事前安排相差無幾。不過，陳果夫上臺後，對朱家驊所屬意的主委人選梁棟攻擊益烈，為顧全大局起見，梁只得宣佈退出。[89] 如此形勢下，朱家驊臨時決定將江西省黨部主委由梁棟過渡至熊式輝。但該方幹部認為，熊回任亦不現實，建議改推省政府主席曹浩森兼任，以期在曹之掩護下，未來省黨部仍可由己方掌握。

從朱家驊收到的一份電報中，可以清晰地解讀出江西省新任執、監委員的勢力構成。其中，幸華鐵當選執委是為團結黃埔系，增強反CC系力量。執委陳際唐，候補執委尹敬讓、薛秋泉均出自中央所派監選員方覺慧的安排，為得是使陳果夫滿意，以免推翻選舉結果；馮琦的出選得自朱家驊的同意。王次甫則是為維護朱方與省政府的道義關係，朱家驊雖曾命將王與文群對調為監委，但因周步光、陳協中、文群皆系萍鄉人，周、陳二人已為執委，為免遭非議，省方幹部未予照辦。該報告還談到：「正宇、德馨係吾人之友軍，故為監委，此外文、柳係鈞長命令，丁砥南係友蘭兄多年舊交」，「所有正式執、監委完全照預定名單出選，惟票數以大局變化，未能照鈞長意旨辦到」，且為「不致使薛、尹、何當選正式執委計，故將全部基本票集中分配預定名單，正式與候補數相差甚多」。[90]

上述所言不僅足以證明江西省選盡為朱方掌握，並且存在明顯不法運作痕跡。新當選的執、監委員是容納了江西省內朱方、

---

88 江西省地方志編纂委員會，《江西省志・中國國民黨江西省地方組織志》，頁96。
89 江西省地方志編纂委員會，《江西省志・中國國民黨江西省地方組織志》，頁96。
90 「友蘭」系指甘家馨，江西人，中央組織部秘書，朱家驊心腹幹部。「熊在渭、周步光、陳協中致朱家驊電」（1944年6月14日），〈江西黨務：江西選舉〉。

團方、政方的大聯合陣容，而 CC 系忠實幹將尹敬讓、何人豪、薛秋泉三人均被排擠出局，僅象徵性地給予候補執委名義。朱方幹部亦知這一結果難使二陳兄弟滿意，擔心再生變故，遂催促朱家驊在交卸中央組織部部長之前，先行確定省黨部內重要職位，如以己方幹部周步光為書記長，劉己達、胡運鴻分任組訓、宣傳處長。[91] 但此時，朱因大勢已去，只得無奈回覆：「關於主委書記長等問題，所見宏遠，與弟意正同。惟因交卸在即，而選舉事又小有波折，是以在弟任內不及一一處辦。」[92]

梁棟連任主委無望後，朱家驊聽從下級建議，改推省政府主席曹浩森繼任，藉以「透過曹、熊之關係，相機進行」，以維持贛省大局。[93] 不料 1944 年 9 月，中常會派遣中委陳肇英出任江西省黨部主委，胡利峰為書記長。[94] 這一安排已使朱方大失所望，但 CC 系的程天放仍未善罷甘休，「手持若干簽名之呈控選舉舞弊」，向國民黨中央請求處置該省選舉主持者。就連目睹此景的王子壯都不免認為：「以常委身份斤斤於本省之選舉，且選舉總裁已認為合法矣。而必欲辦辦理之人，未免不達，有氣量狹小之嫌也。」[95] 至此，江西省黨部選舉才徹底宣告結束，朱方願景也隨陳果夫的上臺主黨淪為泡影。

截至 1944 年 5 月，朱家驊卸任中央組織部部長前，全國僅福建、寧夏、江西三省完成省選，貴州、甘肅、重慶三地已確定

---

91 「熊在渭、周步光、劉己達、胡運鴻、陳協中致朱家驊電」（1944 年 6 月 10 日），〈江西黨務：江西選舉〉。
92 「朱家驊致熊在渭等電」（1944 年 6 月 17 日），〈江西黨務：江西選舉〉。
93 「甘家馨致朱家驊電」（1944 年 6 月 15 日），〈江西黨務：江西選舉〉。
94 江西省地方志編纂委員會，《江西省志・中國國民黨江西省地方組織志》，頁 96-97。
95 《王子壯日記》，冊 9，1944 年 7 月 31 日，頁 305-306。

會期,其餘各省尚在準備之中。[96] 但在國民黨五屆十二中全會召開前,朱似乎已對自身前路有所預見,一再催促各地儘快完成選舉。當湖南幹部向其彙報可於年內完成時,朱家驊竟覆電要求:「選舉必須儘速辦理,希於六月底以前完成為幸。」[97] 安徽則迫於上級壓力,向朱呈遞了一份題為《安徽省現在能否舉行全省代表大會》的報告,指出「全省代表大會如竟以僅僅十餘縣之黨員代表,即認為完全,似屬不妥」。向朱爭取至少半年至一年時間,並請求設法延展全國代表大會召開日期,以便加派親信與得力人員赴皖操辦選舉。[98]

在諸多省分中,情景最尷尬的莫過於甘肅。該省原定於1944年7月1日召開全省代表大會,但得知朱家驊辭職消息後,立即決定將大會提前至6月20日,以便趕在中央正式交接前完成。[99] 朱或擔心如此行事太過敏感,且提前十日效果有限,命令會期不必提前。[100] 朱家驊雖主張甘肅省代會如期舉行,但CC系與中央秘書處卻有意再予拖延。甘肅省方收到中央秘書處的電文稱,代表大會「各項法規章則未據核定,即定期召開代會殊有未合,應俟核准後再辦」。[101] 朱家驊則明確告知省方幹部,這是中秘處有意為難:「此間當繼續交涉,一面可由省黨部與朱長

---

96 「朱家驊呈蔣介石報告」(1944年6月28日),〈工作簽呈與報告〉,《朱家驊檔案》:301-01-06-539。
97 「朱家驊覆林式增電」(1944年3月22日),〈湖南黨務:人事與工作情況〉。
98 「安徽省現在能否舉行全省代表大會」,〈安徽黨務:黨政、軍情、匪情狀況〉,《朱家驊檔案》:301-01-06-075。
99 「楊德翹致朱家驊函」(1944年5月30日),〈甘肅黨務:甘省代表大會選舉事〉,《朱家驊檔案》:301-01-06-127。
100 「朱家驊覆楊德翹」(1944年6月3日),〈甘肅黨務:甘省代表大會選舉事〉。
101 「楊德翹致朱家驊電」(1944年6月11日),〈甘肅黨務:甘省代表大會選舉事〉。

官分別進行,急電吳秘書長,堅持力爭為要。」[102]

朱方主張甘肅省代會儘快舉行,是欲造成省選的既定事實,避免中央組織部新任部長陳果夫視事後,對省黨部人事加以干涉。[103] 而中秘處扣發選票、藉故拖延,也是對此種目的的反制。甘肅省黨部書記長曾催促朱家驊:「乞速交涉於巧加班機寄下,否則即交郵車快遞或妥人攜蘭,不然恐趕不及。」[104] 朱回覆道:「查選舉票經中央秘書處用印後,由本部於六月一日航快寄發,照平日渝蘭郵程計算,約於本月皓至有日間到達。」[105] 但直至6月下旬,甘肅省方仍未接到選票,再電催朱:「本省代表大會一切均已準備完成,能否如期召開,全視選票是否如時寄到,前奉已篠電知已航快寄出,請查注意郵檢所有無截留、延誤可能,最好能於下次班機交妥人親來蘭妥轉。」[106] 最終,甘肅省代表大會終究因中秘處寄送選票延誤等情,展期至7月下旬舉行。

抗戰時期,省縣黨部選舉只是長期以來國民黨內暗流湧動的派系力量碰撞噴發的一個出口,亦僅是國民黨黨務新舊領導權衝突的地方預熱。隨著各方矛盾的日益激化,以及國民黨六全大會的被提上日程,也預示著新一輪中央高層人事更迭的臨近。

---

102 「朱家驊致楊德魁電」(1944年6月12日),〈甘肅黨務:甘省代表大會選舉事〉。

103 「楊德魁致朱家驊電」(1944年6月13日),〈甘肅黨務:甘省代表大會選舉事〉。

104 「楊德魁致朱家驊電」(1944年6月17日),〈甘肅黨務:甘省代表大會選舉事〉。

105 「朱家驊致楊德魁電」(1944年6月17日),〈甘肅黨務:甘省代表大會選舉事〉。

106 「楊德魁致朱家驊電」(1944年6月24日),〈甘肅黨務:甘省代表大會選舉事〉。

第四節　地方選舉與高層動盪

　　戰時省縣黨部選舉制的恢復所引發的千奇百怪的亂象，已使國民黨中央內部感受到 CC 系與朱家驊系間激烈的衝突，此種觀感最早集中出現在 1943 年 7 月前後。彼時先因陳果夫不滿陝西、河南等省黨部執委的人事調動，致使外間傳出陳、朱鬥爭的風聲。王子壯評論道：「兩方均雜有若干之私見，因各維護其群眾，不免引起無味之糾紛。如果均立足於公正之基礎上，以能力學識等為標準，以觀察人地之宜否，即絕無此問題發生，亦不至引起雙方之不睦也。」[107] 陳布雷對黨內派別之弊亦有所感：「黨中各小派，組織自己勢力，終歸於人有損，於國有損，於己並不見有益。」[108] 不久後，巡視西北七省後歸渝的沈鴻烈，亦向熊式輝感慨各地缺憾太多，黨務人事派別鬥爭已趨白熱化。熊則認為，各省黨部人事鬥爭之所以白熱化，皆導源於「上有好者」。[109] 而「上」無疑指的是總裁蔣介石。

　　1943 年 9 月，國民黨五屆十一中全會召開期間，朱家驊與二陳兄弟的對立態勢已十分明顯。此次大會又做出盡速召開第六次全國代表大會，最遲應於戰後半年內舉行的決議。[110] 如此一來，省縣選舉也須相應提前完成。朱方幹部對此早有預見，該年上半年就曾提醒朱家驊：「全國黨部大會之召開，目下雖尚無所聞，然自原則言之，鈞座似應早加籌劃，日期之決定則應以全國

---

107 《王子壯日記》，冊 8，1943 年 7 月 24 日後「上星期反省錄」，頁 291。
108 熊式輝，《海桑集：熊式輝回憶錄 1907-1949》，1943 年 7 月 29 日，頁 417-418。
109 熊式輝，《海桑集：熊式輝回憶錄 1907-1949》，1943 年 8 月 24 日、9 月 4 日，頁 422、424。
110 〈請召集第六次全國代表大會案〉（1943 年 9 月 10 日），《中國國民黨歷次代表大會及中央全會資料》，冊下，頁 851。

各省市之實際情形為依歸」,「本年內恐難有大效,如必操勝券,論時仍須一年」。[111]

唯有取得多數省分黨務領導權者,才能在各省選舉出席全國代表大會代表時佔據優勢,進而在即將到來的六全大會改選中央委員的競爭中取勝,這一環環相扣的問題讓朱方備感棘手。朱家驊雖已接長黨務五年有餘,但二陳兄弟早年在各省植下的根基尚未清除。六全大會的提前召開,打亂了朱方原本循序漸進的蓄勢計劃,使其只能加速推翻「二陳時代」建立起的地方黨部格局,努力爭取各省黨務領導權。由此引發的後果,正如王子壯所言:「組織部為調整部屬,不能不注意各地方黨部。原來在地方黨部有實力之二陳先生部屬,乃立於尖銳之地位,兩方之衝突水火益深。故近來中央委員中亦頗有以攻擊朱氏是務者,為打倒朱氏,在最近之代表大會中可操左券。」[112]

不可否認,王子壯在1943年11月時對中央高層形勢的判斷頗具前瞻性。1944年5月,國民黨五屆十二中全會前夕,CC系與朱家驊系因地方選舉而爆發的鬥爭,已達最激烈狀態,在黨內演成公開對峙。徐永昌目睹此景後都不免感慨:「陳朱鬥爭之暗潮已尖銳化,黨內無派之言又如何解說耶。」[113] 然而,雙方衝突的爆發並非偶然。1938年,臨全大會後,蔣介石為革新黨務,任命朱家驊出任中央黨部秘書長,後又調其擔任中央組織部部長。新興力量進入黨內,並在各地悄無聲息地發展,無疑是對CC系原有組織勢力的緩慢代謝,雙方矛盾開始日益積聚。地方

---

111 「王季高致朱家驊函」(1943年4月7日),〈陝西黨務:為陝省訓練團合併戰幹團事,胡宗南、熊斌意見衝突事〉。
112 《王子壯日記》,冊8,1943年11月12日,頁440。
113 《徐永昌日記》,冊7,1944年5月23日,頁316。

黨部選舉的恢復，無形中也是對數年來朱家驊投身黨務事業的成績檢驗。

面對 CC 系中委主張從速舉行省縣選舉的訴求，朱家驊展望前景，自知實力不濟，遂聯絡黃埔系、政學系等勢力以資對抗。經福建、江西等省試舉後，朱方領導下的聯合戰線竟佔優勢。這對二陳來說，不僅意味著企圖通過地方選舉，恢復「陳家黨」的願望破滅，更使其強烈感受到來自朱方勢力的威脅與挫敗。CC 系在無法顛覆地方選舉既成事實的情況下，只能在中央設法對其加以打擊，如製造中央組織部包辦選舉等負面輿論與不法案件。

對於這一局面的出現，王子壯慨言不足為怪，實乃蔣介石預擬制衡政策的成功，即在黨內以朱家驊牽制二陳兄弟。[114] 自國民黨六全大會的召開提上日程後，「朱乃變本加厲，組織部幹事外出可以擔任省黨部委員，組織部處長派在外省擔任省黨部主任委員矣。是急於自成一系，不特二陳系反對日甚，黃埔系亦有不滿者」。朱家驊愈發冒進的作風，也使其常因用人不慎、幹部水平參差不齊而招致非議。蔣介石亦批評中央組織部「用人不當、調動頻繁，無黨務經驗者輒居高位等」。二陳捕捉到蔣介石對朱家驊的不滿情緒後，並眼見其羽毛漸豐，擔心選舉完竣後，該方勢力業已鞏固，遂決定於五屆十二中全會召開之際發起總攻。[115]

1944 年 5 月 16 日，臥病中的陳果夫上呈蔣介石，表達對朱家驊操辦地方選舉的不滿：「近組織部因趕辦選舉，重視人事系統，向在地方負黨務責任之同志因此去職者甚多（月前朱經農君謂：湖南教育界前輩大半為黨員，故黨務尚有基礎，且此輩已為

---

114 《王子壯日記》，冊 9，1944 年 5 月 11 日，頁 191。
115 《王子壯日記》，冊 9，1944 年 5 月 20 日後「上星期反省錄」、5 月 27 日，頁 202-203、210。

領導地方之正紳,現因選舉,黨部欲以青年改老年,恐今後基礎動搖,故特來告,若然,則今後湖南恐增大批無職之人)。其仍在地方者亦苦無事可做,若輩在黨有歷史、有經驗,一旦遭受排斥,無可告愬,其牢騷悻悻可知。」[116]

21日,五屆十二中全會上,關於黨務的各項質詢亦多針對中央組織部部長朱家驊:「先期以徐恩曾、蕭錚為中心之小組討論,至此乃現出有組織之陣容。朱先生乃孤軍奮鬥,答覆各方,尤以孫鏡亞、程天放關於江西代表大會之強烈質詢,認為違法,最為露骨。」[117] 陳布雷在記錄當日會中情景時不由感歎:「為驪先計,亦甚難堪也。」[118]

鑒於 CC 系的猛烈抨擊,熊式輝當晚立即前往吳鐵城寓所商定約集張治中、白崇禧等人會談,並決定一同向中央提出三點主張,藉以聲援朱家驊:支持組織部;改選中常會;於該年底或次年初召開六大改選中委。[119] 王世杰亦被邀請參加集會,但據其觀察:「連日朱驪先、張岳軍、吳鐵城、張文伯、白健生、熊天翼等因不滿于立夫、庸之諸人,相約在全會選舉常委時,不選立夫。但彼等不過交換意見,並無任何組織」,遂未多作主張。[120]

事實上,朱家驊與吳鐵城的關係始終較為微妙。朱家驊作為中央組織部部長,除需處理部內一切事務外,在中央層級還需處理與各平行機構的關係。其中,日常工作往來最為密切的當屬中秘處。自臨全大會召開後,中央黨部秘書長地位顯著提高,不僅

---

116 〈陳果夫函蔣中正恐因病不能出席全會故將對黨政各方面研究所得摘要奉告〉,《蔣中正總統文物》:002-080200-00621-049。
117 《王子壯日記》,冊9,1944年5月21日,頁204。
118 《陳布雷從政日記(1944)》,5月21日,頁86。
119 熊式輝,《海桑集:熊式輝回憶錄1907-1949》,1944年5月21日,頁441。
120 《王世杰日記》,冊上,1944年5月24日,頁607。

具有指揮監督各部會處權力,所有人事調遣、任用、考核,以及經費出納、物品購置等均歸中秘處管轄辦理。因此,中央組織部部長與中央黨部秘書長關係的好壞,直接影響著各級黨務效能的發揮。朱家驊調任中央組織部後,中央黨部秘書長先由葉楚傖擔任,1941年,國民黨五屆八中全會時調整為吳鐵城。關於吳複雜的派系屬性,時人曾這樣描述:「吳在大革命時期屬太子派,擴大會議後靠近蔣,內戰時期參加政學系集團,同時亦為CC支持人。」[121]

1943年初,政學系核心成員、時任四川省政府主席的張羣,曾向前中央組織部人事室主任、彼時在四川大學任教的俞叔平詢問組織部與中秘處的關係情況。俞答以:「鈞座與鐵城先生相處甚善。惟經費與人事方面,有時扞挌不通。此或由於鐵城先生左右多係某方分子所致。」當俞邀請張出面與吳一談,藉以增進組織部與秘書處關係時,後者果斷應允。由此,俞叔平向朱家驊建議四川省黨部主委若有調動,不妨使張羣兼任:「俾中央黨部及地方黨部雙方皆能免去若干障礙,再就國內組織趨勢觀察,下屆全會必將更形熱鬧。為求部務發展計,似有與關係方面(尤其目前利害相一致者)切取聯繫必要。何況張先生之一切表示甚願與鈞座有所合作耶。」[122]

張羣向朱家驊示好是為謀兼省黨部主委,而此種聯合亦有利於朱方。誠如俞叔平所言:「惟就大勢觀察,茲為政治鬥爭,敵友必須分明,作風力求寬大。」[123] 上述實指朱家驊與政學系合

---

121 《國民黨六屆中委各派系名單》,頁187。
122 「俞叔平致朱家驊函」(1943年1月23日),〈四川黨務:四川省黨務辦事處〉,《朱家驊檔案》:301-01-06-108。
123 「俞叔平致朱家驊函」(1943年2月18日),〈俞叔平(運佳)〉,《朱

作，共同對抗CC系的計畫。若按此策略，朱方應早已對吳鐵城以示拉攏，但與對CC系向為反感的張羣不同，吳與二陳較為親近，這也就對發展朱、吳關係構成了障礙。吳鐵城在日常行事中也確實對組織部多加掣肘，如王啟江曾欲推薦中秘處秘書溫叔萱擔任新疆省黨部執委，最終因吳鐵城從中阻撓而作罷。王子壯評論道：「叔萱去新原係遠圖，理應促成。今以組織部與吳秘書處之關係，竟有阻礙，亦見事之難也。」[124]

至1943年9月時，朱、吳不和似乎已是眾所周知之事。熊式輝曾勸說朱家驊對吳鐵城予以諒解。朱對此態度積極，並希望熊能從中斡旋。熊感嘆道：「朱、吳尚可與言者，意氣相持，親痛仇快，治本不可忽，欲先調解以治標。」[125] 但直到朱家驊任職後期，也未能改善與吳鐵城的關係。

CC系除欲借五屆十二中全會之機扳倒朱家驊外，還在會中提出對省黨部主委的任用限制案，並經大會議決通過：

一、各省市黨部主任委員，應遵照臨全大會之決議，由中央執行委員會特派中央委員一人擔任；其正式選舉之黨部，亦應仍由中央委員擔任主任委員。二、今後各省市召開代表大會以前，應遵照臨全大會之決議，一律選派中央委員為主任委員，俾便負責主持代表大會，避免自身競選，以昭大公。三、如中央委員不敷分派時，得由中央執行委員遴選資歷相當之同志擔任；其人選標準另定之。[126]

家驊檔案》：301-01-23-596。
124 《王子壯日記》，冊8，1943年1月4日，頁9。
125 熊式輝，《海桑集：熊式輝回憶錄1907-1949》，1943年9月4日，頁424。
126 〈各省市黨部主任委員應由中央委員擔任並負責主持各省市代表大會案〉

1938 年，臨全大會時雖曾規定：「省黨部委員會採取主任委員及委員分區督察制，由中央執行委員會特派中央執行委員一人為省黨部主任委員」，但「惟在整理期間，其委員可全由中央指派曾經訓練之同志充任之」。[127] 由此，並未嚴格要求主委必須由中委擔任。上述限制案的關鍵在於，明確將省市黨部主委與中委資格相捆綁。自 1935 年國民黨五全大會以來，受戰時環境影響，五屆中委一直未作改選，至 1945 年六全大會時，國民黨中委格局已維持十年。且五屆中委選舉時，二陳兄弟的人望竟可比肩蔣介石，獲全票當選。蔣對此甚感不滿，遂囑只發表當選名單，不必書明得票多少。再者，蔣介石事先囑選之人尚有未能當選者，而二陳掌握的中央組織部系統人士卻頗多當選，黨的重心已有偏向二陳之勢。基於上述原因，蔣介石不久便將陳立夫調離中央組織部，也就有了日後以朱家驊辦黨的下文。[128]

　　CC 系此時提議省黨部主委必須由中委出任，則是欲利用己方在五屆中委內的群體優勢，藉以重掌各省市黨部實權。該案一經公布，已選舉省份主委不僅須做更換，未辦選舉的省分，即先前由朱家驊派任的主委亦須淘汰。取而代之的則會是由新任中央組織部部長陳果夫派出的、具有 CC 系背景的中委，或非朱家驊所能掌控的黨內資深幹部。前文所述，原福建省黨部主委陳肇英空降江西，就是該案作用的結果。這無疑預示著朱家驊主黨數年來，在各省的人事耕耘將在一朝之間付諸東流。如此也就能理

（1944 年 5 月 25 日），《中國國民黨歷次代表大會及中央全會資料》，冊下，頁 891。
127 〈改進黨務並調整黨政關係案〉（1938 年 3 月 31 日），《中國國民黨歷次代表大會及中央全會資料》，冊下，頁 481。
128 《王子壯日記》，冊 8，1943 年 11 月 12 日，頁 441-442。

解,為何朱方、黃埔系與政學系人士會對各省選舉如此重視,其最終目的均是為削弱將來六屆中委內的 CC 系勢力,以改變五全大會奠定的黨內權力格局。

國民黨五屆十二中全會後,中央組織部部長朱家驊的突然下臺與陳果夫的再度回任,使聯合陣營的選舉事業陷入困境,進而導致黨內派系鬥爭愈發尖銳。先前二陳兄弟被蔣介石剝去黨務職權,便緣起於與黃埔系、政學系的衝突。而黨內政治生態環境又經戰時數年變遷,不僅未見單純,反因新增朱家驊一系,變得更為複雜。對於黨之前景,王子壯不無憂慮地談到:「所謂舊仇新恨,能否一概蠲除抑或相反。互相聯合以構成反陳戰線,實有可能而極可慮,果爾黨內紛爭將變本加厲。」[129]

陳果夫重掌中央組織部後,省縣選舉仍舊在一片混亂中繼續進行。即便是國民黨中央所在地的重慶亦非淨土。該市黨部選舉實況可從親歷者陳克文的日記中窺知一二,並藉以說明派系組織在選舉中所發揮的作用。重慶市代表大會定於 1944 年 7 月舉行,而該年 6 月間競選活動已紛紛開始。陳克文受好友端木愷鼓舞,對參與競選市黨部執委躍躍欲試,惟苦於活動經費無著落。[130] 但因陳籍屬廣西,受桂系白崇禧與黃旭初二人關注。廣西省政府辦事處便給陳克文送去現金三千元,藉以表達對「在中央服務的幾位有希望的廣西人」的推重之意。對此,陳表示:「數目很少,意思卻甚誠懇,苦苦的要我收下,並且說以後還要按月送來。他們這種獎掖後(進)的精神實在可感,只好把款收下。」[131] 這筆突如其來的款項,恰好解除了陳的燃眉之急,正

---

129 《王子壯日記》,冊 9,1944 年 5 月 27 日,頁 210。
130 《陳克文日記 1937-1952》,冊下,1944 年 6 月 19 日,頁 871。
131 《陳克文日記 1937-1952》,冊下,1944 年 6 月 24 日,頁 873。

可供其多方奔走應酬。

陳克文早年是經甘乃光介紹加入國民黨，追隨其左右任職多年，後因加入「改組派」而被視為汪派人物。汪精衛出走河內後，陳與之脫離關係，成為黨內無所憑恃的中層幹部。陳深知若想當選重慶市黨部執委，必須得到高層支持。於是，陳克文競選活動的第一步便是拜訪新任中央組織部部長陳果夫，但因適逢陳外出而未得晤。[132] 翌日，陳又與端木愷一同宴請前任部長朱家驊，並邀朱方幹部、重慶市黨部主委楊公達作陪。陳自言這一安排是因「驊先下了組織部長的台，給他一點安慰」。[133] 隨後，陳克文還宴請了吳開先、洪蘭友、陳訪先、方治等人。此四人均是中央指定的重慶市代表大會選舉指導人，被視為「想操縱選舉的人」，陳與彼等聯絡是為爭取好感。[134]

連日來的各方交際，並未能增強陳克文的信心，只能繼續變本加厲的四處活動，訪問宴邀有關人士。陳深覺自己陷入選舉泥潭，碌碌終日，感慨萬千：「酷暑天氣汗濕如洗，競選代表往來奔走，不以為苦，人為政治的動物，於此可見。」[135] 在重慶市代表大會召開的前一天，陳克文對奔走成果加以估算：「大概有把握的選票已有四十票，有幾成希望的約二十票，開會後，尚可增加一二十票，獲選的希望大概有五六成了。」雖然尚有獲勝希望，但卻須與連對市代表大會性質都不清楚，甚至認為競選成功後便可出席國民代表大會之人相競爭，又使疲於奔波的陳克文徒增了幾分無奈與迷茫：「自己從事黨政工作已廿餘年，向來

---

132 《陳克文日記 1937-1952》，冊下，1944 年 6 月 22 日，頁 872。
133 《陳克文日記 1937-1952》，冊下，1944 年 6 月 23 日，頁 872。
134 《陳克文日記 1937-1952》，冊下，1944 年 7 月 1 日，頁 875。
135 《陳克文日記 1937-1952》，冊下，1944 年 7 月 3 日至 8 日，頁 876-877。

都很恬淡,為甚麼這一次倒在大暑天和人家力爭一個市黨部的委員呢?」[136]

在最終的正式選舉中,陳克文因僅得七十一票,鎩羽而歸,候補執委得票最少者亦有八十四票。陳在日記中自我寬慰道:「這失敗並不是我的損失,而是我的收穫」,「使我對於現實的政治增加深一層的認識,使我多交幾個熱腸的朋友,舊朋友的真情也更加流露動人。」通過親身參與,使陳克文對國民黨的選舉制有了更為透徹的認識:「選舉制度,理想雖然在選賢與能,結果不一定是如此的。美國這樣的民主國家尚且如此,我們可想而知。這次選舉,票數最多的並不是能力最強,聲譽最著的人。反之,平日碌碌無所表現,在會場上一言不發,與黨的關係又並不深的人,也竟當選了。」[137]

重慶市黨部選舉給陳克文帶來了極大的失望與不平情緒,但也使其看清團體組織與金錢力量在國民黨內的重要性。大會期間曾流行這樣一句口號:「吃大戶,選窮人,吃官僚,選同志。」但到選舉結果公布時,陳才意識到這只不過是一部分虛偽之人的競選武器。最終勝利的還是大戶與官僚,以個人力量參與競選,只有一敗塗地的下場。據彼觀察,重慶市選舉獲勝者可分為三大派:青年團派、中央調查統計局派與金錢實力派:

> 有些人專屬一派,有些人雖屬某派卻與另一派互相勾結,互相利用。我個人想以一個超然的地位參加競爭,是自然失敗的。這次的選舉,我們可以看出個人的聲譽地位、學識經

---

136 《陳克文日記 1937-1952》,冊下,1944 年 6 月 27 日、7 月 9 日,頁 874、877。
137 《陳克文日記 1937-1952》,冊下,1944 年 7 月 10 日至 14 日,頁 878。

驗、辯才儀表,是與成敗無關的,最重要的還是組織和金錢。以徐繼莊那樣的笨拙,又在主席臺上鬧了一次大笑話,居然當選,這全然是一百幾十萬金錢的魔力。」[138]

何成濬在目睹了重慶市黨部選舉後,也曾暗中感慨:「選舉制度固善,中國之現情尚難適合此制度,當競選時,金錢運動、武力劫奪,無所不用其極,吾人曾親見之,醜而且怪之現象,殊非筆墨所能形容也。」[139] 陪都重慶尚且如此,它地的選舉情況更為「可觀」。

在四川,「完成選舉之縣市數雖八十有九,而其中求無一糾紛者實屬鳳毛麟角,最奇特者竟有綿陽、梓潼兩縣書記長落選後,竟由督導員擅改票數致其當選」。[140] 該省「土劣」亦參與競選,一旦失敗便控告不已。或未雨綢繆,在選舉前就大肆控告,致使省黨部一月內平均可收到控案二百件。此外,哥老會也染指黨部選舉。川西地區多有哥老領袖當選者,甚至縣黨部書記長勾結哥老以鞏固地方勢力。如此形勢下,選出的黨部執、監委員魚龍混雜、學歷低下,「大學畢業者寥若辰星,無他學籍能提出證件者亦是十不及五,故每在執委中擇派書記長時甚是困難」。並且,選舉制賦予當選者合法性外衣,使縣黨部認為省黨部對其無撤換之權,便能為所欲為,省黨部亦以為國民黨中央無

---

138 《陳克文日記 1937-1952》,冊下,1944 年 7 月 10 日至 14 日,頁 878-879。
139 《何成濬將軍戰時日記》,冊下,1944 年 8 月 7 日,頁 459。
140 「涂廷凱、溫育才、袁品心致朱家驊函」(1943 年 12 月 31 日),〈中國國民黨中央組織部黨務講習會:四川地區學員通訊〉,《朱家驊檔案》:301-01-06-409。

權過問經選舉成立的省黨部。[141]

　　1944年10月，蔣介石突然條諭陳果夫：「各省省黨部之選舉似應暫緩辦理為宜。」陳呈覆稱：「查目前各級黨部工作應集中全力辦理知識份子從軍事宜，選舉自應緩辦，已電令各省黨部遵照矣。」[142] 上述往來邏輯不禁使人聯想，選舉是因知識青年從軍運動的開展而被暫緩。但實際是因蔣介石對地方選舉引發的混亂局面有所察覺，欲加以整頓，其在日記中寫道：「黨團選舉以拔取真才為目的，不許有包辦與賄選及請客餽贈等事。」[143] 因此，蔣介石再次暫停選舉制，是為收回選拔省黨部執、監委員的權力，方便干預各省人事，足以證明對省縣選舉效果的失望與不滿。[144] 朱家驊下臺後，若各省選舉繼續進行無疑有利於CC系。蔣介石暫停選舉，雖在一定程度上減緩了經朱派遣的地方黨務幹部被清洗的速度，但並不能阻止二陳兄弟此後有針對性的人事汰換。

---

141 「涂廷凱致朱家驊函」（1943年9月25日），〈中國國民黨中央組織部黨務講習會：四川地區學員通訊〉。
142 國立政治大學人文中心主編，《民國三十三年之蔣介石先生》，下，頁405-406。
143 《民國三十三年之蔣介石先生》，下，頁413。
144 〈蔣介石日記〉，1944年10月29日前「本星期預定工作課目」、11月5日前「本星期預定工作課目」、11月12日前「本星期預定工作課目」。

小結

　　國民黨所奉行的「民主集權制」的組織原則要求，各級黨部須通過選舉產生。但在此後的二十年間，國民黨省、縣黨部選舉制度幾經調整。清黨前，個別省份曾舉行過一至兩次《總章》規定的直接選舉。但當北伐戰爭推進至江西時，隨著蔣介石軍權的坐大，開始試圖在該省實行有限制的選舉，從而將中共黨員排除出黨部，藉以攫取黨權。這一違法行徑雖遭國民黨左派強烈反對，並被糾正，但好景不長。自1928年起，「選舉—圈定」的幹部選拔辦法，作為第一次國共合作關係破裂的「後遺症」不僅被在黨內延續，更被中央加以制度化、合法化。

　　抗戰爆發後，作為調整黨務的應急性舉措之一，黨內選舉被國民黨中央公開暫停，省、縣兩級黨部委員改用委任制。而國民黨所奉行的民主集權制法理原則，使其終究無法迴避選舉一事。在黨務領導層被日漸邊緣化的CC系，為保持己方勢力，亦開始在黨內為恢復地方選舉造勢。為形勢所迫，蔣介石雖通過召開國民黨五屆八中全會重啟省縣黨部選舉，但尚不認為彼時條件成熟，僅宣而不行。隨後，各地推展遲緩亦是中央真實態度的明證。蔣介石心口不一的實際考量，是欲為中央組織部部長朱家驊的黨務革新計畫贏得時間，借委派制增強其人事任免權，從而牽制地方CC系勢力。

　　1942年底，國民黨五屆十中全會召開時，數年來的黨務改革舉措未能使國民黨振衰起弊，黨員幹部腐化問題反而漸趨嚴重。蔣介石在失望之餘下定決心，要求各地切實推行地方選舉。此時，蔣或許亦有使黨內選舉與黨外憲政運動兩相配合的想法，藉以標榜民主，力圖重新塑造國民黨的外在形象。這一政治走向卻使朱家驊所面臨的形勢變得十分嚴峻，惟有儘快全面掌握各地

省縣人事資源，才能保住既有成果。因而，此後該方的政策愈發冒進，與 CC 系的矛盾也日益尖銳。朱家驊深知自身實力尚不足以與二陳兄弟相抗衡，遂與團方黃埔系、政學系及地方實力派等多方力量結合，並在地方選舉中初獲勝利。可以說，省縣黨部選舉是朱家驊整個辦黨生涯中，權力野心與政治權術最為顯露的環節。

CC 系之所以大力倡導恢復選舉制，是欲借此對朱家驊的權力有所控制。因在中央組織部主導的委派制下，CC 系難以插手地方黨部人事，只能被動接受己方人員被逐漸汰換，黨務根基被拔出。該方本自信於倚仗地方尚存勢力，再借助選舉一途，可從朱方手中收復失去的黨務陣地。孰料經福建、江西兩省試驗後，結果令其大為恐慌，形勢不容樂觀。於是，CC 系開始藉故在中央與地方突擊製造摩擦與衝突，對朱家驊方施與打擊，最終迫使後者在五屆十二中全會時狼狽下臺。同時，更多方設法顛覆既有選舉結果，收回「失地」。

國民黨雖在戰時恢復了省縣黨部選舉，且亦拋棄了早年的「選舉－圈定」辦法，採用直接選舉制，但並不意味著黨內民主的進步。蔣介石本欲通過恢復選舉，在向黨外宣示民主的同時，亦能在黨內調動幹部積極性、提高黨工素質，藉以推動黨務改革，卻忽視了戰前國民黨畸形選舉風氣尚存的情況下，黨內是否真正具有滋生直接選舉的土壤。正如王子壯所言：「對外雖表示日趨民主，對內則日益集權於一人。原夫在戰時應注意機密，集權於領袖一人，原為當然。今以外國關係，特飾以民主之外衣，且更將交還政權於國民。余以為只有應付時代的意義，不能產生

任何重大之效果也。」[145]

並且,黨內派系矛盾日益加劇之際,驟然重啟選舉恰為各方提供了互相攻訐和角逐權力的利器,選舉也隨之成為各方鬥爭的焦點。彼時雖不再有中央圈定人選的束縛,但在各實力派的佈置與運作下,選舉制卻更加失真,任何涉身其間者均難逃泥濘。僅經短暫嘗試,蔣介石就感受到黨內政治環境的愈發烏煙瘴氣,只得於混亂中再度叫停。從這一角度來看,蔣在推行所謂的國民黨民主化進程時,未免有些操之過急。

若反向思考,亦正是由於國民黨長期以來未能有效地通過選舉拔擢地方黨務幹部,才使黨內派系政治愈發膨脹。戰前地方黨務長期被 CC 系所壟斷,戰初中央以委派的方式掌控省縣黨部人事任免權,均無形中阻塞了黨工本可依靠選舉升遷的自然管道。當個體必須憑藉私人關係,投入某方權力陣營,才能獲得晉升機會時,派系勢力也必然在這一過程中潛滋暗長。朱家驊系在戰時的形成與膨脹即為顯例。當蔣介石有所意識,並有心加以糾正時,黨內這種互相依靠與權力私相授受的惡疾已積重難返,不僅在戰時選舉制外衣的遮蔽下繼續延續,反而使國民黨的組織機體距離全線崩潰又邁近了一步。

---

145 《王子壯日記》,冊 8,1943 年 9 月 11 日,頁 354。

第七章　黨務領導權再轉移

　　1944年5月，國民黨五屆十二中全會時，朱家驊的黯然去職，正如七年前在臨全大會上的驟獲升遷一樣耐人尋味。以往人們常將朱的下臺，與1943年11月發生的「獻鼎鬧劇」相聯繫。然而，朱的失勢僅是就黨務而言，其日後仕途並未就此止步。該年底，蔣介石便命朱家驊出任教育部部長，依舊俾以大權。獻鼎一事固然使蔣一度怒不可遏，但中央組織部部長的易人應當有著更為深層的緣由。

　　1943年末是朱家驊與CC系等各派間關係最為緊張、地方權力鬥爭局勢日益焦灼之際，亦是蔣介石心態發生較大轉變的時間結點。彼時抗戰轉入後期，開羅會議的圓滿結果使蔣信心大增，也使其得以從戰爭中騰出餘暇，著手黨務整頓問題。蔣介石開始重新反思數年來，國民黨人事制度建設的荒廢，再次下決心要為黨建立起規範化的銓選與考核機制，實現「為事擇人」的幹部派遣機制，徹底杜絕「為人擇事」的任用弊病。

　　如前文所述，朱家驊辦黨數年，未能如蔣介石所願地使國民黨煥然一新，反而引發更多派系摩擦。1944年，蔣介石將朱家驊與陳立夫對調時，曾禁止兩方到任後撤換原有幹部。即便如此，雙方勢力仍互相傾軋，以致在之後一年多的時間裡，中央組織部與各省黨部委員或主動離職，或被CC系人士取代，地方黨務幹部只得紛紛向朱家驊尋求仕途出路。朱基於派系領導者的責任與擔當，竭力為屬下各方奔走接洽，動用所有關係，將原有黨務幹部向教育機構與政府部門，甚至軍界疏散。在這一過程中，朱家驊從政多年來所經營的人際網絡也隨之浮現。由此，對朱家

驊系在戰時黨務事業中起落的動態考察也最終完成。

第一節　朱家驊下臺與「陳家黨」復起

1943年11月7日，為慶祝廢除英、美兩國在華治外法權與不平等條約，朱家驊偕中央組織部所屬學校、工礦黨部等五百餘人，擬借黨政訓練班第二十八期開學典禮之機，舉行向蔣介石進獻九鼎儀式。這一本意在頌贊總裁豐功偉績之舉，不料卻招致其勃然大怒。獻鼎活動的主要籌劃人朱家驊也在大庭廣眾之下，首當其衝地遭到蔣介石嚴厲訓斥，成為其仕途生涯中少有的挫敗經歷。[1]

其實，獻鼎活動並非朱家驊逢迎總裁的冒失之舉，事前曾呈明蔣介石，且獲允准。但蔣於正式儀式前，突從報上得知該鼎製造耗費二百萬元、歷時一年有餘，且需數人扛抬，儀式隆重長達二十分鐘，殊感駭異：

> 此種費時耗錢，無益於黨國抗戰與現實民生之事，在此戰危時困、軍民窮乏之際而舉行此事，可謂無聊之極。此乃由組織部朱家驊毫無常識，只作諂奉之官僚生活，可痛已極，乃斥責其非，一面令其作罷。故僅舉行開學典禮，對於獻鼎五百餘人遠道而來者，在開學訓詞時乘便訓導，並說明作罷理由，使一般黨員亦能多得一教訓，以後使之務實，而不尚虛文也。[2]

朱家驊牽頭的獻鼎活動不僅事前未對蔣介石有所隱瞞，外界

1　鄧野，〈向蔣介石鑄獻九鼎的流產與非議〉，《近代史研究》，2009年第2期。
2　〈蔣介石日記〉，1943年11月7日。

也早有所聞。早在同年 3 月，王芸生就曾向徐永昌表達對蔣允獻九鼎的不同意見，更細述鼎文為顧頡剛所擬，鼎式為馬衡籌辦。當時徐對王的言論頗感意外，直至正式獻鼎前日，還在日記中表露出期待情緒：「又聞明日各界將獻九鼎於蔣先生，此亦可紀之一訊也。」[3] 但當蔣介石態度突變後，徐永昌又立即表示：「今日獻九鼎，蔣先生應卻而不之卻，徒損其大。獻者不以德愛人，徒增國家之陋。」[4]

除徐永昌外，諸多國民黨要人對獻鼎一事也均有記載。陳布雷在日記中寫道：「今日為工礦學校黨部獻九鼎，總裁卻之，以為非其時，亦不當於禮也。」[5] 楊玉清認為，「蓋古人謂鼎革，先革而後有鼎，現國家仍多難，以鼎為獻，非其時，且易引起過去陳舊之意識」。[6] 唐縱在描述當日情形後，也寫下「時賢多贊委座英明」之語。[7] 陳誠對蔣介石嚴詞拒絕的做法表示聞者稱快：「此舉多少有帝皇觀念，不知彼輩作此運動者，何以慮不及此，抑故意為之也？」[8] 臥病中的陳果夫在得知蔣介石的訓話後，則憂歎道：「似此情形，組織部之領導似成問題矣。」[9] 中委鄭亦同在探病陳果夫時也談到：「亦尚不致為封建思想所感，甚為民國前途樂觀也。」[10] 當眾人以一邊倒的姿態批評獻鼎一事

3　《徐永昌日記》，冊 7，1943 年 3 月 22 日、1943 年 11 月 6 日，頁 44、197。
4　《徐永昌日記》，冊 7，1943 年 11 月 6 日，頁 197。
5　《陳布雷從政日記（1943）》，11 月 7 日，頁 190-191。
6　《肝膽之剖析——楊玉清日記摘抄（1927-1949）》，1945 年 10 月 22 日，頁 439。
7　唐縱，《在蔣介石身邊八年——侍從室高級幕僚唐縱日記》，1943 年 11 月 7 日，頁 389。
8　《陳克文日記 1937-1952》，冊下，1943 年 11 月 8 日，頁 819-820。
9　〈陳果夫日記〉，1943 年 11 月 8 日。
10　〈陳果夫日記〉，1943 年 11 月 19 日。

時，王子壯則將更多精力用於揣摩蔣介石的心理：

一、總裁以雄才大略，本不免英雄自喜之心。近年以總裁身旁至少諍言，且往往蒙蔽事實以飾非。如物價高漲，彼並不深知。外出購物，左右則先囑店鋪低減物價，此種作偽甚非國家之福。其尤者更利用弱點以邀總裁之歡心，獻鼎之動機實難逃此種責備。當此國家危急、前方浴血抗戰、後方民生疾苦之時，新約雖成是只我國在國際上之轉機，收復國土，來日更有大難，於此時期獻鼎誌盛未免太早。

二、總裁雖具英雄自喜之心，但於國際輿論則頗知注意。彼任國府主席以後，宣佈實行法治，以實現民治，但美國輿論對於蔣先生擔任主席，即修正國府組織法，為負實際責任之主席頗表不滿。因人而改法，將來他人任主席必又將修改。林主席就職時，即改為不負實際責任之主席是其例也。又加蔣夫人於主席就職後，在政治上多所主張，夫婦之間亦不甚洽，是蔣先生近日心理上並非高興，可以擬揣而知。[11]

王子壯雖能跳脫獻鼎一事局限，從時局出發分析蔣介石的內心活動，但亦不能解：「何以突然來此打擊？謂其心緒不好，亦不應前後判若兩人。」王自揣或可以兩點做解：

（甲）蔣先生之喜怒原無一定，如青年團代表大會時，曾演話劇

---

11 《王子壯日記》，冊8，1943年11月12日，頁438-439。

清宮外史。蔣先生連觀兩晚，甚加讚美，且請演員吃飯。但事後則痛加責罵，為何演亡清史實而不表演革命事蹟，致張道藩身任宣傳部長而不能繼續任事。道藩表示愈與總裁接近，愈不好作事，相當疏遠乃能保持相當的客氣……。

（乙）自十一中全會決議提前召開代表大會，組織部為調整部屬，不能不注意各地方黨部。原來在地方黨部有實力之二陳先生部屬，乃立於尖銳之地位，兩方之衝突水火益深。故近來中央委員中亦頗有以攻擊朱氏是務者，為打倒朱氏，在最近之代表大會中可操左券，爭取勝利也。蔣先生或亦受此影響，以致對朱發生反感亦甚為可能。[12]

與上述王子壯的觀點不同，賈景德從禮樂服制角度評價獻鼎一事，謂關係甚大：「民四初聞籌安會之名詞，以為袁總統會將赫然震怒，以是非大明於世，不意其漸至於自謀之。張勳復辟前，余亦以為斷不會再有此糊塗事，□卒至龍旗遍衢，方覺果有此笑話出現。九鼎□固微，然獻者之心至危。」賈認為，蔣介石能夠主動阻止此幕鬧劇，實乃中華民國的進步，大愜人意。[13]

以往論者常將1944年5月朱家驊卸任中央組織部部長，與1943年11月的「獻鼎鬧劇」作因果聯繫。獻鼎的惡劣影響對朱家驊的打擊固大，但尚不足以成為令其下臺的決定性因素。[14]若細檢蔣介石日記不難發現，1943年末恰是蔣心態發生較大轉變的重要時間結點。獻鼎風波後不久，蔣介石即起程前往埃及，參

---

12 《王子壯日記》，冊8，1943年11月12日，頁439-440。
13 《徐永昌日記》，冊7，1943年11月18日，頁202。
14 早在1943年9月就有關於「騮先生將與立夫對調」的傳聞。《鄭天挺西南聯大日記》，冊下，1943年9月21日，頁745。

加美、英、中三國首腦聯合舉行的開羅會議。《開羅宣言》發布的圓滿結果，使蔣對抗戰及戰後局勢信心大增。王子壯就察覺回國後的蔣介石，較之出國前的焦躁狀態判若兩人。

不過，王子壯並未因蔣介石精神愉悅而受感染，反倒對先前因獻鼎受辱的朱家驊頗表同情，並備感黨國前途之危。王認為，若像朱家驊這樣的黨內高級幹部，時下都可無端受責，日後除阿諛求榮之輩，無人再敢直言，「君使臣以禮，臣事君以忠」。在其看來，朱之被責或出於蔣的自身矛盾，或由反對者挑撥所致：「蔣先生原欲以牽制政策以控制各方者，但對於某某則另有所偏愛。於是，社會之輿論則無由上達，實行憲政，則依民意為旨歸，不知屆時又將逞何景象。」[15]

開羅會議後，國際局勢的緩解使蔣介石精神振奮，開始認真反思國民黨人事制度。抗戰爆發後，蔣介石起用朱家驊辦黨便是為革新黨務。但朱經營黨務數年，不僅鮮見成績，反而引發激烈的派系糾紛。1943年末，正是朱家驊與CC系關係緊張、衝突頻發之時。若由此大膽猜想，朱之獻鼎或許存在另一潛在動機，即因察覺最高領袖對自身信任的動搖，而借機採取的獻媚行為，卻不料弄巧成拙。

1944年4月初，王世杰在日記中透露，蔣介石決定於該年5月20日召開國民黨五屆十二中全會，並揣測目的在調整黨部與政府人事。[16] 此時外間亦有傳聞：「陳立夫將調內政，王雪艇繼教育。」[17] 據鄭天挺推測，「財政部長必不動，而副院長或易王亮疇，或易朱騮先。外間盛傳孔必去，恐不然，余疑代以

---

15 《王子壯日記》，冊8，1943年12月7日，頁475。
16 《王世杰日記》，冊上，1944年4月10日，頁595。
17 《鄭天挺西南聯大日記》，冊下，1944年4月24日，頁831。

王、朱者,以二人和易也。外有傳宋者,疑未必然,師亦齟之。余尚疑院長或亦讓出,其繼或王,副則朱」。[18] 關於陳立夫調長內政部的傳言,鄭天挺則表示:「以辦選舉,此或其所願也。」至於教育部部長,「前傳雪艇,近又傳道藩(保泰向人如此說),余則深恐孟鄰師更坐此席。近年來國內外對西南聯大最為重視,而師輿望尤隆,若政府為事擇人,自以師最相宜。但今日之教育界,立夫以辦黨之辦法辦之,幾於不可收拾,改善既不可能,淘汰更不可能」。[19]

果不出所料,4月底,蔣便在日記中將確定中央組織部與海外部部長人選作為5月預定大事。王子壯分析此次全會的舉行與當時國際上彌漫的國民黨負面輿論有關,如中央不民主、不容納他黨、蔣一人身兼黨政軍各部門領袖有如墨索里尼之獨裁等等,最終促使蔣介石做出更換組織陣容的決定。[20] 但與蔣介石心理預期相去甚遠的是,五屆十二中全會甫經開幕就陷入派系傾軋的亂局之中。CC系有組織地利用江西省黨部選舉一事,率先對朱家驊發難。目睹此景的王子壯在日記中氣憤地寫道:「茲屆全會前夕,衝突益厲、力量內向,何暇顧及植黨基於民眾之基礎?寢假黨中各派將變為北京政府之各種政客,何與於民眾?更將何以領導民眾從事於革命?黨去總理所希望者遠,且此種黨絕不能負擔當前偉大時代之使命。」[21]

5月25日,蔣介石欲調陳立夫任中央組織部部長、王世杰為教育部長,命陳布雷前去徵求王之意見。對此,王世杰以近來

---

18 《鄭天挺西南聯大日記》,冊下,1944年4月28日,頁833。
19 《鄭天挺西南聯大日記》,冊下,1944年5月20日,頁843。
20 《王子壯日記》,冊9,1944年5月6日,頁183。
21 《王子壯日記》,冊9,1944年5月20日上星期反省錄,頁202。

關注國際及外交問題，恐出任教育部部長會無暇繼續，且不願於抗戰結束前脫離參政會等為由力辭，並推舉朱家驊、羅家倫與王雲五三人。[22] 事實上，蔣介石最初計畫便是將朱家驊與陳立夫對調，因朱未允新職，陳布雷才奉蔣命轉而與王世杰相商。王子壯認為，朱謝卻教育部部長，不失為明智之舉。因朱、陳個性均強，如對調實現，必致互相報復，雙方裂痕只能日深。[23] 蔣介石得知王世杰意見後，甚感煩悶：「以本欲以立夫繼任組織部，而教部實不易得妥當之人也。」[24]

與此同時，遠在昆明的鄭天挺等人從《中央日報》中獲悉的消息卻是：「孔將改行政院長，王世杰任副院長，張公權任財政，孟鄰師任教育。」鄭天挺就此認為，蔣夢麟重掌教育部，甚為可能，「師或亦甚願，但余終覺其時尚早。立夫主教且七年，濫帳一篇，極難爬疏，然師若不出，恐將更無人能清理之。立夫於選舉自甚熱心，但於教育未必放手。張道藩之傳說，或更可能」。[25]

據傳，朱家驊在五屆十二中全會召開前數日尚為積極，「至開會第四日（二十三日），陳派中委向總裁請願，必欲去之」。蔣介石私下請戴季陶授意朱家驊，朱遂於全會閉幕前一日，即25日臨時提出辭職。[26] 朱家驊擬具辭呈後，托陳布雷轉呈總裁，內中寫道：「職數年來擔任組織部長職務，秉承鈞旨處理黨事，以消除黨政糾紛，融洽黨團關係，團結同志，妥定黨內為

---

22 《王世杰日記》，冊上，1944年5月25日，頁607。
23 《王子壯日記》，冊9，1944年5月25日，頁208。
24 《陳布雷從政日記（1944）》，5月25日，頁89。
25 《鄭天挺西南聯大日記》，冊下，1944年5月25日，頁845。
26 《鄭天挺西南聯大日記》，冊下，1944年6月3日，頁849。

主。任勞任怨，心力俱瘁。此次全會會場情形感觸尤多，正思懇求鈞座予以休息機會。」[27] 朱之辭呈遞交後，立獲批准。蔣介石命陳果夫接其遺缺，陳立夫繼續擔任教育部部長。

朱家驊卸任中央組織部部長後，各方對其境況頗表擔憂。陳克文等人曾深夜拜訪以示慰問，但據陳觀察：「驊先生並無牢騷或失意之表示，態度甚安閒自得，可敬也。」[28] 王子壯在某次中常會中，察覺到蔣介石對朱之辭職「尤有去思」，進而判斷其不至被久置閒散。王啟江也向王子壯述及，中央最好能給予朱家驊實際工作：「此人絕對閒不住，現仍時在中央庚款董事會及中央研究院辦公，而精神已有些恍惚，是真熱衷之士，以辦公且膺繁巨為樂，而不能片刻閒者。」朱家驊雖仍兼任考試院副院長、中央研究院代理院長、中英庚款董事會董事長，「因此等機關均不能積極表現其能力，是以殊感落寞。聞戴先生表示似亦將於最近有所位置，囑大家稍等，可見一斑」。[29]

朱之門生舊屬、前中央組織部人事室主任俞叔平，彼時也給朱家驊呈遞了一份長函，專論已方如何重整旗鼓、東山再起之道：「蓋黨中人事調動，司空見慣，不足為奇。今日之重掌組織部者，即為當年之被調離職者，彼此遭遇無異今夕。而彼之所貴者，要在離開職務而並未離開組織，重在實際運用而輕於形式上

---

27 數日後，朱家驊又簽呈蔣介石辭去所兼中央調查統計局局長職務：「職已蒙准予辭去組織部職務，所有原兼中央調統局事自應同時卸去，在未承指派人員接替以前，已將局務暫交副局長代行。」「朱家驊簽呈辭卸組織部部長」（1944年5月25日），〈人事〉，《朱家驊檔案》：301-01-06-003；《陳布雷從政日記（1944）》，5月26日，頁89；「朱家驊簽呈蔣介石」（1944年5月29日），〈人事〉，《朱家驊檔案》：301-01-06-003。

28 各人觀感難免有所不同，如陳布雷就曾因朱家驊對黨務仍戀戀不忘而感歎：「其實何必也。」《陳克文日記1937-1952》，冊下，1944年6月1日，頁866；《陳布雷從政日記（1945）》，1月25日，頁20。

29 《王子壯日記》，冊9，1944年6月26日，頁254。

之佈置。」俞進而分析，CC系勝利與己方失敗的原因，關鍵在對「組織」的運用，遂主張朱方幹部決不能退卻，中央組織部內外單位主管一律不准辭職：「1、黨非行政機關，無此需要且無先例；2、四年基礎不能忍其一旦毀滅，今後環境堅艱，適足以表現奮鬥精神；3、安定下級同志，使上下不失聯繫；4、如新任強令辭退，適足以暴露其自私自利之弱點；5、國內政治變化無常，今後或可再為運用。」[30]

俞叔平還就朱家驊個人仕途前景有所分析與勸諫，認為朱所任職務雖多，卻皆非用武之地，「政治生活除非完全放棄，不能後退」。若無新職就無法為所屬提供後盾，缺乏據點再圖進取。而未來較適宜朱的職位當屬教育部長，因朱主管中央研究院，可使學術機關打成一片，整合資源，以原有學界地位相號召。此外，內政部長職位亦甚重要，可大有作為，「以下級行政機構，阻止野心者之貪婪企圖，並奠定憲政基礎」。再就己方組織發展而言，俞叔平認為，應嚴格甄別舊有幹部，選拔目光遠大、富有政治頭腦、胸襟寬闊、手腕靈活的核心幹部，並指定適當人員加強中央內外聯繫，聯合一切同盟力量打擊CC系。最後，俞還特別提出應以中央研究院為陣地從事外交活動，加強與英美學術合作，以及對外學術宣傳，爭取國際地位等。[31]

俞叔平設身處地對老長官政治前途與己方勢力發展的剖析至為誠懇，但作為中層幹部，其政治眼光與謀略難免有所局限。並且，對中央時局的觀察也因人而異。如原青海省黨部執委王文俊聽聞朱家驊有出長內政部的消息後，當即表示：「鄙意以為如果

---

30 「俞叔平致朱家驊函」（1944年5月29日），〈俞叔平（運佳）〉。
31 「俞叔平致朱家驊函」（1944年5月29日）。

內政部仍係過去規模,則與吾師德望頗不相稱。」[32] 原山東省黨部主委范予遂得知朱將接長教育部後,也曾勸阻:

> 教育界已被立夫作得那樣,不改革不可,改革首先遭遇人事上之衝突。六年黨務上之辛勞,結果鎩羽而走。若先生再把教育恢復正道,而再來一個倒開車,徒受辛苦於國無補,亦不能對領袖有何幫助。現在的問題需要國民黨大家澈底覺悟,一心一德共同扶助領袖。不是個人向領袖爭寵,攬權排斥他人,弄得領袖除彼少數人外,無人可信,亦無人認為是人才。如此這不是擁護領袖,而是埋葬領袖。在此情形下,遂敢斷言,必難期有何成就也。且遂以為現在休息不但是獲得休息的實效,同是也更得到社會的尊敬。遂更相信委員長會有一日感覺左右身邊人材之缺乏,亦會確知國家的事必須付託於大多數人,而不能付託於一二人。那時挺身而出,物望所歸,必不負國,亦必不負領袖之托。[33]

身處權力漩渦的朱家驊應承擔的責任與壓力使其身不由己,對於屬下的諫言只能選擇性接納,一切仍須遵照國民黨最高領袖蔣介石的意志。朱去職後,曾向蔣遞交了擔任中央黨部秘書長與中央組織部部長六年來的工作總結,內容雖較程式化且揚長隱短,但從中仍能大體對其任職期內的工作重心與績效有所瞭解。

---

32 「王文俊致朱家驊函」(1944 年 9 月 18 日),〈王文俊〉,《朱家驊檔案》:301-01-23-051。

33 「范予遂致朱家驊函」(1944 年 11 月 25 日),〈范希濂、范鋭、范予遂、范惠生、范得善、范壽康、范傑、范乃寬、范揚、范漢傑、范玉璣、范旭東、范建中、范祖堯、范靜安、范若海、范秉之〉,《朱家驊檔案》:301-01-23-399。

朱家驊將「對內嚴、對外寬」、「加強黨內團結」、「配合軍政」、「擴大組織」等作為黨務發展的宗旨與目標，就具體成績而言，條列了以下數點：（一）改進各級黨部，以省、縣、區三級順序，自上而下著手整理，提高省黨部執委與各級書記長人選標準；（二）舉辦工礦、農村黨務訓練；（三）建立學校黨部，增強學界與黨的關係；（四）發展戰地黨務，但淪陷區黨務收穫不大；（五）培植幹部，尤重提高學識能力；（六）實施黨內選舉，縣級選舉完成者已達半數；（七）籌備憲政，在縣市省參議會中加強黨團領導；（八）軍隊黨務側重黨義訓練與識字教育，邊疆黨務側重本黨民族政策，以及推行社會福利、環境衛生、醫藥服務等。[34]

至於另一方的陳果夫，自 1943 年底便臥病家中，不僅缺席五屆十二中全會，對自己會被任命為中央組織部部長事先更不知情，最早還是從程天放處得知消息，其在日記中寫道：「突然下令，未預知，甚惶恐也。」[35] 蔣介石未徵求陳果夫意見，或為事實，但從會前種種徵兆及 CC 系一系列有組織的動作來看，令陳果夫感到意外的應當並非朱家驊的去職，而是蔣未任命其弟陳立夫或 CC 系其他代言人，逕直讓自己帶病出山。

朱家驊的下臺在很大程度上，可歸之於 CC 系長期攻訐與運作的結果。朱與二陳兄弟同屬浙江湖州人，這一密切的地緣關係使雙方早年關係甚善，外間甚至有將朱家驊系視為「新 CC 系」的說法。[36] 即便在朱家驊先後取代葉楚傖與張厲生，接任中央黨

---

34 「朱家驊簽呈蔣介石」（1944 年 6 月 28 日），〈工作簽呈與報告〉。
35 〈陳果夫日記〉，1944 年 5 月 26 日。
36 意指從 CC 系中分化出的派系。崔之清主編，《國民黨結構史論（1905--1949）》（北京：中華書局，2013），頁 802-803。

部秘書長與中央組織部部長後，壟斷國民黨黨務領導權長達數十年的二陳兄弟，仍覺一切尚在可控範圍內，未立即採取制約措施。隨著日後事態的演進，二陳才逐漸意識到先前低估了這位黨界新秀對已方既有組織基礎的顛覆能力，從而開始醞釀反制。

1941年，國民黨五屆八中全會召開前夕，CC系人士開始頻繁集會討論黨務問題，如批評中央組織部用人太濫、領導方式錯誤，主張恢復黨內選舉等。[37] 五屆八中全會在CC系的主導下雖使黨內選舉重啟，但一度推進遲緩。並且，CC系真正開始警覺也是到了1942年春。該年4月，陳果夫從某處獲悉：「驊先有三年計劃，擬統一黨的領導。」[38] 5月，陳又得知中央政治學校畢業生被中央組織部任命為各省黨部執、監委員者日漸減少。[39] 接二連三的消息使陳果夫嗅到朱家驊的權力野心，6月初開始草擬「上委座書」，密報近來黨務組織與人事情況。[40] 內中羅列了對朱家驊數項指責：（一）中央黨務學校與政治學校出身者陸續被撤，截止5月20日，僅餘二十七人，所補充者大半為中山、中央大學畢業生；（二）組織部舊人剩餘無多，科長以上人員四十餘人中，僅存四、五人；（三）組織部有三年計畫統一系統之說，半年內將部內舊人肅清，一年內將各省幹部肅清；（四）聽聞部長聲明舊人做久者應調換工作，已有在部工作十餘年者被迫辭職矣；（五）某人向朱謀事，被再四詢問與陳果夫等之關係，知確無關係乃與密談，且有將來可任衝鋒等語，外間傳

---

37 〈陳果夫日記〉，1941年2月18日、3月4日。
38 〈陳果夫日記〉，1942年4月6日。
39 陳果夫曾擔任中央政治學校教育長，該校學生是CC系幹部的重要來源。〈陳果夫日記〉，1942年5月19日。
40 〈陳果夫日記〉，1942年6月6日。

聞組織部有清除所謂 CC 之說；（六）聽聞為提高水準，黨務幹部中曾畢業於大學或留學者，惟因久任黨務，不能任教授或著述，即被指為水準太低等。[41]

陳果夫還在「上委座書」中述及，1935 年托張道藩邀請朱家驊前往南京商議加入 CC 系一事，因遭朱之拒絕而未成：「以為其一切均由鈞座直接指揮，且向來尚無對鈞座不忠之事，不正式加入組織亦無不可，故不再勉強。」這也從側面證明朱家驊與二陳兄弟僅有私交，不具派系陣營隸屬關係。陳果夫更直接攻擊朱辦黨不善：各地黨務表面似有擴大，實際散漫與前時無異亦有不如前者，且以衣著漂亮選人，有利於中山大學學生出路而已，各省攻訐之事甚多。其中，最為陳果夫不滿的是朱家驊在黨務人事任命上的「獨斷專行」：

> 當其受任組織部長之初，曾來果寓，謂奉諭於用人方面可與果相商。乃將二三省之改組人選就商，果以其人選尚妥，未加修改。此後，派龐秘書來商過兩次，在中央黨部相遇，偶談二三次而已。一年以來，果即未與聞其事。有時同志中有因人事而詢之，在任用方面，則答以總裁批准，有時亦說與果商定（如李文齋同志之派赴南京，人地不宜。有人詢之，則謂果所信任，就商而決者。其實，果事前未知）。其事關黜陟者，則以調查統計局之報告為證（調統局與組織部將來不可以一人兼理）。[42]

---

41 〈陳果夫函蔣中正報告近來黨務組織與人事情形〉，《蔣中正總統文物》：002-080200-00621-050。
42 〈陳果夫函蔣中正報告近來黨務組織與人事情形〉。

以陳果夫老練的處事作風，在日記中記事尚注意避重就輕、簡潔隱晦，卻在致蔣介石的信函中，如此赤裸而不惜筆墨地抨擊朱家驊，多少有些出人意料，但這僅是故事的序幕。1942年11月，國民黨五屆十中全會期間，CC系眾人對中央組織部發起攻擊，直指朱家驊用人策略不當、幹部調動頻繁、無辦黨經驗者輒居高位等。最終迫使蔣介石全面重啟業已停頓的黨內選舉，弱化朱家驊對地方黨務幹部的任免權。在此期間，CC系對朱家驊方的各種動態也頗為警覺。鄭天挺曾在日記中寫道：「參政會時頡剛質問增設大學，陳立夫遂疑騮先一派將倒之。枚蓀談及朱森一案，立夫又以為欲倒之，疑北大有計畫之行動也，甚可笑。」[43]

五屆十中全會閉幕後，陳果夫又立即將注意力轉移至中央組織部空懸的副部長一職之上。早在3月間，副部長吳開先在上海遇險被捕，所遺職位始終未加補充。朱家驊曾欲以時任山東省教育廳、魯北行署主任何思源繼任，三次簽呈蔣介石催促派用而未得下文。陳果夫便果斷趁機，報請以CC系人士張強接替，藉以從中央組織部內對朱施以牽制。[44]

蔣介石或為平衡派系力量考慮，一改先前拖延態度，在陳之薦呈遞交的翌日，就批准由張強遞補吳開先遺缺。[45] 而時人對兩方的對壘不僅有所覺察，亦愈感鬥爭漸趨白熱化，王子壯曾述及：「蓋五屆四次全會以來，每次會中都有攻擊朱氏，取而代之之空氣。消息來自何方，不問可知。終未有絲毫之動搖者，其意向欲糾正黨內之集中現象，事屬當然。朱氏之地位起碼可維持

---

43 《鄭天挺西南聯大日記》，冊上，1942年11月12日，頁635。
44 〈陳果夫日記〉，1942年12月6日。
45 李雲漢主編，《中國國民黨職名錄》，頁141。

至下次代表大會,以完成是項使命為止,始可卸責。」[46] 以王子壯的分析,朱家驊能穩坐中央組織部部長一職,賴於蔣介石的庇護,並預估在健黨計劃完成前,朱之職位不至於動搖。

但 CC 系所採取的一系列針對朱家驊的鉗制措施,也使蔣介石不得不有所遷就與妥協,其中最重要的事件當屬黨內地方選舉的恢復。在 CC 系的構想中,選舉重啟後,己方昔日基層黨務力量便能借助「民主」的方式得以保存,進而繼續與朱方抗衡。但出人意料的是,在省縣選舉推行較速的福建與江西兩地,朱家驊竟聯合黃埔系、政學系以及地方勢力,以絕對優勢擊敗 CC 系。當二陳意識到事態嚴重性後,最終決定徹底扳倒朱家驊。

1943 年底,CC 系開始愈發關注朱家驊與各省黨部動態。如潘公展在探病陳果夫時曾談起,「各省主任委員之調度,粵省已派方覺慧任主任委員」;葉秀峰向陳密報各省黨務事;李宗黃亦向陳透露「朱騮先常到三民主義叢書編纂委員會與蔣復璁、翟桓等商黨政運用方法問題,頗為秘密」;魏壽永前往陳處彙報安徽省鬥爭情形;羅佩秋則暗中調查陝西方面可任省委人選。[47]

1944 年 3 月,陳果夫雖授意張道藩出面對朱家驊施予勸導,但也深知「騮先之作風不易改也」。[48] 4 月時,吳鑄人先告知陳果夫,朱家驊在外散播輿論。駱美輪又向陳彙報了朱家驊在西康聯合劉文輝打擊 CC 系之事,以致於陳果夫在日記中寫道:「如此可知騮先之無誠,倒行逆施……。」[49] 在雙方鬥爭日益焦灼之

---

46 《王子壯日記》,冊 8,1943 年 11 月 12 日,頁 442。
47 〈陳果夫日記〉,1943 年 12 月 2 日、30 日,1944 年 1 月 6 日、10 日,2 月 4 日、6 日。
48 〈陳果夫日記〉,1944 年 3 月 18 日。
49 〈陳果夫日記〉,1944 年 4 月 15 日。

際，CC系幹部向陳果夫表達了眾人盼其復出主黨的呼聲，使陳備受鼓舞。[50]

5月初，陳果夫在向朱家驊下達「最終通牒」，而後者無動於衷之後，又擬具一封為黨務與人事「上委座書」，委託陳布雷轉交。隨後，羅佩秋告知陳果夫：「布雷先生精神極壞，無法應付危局，托轉之函未能辦。」陳決定改用公函呈送，內中明確提出五屆十二中全會應調整中央組織與人事。[51] 在陳果夫一系列打擊措施下，最終出現了CC系在五屆十二中全會上的總攻與後者的下臺。這比王子壯先前「起碼可維持至下次代表大會」的預言，提早了一年。

朱去陳回，國民黨中央黨部發生的重大人事更迭，也使一眾黨國要員私下議論紛紛。如王子壯認為，「今後黨與教育均在二陳之手，以二位氣量之狹，以前曾以拒絕黃埔系，鑄成黨內之不妥協，將來能否一變作風殊為問題也」，「惟今後果夫以經久臥病，能否勝此繁鉅，固且不論。而黨內之措施，如果夫再來，實有若干之問題。黃埔系以及若干與政學系有關係者，一向與果夫衝突，是以前陳系倒臺之原因。事逾數年，關係更加複雜，朱系又有若干之人物。所謂舊仇新恨能否一概蠲除抑或相反，互相聯合以構成反陳戰線，實有可能而極可慮，果爾黨內紛爭將變本加厲」。[52]

朱家驊方盟友熊式輝對此結果亦頗感鬱悶，並探尋匯總各方看法。吳鐵城認為如此人事安排將引導黨走向狹隘之路；蔣經國謂此後黨團分裂可慮；陳方備感黨國前途暗淡：「用人不為事擇

---

50 〈陳果夫日記〉，1944年4月26日。
51 〈陳果夫日記〉，1944年5月7日、9日、11日、16日。
52 《王子壯日記》，冊9，1944年5月25日、27日，頁208、210。

人，衹以果夫為陳英士之侄，而付以黨組織部之重任，黨將越來越小。」[53] 陳克文則在日記中記下彼時坊間流傳的一句話：「這次的會是烹魚殺豬祭孔的會。意思是說於（魚）不能來，打倒了朱（豬），穩定了孔的地位。」[54] 王芸生在與徐永昌交談時，表示全會結果難洽眾望：「孔庸之誠大壞國事，但隨便亦去不得，因其財政已壞到極處，實無人能繼也。又謂最小限陳立夫之教育部長，不應易以頗稱自由主義之王雪艇耶，未論委員長能大忍，不能小忍。」[55] 羅佩秋雖特意向唐縱表態：「此番果夫先生出任組織部部長，必有新做法，決非如過去之狹隘。過去CC之渣滓，今日彈冠相慶者有之，但決予以淘汰作用，而不受其包圍。」不過，唐僅姑且聽之。[56] 當未親臨五屆十二中全會的陳誠，從其夫人處得知全會僅「殺了一頭豬」後（意指朱家驊被調），十分擔憂地請朱一民在謁見蔣介石時，提醒其西北、華北黨務複雜，注意防範陳果夫與朱家驊間的互相報復。[57]

國民黨諸元老對此次人事調整也深感憤慨。據陳果夫的消息稱，戴季陶在五屆十二中全會上並未出面幫助朱家驊保住中央組織部部長職位。[58] 然而，這並不意味著朱失寵於這位多年來的黨內伯樂。戴或正是出於愛護之心，才默許朱順勢從黨爭漩渦中抽身避禍。亦有一說：「戴季陶近日言辭不已，甚至下跪請辭，意在為驊先地步。聞將畀朱以青年團書記長，原書記長張治中調

---

53 熊式輝，《海桑集：熊式輝回憶錄1907-1949》，1944年5月27日，頁442。
54 《陳克文日記1937-1952》，冊下，1944年5月30日，頁864。
55 《徐永昌日記》，冊7，1944年6月1日，頁323。
56 唐縱，《在蔣介石身邊八年——侍從室高級幕僚唐縱日記》，1944年6月3日，頁434。
57 《陳誠先生日記》（1），1944年5月29日、6月10日，頁563、577。
58 〈陳果夫日記〉，1944年5月26日。

安徽省主席，王東原調湖北省主席。」[59] 戴季陶曾對王子壯言：「當前最可慨者，往往真努力者不能得真實之代價。」王立刻意會戴是就中央組織部部長更迭一事，為朱鳴不平。[60]

丁惟汾亦在與王子壯閒談時表示，黨內局勢又似「清黨」。但王認為朱家驊與 CC 系均屬擁蔣派，蔣介石絕難排斥任何一派，只是比較之下覺陳更為可靠。因陳果夫重掌中央組織部後，勢必會引起各派聯合對峙的牽制局面，蔣的真正意圖是將黨作為控制軍政的工具。因此，王子壯的結論是蔣介石未能認識到黨的重要性，進而導致國民黨仍不能負起應有使命。[61] 隨後，丁惟汾因十分反感陳果夫再主黨務，以致數月缺席中常會。王子壯擔心如此久之，丁會給外界造成不滿於總裁的觀瞻，遂當陳布雷問起告假緣由時，王僅以丁身體不適作答，並轉而勸丁不宜長此消極，應顧大局：「丁先生初不以為然，余希望再加考慮，始允明日出席常會。」[62]

總之，國民黨內各方對於 CC 系重獲辦黨權力均意態消沉，對黨之前途深感憂慮。黨內議論尚且如此，中共與國際輿論亦給蔣介石施加了相當壓力。二陳兄弟雖將朱家驊逐出中央黨部，並如願以償地重獲黨務領導權，但僅過半年，蔣便迫於內外形勢，再思調整中央人事。1944 年 11 月，蔣介石與王世杰商談，欲使其代替陳立夫出任教育部部長，還談及同時更換財政、軍政、內政等部部長的計畫。王拒意堅決，而蔣也一再堅持。[63] 次日，王

59　《鄭天挺西南聯大日記》，冊下，1944 年 6 月 13 日，頁 853。
60　《王子壯日記》，冊 9，1944 年 8 月 3 日，頁 311。
61　《王子壯日記》，冊 9，1944 年 5 月 30 日，頁 215。
62　《王子壯日記》，冊 9，1944 年 10 月 15 日，頁 416。
63　《王世杰日記》，冊上，1944 年 11 月 15 日，頁 652-653。

世杰又向陳布雷表達不願離開參政會之意，托其轉陳總裁。[64] 蔣介石只好令陳布雷轉告王世杰，在教育與宣傳兩部中擇一任之。但陳向王表示，欲先詢朱家驊願否任教育部部長。隨後，陳布雷即往中央研究院與朱洽談。最終，朱家驊應允接掌教育部。[65]

　　數日後，當蔣介石面詢王世杰究竟能否承擔教育或宣傳部責任時，王答曰：「驊先既已應承出任教部事，似可不再擬議該部人選；至於宣傳部事，最好能另覓他人，萬一無人予只好勉任若干時。」事後，陳布雷向王世杰吐露朱家驊人望未必優於陳立夫，雖已促成朱接任，但心仍不快。[66] 當蔣介石將一切安排妥當後，才借召宴之機，向陳果夫透露即將更動政府與黨部主官事宜。[67]

　　11月20日，蔣介石召集臨時中常會與國防會議，決定選任宋子文、周鍾嶽為國民政府委員；朱家驊的考試院副院長辭職照准，以周鍾嶽繼任；分別以陳立夫、王世杰、梁寒操為組織、宣傳、海外部部長；以張厲生、俞鴻鈞、陳誠、朱家驊分任內政、財政、軍政、教育部部長。[68] 該案在討論時，居正曾提出反對意見，認為組織部更動不久，且教育部工作艱巨，陳立夫支持甚苦，中央應給予一公道處置。蔣介石則以陳果夫身體不好，且亦已同意為由回應。對此，陳果夫在日記中寫道：「余身體比初任時為佳，在當時全會提出之時，聞有人說果夫身體不好，總裁則

64　《王世杰日記》，冊上，1944年11月16日，頁653。
65　《王世杰日記》，冊上，1944年11月17日，頁653；《陳布雷從政日記(1944)》，11月17日，頁201。
66　《王世杰日記》，冊上，1944年11月18日，頁653。
67　〈陳果夫日記〉，1944年11月19日。
68　國立政治大學人文中心主編，《民國三十三年之蔣介石先生》，下，頁483。

說果夫可以擔當。」⁶⁹ 從中可以體會出陳的不滿情緒，畢竟蔣之做法頗有「召之即來，揮之即去」的意味。並且，如此調整亦使二陳失去了教育部的陣地。CC系人士也紛紛向陳果夫表達憤懣情緒，認為這是蔣介石對彼輩的輕視。⁷⁰

對於中央黨部與行政院的大規模人事調整，陳布雷當晚先從唐縱處得知外間反應良好。⁷¹ 但翌日《大公報》社論，便刊登了對國民黨中樞人事改革不徹底的批評。《中央日報》亦有社論，只是言之隱晦。陳布雷感慨：「不知當局已煞費苦心矣。」⁷² 此外，黨內人士也十分關注，多有議論。如何成濬認為：「立夫長教部數年，一切措施，極合抗建需要，如此調整能否增進政治效率，加強抗戰力量，殊不可知，惟望受任者好自為之，勿令世人笑後來者較前尤拙也。」⁷³ 又如陳克文深覺此次更動明顯受美國影響，因美方不悅的孔祥熙與二陳兄弟均被逐出政府。⁷⁴ 王子壯的看法與陳克文相似，認為何應欽、孔祥熙與陳立夫的去職是因先前中共與美方的不滿輿論。但俞鴻鈞以次長升充部長，又未能徹底擺脫孔對財政部的影響，「軍政之腐敗已達極端，十餘年來何氏不能不負其責。陳誠以精幹著稱，當此戰局危急之時，陳氏當能有以整飭之。朱家驊再度為教育部長，蓋迫於情形，王世杰再長宣傳亦為國外所稱道者也」。⁷⁵

針對朱家驊接長教育部一事，俞叔平、范予遂等人早先曾有

---

69 〈陳果夫日記〉，1944年11月20日。
70 〈陳果夫日記〉，1944年11月22日。
71 《陳布雷從政日記（1944）》，11月20日，頁203。
72 《陳布雷從政日記（1944）》，11月21日，頁203。
73 《何成濬將軍戰時日記》，冊下，1944年11月21日，頁508。
74 《陳克文日記1937-1952》，冊下，1944年11月20日，頁921。
75 《王子壯日記》，冊9，1944年11月23日，頁469。

所建白,但彼等均屬當局者,即站在派系競爭的立場上,將己方勢力得失作為利益歸宿。王啟江則從國民黨全域角度出發,評析由朱領導學術與教育兩大重鎮的意義:

> 我國學術之落後,實不堪爭勝於國際之林也。再領導教育學術界與辦黨不同,組織意識減少,方能容納學術之發展,若干個性倔強之學者亦不容人有何支配也。但今日政治與學界之脫節,必須有任橋樑之任者,朱為適當之人選。為彼個人計,似應有此類參謀人才,隨事隨時研究及之。政學系之方法雖多,其一即為拉攏學者,搜集人才,預儲方案以備蔣先生之諮詢,但朱先生之條件實較彼等更為優越。[76]

此外,徐永昌日記恰好記述了中共延安英文廣播的一段評論:「國民政府一部份人事調整,適足反映國民黨政權今日危機之日劇,此時猶不決定徹底改革,仍保持一黨之獨裁。又稱繼任各部部長仍屬國民黨右翼人物,即其黨之本身有自由傾向之孫科、宋子文,亦未獲得要職。」[77] 王子壯亦認為國民黨此時應借外間輿論反躬自省,但從五屆十二中全會以來,蔣介石以二陳重主黨務一事觀之,似乎並未做徹底改正:

> 蔣先生之意不過以為國際國內對現狀不滿之時,用自己最嫡系最親信之人較有把握。實則二陳先生以往十餘年之政績如何,固人所共知,其理論不足以號召黨人,其態度則不免

---

76 《王子壯日記》,冊10,1945年9月23日,頁313。
77 《徐永昌日記》,冊7,1944年11月23日,頁489。

於褊狹,其最優之點不過忠實努力,能為蔣先生造成黨內之一系幹部而已。由今日環境以觀,蔣先生既為全國之公認領袖,宜有理論的統率,統一的教導,此正二陳之最不擅長者。余懷疑此點,蔣先生尚在錯誤之認識中。[78]

雖然國民黨內外均對此次大規模人事改組評價較低,但正如陳布雷所言,蔣介石已煞費苦心。1944 年 11 月 25 日,陳立夫前往陳布雷處表達不願就職之意,因將其調任中央組織部部長前未做接洽。陳布雷在日記中無奈地寫下:「余百端譬慰,幾於舌敝唇焦。人事問題可謂最難應付者矣。」[79] 不過,陳立夫此舉也僅是口頭宣洩不滿情緒,實際別無他法。12 月 4 日,朱家驊與眾新部長一同宣誓就職。[80] 11 日,二陳兄弟之間也辦理了中央組織部的交接手續。[81]

王子壯曾對十年間黨內「陳去朱來」、「朱去陳回」以及「以陳換陳」過程中,蔣介石的心理做過描述:

> 蔣先生對黨之態度係肯定立夫有組織天才,而不欲其有過分之發展。故第五次代表大會之際,為立夫組織之全勝時代。選舉結果惟立夫與蔣先生為同票,乃親以紅鉛筆將立夫名勾下若干名,果夫亦然。結果不准公佈票數,立夫亦不再長組織部。此二十四年底事,此所以遏止立夫過度膨脹也。臨時全國代表大會以後,蔣先生任總裁,確欲黨內一新。故有邀

---

78 《王子壯日記》,冊 9,1944 年 8 月 14 日,頁 326-327。
79 《陳布雷從政日記(1944)》,11 月 25 日,頁 205。
80 國立政治大學人文中心主編,《民國三十三年之蔣介石先生》,下,頁 527。
81 〈陳果夫日記〉,1944 年 12 月 11 日。

戴先生任組織部之表示，戴力辭以朱家驊薦。朱任秘書長、組織部長後，頗有經營振作，用人之際引起兩陳之不滿。於十一、十二兩次全會集中力量，大肆攻擊。蔣為之動，乃於去年十二中全會再使立夫長組織部（果夫係過渡者），以便重整旗鼓，負責召開全國代表大會。[82]

第二節　朱方幹部的出路與進退

　　1938年4月，朱家驊入主中央黨部後，逐漸將原CC系時代留任幹部邊緣化，取而代之以受自身信任的黨務幹部。1944年5月，陳果夫回歸中央組織部後，勢必也要為重新構造親信團隊，而對前任遺留幹部展開自上而下清洗，這已是國民黨政治文化中為人所默認的官場規則。但出人意料的是，陳果夫先前一手促成的CC系人士、組織部副部長張強，率先成為被汰換的幹部。

　　1944年6月11日，陳果夫召見張強，在交談中感到與其觀念不同，且張「無旋乾轉坤之革命意識」，遂於當晚立即上書蔣介石請求調張擔任中央秘書處副秘書長。[83] 陳果夫兩年前將張強安排進入中央組織部給朱家驊做副手時，主要目的是給朱設置障礙、為己方安插眼線，並不注重其人工作能力如何。而當陳親自復出辦黨時，需要的則是更加得力可靠的幹部。又據王子壯聽聞消息稱，中央組織部另一副部長馬超俊辭職態度堅決，陳果夫欲以余井塘遞補，令張強改任主任秘書，張自覺是被降級而不欲就。[84]

82　《王子壯日記》，冊10，1945年5月31日後「本月反省錄」，頁186-187。
83　〈陳果夫日記〉，6月11日。
84　《王子壯日記》，冊9，1944年6月12日，頁236。

此後數日，各方為副部長事紛紛前往陳果夫處商談。陳果夫綜合陳立夫、陳布雷等多方意見，將副部長與主任秘書人選簽呈蔣介石。[85] 1944年6月19日，陳果夫到部接事後，任命余井塘取代張強任副部長，馬超俊留任，以駱美奐取代王啟江任主任秘書，以葛覃取代甘家馨任戰地黨務處處長，甘改任秘書。王子壯分析，陳果夫起用與各方關係頗多的葛覃負責極為重要的戰地黨務，是為減少行事阻力，留用朱方幹部甘家馨則為維持現狀，避免對外樹敵。這一組織陣容是以昔日中央組織部余、駱為骨幹，並結合黨政座談會的建議。[86]

在朱家驊的幹部隊伍中，最為重要者當屬主任秘書。在6月26日的中常會上，陳果夫不知何故，突然做出欲以原組織部主任秘書王啟江替換駱美奐的姿態，蔣介石亦對王有無工作垂詢甚殷。[87] 而王啟江選擇與朱家驊共進退，轉入中央研究院擔任幹事。[88] 王早先與朱並無淵源，朱擔任中央黨部秘書長之初，王作為留任秘書也曾心懷芥蒂，但此後隨朱轉赴組織部，在多年的磨合與相處下逐漸統一戰線，成為朱家驊所倚重的左膀右臂。

---

85 據傳陳果夫亦有以康澤為組織部副部長的想法，「或謂與青年團聯絡，或謂分化團中蔣經國與康澤之關係」。《鄭天挺西南聯大日記》，冊下，1944年6月12日，頁853；〈陳果夫日記〉，6月13、16日。

86 黨政座談會是以陳泮嶺為中心，網羅其所屬黨務幹部，葛覃亦為負責人之一，主張檢討過去、改變作風。張強卸任中央組織部副部長後，被派赴貴州擔任省黨部主任委員。隨後，甘家馨於該年底主動辭去中央組織部秘書職務，追隨朱家驊改任教育部戰地青年輔導委員會副主任委員。《王子壯日記》，冊9，1944年6月19日，頁245；「中組部卅三年六月起至卅四年元月底止人事動態簡報」，〈人事〉，《朱家驊檔案》：301-01-06-003；「中組部三十三年十二月十一日至卅一日人事動態簡報」，〈人事〉，《朱家驊檔案》：301-01-06-003；《江西省人物志》編纂委員會，《江西省志·江西省人物志》，頁488。

87 《王子壯日記》，冊9，1944年6月26日，頁254。

88 劉國銘主編，《中國國民黨百年人物全書》，冊上，頁166。

朱家驊也十分善待這位忠實部屬，始終念及王啟江無妥善去處，得知農林部有人事調整消息後，立即向蔣介石保舉由其出任該部次長。[89] 蔣雖回覆准以次長存記候用，其後王啟江也當選六屆中委，卻始終未得實際工作。[90] 1946 年 1 月，朱家驊又聽聞內政部次長有外調之說，便向秘書交下手條：「簽呈主座倘固有此事，則遺缺可否任王啟江同志接，詳敘王為黨服務經過等等。」[91] 朱此番力薦雖仍未實現，但王在該年的六屆四中全會上當選中央常務委員，數月後又被任命為中央黨部副秘書長。[92] 王得此歸宿本屬理想，但實際位高權輕。1948 年 6 月，朱家驊再以王啟江「對於人事業務較為熟悉，當此特別重視北方人士之際，竊謂銓敘部部長一職，若由王同志接充似尚相宜」數語簽呈蔣介石，試圖為王謀一實職，而未得下文。[93]

　　隨朱家驊一同離職的，還有原中央組織部普通黨務處處長陸翰芹。1944 年 9 月，西安市政府成立，陸外調出任市長。[94] 然而，遠赴西北並非陸之所願，其一心思歸。1945 年 1 月，俞飛鵬接長交通部，有過航政司司長任職經歷的陸翰芹向朱家驊表示：「聞樵峯部長重長交部，職於交通關係深久，各路黨務亦有

---

89 「朱家驊簽呈蔣介石」（1944 年 9 月 6 日），〈王子壯、王啟江〉，《朱家驊檔案》：301-01-23-078。
90 朱家驊接長教育部後，曾有以王啟江擔任教育部次長的計畫，但王不欲就，朱遂以內政部次長屬任。「蔣介石致朱家驊電」（1944 年 10 月 6 日），〈王子壯、王啟江〉；《王子壯日記》，冊 9，1944 年 11 月 24 日，頁 470。
91 「朱家驊手條」（1946 年 1 月 1 日），〈王子壯、王啟江〉。
92 李雲漢主編，《中國國民黨職名錄》，頁 197-198。
93 「朱家驊簽呈蔣介石」（1948 年 6 月 29 日），〈王子壯、王啟江〉。
94 西安市地方志編纂委員會，《西安市志》，卷 5（西安：西安出版社，2000），頁 346。

影響,擬懇鈞座鼎言噓植遷調次長。」⁹⁵ 朱接電後立即回覆,早已為之綢繆,但經俞告知,蔣介石已下令以沈士華、淩鴻勛分任政務、常務次長。俞雖後續又告朱,蔣改淩為政次、原常次徐恩曾不動,可以陸翰芹任主任秘書。但朱家驊覺如此對陸是為屈就,便代為回絕,改推原組織部總務處長汪一鶴出任交通部主任秘書。朱又因察覺出俞飛鵬對徐恩曾留任表露難色,趁機力薦以陸代徐。俞雖表同意,但朱家驊也明示陸翰芹:「我察其態度不能深信,今日始知常次徐仍不保,而決定以沈怡繼任。」⁹⁶ 此後,朱還向陝西省政府主席祝紹周,保薦陸擔任該省民政廳廳長,惜亦未實現。⁹⁷ 直到1946年4月,陸翰芹被調任行政院善後救濟總署分配廳廳長,才得以重回中央。⁹⁸ 同年6月,朱家驊又欲借南京市教育局成立之機,將陸調入教育系統,惜未果。⁹⁹

朱方幹部中也有暫時留任中央組織部者,但處境堪憂。1944年6月底,陳果夫視察部內各處室工作後,特別在日記中寫道:「人事室考核科之萬紹章不知考核辦法,殆余查登記科時,萬忽外出,似有畏懼諮詢之情,頗不知禮。」次日,陳欲下發手條開除萬紹章,但轉念又恐引起外界反感,改囑余井塘緩辦,並往謁朱家驊「談組織情形」。¹⁰⁰ 1945年9月,萬紹章最終還是離開

---

95 「陸翰芹致朱家驊電」(1945年1月15日),〈陸翰芹〉,《朱家驊檔案》:301-01-23-442。
96 「朱家驊覆陸翰芹」(1945年1月16日),〈陸翰芹〉。
97 「于振瀛致朱家驊電」(1945年2月24日)、「朱家驊覆于振瀛」(1945年3月8日),〈陸翰芹〉。
98 劉國銘主編,《中國國民黨百年人物全書》,冊下,頁1292。
99 「簽呈」(1946年6月14日),〈人事簽呈〉,《朱家驊檔案》:301-01-09-262。
100 〈陳果夫日記〉,6月30日、7月1日。

中央組織部人事室,進入教育部擔任人事處長。[101]

相較之下,最初就選擇與黨務保持距離的沙孟海,得以僥倖免於這場人事鬥爭。沙孟海自 1920 年代起,就擔任朱家驊的機要秘書。朱接長中央黨務後,沙因不願進入軍事與黨務機關,便始終在朱主管的中英庚款董事會秘書處擔任副主任幹事,因文筆出眾,常為朱起草各類黨務文書簽呈,實際承擔著黨務秘書工作,但不具黨職名義。1941 年,沙孟海被陳布雷借入侍從室第二處兼任秘書。朱家驊辭卸中央組織部部長後,沙之庚款董事會與侍二處職務均未受影響。1945 年 1 月,沙奉朱之命調任教育部秘書,仍兼上述二職。[102]

陳果夫在汰換中央組織部內朱方幹部的同時,對各省黨部人事也伺機而動。1944 年 7 月 1 日,陳就先後接見余井塘與吳開先二人,分別商囑甘肅省、重慶市黨部事。[103] 陳之所以給予甘、渝特別關注,是因這兩地省市黨部選舉在即,CC 系為打擊朱方勢力需有所佈置。10 月,蔣介石雖下令暫停地方選舉,但各省黨部人事異動仍相當頻繁。據《中央組織部人事動態簡報》統計,1944 年 11 月 27 日至 1945 年 1 月底,中央組織部內共計卸任七十五人,新任一百五十九人;1944 年 6 月至 1945 年 1 月底,中央組織部外(即各省市路黨部)共計卸任一百七十二人,新任一百八十一人。[104]

---

101 劉壽林等編,《民國職官年表》,頁 610。
102 沙茂世編纂,《沙孟海先生年譜》(杭州:西泠印社出版社,2010),頁 48-56。
103〈陳果夫日記〉,7 月 1 日。
104「中組部卅三年六月起至卅四年元月底止人事動態簡報」、「中組部卅三年十一月二十七日至十二月十一日人事動態簡報」、「中組部三十三年十二月十一日至卅一日人事動態簡報」、「中組部卅四年一月份人事動態簡報」,〈人事〉,《朱家驊檔案》:301-01-06-003。

從上述數據大致可以判斷，二陳兄弟重掌中央組織部後，部內人事變動的最主要特徵是大量增派職員，而對地方黨務幹部則基本做一對一的替換清洗。這種從中央到地方黨務系統的人事劇烈動盪，致使外界有關「蔣家天下陳家黨」的議論再起。[105] 王子壯也深感國民黨政治風氣日趨惡劣：

> 朱騮先自組織部去職，其所屬人員相繼為新任所汰。彼所主之中英庚款董事會已決定裁撤，中央秘書處所管之文化驛站，係朱之親信賀師俊所主持，中央秘書處以緊縮名義併入宣傳部。余並非支持此等機關者，其待調整亦為事實。惟朱氏甫下臺，紛紛出此，實不免打落水狗之譏。在朱氏僚屬，非不免有走投無路之悲。此種現象惟有使壁壘日深，衝突激烈。為黨國前途計，實堪憂慮。[106]

如此環境之下，朱方幹部紛紛急謀出路，惶惶不可終日。而作為派系領導人的朱家驊雖亦身處困境，但基於潛在的庇護關係，有責任為下屬謀仕途出路。1944 年 10 月前後，朱曾擬具兩函請求蔣介石，為自地方卸職回渝的數十名黨務幹部酌予適當位置，其中包括：江西省黨部主委梁棟；貴州省黨部主委傅啟學；河南省黨部前後任主委鄧飛黃、田培林；山東省黨部主委范予遂；重慶市黨部主委楊公達；黔桂特別黨部主委王淑陶；西南公路特別黨部主委張定華；廣東省黨部委員兼書記長袁晴暉；新疆省黨部委員兼組訓處處長于振瀛，以及中央組織部主任秘書王啟

---

105 「賀連璧致朱家驊函」（1944 年 8 月 14 日），〈河南黨務：田伯蒼擔任主委時期：人事〉，《朱家驊檔案》：301-01-06-105。
106 《王子壯日記》，冊 9，1944 年 8 月 7 日，頁 317。

江、秘書王培仁等。朱還針對各人不同情況分別予以說明：

> 如梁棟、傅啟學、田培林、王淑陶、袁晴暉、于振瀛六同志，卸職後閒無工作，家室生活急待有以維持，個人精神亦須有以慰藉；鄧飛黃、范予遂兩同志原係中央黨務委員會委員，前年以派任地方黨務，卸去是項職務，現均回渝待命，雖尚有參政員名義，究無實際工作；楊公達、王培仁兩同志年來以立法委員致力黨務，成績頗著，似仍須在黨務方面酌予名義，俾能表其忠誠，賡續獻效。[107]

朱家驊不僅向蔣介石建議酌增中央黨務委員會委員名額，以便位置上述人員，更坦言：「所有近月來卸職之同志，除對於原任組織部處長、主任及各省市路黨部書記長、委員等，已由職盡困難設法合理介紹工作外，對上列諸同志之位置或實際工作，實無力籌措。」[108] 寥寥數語充分表達了朱之無奈與辛酸，但在蔣介石「緩，暫存」的批示下，朱家驊也只能繼續自謀出路，為屬下四處設法，還曾向時任外交部長宋子文一次性保薦杭立武、王啟江、楊公達與鄧飛黃四人。[109]

幸好朱家驊賦閒不久，便被以教育部部長起用，重獲給眾黨羽提供容身地與庇護所的資源。並且，朱原先辦黨所用之人大多學人出身，如今重返教育學術界任職，反而各得其所。據筆者考

---

107 「江西省黨部主任委員梁棟等十人近卸職回渝似宜酌予工作，擬請核派為中央黨務委員會委員」，〈各省黨部人事簽呈〉。
108 「為呈報各省市路黨部負責同志在渝候命情形，並請酌予位置或實際工作由」（1944年10月10日），〈各省黨部人事簽呈〉。
109 「朱家驊致宋子文函」（1944年11月10日），〈宋冠群、宋子文、宋嘉賢、宋恪、宋其芳〉，《朱家驊檔案》：301-01-23-151。

證,朱家驊直接以教育部職、各省市教育廳廳長、各中高等院校校長,以及中央研究院等職位派用的可考者就有二十餘人,詳細情況列表如下:

表7-1:朱家驊系黨務幹部轉入教育學術系統任職情況統計

姓名	原職	新職
傅啟學	貴州省黨部主委(1942.8-1944)	貴州省政府委員兼教育廳廳長(1945.1)
高廷梓	中央黨務委員會秘書(1938) 港澳總支部委員兼書記長(1939.4) 粵漢鐵路特別黨部主任委員(1943)	教育部教育委員會主任委員(1945.5) 教育部僑教師資講習班主任(1945夏) 教育部秘書
黃如今	中央組織部訓練處處長(1941) 新疆省黨部執委兼書記長(1942.12-1945.1)	新疆省政府委員兼教育廳廳長(1944.6-10) 教育部社會教育司長(1945.3)[110]
梁棟	中央組織部專員(1940) 江西省黨部執委兼書記長(1941.5-1942.2) 江西省黨部主委(1942.2-1944.9)	松江省政府委員兼教育廳廳長(1945.10)[111]
劉道元	山東省黨部執委(1940.10-1945.10) 山東省政府委員兼教育廳廳長(1942.4-1945.10)	山東省政府委員兼教育廳廳長(1942.4-1945.10)
苗啟平	江蘇省黨部執委(1940.8)	徐州師範學校校長
喬鵬書	山西省黨部執委(1943.6)	教育部青年失學失業輔導處太原分處主任(1946)
田培林	中央組織部黨員訓練處處長(1941) 河南省黨部主委(1944)	西北農學院院長 河南大學校長(1945.11) 教育部常務次長(1946.11)
童光煥	湖北省黨部執委兼書記長(1941.3-1944)	漢口市教育局局長
萬紹章	中央秘書處總幹事(1938) 中央組織部人事室總幹事、主任(1940)	教育部人事處處長(1945.9)
萬子霖	中央組織部專員(1939) 三青團中央團部組織處秘書(1940)	教育部專員(1945) 重慶市教育局局長(1947)
王季高	陝西省黨部執委兼書記長(1941.6-1943.9) 三民主義叢書編纂委員會編纂 考試院考選委員會第一處處長	北平市教育局局長(1947)[112]

---

110 1945年1月,朱家驊曾以湖南大學校長魯蕩平迭次請辭、久未到職為由,向蔣介石保薦黃如今出任該職:「黃同志年富力強,此次在新省備受冤屈,或須亟加任使。」「簽呈」(1945年1月9日),〈人事簽呈〉。

111 1945年6月,熊式輝與吳鐵城考慮到梁棟出身湘籍,先前又有在內政部供職經歷,向蔣介石推薦擔任湖南省政府委員兼民政廳長。〈徐道鄰等呈國民政府主席蔣中正為薦方叔章鄧介松梁棟為湖南省政府委員及民政廳長〉(1945年6月30日),《國民政府檔案》:001-032220-00170-005。

112 1943年,王季高擔任陝西省黨部書記長時,因受CC系打擊,被調回中央擔

姓名	原職	新職
王懋勤	中央秘書處人事處科長 中央組織部黨籍登記處處長	中央研究院
王啟江	中秘處秘書 中央組織部主任秘書（1939.11）	中央研究院總幹事（1944.8） 中央黨部副秘書長（1946.9）
王樹滋	陝西省黨部執委（1941.6-1944）	西安市教育局局長（1947）
王文俊	青海省黨部執委（1943.1）	青海省西寧市湟川中學校長 湖北省政府委員兼教育廳廳長（1946.6）[113]
王治孚	湖北省黨部執委兼書記長 （1941.3-1942.12） 青海省黨部執委（1944）	湖北師範學院院長（1946）[114]
楊德魁	重慶市黨部執委（1939） 甘肅省黨部書記長（1941.10-1944）	寧夏政府委員兼教育廳廳長（1945.9）[115]
翟韶武	中央組織部視察（1941） 組織部黨員訓練處指導科科長 陝西省黨部執委（1942.8-1943.8）	國立第十中學校長（1945） 河南大學、中原工學院教授（1946）
張寶樹	河北省黨部執委兼書記長（1941.1）	教育部北平輔導處主任兼師資訓練所主任 三青團河北支團幹事長（1946）
周封岐	貴州省黨部執委（1942.2）	貴州戰時中學校長（1944）

資料來源：〈行政院長蔣中正函國民政府文官處為院會議決組改貴州省政府請轉陳明令任免又查兼秘書長李寰前經銓敘合格並請轉陳一併任命〉（1945年1月18日），《貴州省政府官員任免（七）》，國民政府，典藏號：001-032220-00199-009；〈國民政府令任命田培林為教育部常務次長〉（1946年11月20日），《教育部官員任免（三）》，國民政府，典藏號：001-032310-00003-074；〈朱家驊簽呈蔣中正〉（1945年1月9日），《人事簽呈》。

考慮到教育系統資源有限，各人資歷與能力不同，朱家驊亦

任考試院考選會第一處處長，但王自覺考試院無生氣，欲從事教育工作。朱家驊考慮到王季高出身湘籍，1945年7月，先以湖南省教育廳廳長簽呈蔣介石，未成；8月，南京市政府恢復建制時，朱家驊又向市長馬超俊推薦王季高出任教育局局長，但因蔣介石批示暫緩，朱只得繼續為其另覓適他職。「簽呈」（1945年7月4日），〈人事簽呈〉；「朱家驊致馬超俊函」（1945年8月7日）、「朱家驊致王季高函」（1945年9月12日），〈王季高〉；《王子壯日記》，冊10，1945年9月20日，頁307；〈教育部長朱家驊呈國民政府主席蔣中正為請以王季高或辛樹幟為湖南省政府教育廳長〉，《國民政府檔案》：001-032220-00170-007；〈教育部長朱家驊呈國民政府主席蔣中正請准南京市設置教育局並派王季高為局長〉，《國民政府檔案》：001-032210-00021-003。

113 1946年6月，朱家驊向蔣介石舉薦王文俊擔任湖北省教育廳長。「簽呈」（1946年6月21日），〈人事簽呈〉。

114 1946年3月，朱家驊曾向蔣介石保薦王治孚擔任湖北省教育廳長。「簽呈」（1946年3月28日），〈各省教育分卷：江西、湖北〉，《朱家驊檔案》：301-01-09-212。

115 楊德魁能夠出任寧夏省教育廳長，也是得益于朱家驊的保薦。「簽呈」（1945年8月13日），〈人事簽呈〉。

要顧及外界觀瞻,因而能繼續追隨朱效力的幹部畢竟僅屬少數,亦有不少未能如願者。王子壯就曾在日記中言及,蔣介石對朱所簽呈的教育廳局負責人多未批准,朱只能緩慢相機進行。[116] 如先前經省選任命的福建省黨部主委李雄,因五屆十二中全會新增主委應以中央委員充任的規定,向朱表示:「果爾則閩省黨部主委必須另派中委充任,與其屆時不雅,曷若自動先行辭職。惟此後工作問題亟待解決,倘承不棄疏庸,擬請簽呈總裁就閩浙贛三省委派省委兼民政或教育兩廳廳長。」[117] 對此,朱僅勸勉道:「目前仍請安心在閩工作,如有更調消息自當力為設法也。」[118]

再如原湖北省黨部書記長童光烺,向朱家驊請求保薦其擔任湖北省政府委員兼教育廳廳長。[119] 但彼時朱尚未接長教育部,力不能及,只得就近轉請第六戰區司令長官孫連仲,在長官部內予以一有薪給之參議或顧問職務。1945 年 8 月,朱家驊才呈請蔣介石對童光烺以漢口市教育局局長任用。[120] 同時覬覦湖北省教育廳廳長的還有原青海省黨部執委王文俊。與童光烺不同,王是待朱就任教育部部長後,才提出對鄂省教育廳廳長的訴求。[121] 儘管如此,朱也僅回覆:「仍希一本初衷暫行維持,俟有適宜機會,自當相機設法。」[122] 直到 1946 年 7 月,朱家驊借萬耀煌出

---

116 《王子壯日記》,冊 10,1945 年 9 月 10 日,頁 295-296。
117 「李雄致朱家驊函」(1944 年 9 月 5 日),〈福建黨務:人事〉。
118 「朱家驊覆李雄」(1944 年 9 月 14 日),〈福建黨務:人事〉。
119 「童光烺致朱家驊電」(1944 年 9 月 5 日),〈童光烺、童采珠、童維經、童第穀、童第周、童冠賢、童大塤〉,《朱家驊檔案》:301-01-23-500。
120 「朱家驊致孫連仲函」(1944 年 9 月 26 日),〈童光烺、童采珠、童維經、童第穀、童第周、童冠賢、童大塤〉;〈朱家驊呈擬以英千里郝任夫童光烺分任北平天津漢口三市教育局長〉,《國民政府檔案》:001-032210-0009。
121 「王文俊致朱家驊函」(1944 年 12 月 26 日),〈王文俊〉。
122 「朱家驊覆王文俊」(1945 年 1 月 4 日),〈王文俊〉。

任湖北省主席之機，才使王文俊如願以償。[123]

朱家驊為安置舊屬，竭盡所能地挖掘利用自身人際資源。抗戰爆發前的十年間，除在中山、中央大學與教育部的辦學經歷外，朱還曾擔任長達三年時間的交通部部長。而彼時副手、政務次長俞飛鵬，於1945年1月出任交通部部長。一些朱方幹部早年亦有隨朱任職交通部的背景，戰後回歸該部也較順理成章。以上主、客觀條件，使交通部成為一些朱方幹部暫時的棲身地：

表7-2：朱家驊系黨務幹部轉入交通系統任職情況統計

姓名	原職	新職
高廷梓	中央黨務委員會秘書兼教育委員會專門委員、國民黨港澳總支部委員兼書記長、粵漢鐵路特別黨部主任委員	交通部航政司司長
黃樹芬	山西省黨部執委兼書記長	山西省電政局局長
汪一鶴	中央組織部總務處處長	交通部主任秘書
王若僖	天津市黨部主任委員、三民主義青年團平津支團部籌備主任、華北黨政軍聯合辦事處主任、華北宣撫委員會主任委員	交通部東北區電信交通接收委員兼第九區電信管理局局長

資料來源：劉國銘主編：《中國國民黨百年人物全書》，冊上、下，頁183、1815。

朱方人士自黨界撤離後，可供選擇的無非政、軍兩界，除教育、交通外，軍隊文職也為一些幹部提供了出路，最具代表性的當屬原湖北省黨部主委陳紹賢。基於陳紹賢與陳誠的相熟關係，朱家驊請求時任第一戰區司令長官陳誠代為設法。陳誠慷慨地接納陳紹賢擔任司令長官部參議兼特種會報主任秘書，後又聘為顧問室主任。[124] 朱起初還擔心陳紹賢會心生落差，特意安撫道：

---

123 「萬耀煌致朱家驊電」（1946年7月11日），〈王文俊〉。
124 1937年11月，軍事委員會西北行營及西安軍警憲特首腦創立「特種會報」。由各部門負責人定期舉行會議，專門搜集、交流關於中共和進步人士的活動情報，共同組織破壞活動，後為國民黨中央及各級組織仿效。〈朱家驊致陳誠電〉（1944年8月29日），〈陳紹賢〉，《朱家驊檔案》：301-01-23-348；

「特種會報秘書一職極有意義,請兄勿辭,彼時谷正鼎、程天放等皆以此起家。」[125]

陳紹賢不僅接受了朱家驊與陳誠的好意,前往河南赴任,並對新職十分滿意,在向朱彙報時談到:「豫省會報係屬新設,連同各地調整後之會報共有七處,均歸此戰區會報秘書處管轄。其事權之集中有愈於昔設西安之該處,本處現有專任職員十四人,除薪俸等由長官部開支外,每月經費十萬元,較過去增加四倍甚可作為。」陳還透露第一戰區黨政組組長出缺,意在使朱相機謀劃。[126] 與此同時,沙孟海也告知朱家驊:「昨日楊治全兄來,謂得翰芹兄函告一戰區有黨政組長缺,可否進行云云。今見紹賢兄函即為此事,未知可否加入楊治全之名。」[127] 楊治全原為貴州省黨部書記長,由此可見朱方幹部在特殊時期的互相關照和自尋出路。僅陳紹賢利用與陳誠關係,在第一戰區幫助接洽就業者就有數人。

1944 年 8 月,河南省黨部改組,主委田培林與書記長胡毓瑞去職。田向朱家驊提出:「刻河南大學校長請辭,省府委員尚有缺額,如能運用,俾生主持河大,胡毓瑞提任省府委員則就近維持,尚有可為。」[128] 朱回覆稱:「兄事正設法中,紹賢兄已應陳辭修兄之邀,今日首途。紹賢擬請胡毓瑞兄幫忙,可囑胡即

萬仁元、方慶秋、王奇生主編,《中國抗日戰爭大辭典》,頁 555。
125 「朱家驊致陳紹賢電」(1944 年 8 月 29 日),〈陳紹賢〉。
126 「陳紹賢致朱家驊函」(1944 年 10 月 16 日),〈陳紹賢〉。
127 「沙孟海致朱家驊函」(1944 年 10 月 27 日),〈陳紹賢〉。
128 「田培林致朱家驊電」(1944 年 8 月 4 日),〈田培林、田楨、田寶岱、田湘藩、田煥文、田儒林、田志、田夢嘉、田炯錦、田雨時、田值萍、田忠典、田欲樸、田誼民、田頌堯、田耕莘〉,《朱家驊檔案》:301-01-23-086。

赴漢中晤紹賢也。」[129] 其後，陳紹賢確實幫助胡毓瑞洽妥第一戰區特種會報秘書處上校秘書職。此外，陳紹賢還考慮到原甘肅省黨部執委兼書記長楊德魁處境艱難，向朱家驊表示誠邀楊赴豫：「因未知渠在甘職務能否繼續也，前聞甘書記長職已另內定有人，果爾則楊兄如能來此尤所盼幸。」[130] 1945 年 8 月，廣東省政府改組。朱家驊考慮到陳紹賢出身粵籍，曾向蔣介石保薦其出任省教育廳長。最終，陳僅被任命為廣東省政府委員，未能得償所願兼任教育廳廳長。[131]

在中央組織部易長、各省黨部人事重組之際，朱方黨務幹部大多或主動或被動地轉謀他業。但亦有個別省分迫於實際形勢需要，朱方人士必須暫居其位、勉力維持，雲南省黨部執委兼書記長趙澍便是如此。1944 年 6 月，趙函詢朱家驊是否辭職時，得到的答覆是「安心工作、加倍努力」。[132] 1945 年 1 月，趙澍已不願繼續留駐雲南，請求朱保薦出任貴州省教育廳廳長，並坦言：「至於現職滇書記長，職兩月前請辭，雖蒙龍主席慰留，但中組部遲早均將易人，且職亦不願在陳氏下效命，久抑於此亦殊無前途可言也。」[133] 彼時，原貴州省黨部主委傅啟學甫被任命為貴州省教育廳廳長，朱只得再次慰勉趙澍：「望繼續負責滇省黨務，益宏建樹，且六全大會開會在即，非言辭之時，應及

---

129 「朱家驊覆田培林」（1944 年 8 月 12 日），〈田培林、田楨、田寶岱、田湘藩、田煥文、田儒林、田志、田夢嘉、田炯錦、田雨時、田值萍、田忠興、田欲樸、田誼民、田頌堯、田耕莘〉。
130 「陳紹賢致朱家驊函」（1944 年 11 月 29 日），〈陳紹賢〉。
131 「簽呈」（1945 年 8 月 7 日），〈人事簽呈〉；劉壽林等編，《民國職官年表》，頁 819。
132 「趙澍致朱家驊函」（1944 年 6 月 26 日）、「朱家驊覆趙澍函」（1944 年 6 月 28 日），〈雲南黨務：人事與經費〉。
133 「趙澍致朱家驊函」（1945 年 1 月 16 日），〈趙澍〉。

時加倍努力也。」[134]

朱家驊言及國民黨六全大會僅是就中央層面而言，雲南省代表大會亦召開在即，趙澍需在省選中代表朱方堅守陣地。[135] 1945年3月，吳開先到滇時，突向主委龍雲散布消息稱，趙澍將被朱家驊調回教育部。4月，雲南省代會前夕，中央社又發佈趙澍職務被免通告。CC系利用各種手段設法阻止趙澍參加省選。[136] 更令人瞠目的是，在此期間趙澍曾四次致函朱家驊而未得回覆，事後追查竟是被郵檢所扣發，最終因省選時中央與地方信息溝通不暢，導致趙澍孤軍奮戰，求助無門。[137]

為贏得省選，CC系還向龍雲提出交換條件，即在國民黨六全大會中幫助雲南產生六名中委，在省黨部內任命龍雲之子龍繩武為執委、親信李耀庭為書記長，而交換條件是使趙澍去職。如此圍攻下，趙澍被迫交卸書記長職權，但在省代表大會中依舊當選六全大會代表。隨後，CC系又威脅龍雲，若趙澍赴渝參加六大，便不能保證產生六名雲南中委。於是，龍勸趙放棄代表資格。趙澍為保住在滇後路，只得同意。趙澍事後對朱家驊傾吐怨言：「對方用如此壓力加之於職，並又連絡黃埔之支派雙方夾攻，四面皆敵。康兆民數次來電皆無效果，迭函告急而鈞座未能

134「朱家驊覆趙澍」（1945年1月19日），〈趙澍〉。
135 雲南省地方誌編纂委員會總纂，《雲南省志‧黨派志》，卷44（昆明：雲南人民出版社，2001），頁297。
136 鄭天挺在日記中對此次雲南省黨部的選舉內情記述如下：「上星期六（三十一日）全省代表大會預備會開會，尚由書記長趙澍主席，次日（一日）得組織部電調趙為專員，改任龍大之秘書某為書記長，事前趙一無所知。昨日（二日）晨新書記長即到黨部接收，開代表大會正式會，主席易人矣。此大似戲劇，又似小說中描寫之官場，竟見之於黨部。可惜！可痛！」「趙澍致朱家驊函」（1945年3月31日）、「趙澍致朱家驊函」（1945年4月1日），〈趙澍〉；《鄭天挺西南聯大日記》，冊下，1945年4月3日，頁1025。
137「朱家驊覆趙澍」（1945年4月18日），〈趙澍〉。

派人相助。郜重魁同志形同木偶,亦不能絲毫相助,至於如此亦復何言。職苦鬥至此,已盡其責。」[138]

朱方勢力在滇慘敗後,趙澍個人仕途也淪為泡影,遂向朱家驊提出三項薦任請求:「(一)上海國立商學院聞將於暑假復校,職系該校畢業,十餘年前一留英同學即已任該院院長,職現時想可勝任;(二)其他環境不十分惡劣之省之教育廳;(三)出國考察。」因缺乏相關資料,趙澍的最終去向尚不可知。[139]

念及朱之黨徒眾多,各方追蹤千頭萬緒,且多數中層幹部生平履歷記載缺失,可考者有限。不過,僅以上述所舉例證,已可大致描摹出二陳兄弟重獲黨務領導權後,對朱方幹部的清洗實態,以及朱方幹部出路去向的大致趨勢。有人曾警示朱家驊:「彼且有金錢、有聯絡,因而活動力大,協作人多。而我所賴者,道義之結合耳。以道義之交,而切磋學問固可,一入政治漩渦,則屬一盤散沙,不堪一擊。」[140] 此番言論固然道出,以學人為主體構成的朱家驊系的組織弱點。但朱方幹部從黨務陣地潰敗後,憑藉過硬的教育背景、專業學識與一技之長,亦可退回教育界或技術部門重操舊業。畢竟戰後各項復員事業需人甚殷,可為彼輩提供容身、生存之機,這也是朱方幹部異於職業黨工的特殊之處。

陳、朱兩方互相攻訐,在彼時已屬眾人皆知、毫不避諱之事。1944 年 5 月,因江西省黨部選舉所引發的黨務糾紛,遷延

---

138 「趙澍致朱家驊函」(1945 年 4 月 10 日),〈趙澍〉。
139 「趙澍致朱家驊函」(1946 年 2 月 4 日),〈趙澍〉。
140 「董爽秋致朱家驊函」(1942 年 10 月 1 日),〈董爽秋、董泊生、董守義、董寶春、董鍾林、董志豪、董雲白、董尚德、董其武〉,《朱家驊檔案》:301-01-23-656。

至次年2月仍未平息。陳立夫召集贛籍中委與該省執委商討解決辦法，熊式輝亦受邀出席。熊對此事早已憤懣難平，以致在會上直言：

> 黨員相呼皆曰同志，志同理應道合，即相互間有意見之或異，要宜尊重黨的組織，公開坦白討論，以求解決。不應各自樹立門戶，另畫圈圈，以相暗鬥。彼此之間不僅如吳越之肥瘠漠不關心，且有甚於兄弟鬩牆必須爭個你死我活。江西黨務糾紛，導源自我中央黨部之派別，所謂「上有好者，下必有甚焉者矣」……中央派赴各省之黨務人員，無處不有朱系（朱家驊）、陳系（陳果夫立夫）之別，此人盡皆知之事。中央若果祇有一個黨的大圈圈，沒有各個人的小圈圈，感召所及，地方誰敢自成派別，入主出奴，互相火拼？朱陳兩位先生俱是潮州人，潮州人先團結，江西人自會團結。不獨江西之黨務糾紛可以立息，全國各地方之黨務亦當永不會發生糾紛云云。[141]

熊式輝的發言雖極盡赤裸，卻直中要害，但在派系政治已深入骨髓的國民黨內，上述言論也僅具個人一時情感宣洩之效，對於改善惡劣的現實環境並無助益。即便陳誠在總裁面前明言朱、陳互訐之事時，「蔣先生亦與接談不以為怪」。[142] 蔣介石尚且無動於衷、束手無策，旁人也只能坐視徒歎黨國的日暮窮途。

---

141 熊式輝，《海桑集：熊式輝回憶錄1907-1949》，1945年2月1日，頁461。
142 《徐永昌日記》，冊8，1945年11月13日，頁186。

小結

　　1944年5月，國民黨五屆十二中全會的召開，標誌著一場黨務革新計畫的結束，亦宣示著朱家驊辦黨時代的戛然而止。中央高層人事動盪發生後，在國民黨官場潛規則與二陳兄弟的排擠下，朱方幹部被迫脫離黨務系統另謀出路。朱家驊作為這種庇護關係中的庇護者，有責任與義務為受庇護者提供新職，又因此種人事遷移在制度上不具正當性，遂無法向蔣介石直接索取幫助，這也再次體現了國民黨幹部人馬的分立與私屬性。於是，朱家驊只能利用私人關係，將黨務幹部向其所能觸及的政、軍兩界疏散。鑒於朱隨後調任教育部部長，以及下屬多具學人身分，教育界無疑成為最適合彼輩的落腳點。不過，也有人對朱家驊調長教育部後，所構建的幹部陣容頗表失望：「以甘家馨長總務司，翟桓為主任秘書。高等司意在雪屏，雪屏不往，尚未定，或由伯蒼任之。此諸人伯蒼外，無一與大學有關係者。如此陣容，殊失天下之望。不惟難望作為，較之陳立夫尚不如也。」[143] 亦有人品評道：「二陳狹隘，用人如寶塔式之階層，外人無法插足。謂朱家驊如帶張之白牌，本身本無用，但一聽牌，即可加翻。」[144] 即便是二十年後，當人們再度憶起朱家驊時，仍將其與陳立夫加以比較道：「陳頗負其才，過於外露，有欠誠意，朱則木訥謹厚，禮重士人，且具近代頭腦，因之知識份子對兩人態度亦異」，「傅斯年曾云，朱不讀書但知尊重讀書人，殊有理」。[145]

---

143 《鄭天挺西南聯大日記》下冊，1944年12月5日，頁973。
144 《肝膽之剖析——楊玉清日記摘抄（1927-1949）》，1942年1月30日，頁304。
145 《郭量宇先生日記殘稿》（臺北：中央研究院近代史研究所，2012），1966年10月28日，頁684。

第八章　朱家驊的人際關係與權力網絡

在蔣介石設計的黨務革新方案中，曾試圖增強國民黨的教育屬性，實現黨的學術化，藉以改變黨部衙門化、黨員官僚化的弊病，起用朱家驊辦黨便是這一意圖的體現。在蔣看來，朱與各方均無利益糾葛，亦無派系色彩，可以成為緩和 CC 系與黃埔系矛盾、平衡黨中勢力的樞紐。但也正因在黨素無根基、勢單力薄，又逢戰時黨務革新、新舊更迭之際，朱家驊甫一到任就遭遇阻力，萌生辭意。[1]

這一插曲隨後雖被化解，卻使朱家驊意識到在已為派系政治滲透的國民黨內，新晉者若想求得立足與自保，必須構建起屬自身的權力網絡與利益共同體，這亦是其政治抱負得以施展的前提。於是，朱家驊系作為一支黨內新興力量在戰時逐漸崛起。抗戰爆發後，朱以中央黨部秘書長身分兼任數職，成為繼二陳兄弟之後，國民黨黨務實際主持者。朱家驊利用入仕數十年所累積的政治、社會資源，迅速聚集了一批門生故舊，開始將人際力量從學界、政界向黨務系統轉移。

朱家驊調任中央組織部部長後，在部內增設人事室，負責辦理人才登記事務，當需向各省派遣黨務幹部時，方可便捷地從「人才庫」中調取儲備資源。人事室也因職責所在，不僅帶有幾

---

[1] 國民黨黨政機關遷往武漢後，按規定中央黨部職員均須接受訓練，但尚未安排工作者無須受訓。蔣介石抵達武漢後，改為一律受訓。職員為此多次請願抗議，「幾於動手毆辱秘書長朱家驊」。此事應是朱家驊當時提出辭職的誘因之一。《陳克文日記 1937-1952》，冊上，1938 年 6 月 1 日，頁 233；《陳布雷從政日記（1938）》，6 月 17 日，頁 87-88。

分機密色彩,歷任主任亦均為朱之心腹。在該室成立前,朱方各類存記備用人員均由機要秘書沙孟海記錄在冊,但僅有姓名與通訊地址而缺乏詳細經歷,導致欲擇才使用時常感棘手。若重新辦理人事登記,又必須先期展開調查,因戰時人員行居不定、通訊不便,且普遍調查會引發誤會,首任人事室主任俞叔平遂向朱家驊建議:「不妨將所知者先行登記。自即日起,凡來往通訊之人或來求見之輩,由鈞長圈定後交辦登記。凡通訊者,擬請交沙秘書;求見者,擬請指定專人接洽,繕辦登記,亦擬請指人專辦,以負全責。積年累月可望相當完備,按圖索驥,成效自見矣」,並附上一份「與驊公有關各學校與機關」列表,以便人事室存記備查與朱家驊有關各故舊人員:

表 8-1:與朱家驊有關各學校及機關

民國年份	學校或機關	民國年份	學校或機關
16 年前	同濟大學	20 年	國立中央大學
	德國柏林大學	20 年起	管理中英庚款董事會
	北京大學	21 年	教育部
	廣東省黨部	22 至 24 年	交通部
	廣東省政府	25 至 27 年	中央研究院
	廣東省民政廳	26 年	浙江省政府
	兩廣地質調查所	27 年	軍事委員會參事室
15 至 20 年	國立中山大學	27 年起	中央執行委員會秘書處
16 至 19 年	浙江省黨部		調查統計局
	浙江民政廳		

資料來源:「周友端呈朱家驊」(1945 年 3 月 8 日),〈俞叔平(運佳)〉。

不難發現,所謂與朱家驊有關的各學校機關,可以等同於其任職履歷。因而,中央組織部人事室主要登記與儲備的對象,也是多年來追隨朱的門生舊屬。依循這一線索,筆者翻檢了朱家驊檔案中各省黨部卷宗與私人往來信函,並輔以其他相關材料,發現朱在主持中央組織部期間,派任的部內與各省黨部主委、執委

與書記長中,與其具有私誼者共九十人,可歸為朱家驊系。[2]

若將此九十名朱系成員做分類統計,其中,朱之舊屬(在朱辦黨前,曾在其手下任職者)有十九人,占21.11%,內有12人被直接帶入中央黨部秘書處與中央組織部,擔任秘書或各處室主任等職,占舊屬群體的63.16%。而能夠被朱家驊調入中央黨部者,均具備追隨其任職五年以上資歷。如前文述及的陳紹賢、甘家馨、陸翰芹、高廷梓、萬紹章、楊公達、周友瑞、黃仁浩等人,屬朱家驊系核心幹部,親密性與私屬性最強。

此外,與朱家驊有師生關係者三十五人,占38.89%;留德背景者十二人,占13.33%;學人身分者二十三人,占25.56%。另有其他類,如他人保薦、親屬等關係。以及暫不可考者二十五人,占27.78%。[3] 為簡潔直觀地反映上述情況,列表如下:

表8-2:黨務系統內朱家驊方幹部背景分析統計

類別	人數	百分比
舊屬	19(12)	21.11%(63.16%)
師生	35	38.89%
留德	12	13.33%
學人	23	25.56%
其他	25	27.78%

---

2 納入統計的省分有:福建、廣西、廣東、雲南、貴州、山東、江蘇、江西、浙江、湖南、安徽、湖北、西康、山西、湖南、四川、河北、陝西、甘肅、青海、綏遠、新疆、寧夏等二十三省。將一名黨務幹部定性為朱家驊系的主要標準如下:依照朱家驊的意志行事;在私人往來信函中,表現出明確的派系歸屬;個人經歷與朱之任職履歷存在密切交集,如具有故交、舊屬、師生、學緣等關係。由於派系問題具有高度私密性,筆者的統計尚不能做到全面準確、無遺漏,但大體能夠反映朱家驊在戰時黨務中的用人傾向。

3 一些成員因同時具有舊屬、師生或學人等多重身分屬性,在歸類時均做重複統計。筆者定義學人的標準有二:具有海外留學背景,並取得博士學位;或任黨職前,曾在大學擔任教授。

第一節　門生與屬吏：中山大學等校的黨工輸出

透過統計資料不難發現，朱家驊青睞利用學緣關係派用幹部，這主要得益於其先前在教育界的任職經歷。朱曾在北京大學授課，創辦浙江警官學校，先後擔任中山大學、中央大學校長，早年從教經歷為其日後提供了重要的幹部資源。凡從以上學校畢業者，即便非直接受教於朱，對其亦執以師禮，以門生自詡。若再細化分析以朱家驊為核心的師生關係群中三十五人的畢業院校，可發現如下規律：

表 8-3：朱家驊系門生生源情況統計分析

學校	人數	百分比	代表人物
浙江警官學校	3	8.57%	俞叔平、何培榮
北京大學	13	37.14%	田培林、高廷梓
中山大學	15	42.86%	甘家馨、陳紹賢
中央大學	5	14.29%	李雄、楊德翹

由上表可知，中山大學與北京大學是朱家驊學緣關係中最突出的兩個黨務幹部來源。中山大學之所以能夠獨佔鰲頭，是因朱在該校任職時間最久，淵源悠長。並且，中山大學為國父孫中山所手創，坐落於國民黨首善之區廣州，較之他校具有更為濃厚的黨國情結。而北大作為全國首屈一指的高等學府，造就了大批優秀學人，亦可為朱提供大量可資依賴的幹部。因此，朱家驊入主中央黨部後，為中山大學與北大向國民黨內輸送青壯年黨工打開了方便大門。基於地理位置關係，中山大學畢業生集中分佈於戰時後方諸省，如廣東、廣西、江西、四川、貴州等地，北大畢業生則較多任職北方，如山西、山東、安徽、寧夏等省。兩校分處南、北，在國民黨十分注重人地相宜任用政策的背景下，形成這

樣的人事格局便也易於理解。

朱家驊在北京大學任教與中山大學執校期間，先後結識了一批頗有交誼的員生，如陳紹賢、甘家馨、高廷梓、萬紹章等人，並經朱一路提攜，以秘書職務留用身邊。再如苗啟平、吳正桂、余森文與張定華等，亦均有追隨朱的任職經歷，雖未被攜入中央，但也被派赴各省黨部擔任執委或書記長要職。此外，另有一些門生早年求學經歷與朱家驊存在交集，之後雖稍有疏離，但在朱接長黨務職權後，出於工作需要而被起用，何培榮就屬此種情況。

何培榮，四川人，浙江省警官學校第一期畢業。該校最初由朱家驊創辦，但自從戴笠被派任為特派員後，該校逐漸成為軍統分子養成所。1935年，何出任浙江省保安處調查股股員，後代理股長。1937年，任職杭州市警察局第三分局。1938年，鑒於何培榮的專業背景，朱家驊將其派赴成都組建「四川省黨部調查統計室」，不久便以省黨部委員身分兼調統室主任。[4] 1942年初，該省黨部書記長出缺，在主委黃季陸的力保下，中央組織部順理成章地命何培榮接充。[5]

屢獲提拔的何培榮，除照常處理省黨部日常事務外，還開始致力於為朱家驊汲引川省黨務人才：「至今後可為川省黨務效力而又確有作為者，如徐書簡、彭綸、余成勳、余富庠、周封岐、羅文謨等均能勝任愉快。」其中，何特別向朱舉薦周封岐：「封岐兄在督導工作之表現各同志均甚贊許，黃主委對之尤為滿意，

4　劉國銘主編，《中國國民黨百年人物全書》，冊上，頁1115-1116。
5　「朱家驊覆劉靜之」（1942年1月22日），〈四川黨務：四川省黨務辦事處〉，《朱家驊檔案》：301-01-06-108。

人事方面均無問題。」[6] 何培榮雖未明言,但應是欲以周為川省黨部執委候選人。

據查,周封岐,貴州人,畢業於中山大學史學系,早在1937年初便被記入朱家驊的「請求工作人員登記簿」。1940年,中央組織部人事室在周的條目下追加:「川省黨委改以川省督導員存記。」[7] 推測其中原委,應是何培榮的保舉使中央組織部產生了提拔周為執委的計畫,但或因考慮到人地不宜,又改以督導員存記。隨後,朱家驊對這一門生並未閒置不理,而是等待起用時機。1942年,貴州省黨部執委出缺,黔人周封岐立即被調往接替另一朱方幹部。

朱家驊離開北京大學南下後,未再開堂授業,與學生的直接往來逐漸減少。日後又離校他就,朱對各校員生情況更是日益生疏。像周封岐這樣後期畢業的年輕門生,大多只能經由他人介紹、保薦等間接方式為朱知曉與任用。李雄便是另外一例。李畢業於中央大學政治系,1935年任福建省黨部秘書,也是時任主委陳肇英的私人幹部。此後,李雄經陳一路提拔至省黨部組織科長。抗戰爆發後,李雄又升任省黨部執委兼書記長,並兼三青團福建支團幹事。[8]

1943年4月,李雄因聽聞該省政府委員朱玖瑩有調任湘省民政廳廳長之議,遂前往中央組織部面謁朱家驊,後雖未得見,但留函一封,囑人事室主任萬紹章轉陳。李在信中寫道:「茲當朱久瑩尚未明令調湘之前,擬懇面陳總裁准予派補閩省府委員,

---

6 「何培榮致朱家驊函」(1940年7月7日),〈四川黨務:四川省黨務辦事處〉。
7 「請求工作人員登記簿(第二冊)」(1937年1月),〈介紹人事登記簿〉,《朱家驊檔案》:301-01-14-031。
8 「朱家驊致劉建緒電」(1943年4月18日),〈福建黨務:人事〉。

俾黨政工作得以從中聯繫。」[9] 萬在給朱的呈文中也特意說明：「李雄與紹章在中大時住宿同一房間，相交頗厚。近來時時晤談，覺其甚有更接近本部之意向。」因有萬紹章作保，朱家驊果斷批示：「可。」[10]

李雄行事謹慎，曾叮囑萬紹章：「容其托人將朱玖瑩調湘事探聽確實後再辦。」數日後，李告知萬消息確實，中央組織部才展開運作。[11] 朱家驊首先密電福建省政府主席劉建緒，以選拔優秀幹部從政為由，保舉李雄兼任福建省政府委員。[12] 與此同時，朱還鄭重簽呈蔣介石，可見對此事十分在意。[13] 最終，雖因朱玖瑩他調未成，李雄的兼職願望隨之破滅，但在這一過程中，李雄經萬紹章引薦，得以為朱家驊熟悉。而朱極力推薦李兼任政職，表面上為密切黨政關係，實際是對李雄轉身投入朱方陣營的回饋。1943 年 11 月，李雄在朱家驊的關照下，取代舊主陳肇英升任福建省黨部主委，成為朱方在該省的黨務代言人。

除間接保舉的任用方式外，也有許多門生因缺乏有力中間人，而只能毛遂自薦，直接向朱家驊表達仕途訴求。1939 年 5 月，賦閑重慶的李紹華向朱乞求工作。[14] 人事室的調查結論為：「四川現有委員九人，尚缺二人，為充實分區督導起見，應予補充。李紹華在黨政班二期畢業，成績優良，堪以任用。」[15] 但朱

9 「李雄致朱家驊函」（1943 年 4 月 6 日），〈福建黨務：人事〉。
10 「萬紹章簽呈」（1943 年 4 月 8 日），〈福建黨務：人事〉。
11 「萬紹章簽呈」（1943 年 4 月 17 日），〈福建黨務：人事〉。
12 「朱家驊致劉建緒電」（1943 年 4 月 18 日），〈福建黨務：人事〉。
13 「朱家驊簽呈蔣介石」（1943 年 4 月 19 日），〈福建黨務：人事〉。
14 「李紹華致朱家驊函」（1939 年 5 月 23 日），〈四川黨務：四川省黨務辦事處〉。
15 「人事室簽呈」（1939 年 5 月 30 日），〈四川黨務：四川省黨務辦事處〉。

彼時尚為中央黨部秘書長，對幹部派遣的參與有限，只得親函時任中央組織部部長張厲生為之設法：「李紹華同志中山大學畢業，近頃閒居在渝，頗思有以自效。」[16] 6 月，中常會通過了派任李紹華為四川省黨部執委的決議。[17] 隨後，朱家驊還特意向該省主委具書引薦，予以關照。[18] 從李向朱自請工作，至被發表為省黨部執委，前後歷時不足一月，可見國民黨人事任用程序的主觀性之強。

再如，畢業於中山大學的陳協中，1937 年 1 月前後擔任童子軍總會漁管會科長期間，曾向朱家驊請求改任視察員。[19] 1941 年 5 月，廣東省黨部執委出缺，中常會派陳協中前往接充。[20] 12 月，陳協中工作落實後，也開始向朱家驊引薦人才：「粵市黨部益行重要，除就敦促該部負責同志加緊工作外，為增強機構配合軍事起見，擬懇派蕭宜芬同志為該部主任委員。蕭同志為黨服務十餘年，在粵工作日久，忠貞努力，情形尤為熟悉，必能勝任愉快。」[21] 蕭宜芬亦畢業於中山大學，時任《中山日報》主筆。在陳協中致電朱家驊的同一日，蕭親自向中央組織部呈送了一份

---

16 「朱家驊致張厲生函」（1939 年 5 月 24 日），〈四川黨務：四川省黨務辦事處〉。

17 〈中國國民黨第五屆中央執行委員會常務委員會第一二三次會議紀錄〉（1939 年 6 月 15 日），《中國國民黨第五屆中央執行委員會常務委員會會議紀錄彙編》，冊上，頁 434。

18 「朱家驊致黃季陸函」（1939 年 6 月 26 日），〈四川黨務：四川省黨務辦事處〉。

19 「請求工作人員登記簿（第二冊）」（1937 年 1 月）。

20 〈中國國民黨第五屆中央執行委員會常務委員會第一七六次會議紀錄〉（1941 年 5 月 26 日），《中國國民黨第五屆中央執行委員會常務委員會會議紀錄彙編》，冊下，頁 721。

21 「陳協中、李伯鳴致朱家驊電」（1941 年 12 月 18 日），〈廣東黨務：李漢魂主委時期：人事〉。

「廣州市淪陷區黨務計劃」。[22] 如此巧合顯屬有意為之,朱家驊十分重視:「蕭同志有假可先來渝一談為盼。」[23] 數月後,蕭宜芬被派任廣東省黨部委員。[24]

如此一來,陳協中與蕭宜芬本應成為同事。但彼時因江西省黨部書記長、朱方幹部升任主委,朱家驊為能繼續壟斷該省書記長一職,遂急調陳協中趕赴江西接充。[25] 陳到贛履職後,仍積極向朱引薦校友,如保舉中山大學畢業生、省黨部事務科主任曾拜颺出任督導員,推薦同屬朱之門生的曾家傑擔任省黨部人事室主任等。而朱家驊對此,均一概應允照派。[26]

李紹華與陳協中二人均畢業於中山大學,亦屬自薦謀職。相較之下,李的派遣十分迅速,陳卻苦待四年,而任用週期的長短則主要取決於時機。朱家驊雖身為中央組織部部長,掌握地方黨務幹部任免權。但在國民黨中央派系競逐氛圍的彌漫下,朱為求行事周全、避免糾紛,通常不會貿然安插己方人員。若籍屬某省者,恰逢彼省黨部編制未滿或職位出缺,被從朱之後備幹部隊伍中提用就指日可待。如若一時難逢良機,也只能靜待。儘管如此,李紹華與陳協中尚屬順利進入黨務系統的朱氏門生。另有一

---

22 「蕭宜芬報告廣州市淪陷區黨務計劃」(1941年12月18日),〈廣東黨務:李漢魂任主委時期:工作報告〉。
23 「朱家驊覆陳協中、李伯鳴」(1941年12月19日),〈廣東黨務:李漢魂主委時期:人事〉。
24 〈中國國民黨第五屆中央執行委員會常務委員會第一九六次會議紀錄〉(1942年3月2日),《中國國民黨第五屆中央執行委員會常務委員會會議紀錄彙編》,冊下,頁842。
25 〈中國國民黨第五屆中央執行委員會常務委員會第一九五次會議紀錄〉(1942年2月16日),《中國國民黨第五屆中央執行委員會常務委員會會議紀錄彙編》,冊下,頁838。
26 「陳協中致朱家驊函」(1943年6月9日),〈江西黨務:工作報告〉;「曾家傑致朱家驊電」(1943年10月20日),〈江西黨務:一般人事〉。

批自薦者，如張嘉謀和羅愛林，雖長期被記錄在冊，卻終究無緣被起用。

張嘉謀，廣東人，畢業於北京大學，後考取官費留學生，赴德國漢堡大學研讀哲學、德國文學，1938年獲博士學位回國，先後任教中山、中央大學等校。[27] 1932年，張入學北大時，朱家驊早已南下就任教育部部長。但憑藉「北大」與「留德」兩種身份標籤，張在致朱的信中為攀附師生關係，仍以「生」自稱，並請委任以廣東省黨部書記長，借作仕途發展的起點。

1943年前後，廣東省黨部主任委員由省政府主席李漢魂兼任，黨政權力為彼統制，朱家驊一直力圖有所突破。此時，正在中山大學任教的張嘉謀為求入仕，積極向「師座」獻言獻策。張認為李之治下的文化是其在粵權力網絡的薄弱環節，建議朱方聯絡粵省文人、組織青年學生作為反制。若將其任命為書記長，不僅可與省黨部內其他中大背景的朱方執委團結合作，亦可居間引薦一、二中大教授進入黨部，結成對抗李漢魂的勢力陣營。張還提出取得第七戰區編纂會、粵省文化運動委員會和中山大學區黨部領導權，藉以聯絡中大教師及學生的方案，以及出版定期刊物與叢書，鼓吹民主學術思想，領導全粵智識分子等建議。[28]

張嘉謀此封自薦信成功地引起朱家驊的注意，但因省黨部暫無空缺，朱便將其介紹給彼時負責廣東軍事的余漢謀。隨後，張致函朱：「日前奉謁余長官，以七戰區長官部編纂處負責有人，而參議人員亦過定額，囑稍等待，容當儘量設法。余長官態度甚好，對於吾師尤表敬愛之意。近因粵省黨部發生問題，余長官亦

---

27 黃玉釗主編，《梅州人物傳》（廣州：廣東省梅州市地方誌辦公室，1989），頁399。

28 「張嘉謀致朱家驊函」（1943年10月23日），〈張嘉謀、張國魂〉。

詢願否擔任省黨部工作。然生以黨部之事全決於吾師,故未敢遽置答覆。」張嘉謀的意願未能實現,反欲借余漢謀為自己說項,二次向朱表達訴求:「生與粵省黨部人員多有認識,偉光兄亦頗有交情」,「此間教授若羅鴻詔、陳安仁、葉匯、鐘耀夫(清華畢業,留美研究政治),諸先生均願為吾師助理粵省黨務。上列諸先生均與生交情頗篤,倘承見愛,皆當盡力以為之」。[29]數日後,張又因聽聞廣東省黨部有改組之議,立即向朱表示:「若承指派,當竭忠為之。然若其事務有妥人任之,則於粵府改組時,懇提為省府委員或社會處責。」[30]

不知何故,直至 1945 年 8 月,朱家驊似乎對張嘉謀都還不甚瞭解,批示秘書查報其為人情況。萬紹章呈覆稱:「張嘉謀,粵人,係本黨多年同志,現約四十四、五歲,在北大學德文,曾受教導。留德研究哲學,原在中山大學教書,三十年至渝受訓,就任中央大學教授。一年後回粵,曾因繆培基之請求,蒙鈞座電余幄奇長官派為參議,嗣又進中大大學文學院任教授。因上述淵源,一部份教職員對之頗歧視,故當時其處境甚困難。」據此可知,張先前自薦的最終結果是只謀得廣州臨時參議員,未能如願進入黨務或省政系統,反因與朱家驊的私人關係招來非議。萬紹章還介紹道:「此人曾經慰堂兄先簽注簡單意見,對其讀書程度及為人,頗有好評,對朋友甚有熱情。去年十月間,廣州區教育復員及輔導會成立,張子春先生得其協助甚多(張為復會委員)。比來對工作一切隨時與俠飛、嘉賢諸同志密切聯繫。為人處事,頗精細而有熱誠,適任政治工作,俠飛來信中曾道

---

29 「張嘉謀致朱家驊函」(1943 年 12 月 21 日),〈張嘉謀、張國魂〉。
30 「張嘉謀致朱家驊函」(1943 年 12 月 27 日),〈張嘉謀、張國魂〉。

及之。」[31]

「慰堂」即蔣復璁，畢業自北大哲學系，留學德國柏林大學，從其個人經歷看，應對張嘉謀頗為瞭解。即便有上述友朋美言，張此後仕途仍未獲得較大發展，依舊在教育界徘徊。1947年，張嘉謀出任中山大學附中主任，次年專任中山大學教授。若論出身，張亦屬留德學人，較之同輩不乏優勢，未得重用大概只因缺少有力薦客與機遇。畢竟在廣東境內，不僅有中大畢業生可就近取材，且與朱家驊有淵源者頗多，幹部後備資源充足，導致出現僧多粥少的局面。而當朱家驊對張嘉謀特加留意時，自己也早已告別黨務系統，只能使其繼續在教育界服務。

相比之下，安徽的羅愛林則稍顯幸運。1923年，羅考入北京大學預科，1925年至1927年就讀北大中文系，畢業後歷任北平大同中學校務主任、代理校長；安徽省黨部常務委員；武長株萍鐵路特別黨部常務委員；江蘇、湖南民政廳視察；中央政治學校包頭分校主任；管理中英庚款董事會滇南中學籌備員等職。[32] 1943年前後，羅愛林開始謀劃重回安徽省黨務系統。

據羅愛林彙報，1930年安徽省黨部改組時，畢業於中央政治學校的CC系人士魏壽永與王秀喜出任總幹事。二人在皖濫施權力、陷害異己，致使該省黨務糾紛日甚。羅時任省黨部常務委員，曾向中常會控告魏壽永罪狀。魏被撤職查辦後，向當時代理中央組織部部務的余井塘申訴，最終使羅被調離，自己則被豁免，並被內調組織部幹事。1942年3月，魏壽永被派回安徽省

---

31 「萬紹章呈朱家驊函」（1945年8月8日），《朱家驊檔案》，〈張嘉謀、張國魂〉。

32 「中國國民黨中央執行委員會組織部人才登記表（羅愛林）」，〈安徽黨務：人事〉，《朱家驊檔案》：301-01-06-074。

黨部擔任書記長,引起省內幹部不滿。羅愛林為此致函朱家驊:「如若任其在皖負責,則以後皖省黨務之整理將日益困難。生曾於去歲將此意與汪一鶴同志談及,假如吾師確有意於六次大會之召集,必須先將魏壽永撤換,另派忠實幹練且確能領導皖省各縣低層幹部之同志前往接充。」[33] 朱之秘書閱信後,草擬了由組織部人事室或部長親自面談的處理意見。

數日後,魏壽永與該省黨部主委李品仙發生衝突。羅愛林又上一函,建議朱家驊趁機撤回魏:「生去秋謁見吾師,原擬回皖工作,藉以恢復各縣原有之基礎,或在內部,藉以時近吾師便於進言。俾吾師得以明瞭魏壽永之背景,毅然去之。時逾一年,魏猶在皖。」[34] 羅執著於撤換魏的動機,除對其品性、身分不滿外,更與其自身利益直接相關。羅愛林在「中國國民黨中央執行委員會組織部人才等級表」的「願望」一欄中,曾明確填寫:安徽省黨部委員兼書記長或專任委員。[35] 不久,魏壽永被國民黨中央調回,該省主委李品仙向朱家驊提出:

> 書記長職務繁要,未便久懸,經已派翟委員純代理,呈報在案。曹敏同志現既兼任組訓處長,最近又復出巡外即行,將需兩月後始能返膺。似此情形,曹既不能立刻視事,而翟又不克代行職務,本會整個顯將因此而形弛怠,實有不利。擬請准查照前電,仍以委員翟純代理本會書記長,俾利工作,伏希正式派為書記長,以專責成。[36]

---

33 「羅愛林致朱家驊函」(1943年9月5日),〈安徽黨務:人事〉。
34 「羅愛林致朱家驊函」(1943年9月29日),〈安徽黨務:人事〉。
35 「中國國民黨中央執行委員會組織部人才登記表(羅愛林)」。
36 「李品仙致朱家驊電」(1943年10月4日),《朱家驊檔案》,〈安徽黨務:

由上推知，朱家驊欲以曹敏接任書記長，而李品仙則力主翟純。曹敏先前在中央組織部任職，是朱方外派安徽的幹部，翟純則屬張厲生系。[37] 朱家驊為將該省書記長掌握在己方手中遂批示：「或即改派羅愛林同志前往繼任如何。」[38] 若羅能被順利派回安徽，朱家驊系在省黨部中便可多占一席。但對 CC 系而言，如此比使曹敏出任更為不利。最終，CC 系只得讓步。中央組織部仍以曹敏接充書記長，使羅愛林回歸皖省黨務系統的願望落空。

　　張嘉謀與羅愛林的案例存在可供比較之處，二人同為朱之學生，亦均謀求省黨部書記長職位未得。但二者不同的是，羅愛林有在黨界任職經歷，又曾在朱家驊主持的中英庚款董事會工作，無論從工作經驗與私人感情上都更近一層。並且，羅借安徽省黨部人事矛盾爆發的契機，使朱將對其的任用列入計劃。張嘉謀則因處於朱家驊人際網絡的邊緣而始終不受重視，以致被遺忘。通過對上述各朱氏門生仕途軌跡的考察可以發現，若想要躋身朱家驊系，需要具備各項主、客觀條件。除必須的身分符號或人際關係外，機緣與時運也同等重要。

　　朱家驊人際關係中師生網絡的維護與擴大，除間接的保舉與直接的自薦外，還通過同學會的方式，增進門生之間交往、吸納籠絡校友，藉以擴大影響。中央大學畢業生、貴州省黨部執委楊治全，曾向朱彙報自己與省黨部主委王漱芳到黔就職時，得到貴

人事〉。

37 〈中國國民黨安徽省黨部主委、書記長、委員一覽表〉（民國 26 年 5 月至 36 年 4 月），安徽省地方誌編纂委員會編，《安徽省志·政黨志》（北京：方志出版社，1998），頁 804。

38 「朱家驊批示」（1943 年 10 月 4 日），〈安徽黨務：人事〉。

陽近八十名中大同學宴請,氛圍極為融洽的情況。[39] 另一中央大學畢業生、福建省黨部主委李雄,也曾向朱介紹在閩同學會情況,並為該會負責人謀職:

> 此次返閩後,曾召集中央大學同學會暨幹事會各一次,宣揚鈞座德意,同學莫不感戴。曾上致敬一電,計邀垂察。此間同學會向由盧智錕同學負責,異常熱心,其人品學兼優,忠實尤為可取。與雄共事十載深得臂助,致力教育、黨務、文化諸工作十有八載,成績卓越。惟以服務鄉梓,未親謦咳,引為大憾。現在本省方面苦乏更適當工作足資提升,用敢披瀝下情,冒請鈞座委充鈞部視察,並派東南各省工作以資聯繫。[40]

在福建,並非僅有中央大學組織同學會,各校間更成競爭之勢。省黨部科員余瑞麟向朱彙報:「此間廈大學生最多,參加黨務者極少,在省黨部僅職科有廈大學生一人。黨部中上層工作同志多係黨校學生,彼等現成一系。北大同學在閩有十餘位,多在政法界,彼等擬約職參加籌組同學會。中央、中山學生在閩不多。」[41] 余瑞麟畢業於西南聯合大學,選擇加入福建北大同學會,並有意突出該校在閩勢力強於中央、中山兩校,應是為贏得朱家驊重視,其所言「黨校學生」則指由 CC 系掌控的中央政治學校。因而,國民黨中央派系在地方競爭時,存在以院校作為劃分陣營與構建身分認同的憑據。由此深入觀察不難發現,朱家驊

---

39 「楊治全致朱家驊函」(1938 年 11 月 7 日),〈貴州黨務:王漱芳擔任主委時期之黨務〉。
40 「李雄致朱家驊函」(1944 年 2 月 26 日),〈福建黨務:人事〉。
41 「余瑞麟致陸翰芹函」(1943 年 5 月 23 日),〈福建黨務:工作報告〉。

系內部出身北大、中山、中央等校的閩省幹部,缺乏有效聯合,各自為政,存在分化與隔膜。

相較於中央大學和北京大學,出身中山大學的黨務幹部雖數量多、分佈廣,但組織意識較弱,雲南省黨部書記長趙澍曾向朱家驊反映:「東大、中大各地同學甚多,均感無中心領袖。同學會總會在渝常有集會,由柏園、翰芹善為聯絡,當可為黨物色不少人才也。」[42] 朱家驊亦有感於此,特示意廣東幹部許爾功在中大校友中樹立中心人物。為此,許便開始在粵省黨部中尋覓人選:「此項聯繫工作即以蕭宜芬兄負責如何?余建中兄原無問題,人亦有才,惜非中大同學或有窒礙。袁晴暉兄雖有地方關係,但對黨忠實,人亦公正,近來表示甚佳,可無問題,且有中大關係,同時又任書記長,以彼負責似較相宜,惟不知中大諸同學能以渠為中心否。」[43]

廣東軍教兩棲人士陳智乾,也曾就如何任用與發展中山大學校友,向朱家驊建議:「(1)請選派優秀畢業生及在社會服務成績優良校友留學;(2)提拔校友進入黨部,民意機關及文化團體服務;(3)全國各地組織同學分會,並舉辦定期刊物;(4)在組織部內指定校友專員指揮各地同學會之責。」[44] 朱家驊將上述意見抄送秘書甘家馨、陳紹賢參考。[45] 甘、陳二人均為中大校友,或正是朱對第四項意見的落實。

---

42 「趙澍致朱家驊函」(1942年1月4日),〈雲南黨務:人事與經費〉。
43 「朱家驊覆許爾功函」(1943年10月20日),〈許寶駒、許爾功〉,《朱家驊檔案》:301-01-23-386。
44 「陳智乾致朱家驊函」(1943年10月20日),〈陳雨蒼、陳昭華、陳智乾、陳燮林、陳白〉,《朱家驊檔案》:301-01-23-378。
45 「朱家驊批示」(1943年10月25日),〈陳雨蒼、陳昭華、陳智乾、陳燮林、陳白〉。

朱家驊在派任黨務幹部時，對門生的偏愛，以及內中錯綜複雜的師生關係，並非今日翻檢檔案所得之後見，其已早為時人察覺。陳果夫就曾注意到朱之生日時，中大學生為其募集獎學金之舉。以及當無任何辦黨經驗之人被派任某省黨部執委時，陳果夫便以其人為中大畢業生作解。[46] 中央組織部文書科長辜孝寬亦向朱家驊反映：

> 鈞長門生滿天下。其中，現任各省市路黨部委員書記長或督導員者不乏其人。彼等對於黨務經費或人事環境有所請示或呈訴，輒以書翰行之。此種書翰發科擬辦，因有師生稱呼與通訊關係，不免有頌揚之辭句。見者輒認為阿諛，並誣鈞長所用者皆為門生與諂媚之徒。嗣後似應請關照沙秘書與胡頌平兄，以及人事室遇有此類通訊，可僅將涉及黨務部份裁剪送部辦理。其餘通常問候之詞，概予刪除，僅留通訊地址與姓名。或如從前在浙主席任向例，甚至將具名人剪去另存，以資機密而免惡意之誹謗。[47]

再如 1944 年，廣西省黨部選舉在即。中央組織部戰地黨務處長、中山大學畢業生甘家馨曾致電該省朱方執委、校友鄭紹玄，鼓勵中大同學參選。因電報使用普通密碼本譯發，導致內容不慎被處於對立陣營的省黨部書記長劉士衡獲悉。劉便借機在省黨部主委、桂系人士黃旭初面前撥弄是非。[48] 對此，鄭紹玄解

---

46 〈陳果夫日記〉，1942 年 5 月 29 日、6 月 15 日。
47 「辜孝寬致朱家驊函」（1943 年 10 月 4 日），〈人事〉，《朱家驊檔案》：301-01-06-002。
48 「鄭紹玄致朱家驊函」（1944 年 4 月 30 日），〈廣西黨務：人事〉。

釋道：

> 團結中大同學並非一種壞事。因中大同學為本省有用之份子，設不幸為奸徒所引，則其損失何能數計。故團結中大同學使多為黨國盡力，襄助省政實施，亦正應有之舉。若謂團結中大同學，即為排斥其他各校人才之謂，此語亦屬誣陷。因黃督導員顯圖，即為紹玄所薦。黃固東吳大學學生，而非中大學生。惟劉氏故作似是而非之攻訐，用心無非展其挑撥之伎倆耳。[49]

此後，廣西省黨部改組時，鄭紹玄迫於外界觀瞻，刻意推薦了畢業於上海法政大學的甘家勳，藉以消除外界輿論。

第二節　學緣與官源：留德人士的薦用

時人曾撰文列舉過民國十大官僚觀念，「同留學國」即為其中之一，「如什麼留東派、留美派、留英派、留德派、留法派……各當局總想多多延用和自己同一留學國的人」。[50] 1940年代末期，報刊亦曾如此評論朱家驊執掌下的教育部：

> 今日留美派獨佔鰲頭，促使留歐陸派大團結，教育部成了大本營，朱家驊則是留歐陸派的首腦。此外說到留學的關係上，大家都知道朱是留德。在今天我國各方面都唯美國馬首是瞻的時候，留美集團在政府中佔了極重要的地位。在過

---

49 「鄭紹玄致朱家驊函」（1944年4月30日）。
50 蔡尚思，〈官僚教育與市儈教育：現代中國教育的最大缺點〉，《時與文》第1卷第15期（1947）。

去，曾盛極一時的留法、德等歐陸的人們已經大有遜色，正因為這樣，由於事實的壓力，已促使歐洲大陸國家的留學生們大團結起來了，朱尤熱中於此。事實的表現，朱對大陸國家的留學生特別重用，尤其是留德的。[51]

在既有研究中，朱家驊仕途與人際交往中的德國情結已引起一些學者的關注，如楊仲揆在給朱所作的傳記中，將其視為無可否認的「留德派」：「他前後兩次留德，共計八年整，當然所學所見所聞和所有關係，受了這層先天性因素的影響，有時候，他不找人，人會找他。」[52] 誠然，一種關係的建立源於雙方的互動。朱家驊對留德學人向來抱持親切感，在幹部任用上難免有所傾向。與此同時，具有德國背景的歸國人士亦欲利用這一優勢，對朱有所攀附，以謀求個人事業的發展。

據麥勁生研究，在清末民初的留德學生社群中，首批軍事留德學生人數較少，且無法晉身高層，彼此之間聯絡亦不多，更難發揮集體影響。隨後，雖有蔡元培、馬君武等逐漸成名，但影響力主要在個別院校，「觀其行誼亦無意圖建立一個留德學人社群。真正有能力和意圖的，恐怕非朱家驊莫屬」。[53] 而朱家驊早在入仕之初，就有意構建留德學人社群，並長期為推動中德關係付諸行動與努力。如1932年，朱家驊發起組織德瑞奧同學

---

51 公城，〈朱家驊「鐵幕」下的教育部〉，《中國新聞》，第1卷第12期（1948年2月29日），頁5。

52 楊仲揆，《中國現代化先驅——朱家驊傳》（臺北：近代中國出版社，1984），頁193。

53 麥勁生，〈朱家驊與民國初年留德學人群體的形成〉，中國社會科學院近代史研究所編，《第三屆近代中國與世界國際學術研討會論文集》，卷3（北京：社會科學文獻出版社，2015），頁1617。

會,個人出資購置會所,供日常聚會之用;1936年,朱又發起組織「中德文化協會」,亦斥資購買會所,自任理事長。[54] 麥勁生分析認為:

> 朱家驊回國之初,需要建立自己的團隊,所以倚重同濟舊生和留德學生。隨著他聲譽日隆,權力漸長,供他選用的人,已不限昔日同窗。事實上,《朱家驊檔案》所載,無論是任職浙江民政廳廳長、教育部部長、交通部部長還是中央研究院院長期間,他每日都收到來自四面八方的人事推薦或自薦信,難再單單照顧昔日校友。亦因為權限日廣,工作性質時有改變,朱家驊亦難再依賴技能接近的留德學生。又因為國民政府不斷在風雨飄搖之間,承平日子太少,留德學人的社群剛形成,中、日兩國又揭開戰幔,留德學人的風光日子亦一去不返。[55]

對於上述觀點,筆者並不完全認同。朱家驊由政入黨後,工作性質確有改變,但仍竭力援引留德人士進入黨務系統。即便其中大多屬專業技術型人才,對黨的業務較為生疏,這反而更能說明朱家驊的有意任之。抗戰爆發後,雖然中德關係漸趨冷淡,留德學人風光也有所減弱。但朱基於個人交際喜好,以及建設自身幹部隊伍的需要,也為留德人士開闢了新的事業陣地,使彼輩得以出現並活躍於國民黨中央至地方黨務系統之中。

以目前可考者計,留學德(奧),並任職於國民黨中央與各

---

54 楊仲揆,《中國現代化先驅──朱家驊傳》,頁 194。
55 麥勁生,〈朱家驊與民國初年留德學人群體的形成〉,頁 1631。

省黨部,且與朱家驊有密切關係者,多達十餘人。如中央黨部秘書處秘書、中央組織部主任秘書王啟江;中央組織部人事室主任俞叔平;中央組織部黨員訓練處處長、河南省黨部主委田培林;天津市黨部主委王若僖;曾被擬任中央組織部副部長的何思源;浙江省黨部主委羅霞天;湖北省黨部書記長、青海省黨部執委兼代書記長王治孚;湖北省黨部書記長童光焌;青海省黨部執委王文俊;貴州省黨部執委徐德風;西康省黨部書記長張廷蛟等。[56]在以歐美日歸國者居多,甚至大多數地方黨部委員不具備留學背景的前提下,留德人士活躍於黨務系統的現象非常值得關注。

若仔細翻檢抗戰時期省級黨部委員名冊可以發現,朱家驊任用的留德人士雖散落各省黨部,但居於內陸的湖北省卻是留德學人相對聚集,且較為活躍的區域。若將此視作朱家驊的有意為之,不如說是留德社群內個體間潛在互相吸引的結果。為能更好地理解湖北省黨部人事關係中的德國因素,需先將視線稍作延伸,投注到戰時該省黨務系統的大環境之中。

1938年6月,陳誠被任命為湖北省政府主席,爾後因軍事任務繁重,職權基本由省民政廳廳長嚴立三代理。[57] 7月,陳誠被中央加派為湖北省黨部主任委員,翌年初便申請辭職。[58] 隨後,時任中央組織部部長張厲生推薦 CC 系人士苗培成接充遺缺。陳誠雖是主動請辭,但並不欲將省黨部權力拱手讓與 CC

---

56 羅霞天早年被公派赴德國柏林大學留學,歸國後任浙江省黨部執委等職,曾一度被劃入 CC 系陣營,但因與二陳漸生矛盾,逐漸轉入朱家驊系。《國民黨六屆中委各派系名單》,頁 147。

57 劉壽林等編,《民國職官年表》,頁 748。

58 〈中國國民黨第五屆中央執行委員會常務委員會第八十六次會議紀錄〉(1938年7月21日),《中國國民黨第五屆中央執行委員會常務委員會會議紀錄彙編》,冊上,頁 264。

系,遂向朱家驊提出:「鄂省黨部主任委員繼任人選苗培成先生若能前往甚妥,若不能前往,可否以嚴立三兄兼任。」[59]

對陳誠的提議,朱家驊慮及嚴立三已身兼多職,恐負擔過重,且身為中央黨部秘書長亦不便過多參與意見,故擬先以張厲生之意見簽呈蔣介石。若苗被否,則再薦嚴氏。[60] 最終,國民黨中央批准由苗培成出任湖北省黨部主委,其他執委未作更動。[61] 張厲生囑咐苗,湖北黨務複雜,望能先實地瞭解情況,再談改組之事。[62]

苗培成履新不久,在通盤瞭解湖北黨務情況後,立即返回重慶與張厲生商議改組事宜。1939 年 8 月,中央組織部草擬了一份省黨部委員名單,送至中秘處時,因朱家驊對部分人選持不同意見,經幾度商討才得以確定。此次改組雖由 CC 系主導,但因朱居間干預,使前者未能佔據優勢。[63] 隨後,陳誠回任湖北省政府主席,並兼第六戰區司令長官,獨掌軍政權力,更使 CC 系在鄂勢力受到壓制。

1940 年 5 月,朱家驊轉任中央組織部部長後,借機向湖北省黨部派遣了鄂籍出身的王治孚擔任執委。[64] 朱早年主持北京大

---

59 〈陳誠致朱家驊函〉(1939 年 2 月 21 日),〈湖北黨務:苗培成擔任主委時期〉,《朱家驊檔案》:301-01-06-079。
60 「朱家驊覆陳誠」(1939 年 2 月 23 日),〈湖北黨務:苗培成擔任主委時期〉。
61 〈中國國民黨第五屆中央執行委員會常務委員會第一一六次會議紀錄〉(1939 年 3 月 9 日),《中國國民黨第五屆中央執行委員會常務委員會會議紀錄彙編》,冊上,頁 380。
62 陳存恭、潘光哲訪問,《劉象山先生訪問紀錄》(臺北:中央研究院近代史研究所,1998),頁 20。
63 陳存恭、潘光哲訪問,《劉象山先生訪問紀錄》,頁 21-22。
64 〈中國國民黨第五屆中央執行委員會常務委員會第一四九次會議紀錄〉(1940 年 5 月 30 日),《中國國民黨第五屆中央執行委員會常務委員會會議紀錄彙編》,冊上,頁 581。

學德文系時，王恰受教於其下，與朱直接有師生之誼，後被公派赴德國柏林大學留學。[65] 1941 年 3 月，朱家驊又使原省黨部書記長孫佐齊專任執委，命王治孚兼任書記長，並加派童光煖為執委。[66] 童亦屬鄂籍，北大德文系畢業後，赴奧地利維也納大學深造，曾任駐德、奧、捷、土耳其使館隨員及領事。[67] 童光煖與王治孚的經歷十分相似，對朱均執以師禮，並且彼時北大德文系一屆僅四、五人，師生之間非常熟悉。[68]

　　王、童二人的接連任命使苗培成開始有所防備。王被發表為書記長後，不久便被任命為湖北省黨政軍督導團第三分團長，派赴鄂東督導，書記長職權由執委於鴻彥代理。[69] 苗亦因身兼兩湖監察使，常需外出巡視，主委職權由其心腹、執委劉象山代行。在此形勢下，童光煖在省黨部內感到獨木難支，不僅向朱家驊反映己方所處環境惡劣、人力單薄，還請求速派王文俊前往協助。[70] 與此同時，王治孚也向朱家驊彙報了鄂中情形，要求加強人事力量：「王文俊兄事望速解決，如令其來會，實增加百

65　〈各省市路黨部人事分析〉。
66　〈中國國民黨第五屆中央執行委員會常務委員會第一七〇次會議紀錄〉（1941 年 3 月 3 日），《中國國民黨第五屆中央執行委員會常務委員會會議紀錄彙編》，冊上，頁 682。
67　《蘄春名人錄》編輯委員會、政協蘄春縣文史文教衛委員會合編，《蘄春名人錄》，集 1（出版資訊不詳，1993），頁 112。
68　陳存恭、潘光哲訪問，《劉象山先生訪問紀錄》，頁 28。
69　據劉象山描述，王治孚曾欲以省黨部委員身份，謀求擔任第二屆國民參政會參政員。陳誠因湖北方面爭取參政員之人太多，王資歷不夠而未為之助。這使王治孚對陳誠和劉象山心生不滿，導致省黨部內關係不睦。隨後，適逢湖北黨政軍督導團成立，陳誠考慮到王為鄂東人，遂派其擔任鄂東督導團長。劉象山分析陳誠這一做法，一方面是給王治孚面子，另一方面也為使其離開省黨部，不致使矛盾繼續惡化。王治孚與陳誠間嫌隙或由此產生。陳存恭、潘光哲訪問，《劉象山先生訪問紀錄》，頁 28-29。
70　「童光煖致朱家驊函」（1941 年 3 月 20 日），〈湖北黨務：苗培成擔任主委時期〉。

王治孚與童光煒所力薦的王文俊，亦系湖北人，德國柏林大學博士畢業，三人兼有同鄉、同窗之誼。不過，王文俊回鄂的願望未能實現，因朱家驊回覆稱：「湟川中學須王文俊兄繼續主持，不可調其返鄂也。」[72] 王、童二人的保舉大概也出自王文俊本人意願，彼時其甫被派任青海西寧湟川中學校長，遂欲借此機會改變先前派遣。畢竟湟川中學遠在西寧，屬多數人不願前往的邊陲之地。其後，即便王文俊仕途平坦，在朱家驊提攜下相繼兼任三青團青海支團部籌備主任、青海省黨部執委。[73] 但其始終懷揣回鄂夙願：

> 生自民十五年以來，即與共黨鬥爭，故頗具經驗。目前在青，實無所施其技。如能使生回鄂工作，必可發生相當作用。以生所知，鄂省配備並不健全，將來有無把握實不敢必也。生在青省青年中，自信已立下十年不拔之基，離開一二年後，再回青，仍可領導。與馬合作問題，俟薛返任後，當與竭誠商洽，諒無問題。學校基礎尤為鞏固，故生留青與否，無大關係。如令回鄂，則作用較留青為大。[74]

　　朱方勢力在鄂因受 CC 系鉗制，黨務上難施拳腳。王治孚與陳誠、苗培成關係也不甚良好。時任國民政府軍風紀視察團委

---

71 「王治孚致朱家驊函」（1941 年 3 月 21 日），〈湖北黨務：苗培成擔任主委時期〉。
72 「朱家驊致童光煒、王治孚函」（1941 年 3 月 24 日），〈王文俊〉。
73 劉國銘主編，《中國國民黨百年人物全書》，冊上，頁 124。
74 「王文俊致朱家驊函」（1943 年 5 月 9 日），〈王文俊〉。

員、中央委員的王陸一曾向朱家驊彙報:「近來此間忽有鄂人治鄂傳說,辭修兄甚感不安,在會報時表示待命委座,隨時可去。弟從旁觀察,有人謂黨部發動,且謂黨政間從此多事者,實則謠言湊合致成,此甚大之誤會。」[75]陳誠籍屬浙江,苗培成亦系晉人,「鄂人治鄂」無疑暗諷陳、苗二人喧賓奪主。

遠在中央的朱家驊,其實對苗、王不合早有耳聞。苗培成認為王治孚自立小組織,引發省級黨政摩擦,使陳誠心生不快。朱家驊則袒護王治孚,回覆王陸一道:「王回國未久,好做事,少經驗。已電苗查明速報,並嚴加督導。一面電王應服從苗兄一切,秉承辦理,並飭將上述情形詳細申覆,請兄就近婉勸各方精誠合作。王學識尚佳,似非不可用之才,亦請兄妥為考察,促其猛省,努力工作。」[76]朱家驊雖知王治孚在鄂作風欠妥,但未想撤換,僅是擔心CC系的苗培成等人會借機挑撥,破壞己方與陳誠關係。加之朱方始終未能掌握該省黨務權力,也促使朱家驊更加堅定了改派主委的想法。

早在1940年底,朱家驊就有以中委聞亦有接替苗培成的想法,在徵詢陳誠意見時,陳雖語意委婉,但實則反對:「年來苗培成同志在此主持,維以兼職之故,工作不免鬆懈。但尚能力持大體,不蹈過去派別分歧之習,於轉移風氣,改進觀感,有足多者。」陳誠還進一步表明立場稱,日後無論是責成苗培成多傾注精力於黨務,或另派他人負責,應以「地位超然,聲望昭著,惟

---

75 「王陸一致朱家驊電」(1941年6月9日),〈湖北黨務:苗培成擔任主委時期〉。

76 「朱家驊覆王陸一電」(1941年6月12日),〈湖北黨務:苗培成擔任主委時期〉。

有打破復雜困難之決心與魄力者為人選之標準」。[77] 朱家驊舉薦的聞亦有，歷任國民政府主計處主計官兼中央黨部財政專門委員會委員、中央監委會審核委員會委員等職，被視為 CC 系計政專家，既無辦黨經驗，也非地位超然者。[78] 若揣度朱之用意，大概是欲委以不擅黨務者主委虛名，表面維持與 CC 系關係，而漸使己方幹部負其實。但這一計劃未獲陳誠支持，朱家驊只得從長計議。

1941 年末，朱家驊向陳誠舊事重提：「鄂省黨務素不健全，年來因苗培成同志兼任其職務，工作仍感鬆懈，亟待調整。吾兄坐鎮鄂西，倘能兼任黨務實所馨禱。萬一羽書煩劇，不能兼籌，擬請中委聞亦有同志充任。」[79] 對朱的此番提議，陳誠作何態度尚不可知，但主委更動一事又被擱置。1942 年 4 月，朱家驊放棄了派遣聞亦有的方案，明確向陳誠表示戰區情況特殊，務必由其兼領。[80] 陳誠果斷回絕：「承囑兼任鄂省黨部，甚感厚意。惟弟俗冗紛煩，兼之各面定苦難報命，歉疚之深。如尊處急欲調整，可否就黃建中、羅貢華兩同志中，擇一請其擔任。」[81]

黃建中，字離明，留學英國，歷任北京大學、中央大學教授、教育部高等教育司司長、湖北省教育廳廳長等職，時為四川大學教授兼師範學院院長。羅貢華則留學日本，曾任湖北省黨部委員、甘肅省政府委員兼民政廳廳長等職，時任湖北省政府委

---

77 〈電覆朱家驊論湖北黨務主持人選問題〉（1940 年 12 月 28 日），何智霖編，《陳誠先生書信集——與友人書》，上（臺北：國史館，2009），頁 171。
78 《國民黨六屆中委各派系名單》，頁 97。
79 「朱家驊致陳誠電」（1941 年 12 月 19 日），〈湖北黨務：苗培成擔任主委時期〉。
80 「朱家驊致陳誠電」（1942 年 4 月 9 日），〈湖北黨務：苗培成擔任主委時期〉。
81 「陳誠覆朱家驊電」（1942 年 4 月 22 日）〈湖北黨務：苗培成擔任主委時期〉。

員。[82] 朱家驊與陳誠二人反復商議後，決定向蔣介石推薦學行資望更為突出的黃建中，代替因兼任監察使職務而未能專注黨務的苗培成，以求黨政軍密切配合。[83] 7月，黃建中得知消息後，向何成濬表示：「派為湖北省黨部主任委員，恐人事不相宜，業電中央堅辭，請就近代為說明，俾能邀准。」何成濬評論道：「離明係一學者，對黨務或不感興趣，但主委之地位，遠在大學教授以上，他人或求之不得，離明竟毫無所動於中，其人格之高尚於此可見。」[84]

隨後，何成濬致函朱家驊為黃建中說項，但得到朱之回覆稱：「經總裁批准，常會通過，湖北省政府當局同意，實難即為辦理，仍望勸其暫為擔任。當將此函轉知離明，便早作赴鄂準備矣。」[85] 眼見黃建中赴鄂一事已無轉圜餘地，何成濬在日記中不無憂慮地寫道：「各省黨務，以抗戰期間依存於軍事第一之口號下，不能自由施展，負黨務之責者，縱籌有妥善辦法，恐終屬徒托空言。」不過，何轉而又寫道：「幸離明在學界夙著聲譽，於各學校內之黨務，或較易推進。」[86]

數日後，何聽聞在國民黨中央發表黃為湖北省黨部主委後，原主委苗培成意頗戀棧，遂假造一鄂籍委員歡迎黃之電文，並且內中夾雜不滿陳誠語句。陳誠得知後大怒，要求嚴加追究。苗更乘機挑撥，「鄂人排外，素主張鄂人治鄂」，以使陳誠對鄂籍各委員更為反感。但很快便有人察覺，該電所用捷密碼本為監察使

82　劉國銘主編，《中國國民黨百年人物全書》，冊下，頁 1556-1557、2075。
83　〈擬派黃建中同志接任湖北省黨部主任委員簽請核示由〉（1942 年 5 月 16 日），〈各省黨部人事簽呈〉。
84　《何成濬將軍戰時日記》，冊上，1942 年 7 月 6 日，頁 126-127。
85　《何成濬將軍戰時日記》，冊上，1942 年 7 月 13 日，頁 129。
86　《何成濬將軍戰時日記》，冊上，1942 年 7 月 16 日，頁 131。

署專用,證明上述電文系由他人假造,而非鄂籍委員所作。何成濬不由感慨道:「以堂堂中委兼監察使,復兼省黨部主委,卑劣如此,險詐如此,可見近時人心陷溺深矣。」[87]

1942年9月中旬,黃建中函告何成濬,朱家驊已親往峨眉勸其回鄂任省黨部主委。此種情形之下,黃不便再做堅拒,只得應允於川大教育學院開課後,即往渝轉鄂。何認為,「辦黨本非離明所長,且離明性質與陳辭修迥異,一切恐不能十分順適」,遂特囑黃,「於書記長人選特別注意,必須得一熟悉黨內情形,長於周旋應付者,以資助理,並舉薦錢雲階、彭開智諸人,備其擇取」。[88]

蔣介石調派黃建中主持湖北黨務,如此一來必使CC系在鄂權勢受損。一方面,陳果夫等開始暗中尋覓己方人選。中央政治學校訓導教授楊玉清便被告知將被薦為湖北省黨部主委,其在日記中曾躍躍欲試地寫道:「晚為此引起腦海之波瀾不少。年來進行任何事,均成夢幻,深盼此次有成。雖不能大試身手,以報國家,然亦不失為努力之一道。」[89]另一方面,身為教育部部長的陳立夫遂向朱家驊藉口稱,接到四川大學師範學院學生來電,懇切慰留黃建中繼續主校。[90]這無疑是CC系試圖借川大學生名義加以阻撓。對此,朱置之不理,僅回覆稱黃已動身赴鄂,不便再作變更。[91]

---

87 《何成濬將軍戰時日記》,冊上,1942年7月30日,頁137。
88 《何成濬將軍戰時日記》,冊上,1942年9月14日,頁159。
89 《肝膽之剖析——楊玉清日記摘抄(1927-1949)》,1942年8月5日,頁321。
90 「陳立夫致朱家驊函」(1942年10月8日),〈湖北黨務:黃建中擔任主委時期〉,《朱家驊檔案》:301-01-06-080。
91 「朱家驊覆陳立夫函」(1942年10月12日),〈湖北黨務:黃建中擔任主委時期〉。

陳誠雖幫助朱家驊如願以償地更換了 CC 系主委，但其心中對擁蔣派間的明爭暗鬥頗不以為然，在日記中憤然寫道：「深感負黨務之責者之無恥，並每況愈下也。如王治孚公然承認為朱騮先之人，並認苗為陳氏兄弟之人。惟不知朱與陳氏兄弟（果夫、立夫）是何人之人也。」[92] 此後，因又有人向中央報告陳誠主持省政是「疲於奔會」、「勵精圖亂」。陳誠認定是省黨部內以王治孚為代表的朱方人士搗亂，請朱家驊派人到鄂調查。朱只得親作手書一封，並命中央組織部視察室主任繆培基攜往調解。[93] 陳與繆晤談後，為朱之誠意所感，回函申明自身對黨部人事素無主張，待新任主委到職後，會竭誠襄助。[94] 而朱也承諾待黃建中就職後，會徹底改組省黨部，將不妥人員一律調回。[95]

此後省黨部並未做徹底改組，僅王治孚被免，這或可視為朱家驊向陳誠示誠所做的忍痛割愛。[96] 至於王之去向也頗耐人尋味，其未受處分或棄用，而是被調往青海省黨部擔任執委。朱隨後又向該省政府主席兼黨部主委馬步芳提議：「查有王治孚同志係鄂省黃陂人，德國柏林大學畢業，為一純謹之教育家，歷任黨職。近年兼任鄂省黨部委員兼書記長，茲擬提派為青省黨部委員兼代書記長職務。」[97]

王治孚到青後，與先前曾欲在鄂謀職、彼時亦為青海省黨部

---

92 《陳誠先生日記》（1），1942 年 7 月 27 日，頁 383。
93 陳存恭、潘光哲訪問，《劉象山先生訪問紀錄》，頁 25。
94 「陳誠致朱家驊函」（1942 年 9 月 9 日），〈湖北黨務：苗培成擔任主委時期〉。
95 「朱家驊覆陳誠」（1942 年 9 月 12 日），〈湖北黨務：苗培成擔任主委時期〉。
96 〈中國國民黨第五屆中央執行委員會常務委員會第二一七次會議紀錄〉（1942 年 12 月 28 日），《中國國民黨第五屆中央執行委員會常務委員會會議紀錄彙編》，冊下，頁 969。
97 「朱家驊致馬步芳電」（1943 年 1 月 27 日），〈青海黨務：人事〉，《朱家驊檔案》：301-01-06-142。

執委的留德同學王文俊,一同成為朱家驊方勢力在該省的黨務代言人。王治孚離鄂後,湖北省黨部書記長復由執委孫佐齊兼任。未久,朱家驊便使童光煥與孫對調:「此後兄能專心致力於組訓工作,並多往視導各縣,為選舉多作準備。」再次將省黨部書記長一職掌握在己方手中。[98]

黃建中雖奉命出任主委,但其志趣並不在經營黨務。朱家驊秘書沙孟海就聽聞,黃僅擬在鄂做短暫停留,隨後派員代理主委,己則仍回川大任教。朱對此嚴厲批示道:「決不能准其如此。」[99] 事實上,正如傳聞所言,黃建中確無戀棧之心。黃於1942年10月到職,次年5月就開始向朱家驊表露辭意。[100] 與黃建中興味索然態度截然相反的是原書記長王治孚,其被調離後,一直密切關注鄂省黨部動態,不僅向朱家驊報告黃到鄂後,與CC系過從甚密,大量援引該方成員,使童光煥大有被包圍之勢,極不利於將來的選舉開展,更坦言湖北政局至緊要關頭時,自己願再回鄂效力。[101]

王治孚此時遠在青海,迫切希望能夠回歸內地任職,所言難免有誇大其詞之嫌。朱家驊也未盲目輕信,而是派人密查湖北省黨部人事情況。據所獲結果稱:「黃似乏政治認識,其與某等關係及援引其份子未必出於政治意識」,「黃對現職興趣不夠,經驗亦差,數月以來似無任何成就,如能物色致相當繼人,似可及

---

98 「朱家驊致孫佐齊電」(1943年10月25日),〈湖北黨務:黃建中擔任主委時期〉。
99 「朱家驊批示」(1942年10月9日),〈湖北黨務:黃建中擔任主委時期〉。
100 「黃建中致朱家驊函」(1943年5月21日),〈湖北黨務:黃建中擔任主委時期〉。
101 「王治孚致朱家驊函」(1943年3月18日),〈湖北黨務:黃建中擔任主委時期〉。

第八章　朱家驊的人際關係與權力網絡 | 367

早准辭。至治孚同志已受命赴青，目前似不必考慮回鄂」。[102]

關於黃建中是否加入 CC 系雖尚未查悉，但畢竟是由朱家驊將其力薦於蔣介石，在就任未久又別無他過的情況下，冒然更換殊不合適。黃的調動問題遂被暫時擱置。1943 年 9 月，國民黨五屆十一中全會後，黃建中堅決請辭，朱順水推舟地批准，並再度與陳誠商議繼任人選：「前兄主以一教育界出身者，自屬贊成。查有本部黨員訓練處長田培林，豫籍，留德專研教育。曾任河南省黨務整理專員，嗣任各大學教授十餘年，清操碩學，在教育學術界聲譽亦佳。」[103] 如果鄂籍的王治孚、童光煖二人被派至湖北尚屬人地相宜的話，那麼，朱家驊對河南人田培林的保薦就顯得有些突兀。

田培林畢業於北京大學哲學系，1935 年赴德國柏林大學留學，曾任西南聯大公民訓育學系教授兼主任，1941 年出任中央組織部黨員訓練處處長。[104] 朱家驊此時欲將田派赴湖北，或有使其與童光煖等在鄂共同發揮留德學人群聚效應的考量。另一方面，朱主動將身邊得力幹部外派湖北，不僅是幹部資源緊張時的無奈之舉，亦是一種出擊型人事派遣策略。

朱家驊對新任主委人選的提議，遲遲未得陳誠回覆，只好數周後再次致電徵詢意見。[105] 與此同時，蔣介石也正與陳誠商討湖北省政府主席人選。陳答以：「鄂省府主席亦屢次請辭，亦因無相當人選故未解決，最（好）將省府主席及省黨部主任委員

---

102 「極密簽呈」（1943 年 4 月 6 日），〈湖北黨務：黃建中擔任主委時期〉。
103 「朱家驊致陳誠電」（1943 年 11 月 19 日），〈湖北黨務：黃建中擔任主委時期〉。
104 劉國銘主編，《中國國民黨百年人物全書》，冊上，頁 385。
105 「朱家驊致陳誠函」（1943 年 12 月 6 日），〈湖北黨務：黃建中擔任主委時期〉。

（黃建中決辭）與省參議會議長（石議長病故）同時考慮，並不妨徵求電何等意見。」[106] 又過數周，陳誠始終未做表態。朱家驊或許自揣是因所提田培林未稱其意，便第三次向陳誠申明己意：「在未有適當人選前，不得已擬以田培林同志接任。田同志雖非鄂籍而學識經驗尚佳，故舉以奉商。倘就鄂省目前情形，田同志或有不甚相稱之處。尊意以何人前往為宜，敬乞示知，藉便商定提派。時值年度更易，省中工作亟待有人主持亦屬實情。」[107]

　　陳誠對湖北省黨部主委人選一再拖延，似因身邊參與意見者過多而難以抉擇。如居正曾向陳誠表示，不願省政府人事有所變動，希望勿要言辭，並以能再兼任黨部主委為佳。蔣介石則向陳誠提出，欲以邵華接充主委。陳誠雖對此強烈反對，但暫以「病癒後面呈」相拖延，並在日記中寫道：「邵華是陳果夫介紹，未免太（看）不起湖北也。」[108] 面對 CC 系在湖北的謀之甚急，朱家驊與陳誠此後步調開始歸於一致，並與蔣介石展開拉鋸。

　　就在蔣介石向陳誠提議由邵華接任主委的同日，朱家驊亦向蔣遞上簽呈，稱已與陳誠商妥以田培林接替黃建中，並道出選派田的曲折內情，希望蔣能加以體恤。田出身豫籍，1943 年 3 月河南省黨部主委出缺時，朱曾擬使其接任，也獲蔣之核准。但後因陳果夫干預，朱亦考慮到「田同志在部職務，原甚繁重，似可不予外派」，遂改命鄧飛黃赴豫出任主委。[109] 孰料，朱家

---

106 《陳誠先生日記》（1），1943 年 12 月 19 日，頁 481。
107 「朱家驊致陳誠函」（1943 年 12 月 27 日），〈湖北黨務：黃建中擔任主委時期〉。
108 《陳誠先生日記》（1），1944 年 1 月 13、14、2 月 3 日，頁 489、496。
109 「朱家驊簽呈總裁」（1943 年 6 月 2 日），〈河南黨務：劉真如擔任主委時期：劉真如侵吞公糧案〉，《朱家驊檔案》：301-01-06-103；「朱家驊簽呈總裁」（1944 年 1 月 14 日），〈湖北黨務：黃建中擔任主委時期〉。

驊此次欲外派田培林時，又遭遇同樣挫折。1944 年 2 月初，朱家驊造訪陳誠，談及蔣介石對田的保薦，先批示「可」，復批「緩」，再後批「以邵華或鄧飛黃充任如何」？[110]

邵華屬 CC 系人士，鄧飛黃則是朱方幹部，中央正思將後者調離河南。朱家驊呈覆蔣介石：「遵查關於鄂省主任委員人選，為利地方黨政關係起見，職每與陳主席誠洽商。奉批前因經商征陳主席意見，承告關於邵華同志派充問題曾奉鈞諭垂詢，業已呈覆在案。至關於鄧飛黃同志他調一節，職等考慮再三，覺渠於鄂省人地亦不甚相宜。」[111]

鄧籍屬湖南，朱家驊以人地非宜為由反對調鄧赴鄂，未免略顯牽強，因其前、後所保之人亦均非鄂籍。至於邵華，既已有陳誠反對意見在前，朱便未再多言。為遏止 CC 系滲透，朱家驊數日後又報告蔣介石，已與陳誠一致商定以中央組織部人事室主任、廣東人陳紹賢接充鄂省主委。[112] 中央組織部作為專司國民黨各級黨部幹部調派機構，人事室更是核心部門。朱此時將該室主任派至地方，無疑再次暴露了該方中層幹部資源的緊張。

1944 年 3 月，陳紹賢經中常會任命後，立即前往拜謁陳誠。陳誠對湖北黨政頗表信心：「余認為鄂省一切均照三民主義去做，成績不敢言，但對於主義之信心已確立，今後黨政如能配合，縱各處有意外事變，鄂省當可作為支撐點。」[113] 即便如此，蔣介石仍猶豫不定，又向朱家驊下達手令：「新任湖北省黨

---

110 《陳誠先生日記》（1），1944 年 2 月 3 日，頁 496。
111 「朱家驊簽呈蔣介石」（1944 年 2 月 16 日），〈湖北黨務：陳紹賢擔任主委時期〉，《朱家驊檔案》：301-01-06-081。
112 「朱家驊簽呈蔣介石」（1944 年 2 月 16 日），〈湖北黨務：陳紹賢擔任主委時期〉。
113 《陳誠先生日記》（1），1944 年 3 月 7 日，頁 508。

部主任委員陳紹賢恐不適宜，似以改派邵華為妥。」[114] 朱只得向蔣稟明尋覓候選人之曲折過程，更強調陳紹賢的派用是由陳誠提議，且任命發佈後，在渝鄂籍老同志如居正、何成濬、方覺慧等均覺適宜，湖北當局也反映良好，更列舉了陳紹賢在黨歷史與貢獻，以堅蔣心。[115] 面對朱家驊的曉之以理、動之以情，蔣介石只好批准免予更動。[116]

至於田培林，則在1944年春如願以償地獲任河南省黨部主委。雖然朱家驊先前派其赴豫受阻後，改派鄧飛黃。但鄧到任不久，蔣介石就致函朱：「鄧飛黃派任豫省黨部主任委員各方多表不滿，工作因之阻礙難行，此事事先未能妥加考慮，應如何設法補救，希即研擬辦法呈報為要。」[117] 數月後，鄧在河南實在難以為繼，朱家驊才見機向蔣介石提出：「現任本部黨員訓練處處長田培林同志，去年該省主委更動時，曾以簽奉召見批准，嗣因故改派。查田同志係該省宿學，與各地方面均尚融洽，仍以接替似亦妥適。」[118] 因河南與湖北兩省黨部主委更調之議幾乎同時發生，由此便可理解朱為何突然改派陳紹賢赴鄂，實際是因更適合田培林的河南主委出缺。朱家驊如此行事，也可使己方在省黨部主委級職位中多占一席。

除以上諸人外，為朱家驊所器重，且值一提的留德人士還有

---

114 「蔣介石手令」（1944年3月14日），〈湖北黨務：陳紹賢擔任主委時期〉。
115 「朱家驊簽呈蔣介石」（1944年3月17日）〈湖北黨務：陳紹賢擔任主委時期〉；〈朱家驊呈中國國民黨總裁蔣介石為國民黨湖北省黨部主任委員陳紹寬暫免更動〉，《國民政府檔案》：001-014200-00005-008。
116 「蔣介石批示」（1944年3月23日），〈湖北黨務：陳紹賢擔任主委時期〉。
117 「蔣介石致朱家驊函」（1943年10月23日），〈河南黨務：鄧飛黃擔任主委時期：人事〉。
118 「朱家驊簽呈總裁」（1944年2月19日），〈河南黨務:鄧飛黃擔任主委時期：人事〉。

王若僖。王籍貫浙江，同濟大學畢業、德國柏林大學肄業、漢諾威工科大學畢業，並加入德法國民黨支部。歸國後，「首至廣東與朱家驊先生縱談時事，朱先生陰以鼓吹北方革命相托」，歷任張家口庫倫汽車運輸局指揮調度、東北兵工廠技師兼東北兵工學校教務長。1930 年轉任陝西省公路局局長，1932 年春改入中德合辦的歐亞航空公司。朱家驊接長交通部後，先後調其擔任河南電政管理局局長、天津電報局局長。[119] 1937 年 7 月，平津淪陷後，王若僖依託天津法租界，通過電報局電臺與朱家驊保持直接聯繫。1938 年，朱出任中央黨部秘書長後，又將王引入黨界，密保其出任天津市黨部主任委員、三民主義青年團平津支團部籌備主任、華北黨政軍聯合辦事處主任、華北宣撫委員會主任委員等職。[120]

細觀王若僖早年履歷，可將其定義為純粹技術型人才。王留學歸國後，一直與朱家驊保持聯繫。王所學專業本在機械領域，因朱在交通部長任內的薦用，逐漸轉向通信領域。朱家驊接長中央黨務後，王也隨之跨界，肩負起國民黨在華北淪陷區的黨、團發展重任。1938 年 9 月起，蔣介石為儲備人才，特令中央要員每月考察、密保黨政人才。[121] 王若僖就曾出現在朱家驊呈送蔣介石的密保人員名單中。[122]

1939 年 9 月底，化名為吳世仁在天津從事地下黨務活動的

---

119 「朱家驊致飛錫爾電」（1940 年 7 月 8 日），〈平津黨務：營救王若僖〉，《朱家驊檔案》：301-01-06-188。
120 劉國銘主編，《中國國民黨百年人物全書》，冊上，頁 183；杜元載主編，《革命人物誌》，集 9（臺北：中央文物供應社，1972），頁 14-16。
121 「侍從室致朱家驊電」（1938 年 8 月 11 日），〈人才密保〉，《朱家驊檔案》：301-01-04-011。
122 「密保人員名單」，〈人才密保〉。

王若僖於法租界被捕，國民黨中央隨即展開營救。王之夫人張寶甯親電朱家驊：「仁被羈後，敵昨已三次要求引渡，乞速向法使嚴厲交涉營救，無任迫切。」[123] 朱回電稱：「仁兄事此間早著手，多方竭力營救。『明』以故交兼為公務計，決不放鬆一步，乞加寬慰為要。」[124] 朱確實頗為顧念公私情誼，在中央積極主導對王若僖的營救。王雖為天津市黨部主委，屬黨務系統幹部，但因身兼天津電報局局長，又同時隸屬交通部。這便使對其營救工作牽涉多個部門，交通部長張嘉璈表示營救花費共計五萬多元，該部僅能先勉力墊付半數，且將來也須完璧歸趙，其餘半數須自行籌匯。[125] 朱家驊為此竭力爭取：「查王同志在津主持黨務被逮，中央方面似宜全數擔任。既慰被難同志，亦以鼓勵其他工作同志也。」[126]

　　王若僖因在法租界被捕，日本一直欲將其引渡。國民黨中央努力與法國大使往來交涉，最終在多國博弈與周旋下，王被軟禁於天津法國工部局長達三年之久。在此期間，王若僖仍秘密指揮黨務，並於暗中從事對德聯絡工作。[127] 朱家驊即曾致電王，希望其能策動華北留德學生，在嚴守國家立場的前提下，增加與德人的私誼，藉以刺探德國情報，裨益將來外交。[128]

---

123 「王張寶甯致朱家驊電」（1939 年 10 月 2 日），〈平津黨務：營救王若僖〉，《朱家驊檔案》：301-01-06-187。
124 「朱家驊覆王張寶甯」（1939 年 10 月 2 日），〈平津黨務：營救王若僖〉，《朱家驊檔案》，檔案號：301-01-06-187。
125 「葉楚傖致朱家驊函」（1940 年 1 月 26 日），〈上海黨務：人事〉，《朱家驊檔案》：301-01-06-156。
126 「朱家驊覆葉楚傖」（1940 年 1 月 29 日），〈上海黨務：人事〉。
127 相關問題的研究，可參見王文隆，〈朱家驊與抗戰時期中德秘密往來〉，《南京大學學報（哲學·人文學科·社會科學）》，2022 年第 3 期。
128 「朱家驊致王若僖電」（1942 年 6 月 26 日），〈簽呈、國內往來函電〉，《朱家驊檔案》：301-01-17-010。

直至 1943 年 5 月,王若僖才得以脫險回渝。朱家驊立即為其尋覓新的工作機會。6 月,河北省黨部主委龐炳勳作戰被俘,朱便欲借機將王若僖重新派回北方,簽呈蔣介石:「王同志德國工科大學畢業,二十八年在津被捕,獄中仍密策工作三年無間。近脫險來渝,經將其多年奮鬥情形連同履歷呈報,已蒙鈞座召見慰勉。王同志在北方工作十餘年,其領導下之工作人員均係冀籍同志,如派充冀省黨部主任委員資望經驗似均相當。」[129] 然而,蔣批示河北省黨部主委應以河北人為宜,使江蘇人王若僖與之無緣。[130]

1943 年底,山西省黨部主委趙戴文病故,朱家驊再次向蔣介石舉薦王若僖:「現王同志尚無適當工作,如派充晉省黨部主任委員,資望經驗似均相當,其性行態度,亦當能適應環境推進工作。」[131] 蔣介石對此先批示「可」,隨即又電話指示須再加考慮。朱見蔣意有所動搖,立即追呈:「省黨部主任委員一職,在此適當時機似以迅由中央委派專人為宜。王若僖同志在津市艱苦奮鬥多年,性行誠毅,動止謙和。使之赴晉工作當能謹遵中央意旨,適應地方環境,於困難中加緊工作,勉期完成憲政事實前應有之準備。」[132] 最終,因 CC 系亦在暗中爭取山西省黨部主委一職,導致朱家驊對王若僖的舉薦又以失敗告終。此後,朱卸去中央組織部部長職務,王也終究未能重回黨界,而是前往江西組設東南電信管理局,重操技術舊業。1945 年,國民黨六全大

---

129 「朱家驊簽呈蔣介石」(1943 年 6 月 4 日),〈各省黨部人事簽呈〉。
130 「朱家驊簽呈蔣介石」(1943 年 6 月 4 日),〈各省黨部人事簽呈〉。
131 「朱家驊簽呈蔣介石」(1944 年 1 月 18 日),〈山西黨務:趙次隴病故後之晉省主委人選問題〉。
132 「朱家驊簽呈蔣介石」(1944 年 2 月 19 日),〈山西黨務:趙次隴病故後之晉省主委人選問題〉。

會時，朱家驊還曾特意簽呈蔣介石，請求將王若僖列入中委候選人名單。[133]

朱家驊在私人交往與黨工派用中，對留德人士的青睞是可感而難以言說的。畢竟諸如此類歷史細節幾乎未被直接落實於文字資料，而是時人心照不宣的潛規則。筆者選取的幾個例證，如湖北省黨部內的留德學人群聚情況、研習工科卻被引入黨界的王若僖等，僅是朱家驊在中央組織部部長任內，所採取的較為明顯的人事任用舉措，欲藉以說明留德群體在朱之引導下，戰時轉向黨務領域延續發展的趨向。反之，這些可資倚賴的留德學人也促進了朱家驊系黨務幹部隊伍的建設。

當然，留德學人效應也並非僅局限於黨內人事任用，同時還以多種形式與渠道發揮著影響，上述呈現的僅是冰山一角。如1943年夏，西南聯大區黨部曾以懇談會名義招待聯大、雲大留德人士。西南聯大教授、留德學人姚從吾向朱家驊彙報時談到：「此舉若由黨部負責人出面主持，實心為黨則有時比直接用黨之名義約人聚談，功用更著。今後似仍宜相機舉行，以期工作之推進」，「總以用款少而功效多，與黨務有利為目的」。[134] 由此可見，朱家驊亦利用留德學緣關係，籠絡、吸納黨外留德人士，繼續擴大群體影響，為國民黨黨務以及自身派系勢力的發展服務。

---

133 「簽呈」（1945年5月8日），〈人事簽呈〉。
134 「姚從吾致朱家驊函」（1944年2月12日），〈學校黨務：西南聯大〉，《朱家驊檔案》：301-01-06-3508。

第三節　學人與黨務：黨工的學術化轉型

　　抗戰爆發後，蔣介石為革新黨務，將一直活躍於政、學兩界的朱家驊引入中央黨部，而將先前壟斷國民黨黨務十年的CC系領導人陳立夫調任教育部長。這一使「學人辦黨」與「黨人辦學」的人事安排，實則是蔣介石所籌劃的「黨教合一」路線的體現。1938年4月，蔣介石在臨全大會上針對黨內組織鬆懈、官僚習氣瀰散的現狀，高呼「必須恢復並提高黨德」。[135] 起用富有學人氣質的朱家驊辦黨，藉以增強國民黨的教育屬性，是蔣介石對改善黨之風貌的期待。同時，戰爭時期為動員、凝聚社會青年力量，灌輸黨國精神，發揮陳立夫之輩的黨人作風，進而促進教育的黨化也是應有之意。

　　1941年4月，國民黨五屆八中全會上，蔣介石在申述改進黨政關係意見時提出：「省黨部委員之能力、學識應提高，每一委員應研究民、財、建、教一種知識，以備考核政府之工作，必要時即可擔任政府之工作。」[136] 此後，亦有中央委員向朱家驊建議：

> 全國黨務工作人選，過去多偏於歷史系統，及多就精刻幹練之人員任用之。現在國事已定，於一黨之力充實，須在主持各地黨務人員品格之高尚，學術之卓犖，有以取得社會之尊重。故言論、丰采、文事均須足以表率群流，而其人有無熱情尤關重要。現在異黨囂張，本黨正當以主義為征服，以教育為領導。往此一般人幾視黨部為特務機關，此為何等痛惋

---
135 蔣介石，〈建黨建國的要務和黨德的表現〉（1938年4月3日），秦孝儀主編，《先總統蔣公思想言論總集》，卷15，頁207、215。
136 《王子壯日記》，冊7，1941年4月1日，頁91。

之事。中國所謂士大夫階級在每一時代均負甚大之作用,故掌握其傾向,取得其信仰,尤繫於黨務人員之所能受崇敬否也。本黨斯時建立在學術上之地位,以改造風氣甚屬必要,故工作人選亟應以此為歸。[137]

針對戰時黨務革新急需增強「黨的學術化」的要求,朱家驊作為黨務代理人的踐行辦法是將一批學人派至地方擔負黨務重責。這種人事任用路線,一方面是為貫徹蔣介石既定方針,另一方面也是基於朱自身的仕途經歷與社會關係。在國民黨政治生態和人事環境中,朱家驊步入黨界後,勢必起用心腹幹將,汰換舊有 CC 系勢力。為此,朱本能地從故交與舊屬中找尋適用資源。這一主觀動機也為戰時國民黨汲引了大量擁有高學歷、留學背景,甚或高校教授身分的人士擔任各省市黨部幹部。

據筆者不完全統計,朱家驊在擔任中央黨部秘書長與中央組織部部長期間,派任的九十名朱方幹部中,有二十三人可以「學人」視之。除俞叔平、高廷梓、繆培基三人僅在中央黨部任職外,其餘均曾被授予各省黨部主委、執委或書記長職務。又因省黨部主委一般多由省主席、地方軍事長官或中央委員等位高權重者兼任,朱家驊可參與意見有限。因此,抗戰時期,朱僅成功任命田培林(河南)、傅啟學(貴州)、陳紹賢(湖北)三位學人主委。而當無法掌控主委人選時,朱家驊通常也會退而求次,設法獲取省黨部內關鍵職位——書記長,用以位置己方幹部。

據統計,1938 年 4 月至 1944 年 5 月,朱家驊身居中央黨部期間,在戰時的二十三個省黨部中,共有八十人擔任過書記長職

---

[137]「朱家驊致主任秘書函」(1942 年 6 月 25 日),〈黨務建議與改進意見〉。

務。[138] 其中，二十七人為朱方幹部，學人出身者有九人，具體情況如下：

表8-4：朱家驊系學人幹部履歷統計

姓名	教育背景	戰前履歷	戰時履歷	任職省分、時間
黃如今	北京師範大學 美國哥倫比亞大學	北京特別市黨部委員	西南聯大教授 中央組織部訓練處處長 中央大學、湖南大學教授 新疆省黨部委員兼書記長 新疆省教育廳廳長	新疆 1942.12-1944.11
林式增	日本帝國大學	中山大學教授 浙江省民政廳科長 廣東民政廳主任秘書 廣東順德縣縣長 交通部簡任秘書	中央組織部黨團指導委員會秘書 湖南省黨部書記長	湖南 1942.5-1945
漆中權	金陵大學	農礦部中央模範農業區指導員 華北長蘆鹽鹼改良區主任等	軍事委員會政治部第二廳科長 三青團中央組織處指導組組長 四川大學教授 中央大學教授 四川省黨部書記長	四川 1943.10-1945
童光煥	北京大學 奧地利維也納大學	駐德、奧、捷、土耳其使館隨員、領事	湖北醫學院教授 湖北省參議員 湖北省黨部執委兼書記長	湖北 1943.10-1944
王季高	清華大學 美國芝加哥大學 哥倫比亞大學	中央大學教授	成都大學教授 陝西省黨部執委兼書記長	陝西 1941.6-1943.9
王治孚	北京大學 德國柏林大學		湖北省黨部執委兼書記長 青海省黨部執委	湖北 1941.3-1942.12
楊德翹	中央大學 英國倫敦大學		重慶市黨部執委 重慶大學教授兼訓導長 甘肅《國民日報》社長 甘肅省黨部書記長	甘肅 1941.10-1944.11
張寶樹	河北省水產專科學校 日本東京帝國大學	河北省水產專科學院教授 河北省黨部委員	三青團河北支團部幹事長 河北省政府秘書長、委員 河北省黨部委員兼書記長	河北 1941.1-1945

---

138 二十三個省黨部分別是：福建、廣西、廣東、雲南、貴州、山東、江蘇、江西、浙江、湖南、安徽、湖北、西康、山西、河南、四川、河北、陝西、甘肅、青海、綏遠、新疆、寧夏。

姓名	教育背景	戰前履歷	戰時履歷	任職省分、時間
趙　澍	東南大學 美國密西根大學 英國倫敦大學	暨南大學教授 同濟大學教授 雲南大學教授	內政部秘書 雲南省黨部執委兼書記長	雲南 1941.5-1945.4

資料來源：劉國銘主編：《中國國民黨百年人物全書》，冊上、下，頁190、1215、1668、2060、2347；「湖南省黨部薛主任委員電陳加強黨務調整省黨部意見簽請」（1942年5月4日），〈各省黨部人事簽呈〉；〈各省市路黨部人事分析〉；《蘄春名人錄》，集1，頁112；《安徽歷史名人詞典》編輯委員會編，《安徽歷史名人詞典》（合肥：安徽教育出版社，2008），頁580。

以上僅是成功被朱家驊納入黨界授予黨職者。另有許多學人，朱雖有心舉薦，但因主客觀原因而未果的情況，徐旭生便是一例。徐旭生，河南人，留學法國巴黎大學，1921年起執教於北京大學哲學系，1926年任北大教務長，曾與朱家驊共事。此後，徐又歷任北平大學女子師範學院院長、北平師範大學校長、北平研究院史學研究所研究員等職。1937年改任史學研究所長，隨遷昆明，1938年加入國民黨，在中國古代史與考古學方面頗有學術成就。[139]

1939年5月，身為中央黨部秘書長的朱家驊下發手諭：「電詢徐旭生（炳昶），願否勉任豫省黨部主任委員。倘其同意，擬商組部後，簽呈總裁。」[140] 然而，時任中央組織部部長張厲生的籌畫是以較具辦黨經驗的中委梅公任，派充河南省黨部主委。[141] 朱家驊獲悉後，特令秘書沙孟海：「留俟徐旭生覆電到後，再行核辦。」[142] 但朱等到的答覆卻是：「昶自揆才力絕難勝任，請另

---

139 徐旭生，〈徐旭生自傳〉，毛德富主編，《百年記憶：河南文史資料大系》，教育卷3・民族宗教卷（鄭州：中州古籍出版社，2014），頁1127-1128。

140 「朱家驊手諭」（1939年4月30日），〈河南黨務：李敬齋擔任主委時期：人事〉，《朱家驊檔案》：301-01-06-097。

141 「張厲生致朱家驊函」（1939年5月8日），〈河南黨務：李敬齋擔任主委時期：人事〉。

142 「朱家驊手諭」（1939年5月8日），〈河南黨務：李敬齋擔任主委時期：人事〉。

訪賢能。」[143] 最終，國民黨中央以留法歸國的劉真如出任河南省黨部主委。

劉真如曾任暨南大學文學院教授兼院長，雖具學人身分，卻非朱方幹部。劉任職期間，似為迎合朱之所好，曾密薦黎東方、陳國廉與郭廷以三人擔任省黨部執委。[144] 黎東方，江蘇人，留法博士，歷任中山大學、清華大學、東北大學等校教授；陳國廉，廣東人，亦為留法學人；郭廷以，河南人，雖無留學經歷，但曾在清華大學、河南大學、中央政治學校等校任教。[145] 對此，朱家驊回覆稱：「現豫省黨部委員中，籍隸外省者已多，至擬設法減少中，故於此時似有考慮之必要。」[146] 「人地相宜」確是國民黨中央派遣地方幹部時必須考慮的因素，上述三人除郭廷以外均非豫籍，但朱的回絕實則也是因對彼等陌生，並非學人便一概吸納，仍有親疏遠近的考慮。

1938年8月，蔣介石令國民黨高層要員留心考察黨政人才，「無論黨內黨外或是否任有公職，祇求著有成績或確具特長均在搜羅物色之列」，按月密保，少則一人，多則十人。[147] 蔣還要求在密保時，採用中央統一定制的「人事報告表」，內容涵蓋被

---

143 待到1950、1960年代，徐旭生憶及此事時寫道：「國民黨組織部雖勸辦河南黨務，我由於不贊成他們的反共政策，覺得即接辦黨務，而主持人處處防制民眾，對於抗戰也不能有所貢獻，遂堅決辭去。」「徐旭生致朱家驊電」（1939年5月11日），〈河南黨務：李敬齋擔任主委時期：人事〉；徐旭生，〈徐旭生自傳〉，毛德富主編，《百年記憶：河南文史資料大系》，教育卷3．民族宗教卷，頁1128。

144 「劉真如致朱家驊函」（1942年1月14日），〈河南黨務：劉真如擔任主委時期：一般人事與黨務工作報告〉，《朱家驊檔案》：301-01-06-100。

145 劉國銘主編，《中國國民黨百年人物全書》，冊下，頁1837、2427。

146 「朱家驊覆劉真如」（1942年1月16日），〈河南黨務：劉真如擔任主委時期：一般人事與黨務工作報告〉。

147 「侍從室致朱家驊電」（1938年8月11日），〈人才密保〉。

保薦人的年齡、籍貫、學歷、經歷、專業所長等信息，以及推薦人與被薦人關係。朱家驊首批便密保了顧頡剛、李四光、徐旭生、傅斯年、錢端升五人。[148]

徐旭生和錢端升在北京大學和中央大學任教期間，曾與朱家驊有過交集。顧、李、傅三人均為國民黨籍學者，具有任職中央研究院的共同身份背景，亦曾在北京大學、中央大學任職。彼時兼任中央研究院總幹事的朱家驊，在「人事報告表」中也書明瞭與上述諸人的「同事」關係。朱此後還陸續向蔣介石密保了許炳堃、張雲、徐箴、王若僖、郭斌佳、伍俶、李濟、陳可忠、趙士卿、蔣復璁、丁文淵等若干學者。[149]

朱家驊接長黨務後，對幹部的需求逐漸增大。學人群體雖是其人際關係中較為突出的資源，但隨著入仕後工作重心的逐漸轉移，即便仍兼任中央研究院總幹事（蔡元培去世後代理院長）等教育文化界職務，所能交往與相知的大多是高級知識分子。戰時適任黨內中高層幹部的學人，除朱家驊早年結識的一批故舊外，缺乏補充新血的渠道。朱的學緣關係網絡若想維繫與拓展，需要關鍵人物居間充當橋樑與樞紐，為朱挖掘和輸送人才。這種人事汲引渠道，無形中也是以朱長年的私人交誼為擔保。其中，始終身處黨務系統之外，卻與朱家驊相知多年、私交甚篤的辛樹幟，便是特別值得關注的一例。

辛樹幟，湖南人，早年畢業於武昌高等師範學校生物系。1924年至1927年，先後在英國倫敦大學、德國柏林大學研讀植物分類學，並在出國深造前加入國民黨。1927年冬，戴季陶與

---

148 「朱家驊批示」，〈人才密保〉。
149 「人事報告表」，〈人才密保〉。

朱家驊接掌中山大學後，邀請時在柏林的辛樹幟回國擔任黃埔軍校政治部主任。辛因志在學術，遂婉拒了這一邀約，但隨後被改聘為中山大學生物系教授兼主任。[150] 由此推測，辛樹幟與朱家驊的交往至少起自 1927 年，留德與中大兩重學緣背景是二人此後數十年交誼的基礎。

1932 年 4 月，辛樹幟調任教育部編審兼編審處處長，正逢朱家驊出任教育部長後期。隨之，辛又擔任國民政府考選委員、考試院高等考試典試委員會委員等職，成為學、政兩棲人物。此後，辛樹幟在陝西考察時，萌發了開發大西北的構想，遂聯合于右任、戴季陶、朱家驊、邵力子等人籌備成立了西北農林專科學校，並自任校長。1938 年，北平大學農學院、河南農學院畜牧系遷往陝西，三校合併為西北農學院，辛改任院長。次年，辛樹幟因受 CC 系排擠被迫離校後，歷任經濟部農本局顧問、中央大學生物系教授兼主任導師、川西考察團長、國民參政會參議員、湖南省政府委員與湘鄂贛三省特派員等職。[151]

因辛樹幟始終未直接涉身黨務，並且與政界的關係若即若離，使其在朱家驊擔任中央組織部部長期間發揮的作用，長久以來為人所忽視。《朱家驊檔案》中保存的二人往來私函，在描繪辛樹幟個人黨務外圍活動軌跡的同時，也使朱的學人與黨務關係網絡更加豐沛立體。

辛樹幟因身為湘人，抗戰期間又基本活動於湖南，便對本省黨務多加關注，並希求有所貢獻。1941 年 11 月，湖南省黨部執委出缺，辛向朱家驊推薦以該省三青團支團部組訓組長周天賢繼

---

150 許康編，《湖南歷代科學家傳略》（長沙：湖南大學出版社，2012），頁 354。
151 劉國銘主編，《中國國民黨百年人物全書》，冊上，頁 762；許康編，《湖南歷代科學家傳略》，頁 355。

任。[152] 朱批示道：「周天賢僅一湖南支團部組織〔訓〕組長，提缺伍仲衡省執委缺似有未便，婉覆辛樹幟。」[153] 辛得覆後，向朱爭取：

> 夫黨部地位之高於團部，此不待智者而知。唯辦團部之人，其資歷不必盡亞於辦黨部者，此亦係事實。即如周君曾為大學教授，曾著民法書數種。假定彼不辦團而辦黨，以吾湘人才落伍之今日，豈不如廖、賀諸君耶。且黨部用人固應講資格，根本上更應注意黨員之學歷及其革命之精神。以吾湘黨務之腐敗，黨委之熏心利祿，忘其所守，尤應破格用有學問、有作為之青年，以挽回黨部變衙門之頹風，不知吾兄以為何如？周君事已成過去，彼若離團部可入大學教書。兄對彼之熱誠，彼自當感激。彼為留日青年派之領袖，且為湘省三萬青年之核心，他年當有以報吾兄也。[154]

朱家驊接函後，在回覆中解釋先前因周天賢履歷過於簡單，「僅書曾留日明治大學專習法律，歸國後任教朝大，現在湘省支團部負組織全責。故既不知其是否明大畢業，在朝大是否曾任教授，更不知是否在團部以幹事兼任組長」。朱亦顧慮若為密切黨團關係計，似宜以團部書記長或幹事兼任黨部執委，若以團部組訓組長兼任會有不妥，並反向舉例：「倘以省黨部專任組長兼

---

152 「辛樹幟致朱家驊函」（1941 年 11 月 13 日），〈辛樹幟〉，《朱家驊檔案》：301-01-23-224。
153 「朱家驊批示」（1941 年 11 月 14 日），〈辛樹幟〉，《朱家驊檔案》：301-01-23-224。
154 「辛樹幟覆朱家驊」（1941 年 11 月 19 日），〈辛樹幟〉，《朱家驊檔案》：301-01-23-224。

團部幹事,亦為團員所不願聞也。倘周君現在湘團部僅系專任組長,既為清裁所許,必屬有為之士。如能辭去團部組長,專任黨委亦極願。」[155] 由此得見,朱十分重視辛之舉薦,事遇窒礙時,也竭誠出謀劃策。

與此同時,各方均覬覦著湖南省黨部的這一缺位,徐恩曾與吳鐵城分別向朱家驊有所推薦,但概被婉拒。朱轉而親電省黨部主委薛岳,提出對周天賢的任用意向。[156] 湖南省黨部朱方執委黃仁浩在得知消息後,向朱彙報稱:「惟周同志在湘時,省黨委員與周相見過者頗少,仁浩亦未認識。故對周同志均談不到感情之好與不好,不過省黨部內部工作若干同志,如秘書科長總幹事等十餘人,聯合陳述周同志過去私德不檢、資歷淺薄等等。」[157] 朱向黃坦言,周天賢係辛樹幟所力保:「辛兄云周同志為極能任事之青年,且為湘省三萬青年團員之核心人物,以其參加黨務工作定能發生極大績效,故即予以任用。至其私德方面素不知悉,究竟有無事實,即煩密查詳覆。」[158] 因此,朱對周的任用除礙於辛之關係外,也為爭取團方勢力。[159]

辛樹幟不僅為朱家驊策劃通過培植青年團力量,聯絡教育界基幹,擴大在湘統戰陣營,還推薦了以俞慎初、胡庶華二人出任

---

155 「朱家驊覆辛樹幟」(1941 年 11 月 24 日),〈辛樹幟〉,《朱家驊檔案》:301-01-23-224。
156 「朱家驊致薛岳電」(1941 年 12 月 10 日),〈湖南黨務:人事與工作情況〉,《朱家驊檔案》:301-01-06-071。
157 「黃仁浩致朱家驊電」(1941 年 12 月 29 日),〈湖南黨務:人事與工作情況〉。
158 「朱家驊覆黃仁浩」(1941 年 12 月 31 日),〈湖南黨務:人事與工作情況〉。
159 周天賢經國民黨中央正式派任不久,朱家驊就接到省內幹部彙報:「周天賢同志返來後,因本會工作同志及各縣書記長之反對,尚未就職。渠來,將有一場大風波也。」「葉國素致朱家驊電」(1942 年 1 月 29 日),〈湖南黨務:人事與工作情況〉。

省黨部執委:「此兩人者,一代表中等教育界,一人代表高等教育界。彼等於省府及各方面對彼兩人皆有好感,必能發展黨務。」俞慎初是湖南地方勢力之一的「明德派」,即明德中學的代理校長,也是辛樹幟摯交。[160] 胡庶華則留學德國柏林大學,戰前任江蘇省教育廳廳長、農礦部農民司司長、同濟大學、湖南大學、重慶大學校長等職,戰時任三青團中央監察會監察、西北大學校長,1941 年復任湖南大學教授,與辛亦有私交。[161] 辛樹幟為朱家驊選定之人雖為湖南中高等教育界代表,但朱卻表露難色:「湘省黨務弟曾考慮再三,此次名額之核定頗費苦心,絕對無可再有調動。請兄力為聲援,俾有所成。」[162]

辛樹幟雖為湘人,但早年在中山大學的執教經歷,使其也頗為關注廣東黨務與中大畢業生,積極向朱家驊舉薦相關人才:「弟在中大默觀新起之人才,李泰華君思想清楚,為山東人中之翹楚,盼兄能引用。王正君有大抱負,雲南人中之龍也。此兩君者皆仰慕吾兄之為人,望兄留意之。吾人力量應潛存在各省及各方面,他年始可有為,不知吾兄以為然否?」[163] 1943 年 1 月,辛聽聞廣東省黨部有改組消息傳出,又向朱推薦以任國榮派充執委。[164] 任國榮,粵籍,畢業於中山大學、法國巴黎大學,歷任中山大學生物系教授兼主任、理學院院長、訓導長等職。[165] 朱

---

160 「辛樹幟致朱家驊函」(1942 年 5 月 26 日),〈辛樹幟〉,《朱家驊檔案》:301-01-23-225。
161 萬仁元、方慶秋、王奇生主編,《中國抗日戰爭大辭典》,頁 485。
162 「朱家驊覆辛樹幟」(1942 年 8 月 5 日),〈辛樹幟〉,《朱家驊檔案》:301-01-23-225。
163 「辛樹幟致朱家驊函」(1942 年 5 月 26 日)。
164 「辛樹幟致朱家驊電」(1943 年 1 月 20 日),〈廣東黨務:李漢魂任主委時期:人事〉。
165 劉國銘主編,《中國國民黨百年人物全書》,冊上,頁 660。

家驊對此回覆稱:「任君事早擬使之加入。粵省部委中,東江同志已佔有半數,調動不易。故此間粵籍同志時以此責難,而任君又籍潮州,故尚須待機而行也。」[166]

數月後,辛樹幟舊事重提,再次向朱家驊大力舉薦任國榮,稱讚其為極有天分之人,學問蜚聲國際:「務盼兄在省黨部方面予以一空頭委員之名,便任君可向各方面接洽。粵省在東南方為極重要之地,吾兄之學生在彼以萬計,應早日培出領導人才,以吾兄之高瞻遠矚,想早已計及此事矣。」辛甚至建議:「粵委員中,如無重要關係者,兄可召往中央,以任君補其缺。」[167]

辛樹幟的關懷遠不止湘粵兩地,還源源不斷地為朱家驊搜羅各方學人,邱昌渭便又是一例。邱昌渭,湖南人,先後畢業於美國巴瑪拿大學、哥倫比亞大學。歸國後,歷任東北大學、北京大學、清華大學、中山大學等校教授。1936年起,任廣西省政府委員兼教育廳廳長,1939年改兼民政廳廳長,且在1939年4月至1940年4月兼任該省黨部執委。[168] 1943年前後,邱昌渭在桂仕途受挫,老友辛樹幟借機將其引薦給朱家驊,並在信中轉述其與邱談話要點,向朱示好:

(一)余詢邱君何為遲來,彼云在桂林專候吾兄。(二)彼對吾兄極敬仰,以吾兄學問風度在當今人才中不易見也。(三)兄在浙江退回漢口時,彼曾與何廉及蔣廷黻君在漢口

---

166 「朱家驊覆辛樹幟」(1943年1月27日),〈廣東黨務:李漢魂任主委時期:人事〉。
167 「辛樹幟致朱家驊函」(1943年8月20日),〈辛樹幟〉,《朱家驊檔案》:301-01-23-226。
168 劉國銘主編,《中國國民黨百年人物全書》,冊上,頁1125。

分析當今人才,結果三人俱推崇吾兄。(四)邱個人自誓其身體、學力尚可大有為,願在吾兄領導下工作。(五)邱與蔣君為至交,稱蔣之為人貌似冷淡,實為極熱忱之人物,希望兄能多與廷黻君往來,因蔣之學問、骨氣當今不可多得也。(六)邱稱何、蔣兩君之缺點,不肯在黨方面多盡力。以此外人視之,似不過一技術人才,彼擬勸兩君此後多在黨方盡力。[169]

辛樹幟向朱家驊表明邱昌渭有志黨務,尤其在西北方面,建議將其派赴視察閩、陝。辛明言邱能派閩為佳,若不能,自己亦可擔當此任。而若將邱派往西北,也能與胡宗南意氣相投。[170]辛還談到:「廣西人眼光淺,不識真人才。兄宜趁此機會,將邱君拉回中央。現邱君已向廣西辭職,且有決不再往之決心。湖南方面亦正設法留邱君在此,弟以為邱君為當今難得人才。彼對兄有頗高之信仰,兄不應失此人才。」[171]數日後,辛又向朱提議可用邱辦理組織方面報刊雜誌。總之,辛意在表明,邱昌渭已決定誓不返桂,希望中央早日設法延攬。[172]朱家驊彼時恰正在中央組織部內籌辦《組織旬刊》,遂回覆辛道:「邱毅吾兄事,擬即請其主持組織旬刊。」[173]最終,邱昌渭因調任中央設計局副

---

169 1943年6月至8月,朱家驊曾前往廣西、廣東、湖南、江西、貴州等省視察黨務。胡頌平,《朱家驊先生年譜》,頁55;「辛樹幟致朱家驊函」(1943年8月8日),〈辛樹幟〉,《朱家驊檔案》:301-01-23-226。
170 「辛樹幟致朱家驊函」(1943年8月8日)。
171 「辛樹幟致朱家驊函」(1943年8月20日),〈辛樹幟〉,《朱家驊檔案》:301-01-23-226。
172 「辛樹幟致朱家驊函」(1943年8月26日),〈辛樹幟〉,《朱家驊檔案》:301-01-23-226。
173 「朱家驊覆辛樹幟」(1943年11月10日),〈辛樹幟〉,《朱家驊檔案》:

秘書長,未受朱之派用。[174]

此外,辛樹幟還推而廣之地向朱家驊諫言:「政治家要能支配各方面之勢力,必其下有各種特殊人才為社會上信仰者。兄現為黨擔任組織工作,求第一流幹部為兄之責任。」並列舉一批可用之人,如北方人童冠賢、馬洗繁(凡)、楊亦周等,湘人蔣廷黻、何廉、邱昌渭、王次甫、鄧伯粹等。[175]對於辛竭誠引薦之人,朱家驊也逐一予以回應:

> 何廉、蔣廷黻二兄均已相知多年,交情素洽。邱昌渭兄,弟亦久知其人,此次在桂得其招待來往較多,長談數次甚相得,有為之才也。惟渠係桂省府委員兼秘書長,若由本部派其視察閩陝黨務,彼此均有不便,且恐反生誤會耳。童冠賢、馬洗繁二兄原屬好友,素極欽佩,十餘年來屢為晉言矣。楊亦周兄自相識以來,亦思借重。至於王次甫兄相知亦深,此次在贛尤多詳談,惟鄧伯粹兄則尚不甚熟耳。[176]

辛樹幟不僅熱衷於為朱家驊網羅黨務人才,私下亦積極約集各方密友商討黨務發展方策。1943年8月,辛召集康辛元、王次甫、邱昌渭、李芝、劉業昭、周天賢、任國榮等人在南嶽聚談。因事涉機要,辛在信中未書明細節,僅告知朱擬議辦法托人赴渝時面呈。[177]辛樹幟又因在湖南聆聽葉青所作三民主義演講

301-01-23-226。
174 劉國銘主編,《中國國民黨百年人物全書》,冊上,頁1125。
175 「辛樹幟致朱家驊函」(1943年8月8日)。
176 「朱家驊覆辛樹幟」(1943年9月2日),〈辛樹幟〉,《朱家驊檔案》:301-01-23-226。
177 「辛樹幟致朱家驊函」(1943年8月26日)。

深受啟發，極力向朱家驊推薦：「吾輩中少三民主義理論研究專家，葉君為在此方面研究極有希望之人。望兄多與以研究上之方便，他日在理論方面之戰鬥當可為一支勁旅也。」[178] 總之，辛樹幟雖居黨務系統外，但積極地為朱家驊薦人獻策。

第四節　親情與公權：朱毓麟的個案研究

朱家驊幼年失怙，在家中兄弟姐妹五人中排行第三，因二兄與小妹早夭，長成者僅長兄與二姐及其三人。於是，年長十六歲的長兄朱祥生，在朱家驊成長過程中扮演著亦父亦兄的角色。朱最初也是憑藉長兄關係，進入周柏年與張靜江等國民黨元老的湖州社交圈。1913 年，周更將自己的姨甥女程亦容介紹給朱。次年，朱程訂婚。程亦容雖隨朱家驊一同赴德留學，但日後感情漸生不合。[179]

1933 年初，朱家驊獨居南京期間突患急症。程亦容常居杭州，經幾次電告，才姍姍前去探望。在下屬看來，朱公務繁忙，應酬又多，生活起居乏人照料，「這種畸形狀態，似從十三年三十二歲起，一直隱忍到了三十五年五十四歲止」。[180] 抗戰爆發後，朱家驊隨國民黨黨政機關先後遷往武漢與重慶，程則去往香港始終未歸，1942 年二人正式離異。[181] 1946 年，朱家驊續娶王文淵。[182]

朱家驊的兩段婚姻均無所出，但收有養子養女。1926 年，

---

178 「辛樹幟致朱家驊函」（1943 年 8 月 20 日）。
179 胡頌平，《朱家驊先生年譜》，頁 7。
180 馬存坤，〈朱騮先生二三事〉，《傳記文學》，第 19 卷第 5 期。
181 胡頌平，《朱家驊先生年譜》，頁 53。
182 胡頌平，《朱家驊先生年譜》，頁 62。

張靜江夫婦將四女張國英送予朱作養女。長兄朱祥生的最幼子朱國勳，也在幼年被過繼給朱家驊。[183] 朱國勳，1916年生，自金陵大學歷史系畢業後，投筆從戎進入中央陸軍軍官學校、陸軍指揮參謀大學就讀，後又前往英國皇家駐印陸軍軍官學校、美國陸軍步兵學校深造，歷任排長至軍令部上校組長等職。赴臺後，任駐泰國大使館武官、國防部情報處處長、國防部聯絡局少將局長、交通部觀光局局長等職。[184]

朱家驊為報答長兄朱祥生自幼養育之恩，將長兄子女視如己出。據朱國勳回憶，朱家驊尤對朱祥生的長子朱謙感情最深，二人僅相差十歲，「似乎是介於叔侄與兄弟之間」。朱家驊第二次留德期間，朱祥生亦把朱謙送至德國求學，並托其照料。[185] 1926年，朱家驊向德國延聘軍事顧問時，便由朱謙居間代為轉送信函。[186] 1928年，朱謙自柏林大學採礦系畢業回國後，歷任全國建設委員會技正、長興煤礦公司副局長兼總工程師、經濟部燃料管理處處長、東北與湖湘等煤礦董事長、資源委員會主任委員等職。[187] 此外，朱祥生的第六子朱國璋也自幼得朱家驊教養。朱國璋，1913年生，畢業於上海商學院、英國伯明翰大學，曾任中央大學教授、重慶大學管理系主任、上海商學院院長。赴臺後，歷任臺灣大學和政治大學等校教授、考試院考試

---

183 胡頌平，《朱家驊先生年譜》，頁16；朱國勳，〈追念先君騮先公〉，《傳記文學》，第29卷第6期。
184 劉國銘主編，《中國國民黨百年人物全書》，冊，頁628-629。
185 朱國勳，〈追念先君騮先公〉。
186 胡頌平，《朱家驊先生年譜》，頁18。
187 胡光麃，《大世紀觀變集：中國現代化的歷程》（臺北：聯經出版，1992），頁203。

委員等職。[188]

　　縱觀朱謙、朱國璋與朱國勳兄弟三人履歷可以發現，即便作為朱家驊的晚輩至親，不僅均終身未曾涉身黨務，也未與朱家驊的仕途軌跡存有交集，而是分別在各自專業領域拓展事業。朱家驊膝下無子，僅長兄朱祥生一系有子數人，本家親屬關係較為單純。但朱氏在浙江吳興尚屬顯族，尤其當朱家驊位居國民黨中央要職後，更無法回避旁支別系的攀附求托。在翻檢朱家驊私人信件時，一位名叫朱毓麟的人引起了筆者的注意。朱家驊與之同族，並被稱為三哥，是目前所見朱家驊親屬中唯一曾在黨界任職者。

　　朱毓麟，字懷玉，浙江吳興人，朱家驊族弟，畢業於日本明治大學政治經濟系。歸國後，經朱家驊提攜，歷任湖南宜章、嘉禾、安化、常寧、辰溪縣縣長。[189] 1935 年，朱毓麟在常甯縣長任內，因被指控「違法暴斂」而受彈劾處分，但不久又被調任辰溪縣縣長。[190] 1938 年末，湖南省政府主席張治中電告朱家驊：「現因令弟毓麟在辰谿人地不宜，環境日劣，特調為省府秘書，嗣後遇缺再圖外放。」[191]

　　1939 年 1 月，薛岳接替張治中出任湖南省主席。朱家驊趁新舊交替之際，請湖南省民政廳廳長李揚敬設法為朱毓麟謀一專

---

188 劉國銘主編，《中國國民黨百年人物全書》，冊上，頁 629。
189 「湖南省黨部薛主任委員電陳加強黨務調整省黨部意見簽請」（1942 年 5 月 4 日），〈各省黨部人事簽呈〉。
190 〈湖南常甯縣縣長朱毓麟違法失職案〉（1936 年 11 月 7 日），《國民政府監察院公報》，1936 年第 109 期。
191 「張治中致朱家驊電」（1938 年 12 月 27 日），〈朱毓麟〉，《朱家驊檔案》：301-01-23-100。

員職位。[192] 靜待一年後，因久無下文，朱家驊只得另請中央組織部副部長馬超俊代為催促。朱毓麟也從旁獲悉，李揚敬確曾為其進言，但薛岳主張專員應與區司令合流，且須以任用軍人為原則，致使前議不成。朱毓麟遂向朱家驊大吐苦水：

> 弟廁身湘幕，原擬貢我十年縣行政經驗，輔佐長官稍有建樹，不意環境不良，事與願違。外調察吏安民，又以文人而見扼，是此間前途已無希望。且薛公左右之戚婭，操縱把持無微不至。以李欽公並非彼輩嫡系，覬覦而播弄者大有人在。如欽公一走，弟等被目為李系者，勢必聯帶去職，事勢之來恐不在遠。[193]

朱毓麟在擔任湖南省政府秘書期間，因受薛岳親信、省政府主任秘書嫉視，頻遭傾軋，覺事不可為而託辭引退。李揚敬出面斡旋後，改聘其為省政府參事。朱毓麟雖覺參事職務地位較高，但收入微薄，便向朱家驊提出：「湖南之省黨部委員等職，不知哥能見畀否？如可，則有兩份薪公一家生活教育等費，亦可勉強應付矣。如以兄弟關係確難提出，可否由弟請商啟公出面向部一保之處。」[194] 內中提到的「啟公」，系指中央組織部主任秘書王啟江。朱家驊彼時甫任部長，朱毓麟欲借其兄掌握黨務幹部派遣權力之便，將自己吸收進入黨界。對此，朱家驊回覆：「關於

192 「朱家驊致李揚敬電」（1939 年 1 月 24 日），〈朱毓麟〉，《朱家驊檔案》：301-01-23-100。

193 「朱毓麟致朱家驊函」（1940 年 3 月 19 日），〈朱毓麟〉，《朱家驊檔案》：301-01-23-100。

194 「朱毓麟致朱家驊函」（1940 年 3 月 20 日），〈朱毓麟〉，《朱家驊檔案》：301-01-23-100。

湘省黨委事倘有缺出，自無不可，即先由省府保送來渝入第八期受訓，一切面談可也。」[195]

早在 1939 年 4 月，朱毓麟就向其兄請求參加中央黨政訓練班第三期，但因該期員滿，朱家驊承諾至第四期時再作考慮。誰知此事遷延一年，直至朱家驊欲調朱毓麟進省黨部工作時，受訓一事才被提上日程。朱家驊原本擬使其入第八期受訓，卻又因報到逾期，改至第九期補訓。爾後，不僅受訓之事被一再擱置，直至 1941 年 2 月，朱毓麟的兼職請求也未落實，只得再次函催朱家驊：

> 弟年已四五，轉瞬衰老，亟圖為國為已較有貢獻。務請吾哥於省黨委或行政專員兩項職務中擇一提攜，至深企盼。如在湘省進行，而仍須借重薛公者，有兄逕自出面最佳，不然宜托陳辭修先生代為說項，他人無效。[196]

朱毓麟之所以提及陳誠，是因陳、薛二人私交甚篤。不過，朱家驊還是選擇直接請托薛岳：「貴省行政督察專員職務或堪勝任，儻承惠賜拔擢，感甚幸甚。」[197] 此次或因朱家驊的親自出面，引起了薛岳的重視。隨後，行政督察專員職務雖未謀得，但 1941 年 12 月身兼湖南省黨部主委的薛岳，以該省黨團時生摩擦、黨政合作未臻密切、省委兼職者多不能專心黨務、暮氣太深

---

195 「朱毓麟致朱家驊函」（1940 年 3 月 20 日），〈朱毓麟〉，《朱家驊檔案》：301-01-23-100。
196 「朱毓麟致朱家驊函」（1941 年 2 月 21 日），〈朱毓麟〉，《朱家驊檔案》：301-01-23-100。
197 「朱家驊致薛岳函」（1941 年 3 月 15 日），〈朱毓麟〉，《朱家驊檔案》：301-01-23-100。

等由,向朱家驊提出改組省黨部,並擬具一份派用名單,其中以朱毓麟擔任省黨部執委兼書記長。朱毓麟從未有過在黨任職經歷,薛岳主動將其引入省黨部,更欲委以書記長重責,無疑是向朱家驊示好。[198]

值得注意的是,薛岳所擬名單是由朱毓麟直接帶往重慶交予朱家驊,這一行事方式不免給本屬正常的省黨部人事派用程序徒增幾分私密性。朱家驊閱後向薛岳表示:「對懷玉攜來名單,或須小有出入。俟決奪後,當再奉聞先生。」[199] 而朱毓麟得知薛岳心意後,則主動表示:「弟任書記長一節,吾哥如認為不妥,可否改以溫仲琦兄充任。」理由有三:其一,溫曾任粵桂兩省黨部委員,在黨中有相當歷史;其二,薛曾保薦溫任社會處處長,且在中央社會部長谷正綱業已應允後,因朱家驊之主張而改易黃仁浩,若以溫為書記長,有利於補救與各方關係;其三,書記長系幕僚長性質,以能與主委合作者為佳,薛、溫關係較善,雙方可以相安無事。[200]

朱家驊回覆朱毓麟稱:「湘省社會處處長一職,以溫君之才望原極相宜,且曾為其盡力。徒以省籍關係,故由黃君擔任,實系各方所促成者。年來各省黨部委員亦以本省人士充任為主,此乃中央一貫之方針。」[201] 朱家驊在解釋社會處長派用內情的同時,實則也在暗示浙籍出身的朱毓麟出任湘省執委有違常例,頗為勉強。此後,薛、朱二人幾經商議決定以林式增擔任書記長,

---

198 「薛岳致朱家驊電」(1941年12月18日),〈湖南黨務:人事與工作情況〉。
199 「朱家驊覆薛岳」,〈湖南黨務:人事與工作情況〉。
200 「朱毓麟致朱家驊電」(1942年1月14日),〈湖南黨務:人事與工作情況〉。
201 「朱家驊覆朱毓麟」(1942年1月19日),〈湖南黨務:人事與工作情況〉。

朱毓麟、溫仲琦等人出任執委。[202]

　　林式增留學日本，曾任中山大學教授、交通部主任秘書，時任中央組織部黨團指導委員會秘書，是朱家驊的老部屬。溫仲琦，1921年考入北京大學經濟系，時任北大德文系主任的朱家驊，因得知溫在五四運動中頗具組織才能，親自介紹其加入國民黨。「三一八慘案」時，溫因掩護朱脫險有功，在朱南下後，被召往擔任廣州市黨部秘書。[203] 溫仲琦雖是朱之門生兼舊屬，但因其彼時在第九戰區司令長官部任職，與副司令長官薛岳關係密切，使朱對其立場略存顧慮，才未採納朱毓麟建議，而是直接從中央組織部派出林式增擔任書記長。至於朱毓麟，雖既無辦黨經歷，亦非湘籍，但在薛岳提議與朱家驊的力保下也終於如願以償。

　　湖南省黨部改組名單甫經公佈，尚未正式到職，朱毓麟又生他意，向朱家驊提出：「各方咸屬意弟兼任組訓處長，弟以與前不兼書記長之原則相背，一再婉辭。不過將來如真以命令委派，可否接受之處乞哥指示。」[204] 朱回覆道：「至組訓處長一職為弟計，似非所宜。蓋既已放棄兼書記長，而又兼處更不上算也。」[205] 省黨部組訓處主要掌理人事與訓練事宜，實際權力僅次於書記長。朱毓麟兼任組訓處處長之議，應仍出自薛岳。朱毓麟雖以請示口吻向朱家驊請示，但其實是在委婉表達自身訴求。

---

202 「朱家驊簽呈蔣介石」（1942年5月4日），〈湖南黨務：人事與工作情況〉。
203 「湖南省黨部薛主任委員電陳加強黨務調整省黨部意見簽請」（1942年5月4日），〈各省黨部人事簽呈〉。
204 「朱毓麟致朱家驊函」（1942年6月24日），〈朱毓麟〉，《朱家驊檔案》：301-01-23-100。
205 「朱家驊覆朱毓麟」（1942年6月27日），〈朱毓麟〉，《朱家驊檔案》：301-01-23-100。

朱毓麟即便明瞭了朱家驊的態度，但仍未死心：

> 組訓處之不可為及與個人之絕無好處各點，弟早認識清楚。故當伯公爭取同意時，即曾一再婉辭。惟伯公之意，如弟不負責，成見只可畀諸天賢兄。如此則各方反響更大，故斷然以弟呈薦。哥愛我至切，來電商改，免弟為難，私心至感。不過微聞伯公仍舊主張弟長組訓，且不令弟知，可見貫澈主張之堅決，當然有其絕大之理由與苦心。多年僚屬，何忍過拂其意。明知火坑亦惟有一跳，以報知遇。擬暫任數月，再圖擺脫，想哥當亦謂然也。[206]

面對朱毓麟的固執己見，朱家驊只得苦口婆心地勸解道：「此事經兄再四思維，期期以為非宜，已再電伯兄致謝。湘省黨務望弟完全以我之意見為意見，否則公私無益及增困難。兄決無任何私意存乎其間，且無不為弟前途計也。」[207] 然而，朱毓麟為一己之私，不僅繼續違逆其兄，態度反而愈發強硬無理：

> 吾哥之意屬愛弟，惟書記長遵命讓去，不獨政治地位受無限影響，即物質方面亦損失。例，兼省銀行理事，十口之家賴以為生，三年近兩萬元收入，此種隱痛或非吾哥意想所及。現在組訓處，哥又說不可做，弟亦絕對遵從。惟經此一再挫折，上失長官信心，並被同志輕視。尚有何顏、何法，在此具有十餘年歷史之湘省繼續生存？懇兄代謀一他省廳委，及

---

206 「朱毓麟致朱家驊電」（1942年8月22日），〈湖南黨務：人事與工作情況〉。
207 「朱家驊覆朱毓麟」（1942年9月14日），〈湖南黨務：人事與工作情況〉。

時離開。[208]

朱毓麟不僅未善罷甘休，更向朱家驊明確提出或調任他省廳委，或允擔任組訓處處長：「哥愛我而不主張弟兼此職，自極感激。惟事實如此，不問則定出笑話，將來連帶負責，試問明知火坑，又有何法不跳哉？為弟私人計，惟有日夕盼哥早日實現代圖一他省廳委之前諾，及時擺脫耳」，「弟如果擔任組訓，各方決無話說，推動亦有把握，必要抽身時亦有辦法」。[209] 朱毓麟的冥頑不化使朱家驊既感無奈又無他法，只得將腹中苦衷和盤托出。為能生動如實地反映朱家驊在處理親屬關係時流露出的「私」的一面，筆者在此不避冗長，將原函全文照錄如下：

仍不獲弟諒解，深為詫異。弟之一切向甚關切，十餘年來，何事非兄紹介，力之所及無不為之。湘省改組時，曾以弟事一再面托欽甫、仲琦二兄，即伯陵兄處亦曾一再電保，專員更托星樵兄另電伯兄推薦。今云影響弟之政治地位一節，不知道從何說起。黨務與政務不同，總裁對於黨委省籍問題異常注意，且迭經指示。弟雖入黨已久，而從未參加若何工作。以向側重政治工作者今一躍而為省委已屬破格，一旦再兼書記長要職，決無一利。即總裁亦未必核准，常會亦難通過也。此次名單中，以弟與溫、王二兄在內，各方多有指摘。經兄一再解釋，方得核定通過，而總裁尚有此與指示原則不符之意。以上種種固不出兄所料。若以弟任書記長，

---

[208] 「朱毓麟覆朱家驊」（1942 年 9 月 21 日），〈湖南黨務：人事與工作情況〉。
[209] 「朱毓麟致朱家驊電」（1942 年 9 月 22 日），〈湖南黨務：人事與工作情況〉。

固難望有成，前之不欲弟任組訓處者亦即此意。兄所以再三懇誡者，實不欲愛弟而反害弟，且更累及伯兄之盛誼也。年來待弟之誠，愛弟之切，為弟出處計議，皆有深意。弟豈不知耶？且黨務職位非同做官，況在現政府之下，即做官亦非為勢利，此意宜明。廖前書記長兼省銀行理事，並非中央規定，不能混為一談。至謀廳委或更好之事，固無日不在祈禱其能實現也。[210]

由此明悉，朱家驊極力勸阻朱毓麟兼任組訓處處長原因有三：一為其不具黨務經驗；二為省籍問題；三為替其謀取省黨部執委時已惹人爭議。若回顧朱毓麟最初提出在省黨部執委與行政專員中二選一的謀畫時，朱家驊毫不猶豫地選擇向薛岳求取專員職務，而非利用職務之便，安排其進入省黨部。其後，朱家驊也是在專員兼任不成，薛又主動提出以執委任用的情況下，才勉強同意。由此確實可見朱家驊並不欲使其弟踏入黨途。朱毓麟為兼任組訓處處長一事，幾番申求未果後，別無他法，只得暫時表示遵從。[211]

數日後，朱毓麟又向其兄剖白內心苦悶，自述改途黨工不僅是因薛岳需要，上命難違。更是因先前從政十年間，僅1934年在常甯縣縣長任內，以「薦任四級」任命，嗣後雖輾轉各地任職，年終考績多被漠視。1938年，朱毓麟就任省政府秘書後，國民黨中央對公務員的銓敘漸趨重視，曾迭請薦任晉級資格，但因秘書超額，「同時呈薦勢所不許，分批又難定先後，主官竟將

---

210 「朱家驊覆朱毓麟」（1942年9月25日），〈湖南黨務：人事與工作情況〉。
211 「朱毓麟覆朱家驊」（1942年10月2日），〈湖南黨務：人事與工作情況〉。

此事擱置不了了之」。因此，自 1934 年起，朱毓麟儘管多次被記功嘉獎，卻始終未得晉級。隨著國民政府銓敘制度步入軌道，人事任用愈發嚴格，導致朱毓麟始終因級別受限而無法升遷。

為避免暴露資歷弱點影響仕途，朱毓麟遂決定先利用書記長一職過渡至省政府委員，再進一步兼任廳處職務。如此看來，黨職並非其最終目標，進入省黨部也不過是為「曲線救國」。朱毓麟自我盤算：「省委系政務官，例不拘資格，再兼廳處可不銓敘，任職兩年即可滿天飛，同樣可以達到簡任目的。」孰料出師不利，在求兼書記長一環就被朱家驊阻攔，朱毓麟只得退而求其次謀兼組訓處處長：

> 因組訓處長掌握全省黨員之組織與訓練，如其毫無成績是自己無能，當然淘汰無話可講。如有相當表現，在工作上亦可博得上官信仰，提高政治地位，謀一廳委稍紓懷抱。今兩者均被阻於吾哥，弟固深體衷曲毫無怨尤。不過，弟之計劃事實上確受巨大影響。因黨部不負專責委員，除等候通知出席會議外，一無事做。無事可做即無工作表現，無工作表現則社會上對之即漸漸冷淡、漸漸落伍。蓋人生不進則退，決無佇立之理。此種事實，高明如兄當不待弟說也。且伯公用人向出自動，不容人營謀。今兩度自發對弟提攜，均一再為哥所堅拒，而所持理由，一則曰「資歷不夠」，再則曰「總裁前難於通過」。則伯公對弟信仰自然相當動搖，以後不敢再為援引，且或認弟不足與有為也，留此與事業前途有何裨益？蓋竊思弟十餘年努力奮鬥，方冀借此漸進，結果如此衷心隱痛，吾哥當已易地想及完全瞭解，而必能予弟一事實之

安慰與救助也。[212]

朱毓麟權力心極重，始終不能諒解朱家驊之苦心，一意孤行地索要對其仕途的承諾。在二朱兄弟的拉鋸過程中，也暴露出國民黨治下黨弱政強的現實問題，致使黨職無法厭其欲。礙於朱氏裙帶關係，書記長林式增也曾主動向朱家驊提出：「本會組織處處長人選亟待決定，除已有兼職者外，溫、羅拒絕擔任，魏、周與目下環境不宜。為工作順利計，如無特殊困難，似以指定毓麟兄擔任為宜。」[213] 但朱家驊此時心意已決，直接告知執委溫仲琦：「組織處長一職請兄兼任，已與伯陵主委商定。此職重要，不宜久懸。切盼顧全環境，勉為其難，公私均感是幸。」[214] 朱家驊業已意識到朱毓麟的「不可教也」，失望之餘且耐心耗盡，僅命其在湘工作應「嚴以責己，寬以責人」，未再多言其他。[215]

除一味索任兼職外，朱毓麟還自恃在湘年久功高，欲在省黨部內樹立權威地位：「林、羅諸兄之學問，弟素欽佩。惟於湖南之實際情形則以一向追隨左右，久離湘省之故，遠不如弟觀察之清楚與正確。至各方錯綜複雜之關係與人事之聯繫，當然更不如弟熟悉與密切。」朱毓麟更向朱家驊反映，省黨部書記長林式增性情固執、心懷成見，礙於與其交淺不能言深，多所建白又恐誤會，希望能由朱家驊出面，「囑其多與弟等親近商酌，出伊自動方為妥善」。朱毓麟也自知所言不足如為外人道，特意書

---

212 「朱毓麟致朱家驊電」（1942年10月8日），〈湖南黨務：人事與工作情況〉。
213 「林式增致朱家驊電」（1942年10月3日），〈湖南黨務：人事與工作情況〉。
214 「朱家驊致溫仲琦電」（1942年10月6日），〈湖南黨務：人事與工作情況〉。
215 「朱家驊覆朱毓麟」（1942年10月12日），〈湖南黨務：人事與工作情況〉。

明:「閱後祈即火去,勿交記室,免生是非。」[216] 對此,朱家驊回覆:

> 紓遠系林、羅、黃三兄與我共事十餘年,人極忠實,學問品德均佳,我知之甚詳,惟性情稍有固執,湘人大都皆然,當囑其隨時留意也。吾憂弟心切,實不願弟深入黨務漩渦。弟勿熱心過度,致所獲效果適得其反。吾在中央與聞黨務四年有餘,精疲力盡,於公於私,兩無補益,下次大會必求引退耳。[217]

朱家驊身為中央組織部部長,卻勸說其弟對黨務切勿熱心過度。但若細思如此規勸也在情理之中,處於國民黨權力核心的朱家驊,對於黨內政治生態有著更為深切的洞察與體會,自己身心俱疲而又難以擺脫之際,自然希望其弟能好自為之。無奈言之諄諄、聽之藐藐,朱毓麟權力欲望膨脹,不僅未能潔身自好,反而盲目投入湖南省黨政事務中。不過,這也為朱家驊提供了除己方派駐幹部之外,另一條獲取該省各方訊息與開展黨務工作的管道。

1942年,湖南省臨時參政會召開之際,朱毓麟廁身其間組織運作,多名參政員均由彼安排產生。當省黨部內人事不睦、流言頻出時,朱毓麟又從中周旋,勸解朱家驊不必輕信:「雖然周君偏激,林君迂緩。弟日日與彼等接近,誠懇導誘,可使快者較慢,不動者動,達於理想,以其儘量減少人事糾紛,增強工作效能。」再當社會處長黃仁浩萌生引退之意時,朱毓麟亦為朱家驊

---

216 「朱毓麟致朱家驊電」(1942年7月23日),〈湖南黨務:人事與工作情況〉。
217 「朱家驊覆朱毓麟」(1942年7月27日),〈湖南黨務:人事與工作情況〉。

計議：「弟曾極力鼓其勇氣，勸其再幹數月。屆時如決定辭退，弟當保證籌一良好下臺方式（換一相當職務）。惟囑其到渝時，千萬不可隨便向社會部言辭，以免順水推舟派一繼任人，致令伯公迎拒皆非，陷入僵局，引起嚴重反響。」[218]

「伯公」係指薛岳，朱毓麟頻繁向朱家驊強調自己十分得薛信任，並試圖壟斷朱家驊與薛岳之間的溝通管道，從而架空書記長林式增，取代其在省黨部內的作用。朱毓麟更告知朱家驊，林式增在湘不受歡迎，外間流傳其最多只能任職六個月的傳聞。[219] 二朱間特殊的親緣關係，無疑也使林式增有苦難言，卻又無法與之爭風。在薛岳的有意援用，林式增的無奈退避，以及自身的主動進取下，朱毓麟的確憑藉私人關係，居間聯絡朱家驊與薛岳的關係。1943年3月，朱毓麟曾請其兄在中央助薛達成兩項心願：一是湖南省教育廳廳長朱經農離職後，黨中央提以王鳳喈接替，但薛欲保辛樹幟繼任；二是省黨部執委陳迪光外調，薛電保劉業昭與朱如松補缺。朱毓麟不僅建議其兄從中促成，還提議直接圈定資望較高的三青團湖南支團書記劉業昭接任省黨部執委。[220]

朱毓麟為贏得其兄信任與重視，突出自身重要性，在行事時也常喜尊己卑人，曾向朱家驊歷數湖南省黨部各執委性格缺陷。如，書記長林式增動作迂緩，事多秘而不宣，個性頑強，胸襟不廣；執委羅益增年邁性燥，欠沉著、缺思考、乏熱情，對黨務不感興趣；黃仁浩人誠篤而能力差，頭腦不清，容易為人利用，其主持下的社會處毫無成績；溫仲琦病體纏身，難望有所作為；**魏業坤性情深沉、寡言笑，「過去有政治立場，來湘數月，覺其言**

---

218 「朱毓麟致朱家驊函」（1942年9月15日），〈湖南黨務：人事與工作情況〉。
219 「朱毓麟致朱家驊電」（1942年9月22日）。
220 「朱毓麟致朱家驊電」（1943年3月7日），〈湖南黨務：人事與工作情況〉。

行間仍未離開舊有關係，不能語以知心」；周天賢能力頗強、頭腦清醒、富有鬥爭精神、長於組織，除鋒芒太露易遭人忌外，無他短處，「惟與康先生有關係，政治有立場，故僅得一部份人同情」。王光海、李樹森、陳迪光、彭紹香等均因另有兼職，對黨務過問較少，姑不論列。[221] 照朱毓麟所言，除周天賢尚可外，湖南省黨部無一人可資倚賴。

　　1944 年初，湖南省黨部選舉前夕，朱毓麟還時常向朱家驊彙報 CC 系動態：「此間慣造派系者，現以教廳、湖大為基礎，調統機構供給情報，暨負聯絡之責，以湘潭、湘鄉、零陵等處為據點，由陳大榕等主持，策動各地羽黨，準備選舉時搗亂。此事已詳告人越兄，嚴切注意，並密籌對策矣。」並建議朱家驊儘早完成選舉，因主委係由司令長官兼任，「一旦軍事好轉，帶兵追擊，離湘失其威望，局勢即有變化之虞也」。[222] 3 月，湖南省黨務工作會議與行政會議、團務會議同時召開，朱方積極聯絡省內各方人士為省選備戰。朱毓麟在其間發揮了重要作用：「敝處策動團結運動之結果一切圓滿，各方觀感良好，各書記長對弟特別親切，掌握無問題。為謀助立各書記長之信望，現正對出席行政會議各專員、縣長密切聯絡，以便運用私人交際，雖耗二萬餘元，但收穫不小。」[223] 與此同時，朱毓麟也再次向朱家驊臧否省黨部內不兼政、團職務的執委情況，暗示其兄在省選時注意調整：

---

221 「朱毓麟致朱家驊電」（1942 年 9 月 22 日）。
222 「朱毓麟致朱家驊函」（1944 年 1 月 24 日），〈湖南黨務：人事與工作情況〉。
223 「朱毓麟致朱家驊電」（1944 年 3 月 13 日），〈湖南黨務：人事與工作情況〉。

表 8-5：湖南省黨部執行委員情況彙報（1944 年 3 月）

姓名	儀表	言語	活動能力	處事才能	駕馭部屬	備考
林式增	土氣太重	塞澀	長於伏案，短於肆應	缺乏條理，有小伎倆，無大計畫	馭下無方，刻薄寡恩	小事精明，大事糊塗
李　汶	尚佳	不長言語	恬靜	平庸	不能控制	忠厚
黃仁浩	溫雅	理論不合時代	不長活動	長於事務才能，缺乏政治頭腦	未見特長	長厚
屈鳳梧	粗野	放大炮	性喜鑽營	工於破壞，拙於建設	無表現	欠平正
朱如松	尚佳	能舌辯	相當	浮而不實，偏而不正	上謟下驕，不得人和	陰賊險狠利己損，此人野心極大，不擇手段，將來必為團體中之破壞者

資料來源：「朱毓麟致朱家驊電」（1944 年 3 月 31 日），〈湖南黨務：人事與工作情況〉。

　　隨後，因 CC 系在全國各地展開反攻，使朱家驊的中央組織部部長職位朝不保夕。1944 年 5 月，朱毓麟敏銳地洞察出政治風向，在朱家驊卸任前夕提出由黨轉政的想法：「在湘西辦事處所轄各縣之舊書記長紛紛被撤職，內中不乏優秀幹部。因弟困在湘南，又無用人職權，全憑私人交誼酌予安頓，心有餘而力不足，殊惋苦悶也。將來湘省府改組時，務請設法以弟一席。」[224] 8 月，朱家驊正式移交黨務職權後，朱毓麟重申前請：「弟之黨委因種種關係不宜再幹。聞湘省府有改組之說，如能代圖一府委，則目標轉移，仍可在湘領導一部份同志為黨效力，否則即請在首都另謀一簡任職以為退步。」[225] 朱家驊未親自作覆，由秘書沙孟海代勞：「騮公胃病復發，正悉心療養，尊電經口頭約略報告。目前部內同人及各省路委被排擠者眾，騮公甚感煩悶，尊

---

224 「朱毓麟致朱家驊電」（1944 年 5 月 7 日），〈湖南黨務：人事與工作情況〉。
225 「朱毓麟致朱家驊電」（1944 年 8 月 17 日），〈湖南黨務：人事與工作情況〉。

事或須稍緩再提。」[226]

正如沙孟海所言,朱家驊下臺後,該方各省幹部紛紛被排擠,旁人或許尚能見風使舵,改投他主。朱毓麟則因與朱家驊的親緣關係,無法繼續在黨界立足。1944年12月,湖南省政府委員出缺,朱毓麟電請其兄:「弟曾電懇吾哥致電郴縣薛長官,托其保弟繼任或由兄逕商中樞派委,總之此事萬乞玉成至禱。」[227] 朱家驊雖表示會全力為之進行。[228] 但直至次年省黨部改組,朱毓麟卸任執委後,其出路仍然未定,為解決生計,只得再次催促朱家驊設法。[229]

朱家驊遂向糧食部部長徐堪請托,任命其弟擔任湘南田賦管理處處長。[230] 但徐回稱,該部處長均已派定。[231] 朱家驊只得轉請薛岳:「族弟毓麟追隨左右有年,此次湘省黨部改組後,賦閒湘中,務乞始終成全,酌派其他工作為感。」[232] 而朱毓麟卻另生他意,向其兄表示欲攜眷回鄉,乞在江浙謀一席之地。[233] 朱家驊又順從其意,請江蘇省政府主席王懋功惠予省政府委員職務

---

[226]「沙孟海覆朱毓麟」(1944年8月26日),〈湖南黨務:人事與工作情況〉。
[227]「朱毓麟致朱家驊電」(1944年12月12日),〈朱毓麟〉,《朱家驊檔案》:301-01-23-101。
[228]「朱家驊覆朱毓麟」(1944年12月14日),〈朱毓麟〉,《朱家驊檔案》:301-01-23-101。
[229]「朱毓麟致朱家驊電」(1945年7月9日),〈朱毓麟〉,《朱家驊檔案》:301-01-23-101。
[230]「朱家驊手條」(1945年7月30日),〈朱毓麟〉,《朱家驊檔案》:301-01-23-101。
[231]「徐堪覆朱家驊」(1945年8月17日),〈朱毓麟〉,《朱家驊檔案》:301-01-23-101。
[232]「朱家驊致薛岳電」(1945年8月21日),〈朱毓麟〉,《朱家驊檔案》:301-01-23-101。
[233]「朱毓麟致朱家驊電」(1945年8月31日),〈朱毓麟〉,《朱家驊檔案》:301-01-23-101。

或以行政督查專員任用。[234] 不料朱又遭碰壁，王僅回覆：「茲以本府甫經回省，一切尚未就緒，容俟稍緩再行設法。」[235]

最終，只有薛岳念及舊情，電告朱家驊已將朱毓麟派為第九戰區司令長官部同少將參事。[236] 然而，朱毓麟對此卻不領情：「軍文官在部隊中並無地位，且抗戰既已勝利，長官部勢必結束。弟縱就職，亦不過免與薛伯公失卻聯絡而已，絕無事業可言。」[237] 當得知湖南省政府原建設廳廳長余籍傳，被內定為行政院善後救濟總署湖南分處長後，朱毓麟又欲請其兄在中央幫助運作副處長一職。[238] 隔日，更連致兩電催促朱家驊：若副處長不成，「中央或各省相當職務亦請相機速圖」，「弟原係留學日本，如能派赴臺灣工作更所企願」，「能在蘇省最佳，如在粵方進行者，愚見能再托陳辭修部長向羅主席一言，當使欽甫先生更易為力」。[239]

朱毓麟的獨特之處，並非僅因以朱家驊族弟身分出任湖南省黨部執委，更因個人品性關係，使其整個仕途生涯都無盡地仰賴著朱家驊的提攜與關照，這也給朱家驊造成了很大程度的困擾。對朱毓麟的個案考察，不僅能夠洞悉朱家驊在處理私人關係時流露出的不同側面，更能從中感知其經營黨務時，在公與私之間的

---

234 「朱家驊致王懋功」（1945 年 9 月 4 日），〈朱毓麟〉，《朱家驊檔案》：301-01-23-101。
235 「王懋功覆朱家驊」（1945 年 9 月 18 日），〈朱毓麟〉，《朱家驊檔案》：301-01-23-101。
236 「薛岳致朱家驊電」（1945 年 9 月 5 日），〈朱毓麟〉，《朱家驊檔案》：301-01-23-101。
237 「朱毓麟致朱家驊電」（1945 年 9 月 27 日），〈朱毓麟〉，《朱家驊檔案》：301-01-23-101。
238 「朱毓麟致朱家驊電」（1945 年 9 月 25 日），〈朱毓麟〉，《朱家驊檔案》：301-01-23-101。
239 「朱毓麟致朱家驊電」（1945 年 9 月 27 日）。

徘徊與選擇，從而呈現出一個更加真實、立體與飽滿的國民黨高層官僚形象。[240]

小結

自南京國民政府成立至抗戰爆發，國民黨始終未能建立起規範的人事制度，傳統社會中固有的人情私誼依舊在黨內延續。一名幹部的任用往往是上級部門對其各項指標綜合考察的結果，其中不排除一些潛在的主觀因素。在以「為人擇事」的國民黨內，更是如此。朱家驊戰時先後擔任國民黨中央執行委員會秘書長與中央組織部部長，在奉行蔣介石辦黨與用人理念，兼及維護自身派系力量的前提下，結合自身人際資源與過往經歷，逐漸形成一套有體系的任人方式與宗旨，並日漸構築起個人在黨權力網絡。門生戚屬、留德學人、故交舊吏等均是朱家驊人際網絡的重要組成部分，基於社會關係的複雜性，所用之人通常具有上述身份背景中的一種或兼具數種。因此，某人受朱之拔擢，一般不可絕對定性為由某種原因主導。

掌握著地方黨務幹部派遣大權的朱家驊，無疑成為彼時國民黨內外關注的焦點，其用人作風自然也難逃各方品評。如王子壯就認為，朱家驊政、學兩界十年仕途雖一帆風順：「然個人迄無穩練之幹部，以其用人無定見，任意高下，不依事功。於是不能得有能力者以為之助，且其作人作事之目標，完全為應付總裁。於是，對事無定見，對人無主張，但只拼命努力而已，不能成為

---

240 劉大禹研究抗戰時期湖南省黨部時，曾對朱毓麟有所關注，但因忽略了其與朱家驊的親緣關係，使得未能從這一角度進行延展考察。因此，筆者希望從二人親緣關係出發，重新考察戰時湖南省黨部黨務與人事調度，朱毓麟在其間扮演的角色，以及其後續出路與發展等問題。劉大禹，〈朱家驊與戰時國民黨湖南省黨部的改組（1940-1944）〉，《民國檔案》，2015年第2期。

領袖人才也。」[241]

而為朱家驊所用之人，實際也代表著其識人能力與幹部隊伍素質。例如，重慶市黨部執委兼書記長吳人初，就曾向王子壯抱怨主委楊公達不負責任。楊亦屬學人辦黨之輩，畢業於北京高等師範學校，後赴法國政治學院與巴黎大學留學。歸國後，歷任中央大學圖書館主任、教授、法學院院長，上海暨南大學教授、教務長，立法委員，教育部秘書等職。抗戰爆發後，調任中央黨部秘書、國際聯盟中國同志會總幹事、中央組織部秘書。自1942年起，擔任重慶市黨部主任委員。楊之履歷清楚地顯示了其與朱家驊的淵源和朱方幹部的身分屬性。[242] 王子壯感慨道：

> 夫今日之負責人員，專意交際，侈談計畫。每日以開會演講為務，真正促其發展基層工作，則但予敷衍，絕不努力作去。以如此之人來負市黨部主任委員之責，諸事焉得不敗？余問啟江，彼亦以其人不行，但朱先生喜此類人物，以其能文，頗信之。其實此種人為絕對的官僚，專作表面工作，以達其升官之目的。在建國時期，不宜容此類人之幸存，而事實上反以一技之長得以售其術，國家事之敗壞，此一重要原因也。[243]

陳果夫更在向蔣介石密報黨務組織與人事情況時盡數對朱家驊的不滿，如中央黨務學校與政治學校出身者陸續被撤，所補充者大半為中山、中央大學畢業生；組織部舊人無多，科長以上人

---

241 《王子壯日記》，冊7，1941年1月25日，頁25-26。
242 劉國銘主編，《中國國民黨百年人物全書》，冊上，頁962。
243 《王子壯日記》，冊7，1942年7月21日，頁479。

員四十餘人僅存四、五人;有三年統一系統之說,半年內將部內舊人肅清,一年內將各省幹部肅清;聽聞部長聲明舊人做久者應調換工作,有在部工作十餘年者被迫辭職;某人向朱謀事,被再四詢問與陳果夫等之關係,知確無關係乃與密談,且有將來可任衝鋒等語,外間傳聞組織部有清除所謂 CC 之說;聽聞為提高水準,黨務幹部中曾畢業於大學或留學者惟因久任黨務,不能任教授或著述,即被指為水準太低等。[244]

朱家驊雖秉承蔣介石的「抗戰健黨」意旨,積極薦用學人辦黨,促進黨工的學術化轉型,努力改變先前「黨棍辦黨」的不良觀瞻,但實際效果卻不盡人意。朱家驊在深受派系政治氛圍薰染的國民黨內,用人行事必定難逃各方品評與攻訐。朱方幹部備受非議的原因大體有二:其一,CC 系根植黨務十餘年,把持從中央至地方的組織人事系統。朱家驊上任後為掌實權、構建自身幹部隊伍,大量起用親信主持、管理各級黨部。而彼輩進入黨務系統後,擠佔了原先由 CC 系掌控的權力空間,派系衝突便以不同形式在各地爆發。其二,朱方幹部大多「由政入黨」或「由學入黨」,缺乏辦黨經驗,終日深陷人事糾紛,尤其在戰時,黨務效能難以提高,自然招徠外界指摘。因此,朱家驊的「學人辦黨」路線在國民黨內呈現水土不服,難以為繼之下只得以失敗告終。

不過,也有一些黨內人士較為肯定朱家驊的幹部任用路線。1945 年 5 月,國民黨六全大會的中委選舉使黨內烏煙瘴氣,張難先對局勢頗表悲觀,曾向王子壯表達對吳鐵城的極度不滿:「中央以如此流氓任秘書長是黨內無辦法之證。上次參政會開會

---

244 〈陳果夫函蔣中正報告近來黨務組織與人事情形〉,《蔣中正總統文物》:002-080200-00621-050。

時，總裁召宴。吳詆黨部負責人多以書獃子充任，意詆組織部長朱家驊也。余（張自稱）以今日黨知識水準太低，書獃子比流氓總好些。」[245]

---

245 《王子壯日記》，冊 10，1945 年 6 月 16 日，頁 207。

第九章　國民黨人事制度的反思

抗戰爆發後，蔣介石雖竭力反思、研擬黨的人事問題，希望能使國民黨黨務重新煥發生機，卻置身於其自身所布棋局中不得要領。作為黨國領袖，蔣雖能直面黨內烏瘴彌漫的派系鬥爭，但始終未能從體制上有所突破，力求徹底根治，不禁引人深思其中梗阻何在？國民黨黨務革新與人事制度構建的失敗是一個龐大且複雜的問題，因牽涉面廣、受制因素多，非僅憑蔣一人之力就可實現。關於這一問題無論在彼時，還是今日仍是可供討論的話題。因各人身分、所處層級，以及涉事深淺的不同，通常也會引發不同的思考維度，或可說明蔣介石在著手人事制度改革時，未曾察覺或觸及的諸項問題。

第一節　牽制政策

針對國民黨組織疲軟與人事制度混沌等問題，外間多以蔣介石不懂黨政領導辦法，只知由上而下專事指揮，不能容納基層意見等說法論之。而長年身處中樞、從事黨政業務的王子壯並不苟同於此，其認為蔣擁有多年治軍經驗，自然明瞭群眾之力量，觀其與胡漢民之爭，以及北伐後立刻以陳果夫主持黨務便可資說明。王子壯對於黨內派系和小組織林立之弊，深以為憂。在其看來，黨內幹部組織未得精確分工，各自展布勢力，以致相互抵牾，歸根結底是中樞幹部不能一秉大公，最終以私害公。[1]熊式輝

---

[1] 《王子壯日記》，冊8，1943年5月15日後「上星期反省錄」，頁192。

亦持相似看法，認為黨的人事問題應先法律化、制度化，才能以簡馭繁、振衰起弊。若要改革，首先須革除黨內各種小組織。[2]

王子壯認為，國民黨不患無組織，而患組織不得其道，實際是缺乏以國家為範圍的堅固大組織。各組織派系雖莫不以蔣介石為中心，但互相對立排擠，以致下層幹部缺乏公正努力的標準。在黨務方面，有二陳、黃埔系、朱家驊系；在政治方面則有政學系、孔宋勢力。如此四分五裂的勢力格局，不禁使王子壯感歎：「今蔣先生健在，固無問題，將來局勢又將如何？」張伯苓也曾提醒蔣介石應留意培養繼承人，但蔣僅微頷其首，亂以他語。王子壯暗自揣測：「或尚未得其選，抑待事功之成就以完成其地位，今日尚不欲遽行指定之歟？」[3]

其實，蔣介石在自我反省過往人事策略時，也意識到因早年環境限制而造成的體制缺陷，深感對人事缺乏掌握與統制能力，導致未能形成健全、有組織的幹部體系：

> 行政與軍事在開創之時，非信其所私及用其所私，則一切事業必難奏效。以一般社會中堅分子，無論其為邪正，對於行政官吏，凡非當局信任或關係深切之人，則其必伺機反對與種種為難。而且其平行機關，例如黨、政、軍、學，皆不能互助合作，甚至彼此磨擦攻訐。各種業務不惟無進步，必至散漫失敗。此為今日政治之致命傷，故非信私與專任決不能建設與成功也。[4]

王子壯在探尋黨內人事問題解決之道時，也曾追根溯源，試

2　熊式輝，《海桑集：熊式輝回憶錄 1907-1949》，1943 年 6 月 11 日，頁 403。
3　《王子壯日記》，冊 8，1943 年 8 月 21 日後「上星期反省錄」，頁 329-330。
4　〈蔣介石日記〉，1943 年 8 月 23 日。

圖從國民黨的發展歷程中找尋答案。王認為，1927年清黨後，「時值黨內紛擾、派系縱橫之際，利用北伐告成之朝氣，原可一新陣容」，但因蔣介石在黨資歷尚淺，便授權二陳兄弟主持黨務，對外全力防範改組派，對內戒備胡漢民等黨中元老。蔣如此行事雖屬迫不得已，卻使黨內消極之風始起，二陳在擁蔣之餘自成一系。隨後，軍方黃埔系勢力因被排擠於黨外，遂得蔣之授意組織復興社以與CC系抗衡。1938年，國民黨臨全大會召開，蔣介石榮任黨的總裁，為革新黨務，曾命令解散一切小組織，並將學人出身的朱家驊引入黨內，意在借其超然身分，融合CC系與黃埔系等各方勢力，使黨復歸統一。然而，「朱之用人雖不分門戶，但用有關之學生及朋友，又為勢所難免，事實上又將鼎足而三」。[5] 這一邏輯裡路道出了國民黨派系政治與蔣介石牽制政策，長期以來相互賴以存在的基礎。

　　蔣介石與王子壯在分析黨內人事問題時的不同之處在於，蔣傾向於強調客觀歷史條件制約，而王實際指向的是蔣主觀善用的人事牽制手段，如黨內有陳、朱、黃埔三系對峙，青年團內則有康澤、蔣經國二人摩擦。王子壯並未武斷地批判牽制政策不可取，也贊同此法若運用得當，確可激發競爭機制。不過，蔣之所為實屬不當，致使黨中力量相向，造成割裂勢力。[6] 王子壯承認，蘇聯牽制政策的成功是國民黨堪以研究和仿效的對象，並指出史達林不僅採用人的牽制，更重要的是在革命迅速推進時，開展了黨員總清算，使群體有自效之途而不致過分膨脹。再反觀蔣介石的牽制政策，「其結果必形成若干封建勢力，在國家在本黨

---

[5]　《王子壯日記》，冊8，1943年11月5日，頁429-430；冊9，1944年5月20日後「上星期反省錄」，頁202-203。

[6]　《王子壯日記》，冊9，1944年7月1日後「上星期反省錄」，頁266。

均為背時代之產物,亡國禍國而有餘」。若要扭轉時局,王子壯認為蔣介石必須具有決斷毅力,「不論何派,苟合標準,一律拔擢;不合標準,一律淘汰」。[7]

1948年3月17日,熊式輝在單獨面見蔣介石時,也曾就蔣之領導作風中的所謂「一柄兩操」手段提出過個人看法,並在日記中記錄下二人的對話內容:

> (熊:)又閱《綱鑑總論》言及明莊列帝敗亡之因,曰「一柄兩操,明知故用,因激成慢、緣瀆為猜」……此外成功之領袖三人,漢高祖不過是知人善任,今日之事多敗於人謀之不臧;唐太宗不過是從諫如流,今日之事或歉於讜言之不入;羅斯福不過是善用組織培養幹部,今日之事乃害於有組織之形,無組織之用,有幹部之名,無幹部之實……
>
> 主席言:一柄兩操之事是對信任幹部不專,我無其病,國防部人言余每每直接指揮軍師,或干預部中廳處事,從過去軍政部何應欽為部長起以迄於今,余絕不願多操勞,超越層級過問其事,奈彼等每每頹廢而不知理,乃不忍坐視其敗壞,故常常加以指示,此並非故為一柄兩操者。
>
> 余答:此即一柄兩操。
>
> 承詢有他事證否?
>
> 余答:黨務有朱、陳之分,特務有軍統、調統之別,員警有署校之異,等等皆是。
>
> 承示特務乃性質不同,各由其歷史造成之結果。

---

7 《王子壯日記》,冊10,1945年6月9日後「上星期反省錄」,頁199-200。

主席言：余用人素不猜疑，素不任有牽制。

余答：不然即就各省言，省保安副司令等官，不允由省主席選任，必由中央直派，即為牽制。

蔣：此為制度。

余言：此即牽制之制度，滿清人事制度，亦為中央集權，但考選府道縣長，分發各省，除極少數特殊者外，決無帶缺出京之事，今中央分發各省之人，動有指定之職務，非以候補者，各省主席不得視其人之能否，為之先後次第，一到地方便走馬上任，誰復更能指揮如意，此非牽制如何？

主席又語：即以東北為例，君在東北，予曾面授全權，君不知運用，反以為未全信任，以致事事姑息，軍隊紀律敗壞。

余答：東北事，主席未言及不敢提，既言及當便陳明，以為殷鑒。我奉命出關，名義上是黨政軍三方面的首腦，誠然曾一再奉有口頭及文電，明示授予全權，但實際卻大不然。先言黨務，初到長春，見東北各省地下黨部兩派爭持不下，蘇軍即藉口認為是有組織之反蘇，事為親者痛，仇者快，乃令一律取消，重就當地黨部人員加之整理，擬成立一整理委員會，中央黨部指為毀黨造黨，不問當地實際情形，直接區處，另令組織一整理委員會，任命委員十一人，我與杜聿明、余紀忠等皆為委員之一，會章規定委員十一人輪流主席，開會時我必須與更次一級之部屬輪流為主席，尚有何全權可說？

承詢為何當時不講？

> 余言：此豈待講，中央始能明瞭者耶？況並曾有杜聿明赴
> 牯嶺晉見時托其代陳原委，當時屢電堅辭，承電慰
> 留，不准者再四矣。[8]

在面對熊式輝的質問時，蔣介石並不承認自己善於使用牽制政策。即便在當前學界，關於這一政策也是具有討論性的話題。如齊錫生認為，把蔣介石形容為高高在上地操縱和玩弄派系均衡遊戲的操盤手，是過分高估了其政治能耐和宏觀意識，亦不符合蔣之個性。戰時國民黨各派系活動的飆漲，既不是蔣蓄意擴張專制權力的結果，也不是各派系本身為擴張權力而刻意設計的結果。與此相反，從結構層面上看，一個重要原因是黨之領袖在面對地方實力派抵制時，體會到自身軍政權力不斷弱化所激發出來的反應。因他們既無力向社會基層去伸張組織性的擴張，又對黨的正常良性發展難以寄予期望，最後在面對戰時急劇緊縮的政治權益時，只能以赤裸的行徑去攫取眼前最大收穫。而從結果逆向推之，蔣介石在被黨內派系鬥爭弄得焦頭爛額後，每次又會培植一個新的小團體作為其統治國家的幫手。最終，屢屢陷於失望，再屢屢另起爐灶。換言之，這是蔣在面對統治危機時的一種亡命而絕望的表現。[9]

總之，無論蔣介石是出於主動，亦或被動地採用牽制政策，最終因擁蔣各派系之間互相掣肘和內耗，而造成組織虛空的結果則是不爭的事實。

---

8 熊式輝，《海桑集：熊式輝回憶錄1907-1949》，1948年3月17日，頁664-665。
9 齊錫生，《分崩離析的陣營：抗戰中的國民政府1937-1945》，頁772-773、784。

第二節　監察失位

除蔣介石善用牽制政策外，國民黨幹部選拔混亂、人事制度廢弛的一個重要原因是戰時黨務系統中監察權的失位。自 1935 年起，王子壯便擔任中央監察委員會委員兼秘書長，其對這一問題頗有發言權。依據 1929 年頒布的《省監察委員會組織條例》規定，省監察委員會由全省代表大會選出三名或五名監察委員組成，執行以下職權：「甲、依據本黨紀律，決定所屬黨部或黨員違背紀律之處分；乙、稽核省執行委員會財政之收支；丙、審查全省黨務之進行情形；丁、稽核省政府之施政方針及政績是否根據本黨政綱及政策。」[10]

1938 年 4 月，臨全大會通過的《改進黨務並調整黨政關係案》在暫停省縣黨部選舉制、改行委派制的同時，亦撤銷了省監察委員會的設置：「省黨部之監察職務，由中央監察委員會派中央監察委員常駐指定之省黨部執行之。」[11] 隨後，中常會又就細節加以明確，即未設置省監察委員會時，本屬該會的甲、丁兩項職權由省執行委員會代行，乙、丙兩項職權由中央執行委員會代行。[12]

1939 年 1 月，國民黨五屆五中全會期間，蔣介石曾考慮建立黨員監察網：「此次全會以來，本黨最重要工作為設立第一期之監察網，應由調查統計局擬定整個計畫呈閱。」[13] 此後，國

10　〈省監察委員會組織條例〉（1929 年 12 月 19 日），韓君玲點校，《中華民國法規大全》，冊 10 補編（上海：商務印書館，1936），頁 871。

11　〈改進黨務並調整黨政關係案〉（1938 年 3 月 31 日），《中國國民黨歷次代表大會及中央全會資料》，冊下，頁 481。

12　〈中國國民黨第五屆中央執行委員會常務委員會第七十八次會議紀錄〉（1938 年 5 月 26 日），《中國國民黨第五屆中央執行委員會常務委員會會議紀錄彙編》，冊上，頁 216。

13　蔣介石此時所指交中央調查統計局設計的「黨員監察網」應為行事較秘密的

民黨中央確在各級黨部基層組織中設置監察員，構成監察網以與新縣制相配合實施的舉措。根據蔣介石對於在基層所設監察網的定位，其職權歸屬於同級監察機構，但實際卻由中統方面負責設計。因此，王子壯認為，恢復監察機關應以恢復省縣監察委員會為先決條件，遂於國民黨五屆六中全會時提案請求恢復。[14]

此後數月，不僅省縣監察委員會未得恢復，監察網也推行遲緩，王子壯遂抱怨道：「全體會議交下已有兩月，分請各委員簽註意見，到者亦不多。」而另一邊由中統局負責的「黨員調查網」卻進展神速，大有取而代之之勢。眾人對此感到大惑不解，甚至懷疑是陳氏兄弟在自造勢力。王子壯更詫異於監察網尚在監委會審議之中，為何調查網竟能提前順利實施，「然觀其文件有總裁手令，似又非冒然者」。王子壯後經瞭解始知，蔣介石確有此意，並囑秘密進行。朱家驊就曾因對調查網的設置提出過反對意見，而遭到蔣介石訓斥。[15]

由此可見，蔣介石幾乎同時著手佈置了兩套監察體系，一明一暗，分別由中央監委會與中統局負責辦理。前者鋪設於地方基層黨部，後者設置於各機關內部。王子壯難以認同蔣之如此做法：

> 黨員監察凡屬忠實努力之黨員，人人有此義務。今以絕對秘密之方式，指定少數人分別刺探。結果，因擔任調查者之未

「黨員調查網」，因其後真正名為「黨員監察網」的系統是由監察委員會領導與設置。國立政治大學人文中心主編，《民國二十八年之蔣介石先生》，頁43。

14 《王子壯日記》，冊5，1939年10月27日，頁376。

15 《王子壯日記》，冊6，1940年2月5日，頁36。

必有忠誠之品格,而唯希一時之快意,致專及個人之陰私或竟捏造黑白,以充實內容。往者數見不鮮,人人提及,每為寒心者也。今蔣先生仍著此種特工人員事此,余殊不解其何意。蓋目前適逢國難,向心力最強之時,宜導之以嚴正,使共赴救國之坦途,不應再有疑慮之啟發,使人心趨於渙散也。[16]

「監察網」與「調查網」雖看似各有定位與分工,但雙方均思擴張權勢,盡力模糊職權邊界,終將不可避免地造成業務重疊與職權摩擦,徒增行政耗能。監委會在研擬監察網實施辦法時,就設法對中統局所主辦的調查網加以限制,認為該方有將調查所得貢獻於監委會的義務。此外,基於中統局的特務系統背景,各方對調查網也頗表反感。如中統局派員前往立法院接洽設立調查網時,葉楚傖就斷然拒絕。王子壯預言:「良以如此作去,將有引起政潮之虞也。」[17] 即便是兼任中統局長的朱家驊,也因該項業務實際由 CC 系徐恩曾主持而感到頭痛,亦表示甚願將調查網移交監委會辦理,並統一改名為監察網。不過,作為監委會一方的王子壯或因門戶之見而力持反對態度,認為監察網和調查網雖均為蔣介石所倡,但因性質與範圍不同,若合併辦理將會有殊多問題。最終,雙方決定先請示蔣介石,再商議解決辦法。[18]

1940 年 3 月,中央監委會提請恢復省縣監察委員會的訴求被蔣介石駁回:「恢復各級監委會縱嫌牽動,指定委員負責自易執行,仍請指定委員一人代行監察專員責。」[19] 1941 年初,蔣

---

16 《王子壯日記》,冊 6,1940 年 2 月 5 日,頁 37。
17 《王子壯日記》,冊 6,1940 年 2 月 8 日,頁 39。
18 《王子壯日記》,冊 6,1940 年 3 月 16 日,頁 76。
19 〈中國國民黨第五屆中央執行委員會常務委員會第一四二次會議紀錄〉

介石又將「增強監察制度及其行動」列為當年黨務中心工作與政策之一，但其後措施並不得法。[20] 同年4月，中央監委會改變策略，以省黨部執行委員兼任監察委員，「權責慮有不專，而工作亦嫌繁重」等弊病，向中常會提出釐定各省市負監察專責委員工作的要求。為此，國民黨中央在既定體制框架內，做出的解決辦法是設立監察專責委員辦事處、增加經費，但並未使省級監察權獲得獨立。[21] 辦事處設立兩年後，王子壯在言及該處效能時談到：「平日之督促考核不為不嚴，按之事實成效甚少，至多能作相當工作，未能以全力自動發展工作也。」[22]

1941年底，中央監委會仍困於臨全大會緩設省監委會後，由省黨部執委兼任監察專員，不能真正負起考核省黨部工作之責，決定再次請求國民黨中央恢復省監委會設置，以便遵照《總章》行使監察權。[23] 此後，蔣介石一方面繼續回避中央監委會因缺乏下設機構，考核工作無法實施，要求恢復省監委會的正當訴求；另一方面又欲使其擔負起額外的管理黨員之責，因國民黨五屆九中全會通過的整頓黨務案中「管理黨員」一節被移交給中央監委會研究辦理。王子壯對此頗有疑慮，因國民黨採行民主集權制的組織原則，黨部由黨員自下選舉產生，中央僅有領導督促之責，若言「管理」則是以上馭下。監委會也僅是從紀律方面約

　　（1940年3月7日），《中國國民黨第五屆中央執行委員會常務委員會會議紀錄彙編》，冊上，頁542。
20　〈蔣介石日記〉，1941年「大事表」。
21　〈中國國民黨第五屆中央執行委員會常務委員會第一七四次會議紀錄〉（1941年4月28日）《中國國民黨第五屆中央執行委員會常務委員會會議紀錄彙編》，冊下，頁707。
22　《王子壯日記》，冊10，1945年1月6日，頁10。
23　《王子壯日記》，冊7，1941年12月6日，頁340。

束黨員，依照《總章》對違紀者予以消極懲處而已。監察網雖包含積極領導之意，但也尚在謀劃中。因此，王子壯表示，管理黨員殊非監委會應負責任。[24]

至 1943 年時，臨全大會取消省監委會設置已四年有餘，監察職能的失位使黨內派系鬥爭愈發激烈，各地黨務糾紛頻發。王子壯雖終日身居中央，難以詳聞地方情形，但僅重慶市黨部的監察工作實況已足以令人痛心。據王所派之人視察彙報稱，該市黨務工作極不努力，不僅對監委會，甚至對國民黨中央亦是敷衍態度，若問詢主委楊公達，其便以錢少人少、中央不信任、不能辦事等語回覆，監察工作更是萬分鬆懈。王子壯鑒於上述情形還是一年以來中央監委會力事督促的結果，遂對重慶市黨部監察工作喪失信心，決定另易市黨部監察專員，並函送中央組織部對主委楊公達予以警告處分。因楊公達為朱家驊方幹部，王子壯也借此對朱主持下的中央組織部展開一番論說：

> 監委會之工作與組織部密切關聯，蓋非組織健全，不能嚴密紀律也。組織部對此迄無良善之辦法，且對於組織如何健全之意識仍有不明晰之處。一觀組織部最近出版之《組織旬刊》可以了然。故其所用人，如楊公達等，一味演說交際作文宣傳，對於黨的基層組織之健全，是總裁再四諄囑者則不暇顧及。以此類人而負下級黨務之重任，焉得而不失敗。[25]

其實，王子壯對中央組織部的不滿尚不止於此。王自到中央

---

24 《王子壯日記》，冊 7，1942 年 9 月 2 日，頁 503。
25 《王子壯日記》，冊 8，1943 年 4 月 6 日，頁 138-139。

監委會任職後,始終秉承先前年高德勳之常委所確立的對黨部財政稽核不主張苛細的舊制,藉以避免引發各省黨部執、監委員不和。然而,自蔣介石任用諸如朱家驊、吳鐵城等政界官員辦黨後,風氣則為之一變:

> 各部處之工作以及供應,專為首長一人。在黨部不准報銷、不能報銷,由主辦事務人員用偷天換日之手段以造報銷。監委會只能查有實據者予以剔除或批駁,但工於作偽者,雖明知其偽,因無證據亦不能剔除,況尚須顧及常委之態度。近日百物昂貴,各部辦公費用不足。於是,事務人員更能上下其手。一觀各事務人員(如秘書處總務處長孫芹池)之豪奢,一席千元之宴會,月必數次,竟有十餘次者,其經費果何自來?[26]

自 1942 年國民黨五屆十中全會後,隨著省縣黨部選舉制的全面恢復,監察委員也改為選舉產生,不再由中央指定由省黨部執委兼任,省監察委員會得以恢復,但之後並未收到預期效果。[27] 重慶市黨部監察委員選出四個月後,雖不再兼任黨部執委職務,但仍各有其他兼職,以致忽視黨的監察工作。中央監委會

---

26 《王子壯日記》,冊 8,1943 年 8 月 28 日,頁 338-339。
27 截至 1945 年 4 月,經由選舉正式成立的監察委員會有:浙江、福建、江西、甘肅、寧夏、貴州等六省,以及重慶市、西南公路特別黨部。成立負監察專責委員辦事處的有:湖北、四川、湖南、陝西、綏遠、安徽、廣東、貴州、青海、河南、雲南、山西、西康等十三省,以及隴海、粵漢、湘桂、平綏等四鐵路特別黨部;西北公路、中華海員兩特別黨部;湘、贛、閩、皖、豫、陝、甘、湘、魯、黔、桂、浙、蘇、康、粵、滇等十六省軍隊特別黨部。李雲漢主編,《中國國民黨黨務發展史料——中央監察委員會報告》,冊下(臺北:近代中國出版社,1996),頁 1158-1159。

數次派人督促亦毫無效果，王子壯頗為苦惱：「原以重慶為陪都希望特別努力，以為示範者，荏苒數月效果未見。如何再為督促，仍應考慮周詳之辦法也。」[28]

數日後，王子壯約集重慶市黨部監委談話，得知該市黨部主委支配一切，使監委會人事和經費權不能獨立，只能應付日常工作。王子壯研究組織法後認為，監委會確不隸屬黨部主委領導，決定草擬辦法請示中常會或徵詢中央組織部意見：

> 初以監察工作無下級機構，故設負監察專責委員較有工作。然以地位係由執行委員兼任，仍以為影響工作。今正式監委會成立矣，反而工作不如以前，真因在責任分散、各委員兼職又多，不僅地位不獨立而已。故余以為將來憲政時期，此種委員會制度必須有以改善之。不然如今日者，實即浪費人力物力，無補於事功，可慨也已。[29]

至此，王子壯才意識到，先前一直將黨內監察制度的弊病盲目地歸之於地方監委會設置的缺失，導致基層黨的監察權無從行使。然而，其卻未察國民黨監察體系實際存在著更為嚴重的先天缺陷，若言改善必須從長計議。王子壯身為中央監察委員會秘書長雖表示「在派別林立，只鬧人事糾紛之地，監察工作之人員不能不有嚴正之表示，以糾正此惡風，亦為事所必要」，但實際卻無力扭轉中央監委會的立場與作風。[30]

抗戰時期，國民黨內激烈的派系鬥爭，本質上暴露了國民黨

28　《王子壯日記》，冊10，1945年1月6日，頁11。
29　《王子壯日記》，冊10，1945年1月17日，頁24。
30　《王子壯日記》，冊9，1943年11月13日，頁457。

監察制度約束力的失效。中央監委會本負有遏止黨內紛爭之責，卻為避免捲入鬥爭漩渦，始終奉行不偏不袒的超然路線。這並非意味著該會能夠公平仲裁，而是不問是非曲直的盲目中立，放棄了本應履行的黨內監察職權。

前文所述因江西省黨部選舉所引發的梁棟案，最可充分反映中央監委會對此類派系糾紛案件的處置態度。又如中央組織部兩次易主後，大規模幹部汰換事件的發生，亦是黨內監督體制失位的表現。然而，監委會即便欲置身事外，各方仍欲借用監察權作為打壓政敵的工具。1945年初，西康省黨部執委向國民黨中央檢舉該黨部主委與會計長期截留下級黨部經費一事。王子壯就從中察覺：「現黨部停頓，組織部之所以望予澈查解決者，亦為西康省黨部之代表選舉問題亟待辦理。」[31] 彼時，二陳兄弟已重掌中央組織部，西康省選在即，向中央監委會提出檢舉案的目的是為打擊競爭對手。中央監委會所能發揮的良性作用，僅是不受派系勢力利用。該會對此類案件未敢深究，實則也是國民黨監察權長久以來被弱化的證明。所謂上行下效，中央監察委員會運行實況尚且如此，地方監察權的效力更無從談起。

第三節　人情與民主

黃仁宇認為，在現行的學院派分工模式中，將人類努力成果分為法律、政府、經濟、社會學等等。這反映出現代西方固定的狀況，卻無法有效用以測量中國的深度。在中國，哲學理念可能轉成法理學，政府運作總是和家族扯上關係，國家的儀式化過程含有宗教力量。中、西方的結構不一致，不能作水平的延伸。這

31　《王子壯日記》，冊10，1945年1月29日，頁40。

樣的差別一開始就將中國和現代西方世界分開。[32]

　　黃道炫指出，民初中國，帝制崩潰、儒教瓦解，維繫中國國族認同的兩根最重要支柱斷裂，這種分崩離析的漂移局面既是政治權力分化的結果，也是文化中國崩解後的代價。崩解的局面及隨後國民黨主導的有限度的修復，留下了政治、社會、文化多方面的結構性裂縫。其中，文化中國的崩解帶來的一個現象就是人情政治的肆虐。在帝制中國，由於皇帝效忠和儒學修身兩個坐標的存在，人情這種次一級的忠誠尚能被控制在一定範圍內。而到了民國時代，前述兩個坐標同時失效，人情成為失範狀態下政治、社會活動最重要的潤滑劑，滲透到社會政治的各個角落。[33]

　　國民黨在本質上是一個披著西方現代化政黨外衣，而骨子裡是傳統鬆散的中國式半新不舊的政治結合體。[34] 這種半新不舊的政治機體，既切斷了科舉時代學子們的進身之路，又未習得西方政黨的人才汲引之道，而是陷入人情政治的泥潭不能自拔。蔣介石自然十分了然國民黨內的政治生態：「國人小有才者，多無氣節；肯負責者，多為庸才；或私心自用，而無公忠之性。此民族之所以衰敗，而政治之所以無法也」。並曾自問：「誅不避親，舉不避仇，吾果能之乎？」[35] 誠然，這一自問的答案是否定的。蔣介石身處新舊畸形的政治環境中亦不能例外，《張治中回憶錄》中就提及熊式輝認為蔣一切用人行政不外乎地緣、血緣和學緣三緣。[36]

32　黃仁宇，《黃河青山：黃仁宇回憶錄》（北京：九州出版社，2007），頁73。
33　黃道炫，〈密縣故事：民國時代的地方、人情與政治〉，《近代史研究》，2017年第4期。
34　齊錫生，《分崩離析的陣營：抗戰中的國民政府1937-1945》，頁64-65。
35　〈蔣介石日記〉，1940年6月1、5日。
36　張治中，《張治中回憶錄》，頁473。

段錫朋曾在指責國民黨的人事制度時，慷慨陳詞道：「確立人事制度系使人服從主義，服從組織，服從紀律。不少人指某某為某某的人，而某某亦自認為某某的人，此即下流，此即無恥，何以建設現代國家？」[37] 蔣介石亦公開指出，國民黨最主要的病根即是人事缺乏組織和管理，更沒有確立一種制度，走上一定軌道。對此，鄭彥棻坦率地承認國民黨內用人無標準，「每憑個人關係，任調升降，多是感情的作用，成了現在人事行政上一般的通病，以致善惡不分，賞罰不明」。為人擇事多是以公徇私，為事擇人則是秉公任用。鄭彥棻同時強調，「如果要做的事，屬於專門性質，不容易找到適當的人，事前便要開班訓練專門的人才，以適合工作的需要」。因此，若要解決人事問題，訓練幹部成為中間重要的一環，不過，幹部的選拔和訓練均是國民黨人事制度中最薄弱的環節，始終未能得到改善。[38]

　　直至 1948 年，陳布雷仍暗自感慨：「我國政治始終不脫人事關係上之離合，若干人成見太深（雪艇、立夫皆然）。」[39] 蔣介石亦在悔恨：「一生慚惶之事，不重組織，不奠基礎，對於人事與會計二制度不能確實建立，以致誤國誤軍，此敬之、季陶與立夫皆應負其重責，然究為余領導無方之過，幹部不力何尤耶。」[40]

　　其實，國民黨內一直不乏對人事制度有所研議之人。1938年時，楊玉清就曾撰文指出，西方政治是只見換人、不見換機關。中國政治則與之相反，只見換機關而不見換人。「所謂政

37　《肝膽之剖析——楊玉清日記摘抄（1927-1949）》，1942 年 2 月 5 日，頁 305。
38　鄭彥棻，〈解決人事問題的途徑〉，宋特立編輯，《制度與人才》（重慶：北斗書店，1944），頁 12、16。
39　《陳布雷從政日記（1948）》，5 月 6 日，頁 84。
40　《蔣中正日記（1948）》（臺北：民國歷史文化學社、國史館，2023），「雜錄」。

治,最大的作用,就是要造出一條軌道,使人們有所遵循。政治是造路,不是塞路;是為眾人造生路,不是為眾人塞生路。如果一方面無人可用,而一方面人又不得其用。」在楊玉清看來,「中國今天的一切,不是生長的,而是移植的。所以在意識方面說,有最新的思想,有最新的法律,也可以說,有最新的制度;而存在方面則大謬不然,固然有的地方大有進步,但是概括的說,仍是依然故我,有最舊的工具,有最舊的生活方式,縱然有時候發奮前進,但有時候總難免故態復萌。」因為中國的社會環境不改,人們的腦筋無法轉變。外來的思想缺乏根基。楊玉清強調,以制度取才是機械工業的作風,用人唯親則是農業社會的特色,「只知道有同鄉同學,只知有親戚故舊,這在人們看,不是不道德,而正是道德」。中國尚處在手工業政治階段,即依靠人情私誼來選拔人才。因此,中國急需的是從手工業的政治,轉而走上機械工業政治之路。[41] 自海外歸國的楊玉清也是在官場經歷了一番打滾後,才悟得上述政治潛規則,其自嘲道:「過去我毫不知對人事之應付。殊不知人為社會動物,尤其是中國社會純憑人事,倘無人的關係,縱才高百鬥,仍只有閉戶孤芳自賞耳。」[42]

當黨內幹部選拔長期依靠人情而非公認的制度時,國民黨「民主集權制」政體中的民主成分便在一點點流失。被視為國民黨理論家的戴季陶曾在其 1925 年所著的《國民革命與中國國民黨》一書中如此闡釋道:「我們這一個民主的集權制,和其他的團體的制度,有一個根本不同的地方,就是中央的組織,是在委

---

41 楊玉清,〈制度與人才〉,宋特立編輯,《制度與人才》,頁 1-2、7。
42 《肝膽之剖析——楊玉清日記摘抄(1927-1949)》,1938 年 3 月 2 日,頁 218。

員制之上,特置總理,而總理在行動上,操最後決定之權……有孫先生而後有三民主義,有三民主義而後有黨,所以總理制之在吾黨,為特殊的精神表現,為主義的人格化。和普通所謂總理制,是絕對不同的。」[43] 戴季陶依照這一邏輯,將孫中山個人權威置於國民黨之上,賦予其無上地位。

到了抗戰時期,中央組織部部長朱家驊對於民主集權制的解讀仍與戴季陶如出一轍。朱認為,臨全大會修改國民黨總章,設立總裁代行總理職權,地方黨部於設置委員會外,在省採用主任委員制;在縣採用書記長制;在區以下採書記制,均是為補救委員制的缺點。「這正是根據民主集權制的原則,所形成的一種進步而妥當的組織……須經領袖認可,然後付諸執行。這種民主集權式的組織,具有民主制集思廣益之長;同時又有領袖根據主義、政綱、政策加以審核認可,使會議決議,確實符合主義的真義,而無民主制盲從錯誤之短。」[44]

然而,1938年的國民黨臨全大會推舉蔣介石就任總裁,極易使人忽略戰時中國權力結構中的核心問題,以及中國政治中虛名與實權的本質差異。雖然淞滬會戰確使蔣之個人聲望達到新的高度,但其實際權力已被削弱至北伐成功以來的最低點。蔣介石當選總裁,正可視為其利用「法定權力」去掩蓋「實質權力」的衰退。八年戰爭使蔣變得更加獨斷專行,其「權力場地」也愈發狹窄。[45]

自1928年國民黨中央暫停省縣黨部選舉後,黨內便不見「民主」,僅餘「獨裁」。幹部選拔方式只剩「保薦」和「甄拔」二

---

43 戴季陶,《國民革命與中國國民黨》(上海:中國文化服務社,1946),頁20。
44 朱家驊,《黨的組織與領導》(重慶:中央訓練團黨政訓練班,1944),頁32。
45 齊錫生,《分崩離析的陣營:抗戰中的國民政府1937-1945》,頁351。

途。就朱家驊的認識而言,此二途均是選賢舉能之良策。其中,保薦有私人保薦與機關保薦之分。私人保薦系由黨的高級幹部各舉所知,以供委用。朱家驊認為,此項辦法雖易生流弊,但若經嚴密審查和試用程序,亦不失為選拔之一法。關於機關保薦,國民黨中央曾訂有辦法,即各級黨部每年舉薦優秀分子舉薦若干,以備上級選拔。此項通過組織選拔的方法本極合理,可惜已往各級黨部未能認真行事,以致鮮有實效。甄選則是從現有各部門工作人員中,按成績選拔幹部。此項辦法不僅可從實際工作中選拔優秀者,亦可提高一般人員工作熱情,意義重大。惟因各機關對人員考績尚未能達到理想境地,以致實施上不無困難。[46]

朱家驊或因身居其位,在選舉制暫停的情形之下,需對國民黨既行幹部選拔制度予以回護。但到了戰後革新運動時,運行了近二十年的國民黨人事制度成為備受詬病的焦點,時人曾撰文抱怨道:

> 選拔優秀黨員,煌煌條例,不為不好,但十年來選舉出來的是哪一個?我只看見中央選來選去仍是那些人,各省調來調去依舊是這些人,似乎上自中央,下至地方,高中級幹部天生就是這些人,我不信十年來下層裡就選不出幾個能幹的人,為什麼上不去!說一句很不客氣的話,假使這些人一旦都死了,黨再存在不存在?黨的革命工作再作不再作?若是還要繼續奮鬥的話,這種壓抑後進,忌才嫌能的作風實在太不聰明。[47]

---

46 朱家驊,《黨的組織與領導》,頁 53-54。
47 郭去病,〈從黨的頹風論黨的改造〉,《革新週刊》,第 1 卷第 12 期(1946 年 10 月),頁 9。

賀嶽僧分析認為，自 1928 年以後，國民黨的民主集權制便被個人領導制代替；黨內選舉制被指派和委派制代替，其惡果是黨內資源的大量私化，權力集中於個人而非組織。黨停止了良性的新陳代謝，優秀人才無法從基層選出。久之，坐擁權力之人不再對群眾負責，而只對領導者負責，如此便與群眾脫離了關係。另一方面，欲出人頭地者必須鑽營奔走才可獲得權勢者的信任和偏愛，派系勢力遂由此形成。而派系首領為提高自身在黨地位，互相傾軋亦在所難免。在此制度下，黨員只知有派而不知有黨。黨員也分化為兩類：一類是以鑽營奔走為能事的活躍分子；一類是流於頹唐灰喪的消極分子。[48]

此外，前輩幹部長期佔據高位，一些炙手可熱之人甚至身兼數職，嚴重阻塞和剝奪了後進新人嶄露頭角的機會。由此觀之，抗戰勝利後，蔣介石頻繁抱怨國民黨無組織、無幹部為其分憂節勞，陳布雷亦感慨黨內「老者漸凋零，壯者漸衰老」的原因也就清晰明瞭了。若再循此邏輯梳理，在戰後革新運動和行憲後各種選舉中，人們表現出來的對民主的熱烈追求，從某種角度看，便可視作對國民黨內各派系勢力常年壟斷人事機制的反彈和長期壓抑情緒的集中釋放。

1949 年 6 月，蔣介石終於跳脫固有思路，對國民黨既往幹部政策加以痛徹檢討。首先，蔣意識到黨應為政治的神經中樞與軍隊的靈魂，但過去對於軍、政幹部缺乏思想領導，導致幹部無思想。而在形式上，黨、政、軍幹部互相衝突，黨部與軍、政分立，使黨立於軍、政之外，乃至黨的幹部自相分化。同時，幹部

---

48 賀嶽僧，〈黨的腐敗原因之分析〉（二），《革新週刊》，第 1 卷第 4 期（1946 年 8 月）。

缺乏政治教育,不能使全黨理解領袖之政策,並且領袖對於幹部也未能加以集體的、配合的、系統的領導與運用。於是,領導方向不明,幹部貫徹無力。從而幹部只感覺到受拘束、無權力,遂心存怨念和推卸責任。[49]

其次,蔣介石坦言從前的幹部選拔,以人情而不以政策。對於政治幹部,不責以政策;對於軍隊與行政幹部,不以能力和功過為取捨。全黨上下均以關係和感情決定一切,導致有為者無所激勵,無能者不受淘汰。因此,人才無法集中於黨,黨亦無法培育人才,最終造成人才沒落的現象。在蔣看來,政治幹部應以其對民眾的號召力、組織的影響力和政策的適當性為衡量標準,行政人員應以勞績效率和資歷為進退黜陟標準。總之,國民黨幹部政策的基本缺點在於無思想領導、無政治教育,亦無磨煉陶冶和新陳代謝的制度,故對於社會上優秀人才失去吸引力。縱使黨內幹部能夠團結一致,國民黨也缺乏社會基礎。

關於如何重建幹部隊伍,蔣介石認為必須陶冶舊幹部、訓練新幹部,其基本原則為:以思想為結合;以工作為訓練;以成績為黜陟。在思想上,一方面中產階級沒落,日常生活困難,失去理想,畏懼暴力。另一方面,國民黨和國民政府既無政策維繫人民生活,亦無力量保障人民安全。國民黨在社會中重建理想取得信任是極難之事。因此,在訓練上,要用思想領導幹部,使其為政策工作,自覺分工合作,並使幹部理解其工作對於政策的意義、作用與效果,而後工作有意義、有目標、有進度,互相呼應,激發興趣。對於幹部的黜陟,蔣介石強調要以成績為依據,其標準則為在軍政社會組織中有無堅持政策、能否影響群眾、貫

---

49 《蔣中正日記(1949)》,6月9日。

徹主張和完成工作任務。

最後，針對幹部訓練，蔣介石談到：黨之政策須以理想為指導原則，政策的確立須先溝通幹部思想，其後政策始可得到幹部的擁護和遵循，並為之積極奮鬥。在政策確立後，應有戰略指導和戰術上的工作分配。每一步驟皆在搞通幹部思想之後，再行落實。而所謂思想上搞通，即是政治教育。蔣特別指出，中共團結黨員、汲引青年、掌控群眾，幾乎全恃其政策、戰略和戰術，而戰略、戰術實為青年興趣與熱情之所在，「而其戰略、戰術，每一步皆有其詭辯哲學為之解釋，無不歸宿於其共產主義之理想，故信仰炳然常存」。[50]

由此可見，蔣介石對於國民黨人事政策的反思和重新設計，其思想資源或汲取於中國共產黨的組織建設經驗。不過，即便蔣此時能夠幡然醒悟，決定痛定思痛地重新做起，但歷史的車輪和人民的選擇再也未給其實踐和檢驗的機會。

小結

國民黨中樞要人王子壯因長年從事黨政業務、身兼數職，基於自身所見所聞，對於國民黨人事制度的弊病不僅洞若觀火且常發議論。[51] 王子壯曾強調，國民黨人事問題的本質就在於身居高位的蔣介石沉迷於牽制政策，不願單獨信賴任何一方，導致權力重心屢次轉移，黨內派系鬥爭益烈，久之基層組織空虛。而其

---

50 《蔣中正日記（1949）》，6月9日。

51 1942年6月，王子壯曾在日記歷數自己所兼各職，黨務方面：1、中央監察委員；2、監委會秘書長；3、審核委員會主任委員；4、黨務考核委員會委員；5、黨務工作人員從政甄審委員會委員；6、中央訓練委員會委員；7、中央財務委員會委員；8、黨政工作考核委員會委員；9、上會黨務組副組長。銓敘部政務次長、考試院法規委員會委員、銓敘組組長、銓敘審查委員會主席等若干職務。《王子壯日記》，冊7，1942年6月5日，頁450。

屬下各派系則沉迷追逐利益得失，因私廢公，置黨的前途於不顧。[52] 蔣介石對於這一評價自然矢口否認，但每當馭人處事失敗時，確常會辟一新機關或另造新勢力作為應對之策。久之，機構疊床架屋、效率低下，派系勢力彼此競逐、互相掣肘便成為不爭的事實。

　　1938 年，臨全大會改制後，作為中央監委會下設機構的省縣監察委員會被撤銷，由中央指定省黨部執委一人負責履行監察職權。這一看似細微的調整，卻攸關整個黨務機器的運轉，這意味著省黨部原本應接受的外來監督，轉變為自我監督，極大地減損了監督效能。尤其在戰時黨內派系鬥爭激烈之時，監察權的如此設置反而成為一種「助力」。肩負監察職責的省黨部執委，也往往會因自身所具派系屬性直接捲入糾紛，利用職權攻訐他方幹部，使得抑制黨內派系鬥爭的最後一道體制防線瀕臨崩潰。

　　黃道炫曾在研究中指出，傳統中國政治的通常表現是處處留情，人情重於原則，在王朝崩潰、效忠對象缺失，而國民黨又很難提供共同信仰的背景下，人情幾乎成為國民黨人的行為準則。不過，值得注意的是，作為國民黨對手方的中國共產黨在運用人情政治時，特別強調自身階級政黨的性質，要求與人情政治劃清界限。中共革命文化的建立極大地消解了傳統中國崩解後的權威缺失問題，讓中共黨員牢牢樹立起自己的文化權威和效忠對象，這是在人情政治面前隨波逐流的國民黨人所無法比擬的。[53] 自 1947 年起，蔣介石雖然開始注意虛心研讀中共整風文件等材料，試圖學習和借鑒中共的幹部制度和黨的建設經驗。然而，被

52　《王子壯日記》，冊 10，1945 年 7 月「本月大事預定」，頁 227。
53　黃道炫，〈密縣故事：民國時代的地方、人情與政治〉，《近代史研究》2017 年第 4 期。

二十餘年畸形政治文化和「人事制度」侵蝕後的國民黨早已積重難返。

結語：國民黨的人與人事

　　1905 年，中國帝制時代沿襲了一千多年的科舉制被廢除，隨之被顛覆的還有長久以來相對公平、穩定的官員選拔機制。此後，傳統官僚人事制度與近代社會一道經歷了急速地劇烈變動。北洋時期的文官制度、國民黨的公務員系統，均是後科舉時代繼起的幹部任用體系，預示著封建社會「家天下」的君臣主僕關係，開始向「黨天下」的黨魁同事關係轉型，也意味著幹部的私屬性淡化，政黨與人民被作為效忠和服務的對象，這是一場由傳統向現代過渡的人事關係變革。

　　1924 年，孫中山師俄改組國民黨後，革命型政黨的組織模式作為一種舶來品雖在中國落地。中國傳統社會「入仕為官」的風尚也漸為近代黨治生態下的「入黨做官」所取代，其間發生了一場由傳統向現代過渡的人事制度變革。但由於創業者中道崩殂，使此後現代政黨的人事制度建設出現波折。1927 年，北伐完成後，不僅黨、政權力受到日益膨脹的軍權擠壓，蔣介石更將黨、政官位作為酬庸軍功、安撫地方的工具，逐漸弱化了由黨向政輸送人才的黨治作用，進而導致黨工的錄用資源減損。[1]

　　與此同時，蔣介石又為淨化幹部隊伍，鞏固自身在黨地位，中斷了國民黨總章規定的「民主集權制」組織原則下的省縣黨部選舉，將黨務幹部薦任權發包給諸如中央組織部部長等主事官員，藉以調動高級官僚的人際資源和效力積極性，但如此便破壞

1　王奇生，《黨員、黨權與黨爭——1924-1949 年中國國民黨的組織形態》，頁 266-279。

了黨國機器中的幹部任用體制，同時也延宕與阻礙了現代人事制度的發展。這一制度的長期缺位則助長了現代政治人事與傳統幕僚包辦制的相互嫁接，在黨政系統中，逐漸衍生出一種「主官承包制」式的畸形人事運作形態。所謂「主官承包制」，即一部門主官掌握著其治下的幹部配備與薦免權，而主官的異動通常也會連帶下屬的離職他就，這種模式一直延續至抗戰爆發。上述行為用易於理解的俗語解讀便是「一朝天子一朝臣」。[2]

國民黨的「主管承包制」既體現在中央幹部變動時連帶的省級幹部調整，也體現在省級幹部更換時所引發的下層人事更替。李品仙就曾談到，國民黨戰時人事制度未上軌道，新官上任後總會有一番人事安排，已是積久而成的習慣：「如新任主官到任之後不立即發佈人事，反使各部門的主管惶惶不安無心工作，且有新任主官一到便馬上提出辭呈表示讓位的，如新任要他繼任便加以挽留。」[3] 此類人事異動的背後實際是派系勢力在作祟，而這種任用潛規則導致的後果是幹部水平低劣、冗員盈門卻無法裁減等弊病。並且，國民黨黨務領導權的單一化與壟斷性特點，使黨工的私屬性效忠表現得尤為突出。

北伐成功後，蔣介石以陳果夫、陳立夫兄弟代辦黨務，又恰逢選舉制暫停，二陳壟斷幹部任免權，逐漸使黨工的自然升遷管道受阻，必須通過傍附權勢人物，才能實現個人仕途的發展，久之便在國民黨政治生態中形成了為人熟知的「派系」或「小組

---

[2] 周黎安曾從社會學角度提出「行政發包制」的概念，作為分析政府間關係、官員激勵和政府治理的理論框架。其後，應星在此基礎上，提出「軍事發包制」，即在一方面中央層面建立起一元化的領導體制，另一方面又在各根據地軍區和軍分區兩級分別建立起與上級的軍事承包關係。以上論斷均對筆者的研究具有啟發意義，可參見周黎安，〈行政發包制〉，《社會》，2014年第6期；應星，〈軍事發包制〉，《社會》，2020年第5期。

[3] 李品仙，《李品仙回憶錄》（臺北：中外圖書出版社，1975），頁169。

織」勢力。蔣又為防止黨內一家獨大，有意培植以力行社為代表的黃埔系，與二陳兄弟組織的 CC 系互相牽制。於是，CC 系與黃埔系的鬥爭和對抗，導致地方黨務效能低下、組織聲譽不佳。蔣介石對黨內派系問題早已心知肚明，欲借抗戰之機加以整肅。1938 年 4 月召開的國民黨臨全大會與五屆四中全會，明確宣布取締黨內各種「小組織」，同時成立三民主義青年團、中央黨務委員會、中央訓練委員會和中央調查統計局等機構，目的是為融合各方、革新黨務。朱家驊便因此契機，被蔣介石引入中央黨部擔任秘書長，1939 年底又被調任中央組織部部長。

朱家驊籍屬浙江，北伐後以學人身分從政，在 1930 年代國民政府致力發展對德外交關係的背景下，走入蔣介石視線。隨後朱由廣東到浙江、由辦教育到興交通，憑藉十年間良好的政績聲譽與專業能力，得到蔣之器重。抗戰爆發後，蔣介石不僅需要強健的黨機器來應對戰時體制，更欲借戰事解決黨內積弊，時任參事室主任的朱家驊因此被賦予重任。朱能與黨務結緣，一方面因其絕對的「擁蔣派」立場，另一方面也得益於其不同於「黨棍」之流的學人出身。蔣介石對國民黨戰時黨務的期待是求新、求變。「新」是要打破以往 CC 系對辦黨權的壟斷、消除派系糾紛，「變」則是要重塑黨之形象、淨化黨內風氣。朱家驊作為黨界新寵，原本超然於各派系之外，但因在黨素無根基，為求真正掌握辦黨實權，進而實現政治抱負，也逐漸開始營造從屬己的派系勢力，最終使蔣介石在抗戰之初所設計的組織改革與人事派遣方案，導向的實際效果是黨內權力再分配，出現 CC 系、黃埔系、朱家驊系三足鼎立的戰時新格局。[4]

4 〈總裁申令全體黨員不得樹立派別，以前各小組織一律取消，以期統一意志

1938年國民黨臨全大會還對地方黨部的組織形式加以改革，暫停省縣選舉，統一以執行委員會制取代原有的特派員、指導委員會、整理委員會等體制。於是，在國民黨中央的幹部委派制下，逐漸締造出戰時容納多種派系勢力的混合型省黨部。戰前國民黨內就已存在諸多體制弊病。抗戰爆發後，這些問題不僅未被徹底解決，更交織著派系勢力的鬥爭。蔣介石為此推出的戰時舉措，僅從組織與人事角度觀察，就可發現其中暴露的種種弊端。各地黨部則根據自身歷史環境，結合地方力量對比，呈現出特徵各異的黨務組織與人事問題。

　　黨政關係失和在戰前就是國民黨內的一大頑疾，蔣介石在戰時雖反覆申說、糾纏於黨政角色與分工，但始終未能從根本上界定二者地位與關係，僅一再強調須黨政合作、密切黨政聯繫。黨政聯席會議、黨政主官互兼、黨政互調、黨工從政等措施的公布，便是基於這一現實問題做出的應對，既欲加強組織聯絡，又欲促進人事交流，卻忽略了在黨權低落、軍政權力依舊高張的前提下，上述各項制度只會助長軍、政勢力的繼續膨脹，並將黨部作為角逐勢力的對象。尤其在戰時黨政軍一元化體制下，黨方的角色更加被弱化，導致黨工難以各安其位。

　　1938年，三民主義青年團的成立可謂是抗戰建國綱領下的重大舉措，由此也開啟了黨團雙規制的競爭模式，更為派系鬥爭提供了新的角力場。蔣介石將黃埔系復興社勢力引入黨內的同時，曾欲通過以朱家驊代理三青團書記長的人事安排，居中調解黃埔系與黨中舊有勢力CC系的矛盾。然而，作為黨內新晉的朱家驊與黃埔系，各自為根植自身基礎，均須削弱二陳兄弟在地方

集中力量〉，《中央日報》，1938年4月30日，版2。

黨部的既有力量。雙方基於共同利益，在某種程度上達成共識，使在公開的「黨團矛盾」背景之下，次生出以朱家驊為代表的黨中新勢力與黃埔系的「黨團合作」面相。不過，這種合作關係也十分脆弱，一旦利益分配出現失衡，便會不堪一擊地發生臨陣倒戈或重組。

　　黨務與特務系統間的矛盾在戰前就已存在，但尚且只是畸形的體制問題。抗戰爆發後，蔣介石對特務系統加以改制，成立中央調查統計局，並命朱家驊兼任局長，以徐恩曾掌握實權。在地方，國民黨中央雖將調統室設於黨部之內，卻不使二者具有隸屬關係，從而導致黨務與調統事業的領導權實際分屬朱家驊與CC系兩方。這便使雙方就此問題發生正面碰撞，成為黨內衝突的最直觀投影。而組織體制問題最終以派系衝突的方式呈現，也是戰時黨內政治生態的代表性景象。

　　抗戰爆發後，蔣介石榮任黨的總裁，集黨政軍權力於一身，尤其在汪精衛出走後，內憂方面除來自中共的競爭，基本是擁蔣派與地方實力派之間的博弈。中央與地方關係亦非戰時新問題，但聯合抗日局面的形成，為國民黨中央在山西、雲南、新疆、西康等省發展組織創造了新環境。蔣介石在實際操作中，主要訴諸於人事幹旋等靈活變通手段，藉以維持雙方關係。然而，人際關係的微妙性又使黨務幹部在與地方實力派往來時，面臨政治立場等問題的考驗，同時也為派系對手提供了可資攻訐的利器。因此，戰時中央與地方關係中亦摻雜了擁蔣派內部的鬥爭。

　　1943年被視為中國抗戰的重要時間節點，已有諸多學者從內政外交等各方面予以考察論述。[5] 但在同一時間框架內進行的

5　相關研究可參見周錫瑞（Joseph W. Esherick）著，陳驍譯，李皓天主編，

國民黨省縣黨部選舉,卻長期為研究者們所忽視。地方黨部選舉實態,不僅是六全大會中央委員選舉亂象在基層的預演,更是以朱家驊方與CC系為代表的黨內派系衝突走向白熱化的標誌,宣示了蔣介石戰時黨務革新計劃的失敗,所謂的黨內民主機制也在這一過程中被操縱與踐踏。綜合上述各端,國民黨的諸多體制弊病在戰時黨內派系鬥爭的背景下被利用與放大。蔣介石雖曾下定決心根除黨內派系與小組織勢力,但實際並未如願以償,反而因朱家驊的介入使黨內鬥爭變得更加「精彩」。

抗戰時期,蔣介石為擺脫黨內派系人事關係的窠臼,不斷反思探索如何建立現代政黨人事制度。畢竟自北伐完成至抗戰爆發,這一制度的建設已遲滯了十餘年。而朱家驊與陳誠則成為戰時國民黨人事制度改革中的重要人物,並充分反映了蔣介石用人方式的一大特點,即某人得其信任青睞,便會被集中賦予各項重任,頗有竭澤而漁之感。1941年12月,國民黨五屆九中全會時,朱家驊在身兼中央組織部部長、中央調查統計局局長、中央研究院代理院長等職的同時,又被加任為國民政府考試院副院長。依照《中華民國國民政府組織法》規定:「考試院為國民黨政最高考試機關,掌理考選、銓敘事宜。所有公務員均須依法律,經考試院考選、銓敘,方得任用」,「考試院設院長副院長各一人,院長因事故不能執行職務時,由副院長代理之」。[6]

蔣介石將中央組織部部長與考試院副院長二職授予一人的意圖,在於打通黨政人事壁壘,推動黨員從政,擴大黨工政治錄用,從而實現國民黨五屆八中全會提出的「政府用人,必就黨內

《1943:中國在十字路口》(香港:香港中文大學出版社,2018)。

6 〈制定「中華民國國民政府組織法」〉,《國民政府公報》,第99期(1928年10月),頁17。

取材」的目標。又或如銓敘部政務次長王子壯的分析，朱家驊被任命為考試院副院長是因其所兼中央研究院代理院長職務，為求建立考試院與最高學術機關之間的工作聯繫。[7]若由此延伸，亦不能否認蔣介石以朱家驊辦黨存在利用其學人身分背景，增強國民黨與學界聯繫，實現黨教合一的目的。此外，蔣介石或許還有另外一重考慮。自1928年考試院成立起，院長即由戴季陶擔任，其與朱家驊向來私交甚篤，二人分任正、副院長亦有利於工作推進。無論基於何種原因，朱家驊兼任考試院副院長後，職責愈發重大，權能日漸擴展。

　　朱家驊由政、學兩界轉入黨內任職，作為一名專家學者型官僚，組織人事並非其所長，特別在戰爭時期所負職責尤重，臨危受命跨界辦黨已屬不易，更被賦予建立國民黨人事制度重責，其事前對此是否有過深入研究與計議尚不可知。朱家驊接長中央組織部後，為貫徹蔣介石革新黨務意旨，必須構建一條不同於二陳兄弟的辦黨與用人路徑。因此，朱家驊結合自身經歷與交際背景，大量援引學者主持地方黨務，不負所托地使原先「黨棍辦黨」、「黨務即特務」的風氣稍有改變。然而，這種密集起用生疏於黨務的學人辦黨舉措，若在承平時期或許尚能應付，但是否能夠維持非常時局，對戰時黨務發展起到實際推動效果則需另外估量。

　　自從蔣介石積極倡導實施人事制度後，各部門均須遵照國防最高委員會頒行的人事機構統一管理綱要行事。但身為中央組織部部長兼考試院副院長的朱家驊卻公開表示，其所主持機關時有人事管理人員擾及職權行使的現象發生。王子壯感慨：「考試院

7　《王子壯日記》，冊7，1941年12月25日，頁359。

副院長尚不明了,遑論其他。」並指出朱會疑慮長官用人權受侵損,足以證明人事機構設置的意義仍未普及。因此,王子壯認為若欲使人事制度廣泛推行,必須先闡明精神與意義,即雖在各機關設立人事管理機構,但用人權仍在長官手中。用人先交人事機構審查是為防止決策草率與人員濫用,機構本身並無用人權,更無代長官行使權力的資格。[8]

王子壯因身兼黨政職務緣故,使其能切身體會國民黨黨政用人性質的不同,卻發現兩方遵行的竟是相同的訓練與考核標準。在其看來,政府用人應以能力為標準,所用人員須為各部門專家,藉以養成專家政治與全能政府。黨的任務則在深入民間,領導民眾推進政治活動,所用之人不必均為專家,卻須有活動能力,有成長為政務人才的資質。因此,黨應建立迥異於政府的人事制度。在中央和省級黨部,技術人員尚可占一部分,而縣以下專職黨工應占絕大多數,並且擁有領袖才能者會從實際工作中脫穎而出,不必以政府選拔專家的方式,採用具體的訓練與考核辦法。王子壯認為,辦黨者完全不察於此,僅專注於培植私人幹部。因此,黨內人事制度的弊病歸根究底仍是派系問題。[9]

自1943年起,蔣介石開始密集舉行黨務特別小組會議,討論研究人事制度。但與王子壯主張黨政人事分野、採行雙軌制的思路完全相反,蔣似乎更執意於實現黨政人事的融合對接,將先前擱置的黨政互調製重新提上議程。[10]蔣介石還向高層官員強調:「人事制度問題為政治成敗之最大關鍵,目前之缺點即各

8　《王子壯日記》,冊8,1943年2月13日,頁63-64。
9　《王子壯日記》,冊8,1943年2月13日後「上星期反省錄」,頁64-66。
10　國立政治大學人文中心主編,《民國三十二年之蔣介石先生》,上,頁141、193。

機關主官不明人事之重要,不能澈底執行人事法規。今後必使之了然於人事之不上軌道,則政治不能進步,政治不能進步,則國家不能成為現代之國家」,命中央黨部秘書處會同行政院秘書處與銓敘部,詳細擬具黨政人事制度及銓敘辦法使二者互相配合銜接,以便黨政互調與內外互調的開展。[11]

此後,蔣介石愈發加緊建立黨內人事制度的步伐,將各國銓敘與人事制度、各國黨政組織與財政金融法制列入冬季研究課目,計劃借鑒學習。[12] 蔣還多次在日記中談到:「中央與地方人事多未能如期解決,但每日業務,皆能進行無誤,自信多有進步也」、「組織之運用與統制,為今後惟一之中心工作,以人事制度之建立與統制為其入手方法」,以上均表明了其注意力所在。[13]

蔣介石集黨政軍大權於一身,並無餘暇對黨的制度與理論作切實的研究與推進,應授權他人代為指導,但其顯然不願釋放權力。王子壯就認為,蔣若能退而求其次,切實推行考核制度亦是補救匡正之道,可收信賞必罰功效。不過,王僅是私下研議,並未將上述想法直達天聽。[14] 大概出於巧合,蔣介石彼時也意識到人事考核的重要性,命侍從室下達考核各機關科長以上人員要求:

> 吾國人事亟須從事整頓,實為當前政治上最迫切之一大問題,中央對此多方努力。目前著手各機關科長以上人員素質

---

11 〈中國國民黨總裁蔣中正對中央特別小組討論如何使中國人事行政制度化之指示〉,《國民政府檔案》:001-014120-00001-004。

12 〈蔣介石日記〉,1943年9月28日、「冬季課程表」。

13 〈蔣介石日記〉,1943年10月4日;國立政治大學人文中心主編,《民國三十二年之蔣介石先生》,下,頁418。

14 《王子壯日記》,冊8,1943年11月5日,頁430。

之考察,除一面派員詳加調查並登記外,尤希各機關長官本所鑒別,秉公報聞。耳目所接自必較為真切,諸凡各該員等學識才能經驗服務成績等項,務盼綜合考評,分別優劣註明等第,連同簡歷造具清冊,於年底賫陳備核。嗣後或有進退未經列報人員,並盼每半年續報一次。知人本自不易,或為善不卒,或過而知改,又或一時失察,亦事所恒有,均不妨隨時據實併案賫報。[15]

1943年至1944年新舊之交,蔣介石在總結上一年「人事制度與會計制度,亦開始實施,但未見成效」的同時,做出了「加強銓敘工作,建立人事制度」的新年計畫。[16]經過一段時間的研究,蔣終於坦然承認:「中國政治以人事派別之分為最大之障礙,如欲政治進步為現代化,必先建立人事與健全考試制度為第一要務;其次則為會計與審計矣。」[17]強化銓敘、考核機制的目的是為將工作成績作為臧否、拔擢黨務幹部的標準,改變黨內以人為中心的體制弊病。在國民黨既存政治環境中,幹部的升降全憑個人好惡,用人權集於一人,以致形成了以中央組織部部長為中心的現象,遂使該職成為思攫黨位者紛紛覬覦的目標與各派系攻伐的對象,朱家驊及其所屬在戰時遭遇的許多問題均源於此。[18]

然而,理論與實踐常常發生分離。未久,蔣介石又回到了寄

---

15 「侍從室致朱家驊電」(1943年12月),〈人事〉,《朱家驊檔案》:301-01-06-002。
16 〈蔣介石日記〉,1943年「感想與反省錄」、1944年「大事表」。
17 〈蔣介石日記〉,1944年3月26日。
18 《王子壯日記》,冊9,1944年4月「本月大事預定表」,頁133-134。

希望於通過更換黨務代理人，藉以解決黨內人事問題的舊途。1944年5月，國民黨五屆十二中全會召開後，陳果夫取代朱家驊出任中央組織部部長，國民黨人事權力繼續在派系間流轉。與1938年臨全大會時以朱代陳的不同在於，此次蔣介石有意識地削弱黨內人事權力的私屬性，決定成立「組織委員會」作為中央組織部內最高顧問機構，「舉凡重要興革及人才選拔隨時就商，藉收集思廣益、團結同志之效」。該會由十五人組成，甫經卸職的朱家驊亦被欽定為成員之一。[19] 組織委員會之設，無疑是對新任部長陳果夫用人權力的限制與約束，且此種集體議決制帶有1942年為朱家驊所排斥的人事改革草案的影子。但從此後國民黨內依舊混亂的派系清洗實況來看，組織委員會的實際效能便可想而知。

在陳布雷的記述中，五屆十二中全會後，蔣介石愈發殫精竭慮於黨的人事制度問題，曾約集吳鐵城、陳果夫、陳立夫、張厲生、張治中等人，以健全組織的重要性相勖勉：「從今以後，宜注意『組織第一』，其意殆謂人事第一。而人事之和諧、協作、配合、尤其重要也。」蔣介石言之再三，態度極其嚴肅沉痛。陳布雷雖能體會總裁是因「有見於各機關負責任者均無健強本黨與充實人才，及避免形式主義之覺悟」有感而發，但諸位黨國要員卻聽之藐藐。[20]

此後，蔣介石也不斷自我反省，如「重事而不擇人，所以無健全之幹部」；「精神過於集中對事輕重不均，顧此失彼，此乃無健全組織之故」；「自主不堅，用人行事皆無負責考察機關，

---

19 〈陳果夫日記〉，1944年6月17日；「陳果夫致朱家驊」（1944年7月20日），〈人事〉，《朱家驊檔案》：301-01-06-003。
20 《陳布雷從政日記（1944）》，6月25日，頁112。

此無組織無幹部之故」;「余平生注重組織,尤以近來領悟組織之要領,而不能領導一般幹部之組織,此所以今日無法統制一切,而遭受莫大之困難也」。[21] 蔣雖反復思考如何改進黨的人事,但始終左右徘徊未得突破,甚至有重蹈覆轍的徵兆,即以人為組織、政策的主導,其在日記中寫道:「政策與組織及幹部之關係,或有以組織掌握政策,以政策掌握幹部者,而余以為應由幹部掌握組織,以組織掌握政策,甚矣,政策之重要也。」[22]

面對黨國人事制度的逡循不前,中樞要人也各有所思。陳布雷在某日被蔣介石召談後,生出人事問題不得要領的感慨。[23] 陳果夫則評價蔣介石:「好創造,對政治無恒心毅力,其未能選擇人才,使表現其能,而獎勉之。好自己居功,故他人對於事業（即委座所要做之事業）往往不能熱心去辦,徒事敷衍。若創造者因他事忙,無暇顧及時,即不關心,所以少成功,既有名無實也。」[24] 一直對黨政事務善發議論,且對人事制度頗有研究的王子壯認為,蔣介石用人政策的最大缺陷在於未能知人善任,「對政治屈盡應付各方之能事」,以求安定妥協,尚屬情有可原,但黨作為政治的原動力須具有自由支配的全權。「今日信任二陳,明日又易老朱,於黃埔系予以青年團之組織,猶恐其獨擅,更由其子蔣經國組織青年幹部學校以分其勢」的牽制做法,只能導致內鬥猖獗,基層組織成為空殼。[25]

至於黨中元老的態度,例如,孫科批評蔣介石用軍事方法主

---

21 〈蔣介石日記〉,1944 年 8 月 5 日後「上星期反省錄」、11 月 23 日。
22 〈蔣介石日記〉,1945 年 2 月 10 日。
23 《陳布雷從政日記（1944）》,11 月 18 日,頁 201。
24 〈陳果夫日記〉,1945 年 3 月 14 日。
25 《王子壯日記》,冊 10,1945 年 3 月 17 日後「上星期反省錄」,頁 103-104。

持黨政的錯誤思路,即「分路既多、力量乃大」。黨政貴在能訓練基本幹部,應少用牽制政策,「似今日之黨政軍大權集於一身,而內部紛爭之現象悉裁於彼一人,如何能擴大發揮幹部之實力,更如何以實現黨所應有之使命?」再如吳稚暉,雖深知蔣介石用人行事的錯誤,卻未能正面規勸,僅請其節勞,不必事必躬親,每以諸葛亮、張居正為例勸誡。蔣介石平日雖要求各機關切實分層負責,卻又手諭紛然,致使各機關疲於應付。並且,手諭又多為臨時感觸、缺乏全域性,良性效果有限。至於其他中央幹部則皆為俯首聽命之臣,並無勸諫勇氣。王子壯感慨:「不能不為今日擁有全國愛戴之蔣先生惜也。」[26]

抗戰數年,國民黨高層幹部或無視黨政人事制度弊病,或缺乏深入研究的興趣,大多身陷於派系利益的爭鬥之中,能為蔣介石分憂者了了。1938年時,熊式輝曾感慨:「領袖求治如此之勤,可惜一切問題尤其黨務之改進,無多人研究,為之輔佐,更深憂念。」[27] 1943年時,陳布雷亦深感總裁身邊急需為之分憂者:「一、全國各部部長、各省主席、黨部主任委員,人員如何始可安排適當,有誰在為領袖考量其事?二、領袖身旁必有老成人數位,為人事之調協者。三、訓練方法宜加改善,一等幹部未可用目前方法訓練之。」[28] 而朱家驊本應為蔣介石排憂解難,但其彼時也正深陷黨內派系鬥爭的泥潭自保不暇,遑論其他。

1945年,抗戰進入後期,迫於國內外輿論壓力,蔣介石決定加快實施憲政步伐,但前提條件是有堅強、嚴密的組織力量作

---

26 《王子壯日記》,冊10,1945年3月17日後「上星期反省錄」,頁104。
27 《熊式輝日記(1930-1939)》,1938年4月8日,頁172。
28 熊式輝,《海桑集:熊式輝回憶錄1907-1949》,1943年8月13日,頁420-421。

為支配政治的基礎。觀之彼時國民黨內患重重，顯然不具備行憲條件。王子壯曾直言：「如本身組織不完、團結不固，更何以實現主義及政策。屆時如再分裂為數黨，益以現有之其他黨派，詎非逞迷離怪狀，莫衷一是，議論紛紜之議會時代復將現於今日。有總裁在主持大計，政治或不至太差，但依一人為治過渡為法治，必須今日由黨中培植其基礎。如今日黨內之紛紜，絕難達到目的者也。」[29]

同年 5 月，吳鐵城在國民黨六全大會上檢討黨務工作時坦言，黨的幹部政策與人事制度的建設未得完善，無法做到教養有道、鼓勵以方、任使得法、賞罰分明的程度，「遂使一般同志對於主持上級機關者的地位與權力情感，生出一種依靠心理，馴致不少人向上奔競，不肯向下工作」。更由於領導者與被領導者犯了「人重於黨」的錯誤觀念，「很容易使人的關係超過黨的關係，人的力量超過黨的考績，造成整個組織上的障礙，喪失固有組織中的作用」。[30] 而此次原本旨在團結各方的大會，卻使黨內分裂為 CC 與反 CC 聯盟兩大陣營，依個人援引、不以事功為標準的幹部選拔模式仍未改變，黨內上下悲觀、失望情緒彌漫，甚至有人提議不如據此成立兩黨。但究其實質，CC 系與反 CC 之間並無政治主張、理論信仰的分歧，僅是因人事權位之爭而起的對立。王子壯深慮如此繼續下去，黨的力量會在未來國民大會中被分散，「當此國際國內均在鉅變之際，瞻望前途憂戚無已」。[31]

---

29 《王子壯日記》，冊 10，1945 年 1 月「本月大事預定表」，頁 2-3。
30 吳鐵城，〈國民黨第六次全國代表大會黨務檢討報告〉（1945 年 5 月 7 日），《中秘處檔案》：711-5-168。
31 《王子壯日記》，冊 10，1945 年 6 月 1 日，頁 190-191。

自抗戰之初，蔣介石便有意建立黨的人事制度。1943 年下半年起，更是痛定思痛集中精力致力於此。但直至抗戰結束也終究未能擬定出明確、有效的改革策略，僅避重就輕地付諸於口頭勸誡、文字敦促，以及頻繁的人事調動等淺層措施，國民黨仍被紛擾的派系鬥爭所包圍，蔣之所有努力似乎都顯得徒勞無功。然而，事物的存在均有其合理性。無論是戰前還是戰時，國民黨派系勢力的產生與繁衍均有其現實基礎。侯旭東曾用「信－任型」君臣關係模式解讀西漢歷史，認為信－任型關係與其極致表現「寵」，作為一種結構性存在，源於分封制國家到廣土眾民帝國的飛躍，是皇帝與府主利用自幼在熟人世界中形成的關係資源與行為方式，維護自身安全並統馭作為「陌生世界」的天下或治下的一種手段。[32] 這一關於中國古代君臣關係的闡釋視角，對觀察中國近代社會中的政黨政治同樣具有啟發意義。

政黨政治進入中國的「熟人社會」後，仍須借助最基本的家庭鄰里、門生故吏等人與人之間的私人信任關係向外發展。國民黨政權雖與皇權統治的機理不同，但作為黨魁的蔣介石，依舊需要超越熟人圈子，普遍掌控陌生社會。因此，蔣只有先通過與少數心腹幹部建立信任關係，構成推行權力的核心基礎，進而借助高層幹部形成的次級權力關係網，繼續向外拓展。在這一過程中，彼輩普遍圍繞「家」、「學」、「仕」三種熟人渠道搭建信任關係，即利用地緣、學緣、官緣交誼。於是，派系勢力也就以此為依託逐漸形成，朱家驊系、CC 系、黃埔系等均是這種次級權力網絡的代表。派系領導人出於展佈勢力的需要，又形成了以

---

[32] 侯旭東，《寵：信—任型君臣關係與西漢歷史的展開》（北京：北京師範大學出版社，2018），頁 253。

自身為中心的「效忠－庇護」關係。因此，在各派系之內，存在著更低層級的信任網絡。國民黨也就以中國熟人社會為基底，發育生成了帶有特殊氣質的政黨統治模式。而黨內對此也並不避諱，在派遣基層幹部時一再強調「人地相宜」的本籍任用標準，便是對黨工私人社會關係的承認與利用。由此，中國社會中的「人情」作為一種非正式制度，便得以在國民黨內紮根繁衍。就此點而言，國民黨政權與中國傳統政治的差異有限，但需要應對的卻是截然不同的社會局面。

　　身居國民黨權力頂端的蔣介石，在控馭各派系時所採取的手段，既可看作是互相牽制，也可視為是令彼此平衡共生。因蔣需要借助各派力量，最大限度地在黨、政、軍、學各界與地方動員人際資源與擴展統治基礎。國民黨政權的正當發展途徑本應是通過各級黨組織延伸控制力，卻因組織羸弱不得不依託派系勢力控制基層地方社會，直至抗戰時期依舊如此。這種依靠各方熟人關係實施統治的方式，或許有助於維持承平時期的社會安定，但在戰爭時期便無法有效地展開社會動員。因黨的組織與黨的派系是「公」與「私」，相互矛盾與制約的存在。正如王子壯的評論：「樹立個人系統之幹部，遠逾於為黨樹立中心幹部之切要。」[33]熊式輝亦言：「中國名為一黨專政，黨內小組織甚多，（指陳、陳、戴、朱、孔、宋等）以致不見一黨之利，而俱備一黨及多黨之弊。」[34]美國學者費正清（John King Fairbank）曾這樣看待國民黨的派系問題：

33　《王子壯日記》，冊7，1942年8月25日，頁498。
34　熊式輝，《海桑集：熊式輝回憶錄1907-1949》，1943年5月11日，頁398。

從國家利益考慮完成一件事情幾乎不可能。人們並不關心國家政策問題，他們需要的是習慣上的私人關係紐帶。事實上，首要問題是生存，而政治上的生存需要人際關係的幫助。西方人眼中的政治問題涉及政體、國家以及民族等方面，而這些在中國都被看作次要的。它們是奢侈品。[35]

不過，與國民黨師出同源，並在相同社會環境中成長起來的中國共產黨，呈現的卻是另一種組織與人事發展模式。中共在成立之初，也曾借助同鄉、同學等熟人關係擴展勢力，但其後惡劣的革命環境與中共獨特的幹部自新機制，使黨內幹部群體經歷了前進式的更迭，同時也逐漸弱化、消褪了黨內早年間形成的熟人關係，代之以堅強的革命意識與嚴密的組織，實現了黨的「脫俗性」轉型。反觀國民黨，「擁蔣派」掌握著黨務領導權，權力始終是循環性的在派系中更迭輪替。因此，蔣介石在戰時無論是「以朱代陳」，還是再「以陳代朱」，所謂的黨務革新並未觸及問題的癥結，本質上仍在原地踏步。並且，蔣在戰時為「健黨」計劃注入了太多期許，除構建人事制度外，還欲增強黨的學術化氛圍、打通黨政人事系統壁壘、推行黨內民主等等，內憂外患之下為形勢所迫，如此急功近利也在所難免。

作為集黨政軍權力於一身的黨國總裁，蔣介石雖表面風光無限，但在日記中顯現的卻是困獸猶鬥的孤獨領袖形象。外敵驅散，內患無窮，蔣深知自己所操縱的這臺腐蝕蛀鏽、年久失靈的機器，在經歷了近廿年的黨權輪替後，其人事制度仍滯留在傳統

---

35 費正清（John King Fairbank）著，閻亞婷、熊文霞譯，《費正清中國回憶錄》（北京：中信出版社，2013），頁255。

與現代之間。抗戰時期,蔣介石曾努力改變國民黨的人事系統由「人」所運作的弊病,希望進階為「制度」的控馭,實現向脫俗型政黨轉變,最後卻以失敗告終。在此過程中,蔣介石對昔日黨務幹將們的信心也消磨殆盡。身處嚴峻的內外形勢中,蔣不僅愈發感到有心乏術,更只得獨自消受缺少肱股之臣為之謀的悲哀現實。

附錄　朱家驊經歷表（1926-1949）

年份	職務
1926	國立中山大學委員會委員（10月任） 廣州政治分會秘書長、委員（11月任）
1927	國立中山大學副校長（6月任） 廣州政治分會委員、廣東清黨委員會委員（4月任） 廣東省政府委員兼教育廳廳長（7月任） 浙江省政府委員兼民政廳廳長（10月任）
1928	國立第一中山大學副校長 建設委員會委員（4月任） 廣東省政府委員兼教育廳廳長（6月免） 浙江省政府委員兼民政廳廳長 廣東省黨部指導委員
1929	國立第一中山大學副校長 建設委員會委員 浙江省政府委員兼民政廳廳長 廣東省黨部執行委員 浙江省黨部執行委員
1930	國立第一中山大學校長（4月任-12月免） 建設委員會委員 國立中央大學校長（12月任） 浙江省政府委員兼民政廳廳長（9月免）
1931	國立中央大學校長 建設委員會委員 管理中英庚款董事會董事長（3月任） 全國經濟委員會秘書長（9月兼-11月辭） 財政委員會委員（11月任） 教育部部長（12月任）
1932	國立中央大學校長（1月辭） 建設委員會委員 管理中英庚款董事會董事長 財政委員會委員 教育部部長（10月免） 交通部部長（10月任）
1933	建設委員會委員 管理中英庚款董事會董事長 財政委員會委員 交通部部長 農村復興委員會委員（5月任） 全國經濟委員會委員（10月任）

年份	職務
1934	建設委員會委員 管理中英庚款董事會董事長 財政委員會委員 交通部部長 農村復興委員會委員 全國經濟委員會委員 整理內外債委員會委員（11月任）
1935	建設委員會委員 管理中英庚款董事會董事長 財政委員會委員 交通部部長（12月辭） 農村復興委員會委員 全國經濟委員會委員 整理內外債委員會委員 中央研究院評議會評議員（7月任）
1936	建設委員會委員 管理中英庚款董事會董事長 財政委員會委員 農村復興委員會委員 全國經濟委員會委員 整理內外債委員會委員 中央研究院評議會評議員 中央研究院總幹事（6月任） （代理）中央政治委員會秘書長（1月任） 浙江省政府主席兼民政廳廳長（12月任）
1937	建設委員會委員 管理中英庚款董事會董事長 財政委員會委員 農村復興委員會委員 全國經濟委員會委員 整理內外債委員會委員 中央研究院評議會評議員 中央研究院總幹事 浙江省政府主席兼民政廳廳長（8月免） 兼建設廳廳長（11月9日任-11月26日免）
1938	管理中英庚款董事會董事長 中央研究院評議會評議員 中央研究院總幹事 參事室主任（3月任-4月免） 中央執行委員會秘書長（4月任） 黨務委員會主任委員（4月任） 中央調查統計局局長（6月任） 三民主義青年團幹事（7月任）兼代書記長（7月任）

年份	職務
1939	管理中英庚款董事會董事長 中央研究院評議會評議員 中央研究院總幹事 中央執行委員會秘書長（11月免） 中央調查統計局局長 三民主義青年團幹事（8月免）兼代書記長（8月免） 中央組織部部長（11月任）
1940	管理中英庚款董事會董事長 中央研究院評議會評議員 中央研究院總幹事 代理中央研究院院長（9月任） 中央調查統計局局長 中央組織部部長
1941	管理中英庚款董事會董事長 中央研究院評議會評議員 中央研究院總幹事 代理中央研究院院長 中央調查統計局局長 中央組織部部長 考試院副院長（12月任）
1942	管理中英庚款董事會董事長 中央研究院評議會評議員 中央研究院總幹事 代理中央研究院院長 中央調查統計局局長 中央組織部部長 考試院副院長 稽勳委員會委員（3月任）
1943	管理中英庚款董事會董事長 中央研究院評議會評議員 中央研究院總幹事 代理中央研究院院長 中央調查統計局局長 中央組織部部長 稽勳委員會委員 國民政府委員會委員（10月任） 考試院副院長

年份	職務
1944	管理中英庚款董事會董事長 中央研究院評議會評議員 中央研究院總幹事 代理中央研究院院長 稽勳委員會委員 中央調查統計局局長（5月辭） 中央組織部部長（5月辭） 國民政府委員會委員 考試院副院長（11月免） 中央銀行理事會理事（3月任） 教育部部長（11月任）
1945	管理中英庚款董事會董事長 中央研究院評議會評議員 中央研究院總幹事 代理中央研究院院長 稽勳委員會委員 國民政府委員會委員 中央銀行理事會理事 教育部部長
1946	管理中英庚款董事會董事長 中央研究院評議會評議員 中央研究院總幹事 代理中央研究院院長 稽勳委員會委員 國民政府委員會委員 中央銀行理事會理事 教育部部長 最高經濟委員會委員（6月兼） 綏靖區政務委員會委員（10月任）
1947	管理中英庚款董事會董事長（中英文教基金董事會董事長） 中央研究院評議會評議員 中央研究院總幹事 代理中央研究院院長 稽勳委員會委員 國民政府委員會委員 中央銀行理事會理事 教育部部長 最高經濟委員會委員 綏靖區政務委員會委員 國防科學委員會副主任委員（4月兼）

年份	職務
1948	中英文教基金董事會董事長 中央研究院評議會評議員 中央研究院總幹事 代理中央研究院院長 稽勳委員會委員 國民政府委員會委員 中央銀行理事會理事 教育部部長（12月免） 綏靖區政務委員會委員 國防科學委員會副主任委員 行政院政務委員（12月任）
1949	中英文教基金董事會董事長 中央研究院評議會評議員 中央研究院總幹事 代理中央研究院院長 稽勳委員會委員 國民政府委員會委員 中央銀行理事會理事 綏靖區政務委員會委員 國防科學委員會副主任委員 行政院不管部會委員（6月辭） 行政院副院長（6月任）

參考文獻

一、檔案
- 陳誠副總統文物,國史館藏。
- 戴笠史料,國史館藏。
- 國防檔案,中國國民黨黨史館藏。
- 國民黨中央秘書處檔案,中國第二歷史檔案館藏。
- 國民黨中央組織部檔案,中國第二歷史檔案館藏。
- 國民政府檔案,國史館藏。
- 會議記錄,中國國民黨黨史館藏。
- 監察檔案,中國國民黨黨史館藏。
- 蔣中正總統文物,國史館藏。
- 軍事委員會委員長侍從室檔案,國史館藏。
- 特種檔案,中國國民黨黨史館藏。
- 外交部檔案,國史館藏。
- 汪兆銘史料,國史館藏。
- 朱家驊檔案,中央研究院近代史研究所檔案館藏。

二、資料彙編
- 財政科學研究所、中國第二歷史檔案館,《民國外債檔案史料》,北京:檔案出版社,1992年。
- 蔡鴻源、徐友春編,《民國會社黨派大辭典》,合肥:黃山書社,2012年。
- 杜元載主編,《革命人物誌》,臺北:中央文物供應社,1972年。
- 韓君玲點校,《中華民國法規大全》第十冊,上海:商務印書館,1936年。
- 韓信夫、姜克夫主編,《中華民國大事記》,北京:中國文史出版社,1997年。
- 李文海主編,《民國時期社會調查叢編》,福州:福建教育出版社,2009年。
- 李雲漢主編,《中國國民黨黨務發展史料——中央常務委員會黨務報告》,臺北:近代中國出版社,1995年。
- 李雲漢主編,《中國國民黨黨務發展史料——中央監察委員會報告》下冊,臺北:近代中國出版社,1996年。
- 李雲漢主編,《中國國民黨黨務發展史料——組織工作》,臺北:近代中國出版社,1993年。
- 劉國銘主編,《中國國民黨百年人物全書》,北京:團結出版社,2005年。
- 劉壽林等編,《民國職官年表》,北京:中華書局,1995年。
- 李雲漢主編,《中國國民黨職名錄》,臺北:中國國民黨中央委員會黨史委員會,1994年。
- 羅家倫主編,《革命文獻》,臺北:中央文物供應社,1955年。
- 榮孟源主編,《中國國民黨歷次代表大會及中央全會資料》,北京:光明日報出版社,1985年。

- 萬仁元、方慶秋、王奇生主編，《中國抗日戰爭大辭典》，武漢：湖北教育出版社，1995 年。
- 武漢地方誌編纂委員會辦公室編，《武漢抗戰史料》，武漢：武漢出版社，2007 年。
- 許振泳等編，《廣東革命歷史文件彙集──廣東區黨委文件》（1946.1-1947.7），中央檔案館、廣東省檔案館，1989 年。
- 張憲文等主編，《中華民國史大辭典》，南京：江蘇古籍出版社，2001 年。
- 中國第二歷史檔案館編，《中國國民黨中央執行委員會常務委員會會議紀錄》，桂林：廣西師範大學出版社，2000 年。
- 中國第二歷史檔案館編，《中華民國史檔案資料彙編》，南京：江蘇古籍出版社，1997 年。
- 中央檔案館編，《陝西革命歷史文件彙集》（1941 年），中央檔案館、陝西省檔案館，1994 年。
- 中央檔案館編，《中共中央文件選集》，北京：中共中央黨校出版社，1982-1992 年。

三、民國圖書、報刊

- 《黨政訓練班黨務工作人員談話會記錄》，出版地不詳，1939 年。
- 《管理中英庚款董事會年刊》
- 《廣州民國日報》
- 《國民黨六屆中委各派系名單》，書報簡訊社，出版地不詳，1945 年。
- 《國民政府公報》
- 《國民政府監察院公報》
- 《江西省政府公報》
- 《人事行政》
- 《中央黨務公報》
- 《中央黨務月刊》
- 《中央日報》
- 《中央週刊》
- 《組織與訓練》
- 浜田峰太郎，《現代支那の政治機構とその構成分子》，東京：学芸社，1936 年。
- 蔡尚思，〈官僚教育與市儈教育：現代中國教育的最大缺點〉，《時與文》第 1 卷第 15 期，1947 年。
- 成都週刊部編輯編，《國民黨內的五大派系》，香港：文光出版社，1946 年。
- 戴季陶，《國民革命與中國國民黨》，上海：中國文化服務社，1946 年。
- 鄧飛黃、徐佛觀、蕭作霖，《黨的改造芻議》，出版地不詳，1945年。
- 公城，〈朱家驊「鐵幕」下的教育部〉，《中國新聞》第 1 卷第 12 期，1948 年 2 月 29 日。
- 漢斯・馮・塞克特（Hans Von Seeckt）著，厲零士譯，《一個軍人之思想》，南京：正中書局，1936 年。
- 漢斯・馮・塞克特（Hans Von Seeckt）著，張樑任譯，《德國國防軍》，南昌：中國文化學會，1934 年。

- 河南省黨部編，《中國國民黨河南省黨史要略初稿》，1947年。
- 江西省政府統計室，《江西年鑑》，1936年。
- 李劍農，《最近三十年中國政治史》，上海：太平洋書店，1931年。
- 宋特立編輯，《制度與人才》，北斗書店，1944年。
- 宋宜山，《現行黨務人事制度》，出版地不詳，1944年。
- 王開，《談朱家驊派》，《再造》1948年第8期。
- 葉楚傖，《楚傖文存》，重慶：正中書局，1944年。
- 朱家驊，《黨的組織與領導》，重慶：中央訓練團黨政訓練班，1944年。
- 朱家驊，《朱部長對於組織工作之指示》，重慶：中央組織部，1943年。
- 朱家驊，《朱部長最近對於黨務工作同志之指示》，重慶：中央組織部，1942年。

四、日記、回憶錄、年譜、自述等
- 《陳布雷從政日記》，臺北：民國歷史文化學社，2019年。
- 〈陳果夫日記〉（手稿本），中國國民黨文化傳播委員會黨史館藏。
- 《鄧飛黃自傳》，長沙：嶽麓書院，2012年。
- 《郭量宇先生日記殘稿》，臺北：中央研究院近代史研究所，2012年。
- 〈蔣介石日記〉（手稿本），史丹佛大學胡佛研究所檔案館藏。
- 《蔣中正日記》，臺北：民國歷史文化學社、國史館，2023。
- 《李宗黃回憶錄：八十三年奮鬥史》，臺北：中國地方自治學會，1972年。
- 陳布雷，《陳布雷回憶錄》，臺北：傳記文學出版社，1981年。
- 陳誠著，林秋敏、葉惠芬、蘇聖雄編輯校訂，《陳誠先生日記》，臺北：國史館、中央研究院近代史研究所，2015年。
- 陳存恭、潘光哲訪問，《劉象山先生訪問紀錄》，臺北：中央研究院近代史研究所，1998年。
- 陳方正編輯校訂，《陳克文日記 1937-1952》，臺北：中央研究院近代史研究所，2012年。
- 陳立夫，《成敗之鑒——陳立夫回憶錄》，臺北：中正書局，1994年。
- 陳肇英，《八十自述》，臺北：陳雄夫先生八十華誕慶祝籌備委員會，1967年。
- 大陸雜誌社編委員會編，《朱家驊先生紀念冊》，臺北：文海出版社，1986年。
- 費正清（John King Fairbank）著，閻亞婷、熊文霞譯，《費正清中國回憶錄》，北京：中信出版社，2013年。
- 公安部檔案館編註，《在蔣介石身邊八年——侍從室高級幕僚唐縱日記》，北京：群眾出版社，1991年。
- 顧祝同，《墨三九十自述》，臺北：國防部史政編譯局，1981年。
- 郭廷以、王聿均訪問，劉鳳翰紀錄，《馬超俊先生訪問紀錄》，臺北：中央研究院近代史研究所，1992年。
- 何成濬，《何成濬將軍戰時日記》，臺北：傳記文學出版社，1986年。
- 何智霖編，《陳誠先生書信集——與友人書》，臺北：國史館，2009年。
- 何智霖編，《陳誠先生書信集——與蔣中正先生往來函電》，臺北：國史館，2007年。

- 胡頌平，《朱家驊先生年譜》，臺北：傳記文學出版社，1969 年。
- 胡宗南著，蔡盛琦、陳世局編輯校訂，《胡宗南先生日記》，臺北：國史館，2015 年。
- 黃仁宇，《黃河青山：黃仁宇回憶錄》，北京：九州出版社，2007 年。
- 黃旭初，〈黃旭初日記〉，廣西壯族自治區博物館藏。
- 黃宇人，《我的小故事》，香港：吳興記書報社，1982 年。
- 康澤，《蔣介石的十三太保之一：「黨衛軍」魁首康澤自述》，北京：團結出版社，2012 年。
- 李品仙，《李品仙回憶錄》，臺北：中外圖書出版社，1975 年。
- 李世昌，《繆培基傳》，北京：中華書局，2002 年。
- 李學通等整理，《翁文灝日記》，北京：中華書局，2010 年。
- 呂芳上、源流成主編，《蔣中正日記》，臺北：民國歷史文化學社有限公司、國史館，2023 年。
- 呂芳上主編，《蔣中正先生年譜長編》，臺北：國史館等，2014 年。
- 苗培成，《往事紀實》，臺北：中正書局，1979 年。
- 秦孝儀主編，《先總統蔣公思想言論總集》，臺北：國民黨中央黨史委員會，1984 年。
- 沙茂世編纂，《沙孟海先生年譜》，杭州：西冷印社出版社，2010 年。
- 閻錫山，《閻錫山日記全編》，山西：三晉出版社，20121 年。
- 宋念慈，《我所認識的盛世才》，（臺北）《傳記文學》1989 年第 4 期。
- 臺灣政治大學人文中心主編，《民國二十八年之蔣介石先生》，臺北：臺灣政治大學人文中心，2016 年。
- 臺灣政治大學人文中心主編，《民國二十九年之蔣介石先生》，臺北：臺灣政治大學人文中心，2016 年。
- 臺灣政治大學人文中心主編，《民國二十六年之蔣介石先生》，臺北：臺灣政治大學人文中心，2016 年。
- 臺灣政治大學人文中心主編，《民國二十七年之蔣介石先生》，臺北：臺灣政治大學人文中心，2016 年。
- 臺灣政治大學人文中心主編，《民國三十二年之蔣介石先生》臺北：臺灣政治大學人文中心，2016 年。
- 臺灣政治大學人文中心主編，《民國三十年之蔣介石先生》，臺北：臺灣政治大學人文中心，2016 年。
- 臺灣政治大學人文中心主編，《民國三十三年之蔣介石先生》，臺北：臺灣政治大學人文中心，2016 年。
- 臺灣政治大學人文中心主編，《民國三十四年之蔣介石先生》，臺北：臺灣政治大學人文中心，2016 年。
- 臺灣政治大學人文中心主編，《民國三十一年之蔣介石先生》，臺北：臺灣政治大學人文中心，2016 年。
- 王秉均、孫斌合編，《朱家驊先生言論集》，臺北：中央研究院近代史研究所，1977 年。
- 王傑、梁川主編，《枕上夢回——李漢魂吳菊芳伉儷自傳》，《廣東文史資料》第 88 輯，廣州：廣東人民出版社，2012 年。
- 王文隆主編，《吳忠信日記》，臺北：民國歷史文化學社，2020 年。
- 熊式輝，《海桑集：熊式輝回憶錄 1907-1949》，香港：明鏡出版社，2008 年。

- 熊式輝著，林美莉校注，《熊式輝日記（1930-1939）》，臺北：中央研究院近代史研究所，2022 年。
- 徐旭生，〈徐旭生自傳〉，毛德富主編，《百年記憶：河南文史資料大系》教育卷 3．民族宗教卷，鄭州：中州古籍出版社，2014 年。
- 閻伯川先生紀念會編，《民國閻伯川先生錫山年譜長編初稿》，臺北：臺灣商務印書館股份有限公司，1988 年。
- 楊璿熙編，《楊永泰先生言論集》，臺北：文海出版社，1973 年。
- 楊玉清著，楊天石審訂，《肝膽之剖析——楊玉清日記摘抄（1927-1949）》，北京：中國時代經濟出版社，2007 年。
- 張發奎口述，《張發奎口述自傳》，北京：當代中國出版社，2012 年。
- 張治中，《張治中回憶錄》，北京：華文出版社，2011 年。
- 鄭天挺，《鄭天挺西南聯大日記》，北京：中華書局，2018 年。
- 中國文史出版社編，《何廉回憶錄》，北京：中國文史出版社，2012 年。
- 中央研究院近代史研究所「口述歷史」編輯委員會，《吳開先先生訪問紀錄》，《口述歷史》第 8 期，臺北：中央研究院近代史研究所，1996 年。
- 中央研究院近代史研究所「口述歷史」編輯委員會，《余漢謀先生訪問紀錄》，《口述歷史》第 7 期，臺北：中央研究院近代史研究所，1996 年。
- 中央研究院林美莉編，《王世杰日記》，臺北：中央研究院近代史研究所，2012 年。
- 中央研究院近代史研究所編，《王子壯日記》，臺北：中央研究院近代史研究所，2001 年。
- 中央研究院近代史研究所編，《徐永昌日記》，臺北：中央研究院近代史研究所，1991 年。
- 周美華等編註，《蔣中正總統檔案：事略稿本》第 12、35 冊，臺北：國史館，2003、2009 年。
- 朱振聲編纂，《李漢魂將軍日記》，香港：聯藝印刷公司，1975 年。

五、地方誌

- 《安徽歷史名人詞典》編輯委員會編，《安徽歷史名人詞典》，合肥：安徽教育出版社，2008 年。
- 《江西省人物志》編纂委員會編，《江西省志．江西省人物志》，北京：方志出版社，2007 年。
- 《蘄春名人錄》編輯委員會、政協蘄春縣文史文教衛委員會合編，《蘄春名人錄》第 1 集，出版資訊不詳，1993 年。
- 安徽省地方誌編纂委員會編，《安徽省志．政黨志》，北京：方志出版社，1998 年。
- 廣東省志編纂委員會編，《廣東省志：1979-2000．人物卷》，北京：方志出版社，2014 年。
- 廣州市地方志編纂委員會編，《廣州市志．政黨群團卷》，廣州：廣州出版社，2000 年。
- 河北省地方志編纂委員會編，《河北省志．國民黨志》，北京：中華書局，2006 年。

- 黃玉釗主編，《梅州人物傳》，梅州：廣東省梅州市地方志辦公室。
- 江西省地方志編纂委員會編，《江西省志・中國國民黨江西省地方組織志》，北京：團結出版社，2006年。
- 山西省史志研究院編，《山西通志・黨派群團志》，北京：中華書局，2000年。
- 山西省史志研究院編，《山西通志・政法志警察篇》，北京：中華書局，1999年。
- 孫衛國主編，《南市區志》，上海：上海社會科學院出版社，1997年。
- 西安市地方志編纂委員會編，《西安市志》，西安：西安出版社，2000年。
- 向陽生主編；貴州省地方誌編纂委員會編，《貴州省志・黨派社團志》，貴陽：貴州人民出版社，2007年。
- 徐天胎編著，《福建民國史稿》，福州：福建人民出版社，2009年。
- 雲南省地方誌編纂委員會總纂，《雲南省志・黨派志》，昆明：雲南人民出版社，2001年。

六、文史資料

- 陳明仙，〈我所知道的國民黨貴州黨務〉，中國人民政治協商會議貴州省委員會文史資料研究委員會編，《貴州文史資料選輯》，第15輯，貴陽：貴州人民出版社，1984年。
- 陳榕亮，〈李漢魂時期的廣東黨務〉，《廣州文史資料存稿選編》，第3輯，北京：中國文史出版社，2008年。
- 陳希平供稿、林今生整理，〈陳肇英與雙李〉，福建省政協文史資料委員會編，《文史資料選編》，第4卷第6冊，福州：福建人民出版社，2007年。
- 杜偉、于龍，〈浙江 CC 的派系紛爭〉，浙江省政協文史資料委員會編，《浙江文史集粹》，第1輯政治軍事卷上，杭州：浙江人民出版社，1996年。
- 杜偉，〈我所知道的朱家驊〉，《浙江文史資料選輯》，第2輯，杭州：浙江人民出版社，1962年。
- 傅啟學，〈我與驊先先生有關的幾件事〉，《傳記文學》，第29卷第6期。
- 甘家馨，〈給國民黨帶來新觀念新作風的朱先生〉，《傳記文學》，第19卷第6期。
- 辜達岸，〈對熊斌在陝西期間的見聞〉，中國人民政治協商會議陝西省委員會文史資料委員會編，《陝西文史資料》，第23輯，西安：陝西人民出版社，1990年。
- 古材型，〈新桂系廣西省黨務的內幕〉，中國人民政治協商會議南寧市委員會文史資料研究委員會，《南寧文史資料》，第12輯，1990年。
- 郭心秋，〈我在戰地黨務處的日子〉，中國人民政治協商會議重慶市委員會，《重慶文史資料》，第4輯，重慶：重慶出版社，2001年。
- 何祖培，〈朱家驊的發跡及其他〉，全國政協文史資料委員會編，《文史資料存稿選編（軍政人物）》，上，北京：中國文史出版社，2002年。

- 黃紹竑，〈對〈浙江 CC 的派系紛爭〉一文的補充與訂正〉，中國人民政治協商會議浙江省委員會文史資料研究委員會編，《浙江文史資料選輯》，第 7 輯，杭州：中國人民政治協商會議浙江省委員會文史資料研究委員會，1963 年。
- 黃紹竑，〈我與蔣介石和桂系的關係〉，中國人民政治協商會議全國委員會文史資料研究委員會編，《文史資料選輯》，第 7 輯，北京：中華書局，1960 年，第 88 頁。
- 康澤，〈三民主義青年團成立的經過〉，中國人民政治協商會議全國委員會文史資料研究委員會編，《文史資料選輯》，合訂本第 14 卷總第 40-42 輯，北京：中國文史出版社，2011 年。
- 李冠洋，〈中國國民黨山西省黨簡述〉，《山西文史資料》編輯部，《山西文史資料全編》，第 1 卷，太原：《山西文史資料》編輯部，1998 年。
- 李欽寰，〈1936 年到 1938 年間國民黨廣東省黨部內派系鬥爭的一些內幕情況〉，《文史資料選輯》，第 27 輯，廣州：廣東省人民政府參事室，1983 年。
- 李仕銓，〈國民黨福建省黨部的組織人事變遷情形〉，福建省政協文史資料委員會編，《文史資料選編》，第 4 卷第 6 冊，福州：福建人民出版社，2007 年。
- 李仕銓，〈李雄在福建的活動〉，福建省政協文史資料委員會編，《文史資料選編》，第 4 卷第 6 冊，福州：福建人民出版社，2007 年。
- 李仕銓，〈略談國民黨福建省黨部內部派系鬥爭〉，中國人民政治協商會議福建省連城縣委員會文史組，《連城文史資料》，第 6 輯，1986 年。
- 李仕銓，〈我所知道的國民黨福建省黨部組織沿革概況〉，福建省政協文史資料委員會編，《文史資料選編》，第 4 卷第 6 冊，福州：福建人民出版社，2007 年。
- 林成奇，〈國民黨福建省黨部組織沿革概況〉，福建省政協文史資料委員會編，《文史資料選編》，第 4 卷第 6 冊，福州：福建人民出版社，2007 年。
- 馬建中，〈國民黨陝西省黨部的派系鬥爭（1940-1949）〉，中國人民政治協商會議陝西省西安市委員會文史資料研究委員會編《西安文史資料》，第 4 輯，西安：中國人民政治協商會議陝西省西安市委員會文史資料研究委員會，1983 年。
- 山西省政協文史資料研究委員會，《閻錫山統治山西史實》，太原：山西人民出版社，1984 年。
- 唐得源口述、宋旭初整理，《所謂朱家驊「系」的產生及其在陝西的活動》，《文史資料》，第 3 期，1990 年。
- 王振中，〈我所知道的何思源〉，中國人民政治協商會議山東省委員會文史資料委員會編，《山東文史資料選輯》，第 26 輯，濟南：山東人民出版社，1989 年。
- 楊懷豐，〈閻錫山的民族革命同志會紀述〉，中國人民政治協商會議山西省委員會文史資料研究委員會編，《山西文史資料》，第 11 輯，1965 年。
- 楊俊，〈我所知道的二陳與朱家驊的鬥爭〉，湖北省人民政府參事室編：《文史資料》，1986 年。

- 楊於鏡，〈對〈我所知道的朱家驊〉的一點訂證〉，《浙江文史資料選輯》，第7輯，1963年。
- 葉國素，〈薛岳統治湖南時期的黨團鬥爭內幕〉，中國人民政治協商會議湖南省委員會文史資料研究委員會，《湖南文史資料》，第36輯，長沙：湖南文史雜誌社，1989年。
- 鐘錦棠，〈廣東空軍反陳投蔣始末〉，政協廣東省委員會辦公廳、廣東省政協文化和文史資料委員會編：《廣東文史資料精編》，北京：中國文史出版社，2008年。
- 朱馥生，〈余森文回憶錄〉，政協杭州市委員會文史委編，《杭州文史資料》，第20輯，杭州：政協杭州市委員會文史委編，1998年。
- 朱廷華，〈我所接觸到的朱家驊〉，中國人民政治協商會議浙江省湖州市委員會文史資料委員會編，《湖州文史》，第9輯，1991年。

七、專著

- Ch'I Hsi-sheng, Nationalist *China at War: Military Defeats and Political Collapse, 1937-1945*, Ann Arbor : University of Michigan Press, 1982.
- K.E. 福爾索姆（Kenneth E. Folsom）著，劉悅斌、劉蘭芝譯，《朋友·客人·同事：晚清的幕府制度》，北京：中國社會科學出版社，2002年。
- 曾華璧，《民初時期的閻錫山（民國元年至十六年）》，臺北：國立臺灣大學出版委員會，1981年。
- 柴夫主編，《CC內幕》，北京：中國文史出版社，1988年。
- 柴夫主編，《中統頭子徐恩曾》，北京：中國文史出版社，1989。
- 陳立文，《從東北黨務發展看接收》，臺北：東北文獻雜誌社，2000年。
- 仇鹿鳴，《魏晉之際的政治權力與家族網絡》，上海：上海古籍出版社，2012年。
- 崔之清主編，《國民黨結構史論（1905-1949）》，北京：中華書局，2013年。
- 耿守玄、龐鏡塘，《親歷者講述：國民黨內幕》，北京：中國文史出版社，2009年。
- 郭恒鈺、羅梅君主編，許琳菲、孫善豪譯，《德國外交檔案1928-1938年之中德關係》，臺北：中央研究院近代史研究所，1991年。
- 郭潤濤，《官府、幕友與書生──「紹興師爺」研究》，北京：中國社會科學出版社，1996年。
- 郭緒印，《國民黨派系鬥爭史》，上海：上海人民出版社，1992年。
- 哈羅德·D. 拉斯韋爾（Harold D. Lasswell）、亞伯拉罕·卡普蘭（Abraham Kaplan）著，王菲易譯，《權力與社會：一項政治研究的框架》，上海：上海人民出版社，2012年。
- 何方昱，《訓導與抗衡：黨派、學人與浙江大學（1936-1949）》，上海：上海書店，2017年。
- 侯旭東，《寵：信－任型君臣關係與西漢歷史的展開》，北京：北京師範大學出版社，2018年。
- 胡光麃，《大世紀觀變集：中國現代化的歷程》，臺北：聯經出版事業公司，1992年。
- 黃麗安，《朱家驊學術理想及其實踐》，北京：社會科學文獻出版社，2018年。

- 季林（Gillin.D.G.）著，牛長歲等譯，《閻錫山研究———個美國人筆下的閻錫山》，哈爾濱：黑龍江教育出版社，1990年。
- 賈維，《三民主義青年團史稿》，北京：社會科學文獻出版社，2013年。
- 蔣寶麟，《民國時期中央大學的學術與政治（1927-1949）》，南京：南京大學出版社，2016年。
- 金以林，《國民黨高層的派系政治》（修訂本），北京：社會科學文獻出版社，2016年。
- 近藤正己著，林詩庭譯，《總力戰與臺灣——日本殖民地的崩潰》（下），臺北：臺灣大學出版中心，2014年。
- 柯偉林（W.C.Kirby）著，陳謙平等譯《德國與中華民國》，南京：江蘇人民出版社，2006年。
- 孔慶泰編著，《國民黨政府政治制度詞目匯解》，北京：學苑出版社，2016年。
- 李宜春，《新政學系述論》，北京：社會科學文獻出版社，2015年。
- 梁尚賢，《國民黨與廣東農民運動》，廣州：廣東人民出版社，2004年。
- 林代昭主編，《中國近現代人事制度》，北京：勞動人事出版社，1989年。
- 羅敏，《走向統一：西南與中央關係研究（1931-1936）》，北京：社會科學文獻出版社，2014年。
- 馬振犢、林建英，《中統特務活動史》，北京：金城出版社，2016年。
- 歐陽哲生，《自由主義之累：胡適思想之現代闡釋》，南昌：江西教育出版社，2003年。
- 齊慕實（Timothy Cheek）著，郭莉、黃新譯，《鄧拓——毛時代的中國文人》，香港：牛津大學出版社，2016年。
- 齊錫生，《分崩離析的陣營：抗戰中的國民政府1937-1945》，新北：聯經出版社，2023年。
- 塞繆爾・P. 亨廷頓（Samuel P.Huntington）著，王冠華等譯，《變化社會中的政治秩序》，上海：上海人民出版社，2008年。
- 桑兵，《歷史的本色：晚晴民國的政治、社會與文化》，桂林：廣西師範大學出版社，2016年。
- 沈雲龍、張朋園訪問；林能士紀錄，《關德懋先生訪問紀錄》，臺北：中央研究院近代史研究所，1997年。
- 宋其蕤、馮粵松，《廣州軍事史》，廣州：廣東經濟出版社，2012年。
- 田湘波，《中國國民黨黨政體制剖析（1927-1937）》，長沙：湖南人民出版社，2006年。
- 汪朝光、王奇生、金以林，《天下得失：蔣介石的人生》，太原：山西人民出版社，2012年。
- 王良卿，《改造的誕生》，臺北：政治大學歷史學系，2010年。
- 王良卿，《三民主義青年團與中國國民黨關係研究（1938-1949）》，臺北：近代中國出版社，1998年。
- 王奇生，《黨員、黨權與黨爭——1924-1949年中國國民黨的組織形態》，北京：社會科學文獻出版社，2018年。
- 吳振漢，《國民政府時期的地方派系》，臺北：文史哲出版社，1992年。

- 蕭邦奇（R.Keith Schoppa），《血路：革命中國中的沈定一（玄廬）傳奇》，周武彪譯，南京：江蘇人民出版社，2010年。
- 許康編，《湖南歷代科學家傳略》，長沙：湖南大學出版社，2012年。
- 楊維真，《從合作到決裂：龍雲與中央的關係（1927-1949）》，臺北：國史館，2000年。
- 楊仲揆，《中國現代化先驅——朱家驊傳》，臺北：近代中國出版社，1984年。
- 姚文廣、康狄主編，《民國的末路》，北京：東方出版社，2014年。
- 易勞逸（Lloyd E.Eastman），《毀滅的種子：戰爭與革命中的國民黨中國（1937-1949）》，王建朗等譯，南京：江蘇人民出版社，2009年。
- 翟學偉，《人情、面子與權力的再生產》，北京：北京大學出版社，2005年。
- 翟學偉，《中國社會中的日常權威——關係與權力的歷史社會學研究》，北京：社會科學文獻出版社，2004年。
- 張皓，《派系鬥爭與國民黨政府運轉關係研究》，北京：商務印書館，2006年。
- 張瑞德，《山河動：抗戰時期國民政府的軍隊戰力》，北京：社會科學文獻出版社，2015年。
- 張瑞德，《無聲的要角：蔣介石的侍從室與戰時中國》，臺北：臺灣商務印書館，2017年。
- 鄭澤隆，《軍人從政——抗日戰爭時期的李漢魂》，天津：天津古籍出版社，2005年。
- 周維朋，《戰後中國國民黨派系關係之研究——以黨政革新運動為中心的探討》，北京：中國大百科全書出版社，2013年。
- 周錫瑞（JosephW.Esherick）、李皓天主編，《1943：中國在十字路口》，陳驍譯，香港：香港中文大學，2018年。

八、論文

- 敖凱，〈國民黨中央訓練團新疆分團創立之經緯〉，《民國檔案》，2018年第3期。
- 卜萬平，〈從黨團關係看國民黨內部各派系矛盾〉，《民國檔案》，1990年第1期。
- 陳默，〈抗戰時期國軍的戰區——集團軍體系研究〉，北京大學博士論文，2012年。
- 陳小沖，〈抗戰時期臺灣革命同盟會若干史事析論〉，《臺灣研究集刊》，2012年第5期。
- 黨彥虹，〈中國國民黨中央常務委員會研究：1926-1949〉，南開大學博士論文，2009年。
- 鄧野，〈向蔣介石鑄獻九鼎的流產與非議〉，《近代史研究》，2009年第2期。
- 馮啟宏，〈〈蔣檔〉書翰中的國民黨派系傾軋〉，《民國檔案》，2007年第1期。
- 馮啟宏，〈花溪論英雄：侍從室第三處的人事工作析探〉，《中央研究院近代史研究所集刊》，第57期，2007年。
- 何方昱，〈德奧留學派的構建與運作：以朱家驊與洪謙的交誼為中心〉，《史學月刊》，2020年第1期。

- 何方昱，〈民國時期從政學人的學術與事功——兼評〈朱家驊學術理想及其實踐〉〉，《史林》，2018 年第 5 期。
- 何志明，〈國民黨黨務監察工作及其實施困境（1927-1937）〉，《民國研究》，2017 年第 1 期。
- 何志明，〈權力重構與利益抗爭：國民黨江浙黨部的政治主張及其實踐（1928-1931）〉，南京大學碩士論文，2011 年。
- 賀江楓，〈1940-1942 年閻錫山與「對伯工作」的歷史考察〉，《抗日戰爭研究》，2017 年第 4 期。
- 賀江楓，〈蔣介石、陳立夫與 1948 年行憲組閣的困局〉，《史林》，2014 年第 3 期。
- 黃道炫，〈密縣故事：民國時代的地方、人情與政治〉，《近代史研究》，2017 年第 4 期。
- 黃麗安，〈朱家驊及其史料研究〉，《中國近現代史史料學國際學術討論會論文集》，北京：新華出版社，2005 年。
- 黃天華，〈抗戰期間閻錫山與日本的關係及國共兩方的因應〉，《民國研究》，第 22 輯，北京：社會科學文獻出版社，2012 年。
- 金以林，〈地域觀念與派系衝突——以二三十年代國民黨粵籍領袖為中心的考察〉，《歷史研究》，2005 年第 3 期。
- 金以林，〈寧粵對峙前後閻錫山的反蔣倒張活動〉，《近代史研究》，2005 年第 5 期。
- 金以林，〈戰時國民黨香港黨務檢討〉，《抗日戰爭研究》，2007 年第 4 期。
- 賴志偉，〈書生從政：朱家驊在國民政府的政治活動（1927-1949）〉，臺灣大學碩士論文，2004 年。
- 李樂曾，〈抗戰初期國民政府的對德政策：以朱家驊使德計畫為中心〉，《德國研究》，2009 年第 3 期。
- 李樂曾，〈抗戰中後期朱家驊的對德活動：以國民黨的對德輿論及敵後對德工作為中心〉，《民國檔案》，2011 年第 2 期。
- 李樂曾，〈歐戰爆發後朱家驊的對德立場與聯德活動〉，《民國檔案》，2010 年第 1 期。
- 李翔，〈「三二〇」事件後蔣介石與黨軍體制的變易——兼析黨軍、文武主從關係的變動〉，《近代史研究》，2017 年第 6 期。
- 李雲漢，〈抗戰時期的黨政關係（1937-1945）〉，《慶祝抗日戰爭勝利五十周年兩岸學術研討會論文集》，上冊，臺北：近代史學會，1996 年。
- 廖利明，〈國民黨福建省各級黨部研究（1937-1945）〉，福建師範大學碩士論文，2010 年。
- 林綺慧，〈學者辦黨：朱家驊與中國國民黨〉，臺灣師範大學碩士論文，2004 年。
- 林真，〈國民黨臺灣黨部的籌組及其在福建的活動〉，《閩台文化交流》，2007 年第 4 期。
- 劉大禹，〈朱家驊與戰時國民黨的黨務整頓〉，《民國檔案》，2013 年第 1 期。
- 劉大禹，〈朱家驊與戰時國民黨湖南省黨部的改組（1940-1944）〉，《民國檔案》，2015 年第 2 期。

- 劉維開，〈訓政前期的黨政關係（1928-1937）〉，《一九三○年代的中國》，上，北京：社會科學文獻出版社，2006年。
- 劉文楠，〈尋找理想的中央—地方關係——蔣介石與晉綏地方實力派的博弈（1931-1934）〉，《史林》，2015年第5期。
- 劉志鵬，〈華北淪陷區國民黨研究〉，山東大學博士論文，2014年。
- 羅敏，〈抗戰時期的國民黨政權——1937-1945年民國政治史研究述評〉，《南京大學學報》，2018年第1期。
- 馬思宇，〈有財斯有兵——1928-1930年蔣閻關係再解讀〉，《史學月刊》，2016年第8期。
- 馬義平，〈民國時期山西黨政關係演變管窺——以山西省黨部委員構成為例〉，《歷史教學》，2009年第12期。
- 馬義平，〈中國國民黨山西省黨部研究（1924-1939）〉，南開大學碩士論文，2005年。
- 麥勁生，〈朱家驊與民國初年留德學人群體的形成〉，中國社會科學院近代史研究所編，《第三屆近代中國與世界國際學術研討會論文集》，第3卷，北京：社會學科文獻出版社，2015年。
- 牛貫傑，〈民族革命同志會初探〉，《山西高等學校社會科學學報》，2015年第9期。
- 曲凱南，〈朱家驊傳〉，《民國檔案》，1991年第4期。
- 申曉雲，〈抗戰時期新桂系治皖〉，《慶祝抗戰勝利五十周年兩岸學術研討會論文集》，下冊，臺北：近代史學會，1996年。
- 王良卿，〈派系政治與國民黨第六次全國代表大會——以第六屆中央執行、監察委員選舉為中心的探討〉，《國史館館刊》，1996年復刊第21期。
- 王龍飛，〈公私之間：朱家驊與鶴和小學〉，《近代史研究》，2021年第5期。
- 王奇生，〈黨政關係：國民黨黨治在地方層級的運作（1927-1937）〉，《中國社會科學》，2001年第3期。
- 王奇生，〈國民黨中央委員的權力嬗蛻與派系競逐〉，《歷史研究》，2003年第5期。
- 王奇生，〈派系、代際衝突與體制內的自省——以1944年至1947年國民黨黨政革新運動為視點〉，中國社會科學院近代史研究所編，《劃時代的歷史轉折——「1949年的中國」國際學術討論會論文集》，成都：四川人民出版社，1999年。
- 王奇生，〈閻錫山：在國、共、日之間博弈（1935-1945）〉，《南京大學學報》，2018年第1期。
- 王文隆，〈朱家驊與抗戰時期中德秘密往來〉，《南京大學學報》，2022年第3期。
- 王賢知，〈從國民黨的組織建設與組織發展分析其統治失敗的原因（1937-1949）〉，中國社會科學院研究生院碩士論文，1988年。
- 王英雄，〈1935-1945年的河北省國民黨〉，河北師範大學碩士論文，2005年。
- 王中新，〈20世紀40年代國民黨新疆省黨部活動述論〉，《中國邊疆史地》，2007年第4期。
- 王中新，〈試論國民黨勢力在新疆的消長——1944年及其以前國民黨在新疆的活動〉，《西域研究》，2007年第2期。

- 韋慕庭，〈中國國民黨第二次全國代表大會〉，《中華民國建國史討論集》，三，臺北：中華民國建國史討論集編輯委員會，1981年。
- 吳敏超，〈抗戰變局中的朱家驊與僑商黃氏家族〉，《抗日戰爭史研究》，2014年第4期。
- 肖如平，〈蔣介石對黃埔系陳誠的培植〉，《近代史研究》，2013年第2期。
- 謝敏，〈抗戰時期中共軍隊政治工作研究〉，北京大學博士論文，2016年。
- 許浩，〈抗戰後期國民黨新疆省黨部的設立與運作（1942-1944）〉，《民國檔案》，2023年第4期。
- 楊奎松，〈閻錫山與共產黨在山西農村的較力——側重於抗戰爆發前後雙方在晉東南關係變動的考察〉，《抗日戰爭研究》，2015年第1期。
- 楊天石，〈吳開先等與上海統一委員會的敵後抗日工作——讀臺灣所藏朱家驊檔案〉，《民國檔案》，1998年第4期。
- 葉文心，〈空間思維與民國史研究〉，《南京大學學報》，2013年第1期。
- 應星，〈軍事發包制〉，《社會》，2020年第5期。
- 張冠軍，〈犧盟會與共產黨及閻錫山政權關係之辯誤〉，《晉陽學刊》，2005年第4期。
- 張建華，〈國民黨省黨部研究——以1927-1938年湖北省黨部為例〉，武漢大學碩士論文，2004年。
- 張文，〈朱家驊與CC系在中統局的較量〉，《鐘山風雨》，2003年第1期。
- 趙妍傑，〈穆光政事件與九一八事變後山西政局變動〉，《抗日戰爭研究》，2021年第1期。
- 趙崢，〈黨化邊疆：抗戰時期的國民黨西康黨務活動（1938-1945）〉，《抗日戰爭研究》，2013年第1期。
- 鄭會欣，〈黨內競選與派系鬥爭——親歷者筆下的國民黨「六全」大會選舉〉，《史林》，2018年第5期。
- 鐘聲、唐森樹，〈試論南京國民政府訓政時期的地方黨政糾紛〉，《史學月刊》，1999年第2期。
- 周東華，〈全面抗戰初期國民黨高層對「焦土抗戰」之認知與分歧——以朱家驊為中心〉，《近代史研究》，2023年第3期。
- 周黎安，〈行政發包制〉，《社會》，2014年第6期。
- 左雙文，〈抗戰史事的「自述」與「他述」——以戰時粵系軍人相關的幾則史事為例〉，《學術研究》，2017年第2期。

民國論叢 21

學人從政：
朱家驊與中國國民黨
（1938-1944）

From Scholar to Politician :
Chu Chia-hua and Kuomintang, 1938-1944

作　　者	梁馨蕾
總 編 輯	陳新林、呂芳上
執行編輯	林育薇
封面設計	溫心忻
排　　版	溫心忻
助理編輯	詹鈞誌

出　　版　🌸 開源書局 出版有限公司
香港金鐘夏愨道 18 號海富中心
1 座 26 樓 06 室
TEL：+852-35860995

民國歷史文化學社 有限公司
10646 台北市大安區羅斯福路三段
37 號 7 樓之 1
TEL：+886-2-2369-6912
FAX：+886-2-2369-6990

http://www.rchcs.com.tw

初版一刷　2025 年 5 月 31 日
定　　價　新台幣 700 元
　　　　　港　幣 235 元
　　　　　美　金 35 元
ＩＳＢＮ　978-626-7543-73-3（精裝）
印　　刷　長達印刷有限公司
　　　　　台北市西園路二段 50 巷 4 弄 21 號
　　　　　TEL：+886-2-2304-0488

版權所有・翻印必究
如有缺頁或裝訂錯誤
請寄回民國歷史文化學社有限公司更換

國家圖書館出版品預行編目 (CIP) 資料

學人從政 : 朱家驊與中國國民黨 (1938-1944) = From scholar to politician : Chu Chia-hua and Kuomintang, 1938-1944)/ 梁馨蕾著 . -- 初版 . -- 臺北市 : 民國歷史文化學社有限公司 , 2025.05

面；　公分 . -- (民國論叢 ; 21)

ISBN 978-626-7543-73-3 （精裝）

1.CST: 朱家驊　2.CST: 傳記

783.3886　　　　　　　　　114006528